ET MES SECRETS
AUSSI

Bernard Stora, scénariste, réalisateur de cinéma et de télévision, a tourné plusieurs films avec Line Renaud, dont *Suzie Berton*, qui a marqué un tournant dans sa carrière de comédienne. C'est à lui que Line Renaud a choisi de confier les secrets qu'elle livre aujourd'hui.

Line Renaud
avec Bernard Stora

ET MES SECRETS AUSSI

Robert Laffont

TEXTE INTÉGRAL

ISBN 978-2-7578-4267-6
(ISBN 978-2-221-12972-2, 1re publication)

Je dédie ces souvenirs,
avec beaucoup de tendresse,
à Claude, ma fille de cœur,
ainsi qu'à tous ceux si proches de moi,
qui, au fil des ans, sont devenus ma famille.
Je sais qu'ils se reconnaîtront.
Ils savent ce qu'ils représentent pour moi.
Leur fidèle présence dans la joie ou la douleur
m'a été tellement précieuse.

Merci, je vous aime de tout mon cœur.

Line

Ce matin, je pense à maman. J'ai mal dormi la nuit dernière, le vent soufflait fort, la maison craquait de toutes parts. Posée à la proue, ma chambre, vitrée sur trois côtés, ressemblait au poste de pilotage d'un navire en perdition. À présent il est six heures, j'attends le jour, je guette les premiers bruits dans la maison. Vais-je me rendormir ? Ou bien, définitivement réveillée, appeler Marie-Annick et lui dire qu'elle peut laisser monter mes trois chiens qui, enfin libérés, vont grimper l'escalier en se bousculant, chacun voulant être le premier à sauter sur le lit pour me démontrer son affection ?

Je pensais à ma mère et voilà que je parle de mes chiens. Et bientôt, je raconterai Las Vegas, ou ma première rencontre avec Loulou, rue Washington, ou peut-être évoquerai-je la pièce de théâtre que j'envisage de jouer à Paris la saison prochaine. Quelle idée, à mon âge, se donner tout ce mal, apprendre un texte interminable, répéter des jours entiers et parfois la moitié des nuits dans un local mal chauffé, éprouver une fois encore l'envie de prendre ses jambes à son cou à l'approche de la première ? Qu'est-ce qui me pousse ? Ce besoin que j'ai ressenti toute ma vie d'aller de l'avant, d'être ailleurs, là où on ne m'attend pas ? Un jour, peut-être, de façon parfaitement imprévisible, me surprenant moi-même, je dirai : « Allez Line, tu arrêtes. » Et je mettrai autant d'application à ne rien faire que j'en ai mis à tant faire depuis soixante-dix ans. Ce sera ma dernière expérience, la seule que je n'ai jamais tentée. Oui, un jour peut-être. Mais pas aujourd'hui. Plus tard. Ou jamais, ce qui m'arrangerait bien.

Je voulais parler de ma mère, pourtant je ne cesse de parler d'autre chose. En réalité je gagne du temps. Parce que ce que j'ai à dire, l'épisode de sa vie que je viens de découvrir presque par hasard, n'est pas simple à raconter et implique aussi mon père, Edmond, dont la photographie, jeune homme, était encore posée hier soir sur la tablette, à côté de mon lit. Dans la nuit, j'ai ouvert le tiroir et j'y ai enfoui le cadre, photo retournée. Je l'avais jugé et condamné.

Trop vite, beaucoup trop vite.

Comme chaque fois que les enfants, quel que soit leur âge, se mêlent de juger leurs parents. En réalité, je n'ai pas jugé, j'ai pris parti, ce qui est bien différent. J'ai cédé à l'indignation, incapable d'examiner objectivement les faits et d'évaluer la part, dans ce qui m'apparaît comme une ignominie, de la douleur et du ressentiment amoureux. Maintenant, j'hésite à remettre la photo à sa place sur la table de nuit. J'ai peur de trahir maman tout comme je crains d'être injuste avec mon père.

Le jour filtre au travers des rideaux, le vent s'est calmé, je distingue les contours familiers des meubles, je grimace en apercevant mon bureau chargé de toute la correspondance en retard. Mais Jennifer a promis de venir passer la journée avec moi. Elle n'a pas trente ans, elle est souriante, vive, elle connaît ma carrière mieux que moi-même et c'est une championne d'Internet. Moi qui n'y entends pas grand-chose, je m'émerveille comme devant un tour de magie de la voir ressusciter en quelques clics un passé que je croyais définitivement effacé. Ensemble, nous allons trier mon courrier, classer, envoyer ici une photo, là des vœux pour une naissance ou un mariage, ailleurs des encouragements ou un conseil. Car j'ai toujours répondu personnellement à mon courrier, finissant par accepter, non sans scrupule, le rôle que le public m'a attribué spontanément. Une sorte de bonne fée à qui des gens simples, souvent malmenés par la vie, demandent un peu d'écoute et de réconfort. Et je n'ai jamais oublié qu'au tournant des années cinquante, j'ai animé tous les dimanches matin sur Radio Luxembourg une émission qui s'appelait « Si j'avais la chance » et qui n'était autre qu'un courrier du cœur. Mireille Brocey, l'auteur des paroles de « Ma cabane au Canada », lui avait trouvé cette jolie phrase de conclusion : « On ne se voit pas mais on s'entend si bien… »

Une porte claque dans la cour. La vaisselle du dîner qu'on range et celle du petit-déjeuner qu'on dispose sur un plateau, la voix de Marie-Annick qui, tandis qu'elle nourrit les chiens, les implore, comme elle le fait chaque matin sans le moindre résultat, d'éviter d'aboyer pour ne pas me réveiller. Cette fois pas de doute, un jour nouveau commence.

Loulou, qui n'avait pas son certificat d'études mais savait à peu près tout sur tout, connaissait par cœur, comme beaucoup de gens de sa génération, des centaines de vers et de citations adaptés à toutes les circonstances de la vie. C'était bien pratique, et moi qui n'avais absolument aucune culture – je ne suis pas certaine, à mon grand regret, d'avoir remédié autant que j'aurais dû à cette situation au fil des années –, je découvrais avec gourmandise et sans fatigue excessive les trésors de la poésie française. Devant ce clair matin tout neuf, il aurait sans doute choisi, parmi un large éventail, cette citation de Victor Hugo : « Le beau soleil chasse les spectres, dissipe les songes et dore les fumées. »

Malheureusement, ces doctes maximes enjolivent toujours un peu la réalité. Couchée dans mon lit, trop éveillée déjà pour espérer me rendormir, trop fatiguée pour mettre un terme définitif à cette mauvaise nuit, les spectres, mal dispersés, tournoient à mon chevet et les songes, nullement dissipés, continuent à me hanter.

*

La chambre de maman, chez moi, à La Jonchère, est restée intacte depuis sa mort, à l'âge de quatre-vingt-quatorze ans, le 22 juin 1999. Rien n'a été modifié, ni la place des meubles ni les quelques tableaux au mur. Peu d'objets personnels – simple et pudique, maman s'appliquait à passer inaperçue, craignant par-dessus tout de gêner, d'être de trop. Elle se faisait le plus légère possible, tant elle redoutait d'encombrer. Si on lui avait demandé de partir, sa valise aurait été prête en trois minutes.

Un peu sévère et comme inhabitée était sa chambre de son vivant, telle elle est restée après sa mort. Je la traverse chaque jour pour regagner la mienne ou en sortir, car les deux pièces sont contiguës. Hier soir, inexplicablement, au lieu de poursuivre ma route, je me suis assise sur le bord du lit, comme en attente, m'appliquant de toutes mes forces à ressusciter le souvenir vivant de ma mère, guettant je ne sais quel signe. Car les êtres chers qui nous ont quittés s'adressent à nous de mille façons et je suis devenue habile à déchiffrer leurs messages.

Ma mère ne m'a jamais quittée. Elle demeure proche, je lui parle chaque jour, comme je parle à Loulou, mon mari pour l'éternité. Tous deux veillent sur moi, se disputant, encore et toujours, la première place dans mon cœur. Pourtant, hier soir, excès de fatigue ou vague à l'âme, cette pièce vide, non seulement me disait son absence définitive, mais me faisait douter qu'elle l'ait jamais habitée.

À gauche du lit, dans l'encadrement en bois, la porte du placard dans lequel ma mère rangeait les rares papiers qu'elle conservait était entrouverte. L'aimant qui la maintient close est démagnétisé. Cent fois je me suis promis de le faire remplacer, cent fois j'ai claqué la porte et cessé d'y penser. Je n'aurais jamais osé, du vivant de ma mère, fouiller dans ses affaires, et l'idée ne m'en est pas venue après sa disparition, tant reste vivace en moi le sentiment de sa présence.

Mais à cet instant, prise de doute, en quête de preuves, j'ai brisé le tabou, ouvert la porte entrebâillée et, me penchant, j'ai sorti un par un et posé sur le lit les pauvres vestiges de toute une vie.

Quelques lettres – elle les avait triées peu de temps avant sa mort, en en jetant beaucoup. Des prospectus, dont je ne m'expliquais pas pourquoi elle, si soucieuse d'occuper le moins d'espace possible, les avait conservés. Ainsi le mode d'emploi de son sèche-cheveux, dont l'information essentielle consistait à expliquer qu'il fallait pousser le bouton sur *On* pour le mettre en route et sur *Off* pour l'arrêter. Ou encore cette publicité assortie d'une remise exceptionnelle de trente francs pour un cours de danse de salon, cours où, si d'aventure elle s'y était inscrite, elle en aurait remontré au professeur tant elle pratiquait à la perfection la valse, le tango et même la polka, tombée aujourd'hui dans l'oubli.

À droite, contre la paroi, une pile de passeports. Elle les conservait précieusement, les tampons lui rappelaient les voyages qu'elle avait faits avec moi, Londres, Milan, l'Espagne, puis si souvent l'Amérique au cours des années soixante.

Coincée sur le côté, une pochette en skaï jaune d'un format bizarre, remplie d'un peu de tout, des reçus, des attestations, des documents administratifs, des bons du Trésor, deux cents roubles d'emprunt russe. Ses cartes d'identité successives, la première établie en 1926 au nom de Simone Savaete, son nom de jeune fille, la suivante un peu plus tard au nom de Ente, le nom de mon père et donc le mien, la dernière enfin en 1950, où elle prend le nom de son second mari, Marcel Boute.

Ses cartes d'électeur depuis que les femmes avaient obtenu le droit de vote en 1944 sur décision du général de Gaulle. Sa carte de combattant volontaire de la Résistance n° 30 993 sur laquelle j'étais tombée par hasard, bien des années plus tôt et que je croyais perdue. Le nom de ma mère dans la clandestinité y était stipulé : *Clairette*, ainsi que le réseau auquel elle appartenait, dirigé par le commandant Chevalier.

Maman n'avait jamais cherché à tirer gloire de ses états de service dans la Résistance, mieux, elle n'avait jamais cru bon d'y faire allusion, comme si c'était la chose la plus naturelle du monde, sous l'occupation allemande, de quitter son lit et sortir furtivement de chez soi pour porter à une femme prénommée Angèle, des vêtements civils destinés aux soldats anglais parachutés de nuit en pleine campagne.

Enfin, pliée en quatre, une liasse de feuilles tapées à l'encre violette : le jugement de divorce de mes parents, prononcé par le tribunal d'instance d'Hazebrouck, le 6 avril 1947.

Document dont j'ignorais tout et dont la découverte m'a ôté le sommeil jusqu'aux petites heures du jour.

*

J'entends gratter et pleurer à ma porte et je devine ce qui s'est passé. L'un des trois chiens, trompant la vigilance de Marie-Annick, s'est échappé de la cuisine où elle les confine et, fou d'impatience, s'est précipité dans l'escalier en espérant que, par faveur spéciale, je consentirais à lui ouvrir. À sa façon de gémir avec autant de conviction que de ruse, je devine qu'il s'agit de Speedou, un caniche âgé de dix-sept ans, tout à fait sourd et presque aveugle.

Je me lève, entrouvre la porte, il se glisse, file vers le lit. Vite, je me recouche. Speedou se love contre moi. Je ferme les yeux, il devine, au rythme de ma respiration, que je m'assoupis, fait un tour dans un sens, hésite, revient en arrière d'un quart de tour, trouve enfin la bonne position et s'endort instantanément, au comble de la félicité.

Le sommeil ramène les spectres, un instant tenus en respect. Dans ce territoire imprécis qui sépare l'endormissement complet de l'état de veille, mes parents viennent tour à tour plaider leur cause. Mon père, que j'ai déjà condamné, se défend comme un beau diable. Il sait y faire, on lui donnerait le bon Dieu sans confession, il est irrésistible. Ma mère elle-même, trompée, calomniée, s'y laisserait prendre. Et moi qui, jusqu'à la veille au soir, demeurais persuadée que leur séparation, au lendemain de la guerre, s'était déroulée, sinon sans chagrin, du moins sans disputes, j'assiste à leur controverse, muette, indécise.

On ne connaît rien de la vie de ses parents. Ils vous mentent dès votre plus jeune âge, non pas pour vous duper mais, pensent-ils, pour vous préserver. Ce qui se passe la porte de leur chambre refermée vous reste à jamais étranger. Les mots échangés à voix basse, un cri vite étouffé et ces soupirs, parfois, qui ressemblent à des pleurs et sont peut-être des râles de plaisir. Horreur inimaginable pour un enfant !

Je suis faite de ces deux-là, Simone et Edmond. Ils m'ont fabriquée et ils ont existé pour moi, mais aussi en dehors de moi. Il m'aura fallu quatre-vingt-cinq ans pour le comprendre.

Première partie
PONT-DE-NIEPPE

Chapitre premier

Raconte-moi ta vie, mémère

Je suis née rue du Pavé-Fruit, à Pont-de-Nieppe, un petit village proche d'Armentières. La frontière belge est au bout de la rue, Lille à vingt kilomètres.

La légende familiale veut que la petite maison que nous habitons alors jouxte une ferme, et que la chambre où je dors soit mitoyenne d'une écurie. À mes premiers cris auraient répondu les hennissements d'un poulain venu au monde tandis que ma mère accouchait. Peu de temps après ma naissance, mes parents déménagent rue de Gand, une rue parallèle à la précédente et qui aboutit comme elle, d'un côté à la rue d'Armentières, localité que l'on rejoint en traversant la Lys, et de l'autre, à la frontière belge. Ce déplacement, minime en apparence, présente pourtant deux avantages : il nous rapproche du cœur du village et nous permet d'habiter, dans un coron, une maison un petit peu plus spacieuse. À l'arrière, une véranda donne sur une cour commune. Chaque maison dispose d'un petit jardin où poussent quelques légumes. Nous avons l'électricité mais pas l'eau courante ni le gaz. Pour la toilette, le ménage, la cuisine, on tire l'eau à la pompe que se partagent tous les habitants. Par chance, elle se trouve juste sous notre fenêtre. Les deux chambres sont à l'étage. L'une est occupée par mes parents, l'autre, je la partage avec mémère, mon arrière-grand-mère.

Mémère est grande et très forte – elle pèse plus de cent kilos –, ses cheveux sont tirés en chignon, elle est immuablement vêtue d'une robe noire qui descend jusqu'à ses pieds et d'un tablier de même couleur par-dessus. Ses manches sont toujours relevées, pour ne pas la gêner dans les multiples travaux ménagers qu'elle accomplit d'un bout à l'autre de la journée. De là me vient, sans doute, mon horreur des manches longues.

J'ai adoré cette femme. Née en 1867, elle a un peu plus de soixante ans au moment de ma naissance. Elle s'occupera de moi pendant toute mon enfance. Entre nous deux, il y a bien plus qu'une relation familiale. Nous sommes intimes. Elle est d'une indulgence sans bornes avec moi. Nulle faiblesse, nulle lâcheté, nulle démission dans son attitude. Son indulgence est dictée par la confiance et, dans cet espace de confiance, je m'épanouis. Lorsqu'un peu plus tard, élève médiocre, mes parents exprimeront leurs craintes quant à mon avenir, mémère, placide, les rassurera : « Ne vous en faites pas pour Jacqueline, elle s'en tirera toujours. Elle serait capable d'aller parler au président de la République… »

La prédiction s'est vérifiée. Présidents de la République, têtes couronnées, éminences en tout genre, j'ai souvent approché les grands de ce monde, non par désir effréné de faire partie du gratin, mais pour défendre un projet qui me tenait à cœur ou servir une cause que j'avais faite mienne.

À la fin de chaque journée, nous montions ensemble nous coucher car, invariablement levée à cinq heures le matin, elle se mettait au lit dès huit heures du soir. Passé l'épreuve de la chambre glaciale et du déshabillage express, venait le moment délicieux où, pelotonnée sous un entassement de couvertures disparates, je la suppliais :

« Mémère, raconte-moi ta vie.

– Mais tu la connais par cœur !

– S'il te plaît ! »

Qu'aurait-elle pu me raconter d'autre que sa propre vie ? Certainement pas des contes de fées. Elle n'en connaissait pas, elle n'y avait pas eu accès. Pour moi, enfant des années trente, élevée dans une famille qui vivait très modestement mais ne manquait de rien, ce qu'avait enduré mémère cinquante ans plus tôt excitait puissamment mon imaginaire. Sa vie rejoignait d'une certaine façon les contes de fées, non dans leurs moments enchanteurs, celui où les citrouilles se transforment en carrosses, mais dans les épisodes sombres et non moins captivants où le Petit Poucet et ses frères sont abandonnés dans la forêt par le bûcheron et sa femme qui n'ont plus de quoi les nourrir.

Sa propre mère, née vers 1835, était morte jeune, laissant trois enfants, Marie, Hippolyte et Louis. Son père, Paul Haze, se remaria peu après avec une veuve qui avait elle-même des enfants. Celle-ci se comporta comme on l'attend d'une marâtre, privilégiant sa progéniture, opprimant les enfants de son nouvel époux. Le tout sur fond d'extrême pauvreté.

« Nous ramassions des herbes sur les bords de la Lys, des orties, de l'oseille, un peu de tout, disait mémère. Arrivés à la maison, on les triait sur la table de la cuisine et on mettait à bouillir tout ce qui était mangeable. Et même ce qui ne l'était pas tout à fait. À l'heure du repas, ma marâtre servait d'abord ses enfants, ensuite mon père, puis elle-même et nous enfin. Comme elle m'aimait encore moins que mes frères, j'étais toujours servie la dernière. »

Mémère riait.

« Il m'en restait pas lourd. Un peu d'eau tiède au fond de l'assiette. »

Je m'indignais.

« Et ton père, il ne disait rien, ton père ? Il ne vous défendait pas ? »

Elle haussait les épaules, fataliste.

« Mon père, il la craignait. Il faisait semblant de rien voir. Et puis il était tellement fatigué. On travaillait des dix ou douze heures par jour, toute la semaine sauf le dimanche. Ce jour-là, on ne travaillait que l'après-midi. Le matin, c'était pour la messe. »

Je réfléchissais.

« Tu devais être malheureuse.

– Malheureuse ? »

La question surprenait mémère.

« On n'avait pas les moyens d'être malheureux. »

Mémère était allée à l'école enfantine, chez les sœurs. Savait-elle lire et écrire ? Lire certainement, je la revois dévorant de la première ligne à la dernière le bulletin paroissial qui, parmi de courts articles édifiants, répertoriait scrupuleusement naissances, mariages et décès, toute information dont elle était friande. Écrire, je n'en jurerais pas. Les sœurs ne durent pas beaucoup s'intéresser à cette élève qui ne rapportait rien. Car la coutume était que les parents paient en nature, qui des œufs, qui du beurre, qui un demi-lapin. Qu'aurait pu fournir mémère ? Des orties cueillies sur les berges de la Lys ?

Les sœurs, dotées d'un solide sens pratique, lui trouvèrent pourtant une utilité. Elle était celle qu'on châtiait à la place des autres, pour éviter de froisser la susceptibilité de parents dont les largesses imposaient une certaine indulgence. Si une bêtise était commise, on traînait mémère dans la cour et on lui plaçait la tête sous la pompe que sœur Marie-Angélique, taillée, en dépit de son nom, comme un hercule de foire, actionnait vigoureusement, l'arrosant d'eau glacée.

« Vous voyez ce qui arrive quand on désobéit ! » disaient les sœurs aux autres enfants qui assistaient sans broncher au supplice.

Les enfants riaient. C'était une récréation.

Dès sept ans, il ne fut plus question d'école. On la mit au travail dans une filature. L'agilité, la petite taille des enfants y étaient très appréciées. Entre autres services, lorsqu'un incident se produisait, ils pouvaient se glisser aisément sous les métiers à tisser et renouer les fils brisés. L'usine se trouvait à huit kilomètres, elle faisait le trajet à pied par tous les temps et gagnait cinq sous par jour. Quatre sous revenaient à sa marâtre, avec le cinquième mémère s'achetait quelques figues sèches. Accompagnées d'une tranche de pain, elles faisaient son ordinaire.

« Ce sont les figues qui m'ont donné une santé de fer ! » proclamait mémère.

Admettons.

Vers quatorze ans, elle quitta la filature et se loua chez des particuliers où elle faisait les gros travaux, la lessive surtout. Elle travaillait comme un cheval, mais était plus indépendante et elle gagnait sensiblement mieux sa vie. Elle put économiser. À dix-neuf ans, elle se maria et prit en location un café – un estaminet, ainsi qu'on dénomme ces petits bistrots ouvriers dans le Nord – en bordure de la nationale, non loin de la filature où elle avait débuté. On y servait de la bière, de la soupe, des frites. Le bénéfice était maigre, mais on ne mourait pas de faim.

Selon mémère, son mari faisait « un peu de tout », ce qui est une autre manière de dire qu'il ne faisait pas grand-chose. Il mourut de tuberculose peu avant quarante ans. Était-il un brave homme, ainsi qu'elle le répétait souvent comme pour mieux s'en persuader, ou bien un ivrogne qui la battait et lui rendait la vie impossible, comme elle le laissait parfois échapper ? Difficile de conclure, les deux n'étant pas forcément perçus de façon contradictoire à l'époque.

La fillette que je suis en déduit pourtant que les hommes sont des êtres bizarres et imprévisibles dont l'une des manies consiste à faire du mal aux femmes, la leur en particulier. Un peu plus tard, je confierai à une petite voisine ma ferme intention de ne jamais me marier.

« Mais pourquoi ? s'étonnera la voisine qui déjà rêve de robe blanche et de voyage de noces.

– Pour faire souffrir tous les hommes. »

Faisons la part de la provocation, du désir d'épater une copine un peu naïve et peut-être même de ce qu'une telle réflexion doit aux chansons réalistes en vogue dans ces années-là. C'est du Fréhel revisité par une gamine qui sait à peine de quoi elle parle. Sans doute, mais quand j'y pense, tous les rapports que j'ai pu avoir avec des garçons, entre treize et dix-sept ans, se sont strictement conformés à cette résolution précoce : faire souffrir les hommes. Flirter, ne jamais perdre le contrôle de la situation, porter à incandescence, rompre au moment où ma proie, au bord de l'apoplexie, espérait enfin conclure. C'est ainsi que s'est déroulée ma vie, que je n'ose qualifier d'amoureuse, jusqu'à ma rencontre avec Loulou, en septembre 1945. Voilà ce qu'il résulte d'avoir été élevée par trois femmes, mémère, ma grand-mère et maman, qui toutes trois ont souffert par les hommes.

Chaque soir, avant de s'endormir, tandis que mes yeux se fermaient déjà, mémère poussait un grand soupir et, avant de se tourner lourdement du côté du mur, prononçait une phrase qui lui tenait lieu de prière et d'action de grâces :

« Allez ! Encore un jour où on n'a eu ni froid ni faim. »

Moi qui, à l'âge que j'ai atteint, peux raisonnablement penser que sauf débarquement d'extraterrestres ou catastrophe nucléaire – hypothèse hélas moins invraisemblable –, je ne souffrirai jamais du froid ou de la faim, il n'est pas rare que je murmure cette phrase lorsqu'une journée se termine : « Encore une journée où je n'ai eu ni froid ni faim. » Hommage à mes origines et à ces femmes qui, malgré les difficultés de la vie, n'ont jamais éprouvé aigreur ou frustration, pas plus qu'elles n'ont fait preuve de la moindre méchanceté envers quiconque.

D'elles trois, je tire ma force, mon optimisme et ce désir d'aller sans cesse un peu plus loin, aussi longtemps que je le pourrai.

*

L'an mille neuf cent cinq le quatorze août à neuf heures du matin par-devant Nous Hector-Auguste-Joseph Pollet, Maire officier de l'État Civil de la commune de Nieppe, a comparu Dame Sophie Boucherie, sage-femme domiciliée à Nieppe, qui a opéré l'accouchement, laquelle nous a déclaré qu'hier à trois heures du soir, la nommée Marguerite Léonie Savaete, âgée de dix-sept ans, couturière, célibataire, née à Neuve-Église (Belgique), domiciliée à Nieppe, est accouchée en sa demeure d'un enfant du sexe féminin qu'elle nous présente et auquel elle déclare vouloir donner les prénoms de Simone Pauline…

Tel est l'acte de naissance de ma mère. Je ne peux le lire sans pleurer. *Dix-sept ans*, *célibataire*, ces mots me bouleversent. Je dois les relire pour bien me pénétrer de leur sens : Marguerite Savaete, ma grand-mère, a accouché de ma mère à dix-sept ans, sans être mariée. Fille-mère.

Aujourd'hui encore, cette situation, quoi qu'on prétende, n'a rien d'enviable. Au début du siècle passé, et tout particulièrement dans le Nord, très attaché aux traditions religieuses, elle était dramatique. Dans cette région en majorité ouvrière où régnait une grande pauvreté, le moralisme était étouffant. Pauvre, on se devait d'être digne. « Fauter » avant le mariage, mettre au monde un enfant sans père, c'était perdre toute morale et s'exposer au mépris général.

Ma grand-mère en restera marquée toute sa vie. Ma mère et moi-même en subirons les effets.

Alfred Renard, mon grand-père, faisait son service militaire. Il semble qu'il ait rencontré Marguerite, ma grand-mère, dans un bal, au cours d'une permission.

Décidément, les bals ne réussissaient pas aux filles de mémère. Angèle, la première, était morte des suites d'un chaud et froid contracté à la sortie d'un bal. Elle aussi n'avait que dix-sept ans.

En marge de l'acte de naissance cité plus haut, on peut lire cette inscription :

Par l'acte de leur mariage célébré à la mairie de Nieppe le 13 août mille neuf cent six, Renard Alfred Eugène et Savaete Marguerite Léonie ont reconnu et légitimé par suite de leur union l'enfant dont la naissance est constatée dans l'acte ci-contre.

Il s'est donc écoulé un an jour pour jour entre la naissance de ma mère et le mariage de ses parents.

La durée du service était à l'époque de deux ans. On peut imaginer qu'Alfred ait voulu attendre d'être dégagé de ses obligations militaires pour se marier. Mais rien ne s'opposait à ce qu'il légitime son enfant dès sa naissance, ce qui aurait sinon effacé, du moins atténué, la « faute » de sa future épouse – étant entendu que le mâle qui trousse à la va-vite une jeune fille au sortir d'un bal ne commet, lui, aucune faute. Pour une raison ou une autre, il ne l'a pas fait. Peut-être n'était-il pas enchanté à l'idée d'être père sans l'avoir voulu. Par maladresse, somme toute. Peut-être ne s'est-il finalement résigné à l'idée du mariage qu'à la suite d'obscures tractations. Je n'en sais rien.

Marié de gré ou de force, mon grand-père, par la suite, se montra particulièrement jaloux de sa femme. Il était wattman et conduisait le tramway qui brinquebalait sur onze kilomètres entre Armentières et Bailleul. L'idée que son épouse était exposée en son absence aux regards concupiscents des ouvriers venus à l'Alliance – c'était le nom de l'estaminet – manger une soupe, boire une bistouille ou taper la belote, lui était insupportable. Le soir, quand il rentrait, c'étaient des reproches amers, des disputes à n'en plus finir, des coups, une vie d'enfer dont était témoin la petite Simone, ma mère. Encore un « brave homme », à n'en pas douter, pour qui une bonne taloche valait toutes les preuves d'amour.

Finalement, mémère, pour rétablir l'harmonie dans le ménage, décida de se passer des services de sa fille. C'est ainsi que ma grand-mère alla s'installer dans un coron voisin et se consacra exclusivement à la couture, activité casanière qui rassura pleinement son mari.

En 1914, celui-ci, âgé de trente ans, fut mobilisé. Blessé en 1916, il revint à Nieppe avec, enfoncé dans le crâne, un éclat d'obus dont les chirurgiens n'avaient pu l'opérer. Il en souffrit le martyre sa vie durant, accablé de migraines épouvantables.

Il mourut en 1937. L'éclat d'obus fiché dans sa boîte crânienne depuis 1916 s'était brusquement déplacé. La chirurgie avait bien fait quelques progrès entre-temps, mais on renonça pourtant à l'extraire. Entre la mort possible et la mort assurée, personne ne voulut trancher. Le sort s'en chargea.

Ses derniers jours furent épouvantables. Il me réclamait, on m'emmena le voir à l'hôpital pour l'embrasser une dernière fois. Depuis le long couloir sur lequel donnait les chambres, je l'entendis qui hurlait mon nom : « Jacqueline ! Jacqueline ! » Je l'aperçus, allongé dans son lit, le visage tordu de douleur, la tête surmontée d'un énorme pansement blanc qui lui faisait comme un turban.

Seul son regard restait intact, ces yeux bleus qu'il m'a légués. Merci, grand-père.

Chose étrange, Marcel Boute, le second mari de ma mère, fut affligé également d'atroces maux de tête. Lui n'avait pas fait la guerre, ni la grande ni celle qui suivit où il échappa au STO grâce à maman. Mais on découvrit à sa mort qu'il avait une tumeur au cerveau. J'en fus honteuse car moi qui ne l'aimais pas, j'avais toujours pensé qu'il jouait la comédie pour se faire plaindre.

Preuve que les enfants devenus adultes restent éternellement des enfants, habités par ce rapport exclusif qu'ils entretiennent avec leurs parents dont ils s'approprient la vie, quand bien même ils en ignorent l'essentiel.

Chapitre deux

Papa s'envole !

Tous deux nés en 1905, mes parents avaient le même âge à un mois près. Comment se sont-ils connus ? Sur une scène de théâtre. Les gens du Nord aiment la compagnie, ils fréquentent quantité d'associations, chorales, harmonies, sociétés de gymnastique, amicales colombophiles et autres clubs philatéliques. C'était du moins le cas jusqu'à une époque récente. Aujourd'hui, le chômage qui ravage la région pousse au repli sur soi et tue des traditions qui paraissaient immuables. Ce petit peuple du Nord, dont je suis issue, de crise du textile en crise du charbon et crise tout court, souffre sans doute plus en ce début du XXIe siècle qu'il ne souffrait du temps de ma jeunesse.

Le jeune Edmond faisait partie de l'harmonie municipale, il jouait de la trompette, c'était sa fierté. On pouvait le voir défiler avec la fanfare, en fin de semaine, dans les rues de Nieppe, revêtu de son bel uniforme, ou animer des matinées récréatives et des galas de charité dans les villages avoisinants. Il ne dédaignait pas pour autant interpréter des petits rôles dans des saynètes en patois, occasion pour lui, je l'imagine, de rapprochements avantageux avec la gent féminine. C'est exactement ce qui se passa avec ma mère : dans l'une de ces courtes pièces, il tenait le rôle du mari et elle, celui de la femme aimante qui l'accueillait le soir, aussi amoureuse qu'impatiente.

« *Min p'tit pouchin, vin m'vir par ichi que cht'imbrass !* »

Respectant scrupuleusement les indications scéniques, il la prenait alors dans ses bras et lui rendait ses baisers, tout en débitant des niaiseries.

Il n'en fallut pas plus pour qu'ils tombent amoureux l'un de l'autre.

Malgré ses vingt ans, maman était très surveillée. Ma grand-mère eut tôt fait de repérer ce beau garçon à l'allure espagnole qui rôdait autour de l'Alliance. Pas question qu'il approchât sa fille de trop près. Mère célibataire à dix-sept ans, elle était encore hantée par le souvenir de son infortune et se méfiait de ce jeune mâle visiblement doté de solides appétits.

Heureusement, Edmond fut appelé au service militaire et, hormis quelques permissions où ils se rencontrèrent furtivement, les échanges avec ma mère se firent exclusivement par lettre, ce qui reste et de loin le moyen de contraception le plus sûr.

Démobilisé deux ans plus tard, maman lui parla mariage. Il fut loin d'être enthousiasmé. Rien ne pressait, ils étaient encore jeunes. Flirter lui suffisait bien. Sans doute avait-il d'autres occasions, au hasard des bals et des fêtes de village, de contenter sa nature vigoureuse sans qu'il soit nécessaire, pour y parvenir, de s'engager pour la vie. Ma mère insista et, comme il tenait à elle, il céda. Le mariage eut lieu le 23 avril 1927 à la mairie de Nieppe. De l'événement subsiste une photo que j'ai sous les yeux. Les voici au bras l'un de l'autre, mes très jeunes parents, dont le chemin commun débutait ce jour-là et s'achèverait vingt ans plus tard dans des circonstances dont j'ai découvert hier soir seulement à quel point elles furent douloureuses.

Je sais qu'il y eut une cérémonie religieuse, j'imagine qu'elle fut suivie d'un repas de noces. Eut-il lieu à l'Alliance, je l'ignore. Les deux familles ne s'appréciaient guère. Bien que du même monde, il y avait entre elles une grande différence de mentalité. Les uns, mon père y compris, n'avaient guère bougé de chez eux, leur univers avait quelque chose d'étriqué, toute innovation les inquiétait, toute intrusion étrangère suscitait leur méfiance. Les autres, côté maternel, avaient vécu plusieurs années dans la région parisienne entre 1917 et 1925. Ils avaient connu un autre mode de vie, d'autres aspirations, ils y avaient gagné une ouverture d'esprit dont ils ne se départiraient jamais.

Mais au-delà de ces différences culturelles et de façon plus inexplicable, aussi bien mémère, malgré ses cent kilos et son éternel tablier noir, que grand-mère ou maman possédaient une noblesse naturelle, une élégance innée, bref une classe qui en imposait à tous et forçait le respect. De cela, la famille de mon père était obscurément consciente, elle le ressentait comme une injustice et en éprouvait une grande jalousie.

Ces années vécues à Paris par ma famille maternelle eurent, je m'en rends compte, des conséquences décisives pour moi. Car si ma mère n'avait pas connu, jeune fille, la vie de la capitale, si elle n'y avait pas conservé des connaissances et si, au fond d'elle-même, elle n'avait pas gardé le désir secret d'y retourner un jour, jamais elle n'aurait accepté qu'âgée de seize ans à peine, j'aille à mon tour y tenter ma chance.

Début 1917, me racontait ma mère, Nieppe fut bombardé et l'estaminet de mémère entièrement détruit. Il fallut fuir la zone des combats. Mes grands-parents avaient des amis belges qui s'étaient réfugiés dans la banlieue parisienne. Rassemblant le peu qui leur restait, ils prirent le train avec mémère et maman, et débarquèrent chez eux, à Vanves, où ils s'installèrent.

Mon grand-père trouva à s'employer dans une entreprise de vins et spiritueux, grand-mère, avec l'aide de mémère, se remit à la couture dans la minuscule salle à manger transformée en atelier de confection, et maman, âgée de douze ans, fut inscrite à l'école communale à Vanves.

À distance, j'admire cette famille en exil, capable de s'inventer de toutes pièces une nouvelle vie, certes très modeste, mais non dénuée de satisfactions. D'après ma mère, on riait beaucoup à la maison, grand-mère chantait en actionnant le pédalier de sa machine à coudre Singer et mon grand-père l'emmenait danser tous les samedis soir.

Je ne m'aventurerai pas plus loin dans cette description idyllique, elle gomme sans doute bien des aspérités. Une réalité autrement cruelle vint d'ailleurs rapidement gâcher le beau tableau. Grand-mère, épuisée par le travail, avait perdu le goût de vivre. Elle souffrait du dos et des jambes, ne dormait plus. Un *burn out*, comme on dirait aujourd'hui. La paie de mon grand-père était minime. Si les maisons de mode pour lesquelles travaillait ma grand-mère n'étaient plus livrées, c'était la ruine assurée.

Maman, de sa propre initiative, décida de quitter l'école et de chercher du travail. Elle avait treize ans.

Une fabrique de cigarettes à l'eucalyptus l'embaucha, elle y resta peu de temps, trouva un meilleur emploi à l'imprimerie Desfossés où elle fut engagée comme brocheuse. Elle travaillait vite et bien, elle fut appréciée. Bientôt, elle rapporta à la maison un salaire supérieur à celui de mon grand-père. Mais son ambition était autre. Aussi bien à la fabrique de cigarettes que chez Desfossés, elle s'était rendu compte que certaines travaillaient au calme dans des bureaux confortables tandis qu'elle-même et ses camarades trimaient dans des ateliers où l'on gelait l'hiver et suffoquait l'été. La conclusion s'imposait : devenir à son tour dactylo. Elle s'ouvrit de son projet à ses parents, on réunit tant bien que mal la somme nécessaire et elle s'inscrivit à l'école Remington, rue Lecourbe. Par nécessité, elle apprit vite, corrigea avec une facilité surprenante une orthographe déficiente et acquit une formation qui lui permit d'exercer ensuite, des années durant, la profession de sténodactylo-facturière. Piètre ambition et maigre résultat, dira-t-on. C'est qu'il est difficile à présent de mesurer la formidable promotion que représentait, pour une adolescente vouée de naissance à des tâches subalternes, le fait d'accéder à un emploi qualifié. Elle avait désormais un métier entre les mains et même si elle n'en profita que partiellement par la suite, elle avait gagné, grâce à son courage, la possibilité d'être responsable de sa propre vie, indépendante, en un mot.

Son dernier emploi à Paris, elle l'exerça en plein cœur de la capitale, rue du Quatre-Septembre, à la Société industrielle des téléphones. Ce furent sans doute les plus belles années de sa jeunesse. L'animation des boulevards, les copines de boulot, une certaine Charlotte avec qui elle allait au cinéma le dimanche, le Châtelet où elle fut émerveillée par le faste de *Michel Strogoff*, les bals rue de Belleville, c'étaient – malgré la surveillance tatillonne de grand-mère, la lourdeur des horaires de travail, les longs retours à la nuit, vers le petit logement de la rue Normande, à Vanves – des moments de rêve et d'exaltation qu'elle n'oublierait jamais.

Hélas, en 1923, mon grand-père décida de rentrer dans le Nord. Sa région lui manquait, il était temps que la parenthèse parisienne se referme.

Sans doute aussi ma grand-mère, toujours obsédée par l'idée de préserver sa fille de la « faute » qui l'avait si durement marquée, s'inquiétait-elle de voir ma mère lâchée librement dans une ville immense et dangereuse, échappant chaque jour un peu plus à son contrôle. Rentrer au pays signifiait qu'elle pourrait plus facilement la tenir à l'œil et l'amener tout doucement vers un mariage conforme à ses vœux.

L'union de ma mère et d'Edmond Ente correspondait-elle exactement à ce qu'elle avait espéré pour sa fille ? Quelles pensées remuait-elle, en ce jour d'avril 1927, tandis que les héros de la fête échangeaient des regards énamourés ? On peut imaginer qu'elle se satisfaisait d'une solution à ses yeux raisonnable et qu'elle respirait enfin en pensant que dans quelques heures, sa fille, ma future mère, pourrait faire tous les enfants qu'elle voudrait sans craindre le déshonneur et la honte.

*

Ce que je viens de raconter, je le tiens de ma mère, de ma grand-mère, de mémère. C'est une vérité de seconde main, déjà interprétée, rectifiée et parfois recréée de toutes pièces.

Les souvenirs que je vais évoquer, en revanche, concernent ma propre enfance et la netteté avec laquelle ils sont restés gravés dans ma mémoire, s'ils n'en garantissent pas l'exactitude, leur donne du moins l'intensité de la chose vécue.

J'ai dit comment nous vivions dans ce coron, rue de Gand, mes parents dans une chambre, mémère et moi dans une autre. Mon père était camionneur. Il transportait de grandes pièces de drap qui étaient mises à blanchir sur les prés, au bord de la Lys. Son usine se trouvait dans le no man's land de cinq cents mètres de large entre la France et la Belgique. Parfois, le soir, il klaxonnait, je courais le rejoindre et terminais le trajet assise sur ses genoux, les mains posées sur le volant du gros camion, aux anges.

Rentré à la maison, il avalait à la hâte une assiette de soupe et, nous embrassant, filait retrouver les copains. Résignée, ma mère mettait ses pantoufles à tiédir dans le four, disposait son pyjama sur une chaise devant le poêle et préparait une cafetière qu'elle posait sur le bord du fourneau pour qu'il trouve son café bien chaud quand il rentrerait. Puis elle s'asseyait et l'attendait.

Perpétuellement de bonne humeur, mon père refusait de se faire de la bile et s'abandonnait à la providence pour régler les petites difficultés de la vie. Certes, ma mère aurait préféré qu'il passe un petit peu plus de temps à la maison, mais elle était tolérante et n'avait pas hérité du caractère autoritaire de ma grand-mère. Elle appréciait la gentillesse de son mari qui, à l'occasion, ne refusait pas de donner un coup de main ou d'exécuter de menus travaux à la maison, ce qui était loin d'être le cas de la majorité des hommes. C'est ainsi qu'il avait repeint au brou de noix imitation chêne toutes les boiseries, traçant les veinures avec un peigne et les nœuds du bois avec le pouce. Ma mère était très fière de ses talents.

À ses yeux, c'était un phénomène, un être un peu à part, un artiste en somme. Il n'y avait pas une fête où il ne fût invité, pas un mariage dont il ne fût le boute-en-train, puisant dans un vaste répertoire tout un lot de blagues dont il régalait un public acquis d'avance.

Mon père était un bavard impénitent. On s'aperçut très vite que j'avais hérité de lui sur ce point et il arrivait que mémère, épuisée par mes jacasseries, m'expédie dans la cour pour ne plus m'entendre. Je rejoignais alors mon chien Rex dans sa niche et poursuivais devant cet auditeur complaisant le monologue interrompu.

Le seul point noir, mais il était de taille, c'était le vendredi. Ce soir-là, il y avait répétition de la fanfare. Mon père passait en vitesse à la maison récupérer sa trompette et repartait sans prendre le temps de manger un morceau.

« Dis, Edmond, tu rentreras tôt, cette fois ? implorait ma mère.

– Ne t'inquiète donc pas, Simone », répondait mon père qui galopait déjà vers la salle des fêtes.

Il n'était pas question de manquer le début de la répétition. Il y avait, chez ces amateurs, un respect extrême de la musique qui se manifestait aussi bien dans leur assiduité, que par le soin qu'ils prenaient de leur instrument et l'acharnement avec lequel ils bûchaient des partitions beaucoup plus complexes qu'il n'y paraissait. Les différentes sociétés musicales, harmonies, batteries-fanfares rivalisaient entre elles de commune à commune et s'affrontaient dans des concours âprement disputés. Les meilleures étaient très convoitées. On sollicitait leur concours dans les kermesses et les fêtes patronales – les « ducasses », ainsi qu'on les appelait – qui, un dimanche ici, un dimanche ailleurs, se déroulaient l'hiver durant dans le Nord et en Wallonie. Appréciable compensation pour ces ouvriers, ces petits employés, ces agriculteurs qui avaient rarement l'occasion d'échapper à la grisaille quotidienne et voyaient ainsi leurs efforts justement récompensés.

Mon père et ses camarades répétaient donc avec le plus grand sérieux jusqu'à dix heures du soir, chacun donnant le meilleur de lui-même dans une ambiance appliquée et parfois même sévère. Ensuite, comme disent les rugbymen, c'était la troisième mi-temps.

On faisait la tournée des cafés, on mangeait de solides casse-croûte et, pour les faire passer, on avalait des flots de bière. Puis on buvait des petits verres de genièvre jusqu'au moment où le dernier café ouvert mettait tout le monde dehors. À la suite de quoi mon père rentrait à la maison fin saoul.

Ma mère appelait alors mémère au secours et toutes deux, avec mille difficultés, montaient mon père à l'étage. Brutalement tirée du sommeil, j'assistais à l'opération, pieds nus, en chemise de nuit, grelottante et très impressionnée.

Tout le temps que durait l'ascension, mon père s'excusait en larmoyant :

« Pardonne-moi, Raymonde, s'il te plaît !

– C'est curieux, remarquait ma mère. Chaque fois qu'il est ivre, il m'appelle Raymonde. »

Mémère, confuse, piquait du nez.

« Ma foi, oui, c'est curieux », ponctuait-elle prudemment.

Et mon père de poursuivre sa complainte :

« Raymonde, dis-moi que tu me pardonnes ! »

On l'étendait sur le lit, ma mère le déshabillait sommairement et remontait l'édredon. Un peu réconforté, mon père, passant d'un registre à un autre, nous fixait alors d'un air agressif. Plissant les paupières, ses yeux devenus deux minces fentes, il grondait comme un animal : « Rrrrrr ! Rrrrr !… »

On s'attendait à le voir nous sauter à la gorge.

Prudente, mémère me saisissait par le bras.

« Viens, mon petit poutch. On va se coucher nous autres. »

Elle m'entraînait, laissant mes parents se débrouiller entre eux.

Le lendemain, mon père avait tout oublié.

« Explique-moi pourquoi tu m'appelles Raymonde dans ces moments-là, demandait ma mère en toute candeur.

– Non ! Je t'appelle Raymonde ? s'étonnait mon père.

– Mais oui.

– Simone, Raymonde, ça se ressemble un peu. C'est des prénoms courants », concluait mon père sans se démonter.

Il leur fallait bien jusqu'au soir pour se réconcilier. Je pense que, dans l'intimité de leur chambre, mon père devait sortir le grand jeu et se dépenser sans compter pour la plus grande satisfaction de ma mère, balayant ainsi définitivement tout reste de dépit.

Si bien que nous pouvions profiter pleinement du dimanche, jour magnifique entre tous. Le matin, mon père, s'il n'y avait ni bal ni défilé, traînait en pantoufles et pyjama, écoutait des chansons à la TSF, faisait sa culture physique dans le jardin derrière la maison. Je le suivais comme un petit chien, il était gai, il rayonnait de santé, je l'adorais.

Rien à voir avec l'homme qui nous fixait en grognant comme un chat en colère deux soirs plus tôt.

Après le déjeuner, ma mère sortait le petit cigare qu'elle avait acheté tout exprès pour mon père et le lui remettait cérémonieusement.

« Je ne sais pas si tu l'as mérité. »

Il faisait l'innocent, la gratifiait d'un baiser et fumait avec délectation son cigare, les deux pieds posés sur la grille du poêle.

Puis nous traversions le pont sur la Lys et allions au cinéma à Armentières. Qu'on ne me demande pas de citer les films dont je me souviens, je les mélange allègrement. Comme si je n'avais vu, durant mes années d'enfance, qu'un seul film, très long, très embrouillé, combinant toutes les intrigues, mêlant les lieux et les nationalités et associant, dans un fabuleux casting, mes acteurs et actrices préférés.

À la nuit tombée, pressant le pas en hiver, flânant par les douces soirées de printemps, nous repassions le pont en sens inverse et rentrions chez nous. Mon père, qui vivait intensément les films et s'identifiait immédiatement aux héros masculins, surtout s'ils étaient jeunes, riches et séduisants, en rejouait les épisodes marquants, imitant les voix à la perfection et jouant successivement tous les rôles. Nous bénéficiions ainsi, ma mère et moi, d'une deuxième séance, gratuite celle-ci. Mon père n'en restait pas là. Rentré à la maison, il s'estimait tenu de donner une représentation supplémentaire à l'intention de mémère qui, malgré notre insistance, n'était pas venue avec nous.

« La prochaine fois », disait-elle. Car elle avait toujours du linge à repriser, des légumes à ramasser, le parquet à frotter et que, dimanche ou pas, tout instant dérobé au travail lui semblait un péché. Elle exigeait en revanche qu'on lui raconte le film dans le moindre détail et peut-être en profitait-elle mieux ainsi. Le cinéma, né trente ans après elle, lui inspirait une certaine méfiance. On ne réalise pas à quel point, pour les gens de cette génération, la faculté propre au cinéma de passer instantanément d'une scène à une autre avait quelque chose de troublant. À peine avait-on quitté une actrice en robe de chambre dans son boudoir qu'on la retrouvait à l'opéra en tenue de soirée. Où avait-elle pris le temps de se changer ?

Mon père, au contraire, marquait des pauses, prenait soin d'expliquer la situation, mémère, ravie, pouvait rêver à son aise. Et comme, tandis qu'elle écoutait, ses mains s'activaient – lentilles à trier, torchon à ourler – elle en profitait sans remords.

Ainsi prolongions-nous toute la soirée les merveilleux instants vécus dans la salle et pour le prix d'une séance profitions de trois.

Astuce de petites gens.

Lorsque, en été, je demandais ce qu'on jouait au cinéma, mon père répliquait, goguenard : « On joue *Fermeture annuelle*. C'est pas un film pour les enfants ! » De la même manière qu'à la question : « Qu'est-ce qu'on fait ce soir ? », il répondait invariablement : « Ce soir, on va *au-lit-on-dort* ! »

En lieu et place du cinéma, mon père m'emmenait à la pêche avec ses deux frères, Daniel et Victor. Jambes nues, en culotte, je jouais dans le sable boueux tandis que mon père et mes oncles, dans un état de concentration proche de l'hypnose, traquaient les brèmes et, proies plus rares, les brochets et les carpes.

Je prenais bien garde de ne pas effrayer le poisson et m'interdisais, malgré mon envie, de courir sur le bord en levant haut les genoux pour provoquer des gerbes d'eau étincelantes. À intervalle régulier, quand l'un ou l'autre avait ferré un poisson, s'ouvrait une période d'intense agitation. Sous les encouragements et les conseils des deux autres, l'heureux pêcheur fatiguait l'animal, donnant du mou ou laissant filer la ligne alternativement, jusqu'à ce que, épuisé, il abandonne toute résistance.

C'est là qu'il fallait faire preuve d'une vigilance toute particulière car il n'était pas rare, alors qu'on croyait la prise assurée, que le poisson, dans un dernier sursaut, se décroche et prenne le large. Dans ces cas-là, le caractère excessif et fantasque de mon père reprenait instantanément le dessus. Je le vis, un dimanche, hurlant de rage, plonger tout habillé dans la rivière à la poursuite d'une carpe qui venait de lui échapper.

Loulou, bien des années plus tard, manifestera lui aussi un goût prononcé pour la pêche. Mais une fois acquis la tenue appropriée et le matériel dernier cri à propos duquel il s'était longuement documenté, je ne l'ai jamais vu, malgré son acharnement, attraper le moindre poisson.

Ce n'était pas le cas de mon père qui rentrait triomphant de nos parties de pêche et déversait un plein panier dégoulinant et frétillant sur la table de la cuisine. Non pas qu'il aimât le poisson, il l'avait en horreur et se gardait bien d'y toucher, mais il éprouvait une mâle satisfaction à nourrir sa famille du produit de ses exploits.

Mémère et maman, surmontant leur dégoût, écaillaient et vidaient, faisaient un court-bouillon et le soir, sous le regard comblé de mon père, nous mangions du bout des lèvres ces poissons bourrés d'arêtes, à la chair molle et à l'arrière-goût de vase persistant.

*

Un vendredi, les fantaisies de mon père faillirent lui coûter cher. Il avait fait un vent terrible toute la soirée. Rentrant vers une heure du matin sa trompette sous le bras, l'œil allumé, la démarche chancelante, mon père décréta que le temps était idéal pour voler.

« Voler ? interrogea ma mère d'une toute petite voix. Comment ça, Edmond ?

– Tu vas bien voir ! » répondit mon père.

Il s'empara d'un grand parapluie noir et s'engagea dans l'escalier. Mémère, sortie aussi vite de notre chambre que le lui permettait sa forte constitution, tenta de l'arrêter au passage.

« Vous feriez mieux d'aller vous coucher, Edmond. Vous volerez demain.

– Demain, y aura plus de vent. »

Un vasistas donnait sur le toit, il se faufila à l'extérieur, avec sa trompette et le parapluie. Adossé à la cheminée, vacillant sous l'effet conjugué de l'ivresse et des terribles bourrasques qui, venues de la mer, balayaient la ville, il ouvrit le parapluie d'une main et, de l'autre, entonna la sonnerie du réveil sur sa trompette : « Soldat, lève-toi, soldat, lève-toi… »

Il faut imaginer ma mère et mémère épouvantées, leurs têtes s'encadrant dans l'ouverture du vasistas, suppliant mon père de bien vouloir mettre fin à ses excentricités. Et moi, toute petite entre elles deux, à la fois terrorisée et pleine de curiosité.

Comment mon père allait-il s'y prendre pour voler ? Mon admiration et ma confiance en lui étaient telles que je ne doutais pas qu'il le fît.

Peu à peu, des lumières s'allumèrent d'un bout à l'autre du coron, des volets s'ouvrirent, des silhouettes se penchèrent pour apercevoir l'énergumène qui les tirait du sommeil au beau milieu de la nuit. C'est probablement ce qu'attendait mon père : un public. En bon comédien, il le tint un moment en haleine. Sauterait-il ? Sauterait-il pas ?

Aux fenêtres, les gens grelottaient, en maillot de corps ou dans leur mince chemise de nuit.

« Vas-y, Edmond, qu'est-ce que tu attends ? Saute ou fous-nous la paix ! criait-on, impatienté.

– Un peu que je vais sauter ! hurlait mon père. J'attends un bon coup de vent. »

Il s'avança sur le bord du toit, une rafale s'engouffra dans le parapluie, il sauta ou fut emporté.

On le ramassa sur le pavé de la cour. La colonne vertébrale brisée ? Les membres rompus ? Même pas.

Une cheville foulée.

Le lendemain, ma mère ne lui parla pas de la journée. Le soir, enfermés dans leur chambre, ils se réconcilièrent. Le dimanche, mon père avait son petit cigare.

*

Voilà comment nous avons traversé ces années d'avant-guerre. Était-ce le bonheur ? Je me garderais de l'affirmer. Ai-je eu une enfance heureuse ? Je ne dirais pas ça. J'ai été une enfant heureuse, ce qui n'est pas tout à fait la même chose. Ma mère a certainement souffert du caractère inconséquent de mon père. Mais elle ne l'accablait pas de reproches, elle prenait le bon et s'efforçait d'oublier le reste.

A-t-on vraiment le temps d'y penser lorsqu'on se lève le matin à six heures, qu'on parcourt plusieurs kilomètres à bicyclette pour rejoindre la fabrique de tissage Hacot Frères à Houplines, et que rentré chez soi dix heures plus tard, on trouve encore l'énergie de faire des mises en plis aux voisines ? Car c'était le moyen qu'avait trouvé maman pour améliorer sa paie, s'initiant à la coiffure grâce à une vague cousine qui travaillait dans un salon à Armentières.

Mon père, d'ailleurs, malgré ses dérapages de fin de semaine, bossait dur lui aussi et partageait une morale du travail identique. En 1936, lors des grandes grèves, tandis que les ouvriers défilaient, drapeaux rouges en tête, dans les rues de Nieppe, il se postait sur le bord du trottoir, juché sur une caisse, et les invectivait :

« Bande d'abrutis ! Vous serez bien avancés quand il y aura plus de patrons ! Plus de patrons, plus d'ouvriers ! »

« L'Internationale » couvrait ses paroles. Les manifestants, croyant que cet homme qui s'époumonait était un fervent partisan de la lutte des classes, le saluaient du poing.

C'était une vie de labeur et la fatalité du travail, sa répétition immuable jour après jour, année après année, servait d'excuse pour ne pas penser. Je ne suis pas certaine d'avoir vécu différemment, même si, en apparence, mon existence s'est déroulée de façon tout autre.

Chapitre trois

Drôle de guerre

À la déclaration de guerre, en septembre 1939, mon père fut mobilisé et son camion réquisitionné. Livreur il était dans le civil, livreur il serait en temps de guerre. Il fut affecté dans une boulangerie industrielle à Ergny, dans le Pas-de-Calais. Un dimanche sur deux, maman prenait le volant de la voiture familiale, une Renault baptisée *Gertrude* achetée d'occasion, et nous lui rendions visite, parcourant en moins de deux heures, pause comprise, les soixante-dix kilomètres qui nous séparaient d'Ergny.

Mon père nous attendait, aussi heureux de nous voir arriver qu'il le serait de nous voir repartir en fin de journée, car c'était un homme qui s'accommodait de tout. Là où d'autres se désolaient, lui voyait d'abord matière à plaisanter. Il aimait les copains, les joyeuses tablées et par-dessus tout les femmes. La drôle de guerre, fort bien nommée de son point de vue, lui fournissait l'occasion rêvée d'être libre de ses mouvements, sans contrainte ni remords.

Je vénérais mon père, c'était mon héros, je lui trouvais fière allure dans l'uniforme kaki qu'il portait avec désinvolture, calot de travers, mains dans les poches, cigarette au bec. J'avais une totale confiance en lui.

Le problème, c'est que ma mère était dans le même état d'esprit que moi. Elle adorait cet homme. Il l'aimait, il était travailleur, il ramenait scrupuleusement sa paie à la maison, il ne la battait pas, elle s'estimait comblée. Qu'il puisse lui être infidèle ne lui venait absolument pas à l'esprit.

Courant avril 1940, alors que pas un seul coup de feu n'avait encore été tiré entre les belligérants, mon père, qui généralement professait que d'autres étaient payés pour penser à sa place, fut saisi de doutes. Un dimanche, ma mère lui trouva un air entre deux airs. Elle s'inquiéta.

« Ça va pas, Edmond ? »

Il se dandinait d'un pied sur l'autre, mal à l'aise.

« Ben réponds ! Tu as fait une bêtise ? On t'a puni ? »

Car elle savait de quelles folies il était capable quand il avait un coup dans le nez. Il hocha la tête.

« Non, non…

– Alors quoi ? »

Il soupira. Puis à voix basse :

« Tu vois, Simone, je crois qu'on va perdre la guerre.

– Où vas-tu chercher ça ? répondit ma mère, croyant à l'une de ses blagues.

– La semaine dernière, on nous a distribué des cartouches mais pas de fusils. Hier, ils nous ont donné des fusils, mais ils ont repris les cartouches. »

Hélas, ses prévisions ne tardèrent pas à se vérifier. Le 10 mai 1940, l'Allemagne passait à l'offensive, le 12, la France était envahie.

On ne peut imaginer la panique qui, dans le Nord, s'empara des populations à l'annonce de l'avancée des troupes allemandes. Les souvenirs encore vivaces de la guerre de 1870 et surtout des premiers mois de la guerre de 1914, qui virent se multiplier les exactions allemandes en Belgique mais aussi en France, provoquèrent une fuite éperdue pour échapper aux Fritz, aux Fridolins, aux Boches. Aucune consigne officielle, pas la moindre tentative de la part des autorités de canaliser le mouvement. Au contraire, mairies, préfectures, sièges d'administration furent bien souvent abandonnés, toutes portes ouvertes, les responsables et le personnel, épouvantés, n'étant pas les derniers à décamper.

La maison Hacot Frères, tissage mécanique de toiles, qui employait ma mère comme sténodactylo-facturière depuis février 1926, s'était repliée, patron en tête, à Rennes, où elle disposait d'une filiale.

« Que ceux qui le souhaitent essaient de nous retrouver là-bas ! » avait dit Édouard Hacot à son personnel avant de lever le pied, un peu comme les occupants du dernier canot de sauvetage prodiguent des encouragements aux passagers restés à bord du navire sur le point de sombrer.

Maman n'hésita pas un instant. Elle tenait à son boulot, mais plus encore, elle vouait un culte à Monsieur Édouard pour qui elle se serait fait hacher menu s'il le lui avait demandé. Le laisser tomber en pareilles circonstances était impensable. Dans l'intérêt supérieur de son entreprise, Monsieur Édouard avait choisi Rennes, elle le suivrait à Rennes quoi qu'il advienne.

C'est ainsi qu'elle était, maman. Humble jusqu'à la soumission, bonne à en être naïve, faible avec les hommes qui, de par leur seule qualité de mâle, lui inspiraient crainte et déférence.

En quelques heures, nous fûmes prêtes à partir. Grand-mère accrocha un écriteau : *Fermeture provisoire* à la devanture de l'épicerie-café-mercerie qu'elle avait prise en gérance à la mort de mon grand-père. Maman colla sur la boîte à lettres l'inscription : *Prochainement de retour*. L'espoir fait vivre, dit-on.

Deux matelas arrimés sur le toit, la bicyclette de maman fixée on ne sait trop comment sur le flanc droit, tout un fourbi débordant de la malle arrière maintenue entrebâillée par des sangles, notre Renault courut donc se jeter dans le piège de l'exode où, sitôt les premiers kilomètres franchis, elle se retrouva en nombreuse compagnie.

Je serais bien en peine de retracer ce qui pouvait alors traverser ma cervelle d'enfant. Crainte et angoisse très certainement, mais aussi excitation du voyage, attrait de l'imprévu et, par-dessus tout, sentiment qu'avec mes trois femmes auprès de moi, rien de vraiment grave ne pouvait m'arriver.

Six cents kilomètres séparent Nieppe de Rennes. À peine avions-nous dépassé Hazebrouck, à moins de trente kilomètres de chez nous, que nous subissions notre première attaque aérienne allemande. Encore novices en la matière, nous demeurâmes figées de terreur dans notre véhicule, tandis que les passagers des voitures qui nous précédaient, déjà rompus à l'exercice, avaient jailli de leur auto et s'étaient aplatis dans les fossés sitôt qu'ils avaient aperçu au loin les avions fonçant en piqué sur notre convoi. On apprend vite, dans ces moments-là : dès l'attaque suivante, nous suivîmes leur exemple. À l'exception de mémère qui, du fait de son poids, refusa catégoriquement de se livrer à cette gymnastique et resta vissée sur son siège tandis que les balles sifflaient autour d'elle. Maman, grand-mère et moi, le nez dans la boue du fossé, nous implorions le Tout-Puissant de la prendre sous sa protection.

Tout ceci, attaques aériennes, courses folles vers les bas-côtés, implorations divines et le reste, nous retarda considérablement.

Maman avait sagement prévu de faire des étapes courtes, cent cinquante kilomètres par jour tout au plus. C'était la technique du grignotage.

« Petit morceau par petit morceau, on finira bien par arriver à Rennes ! »

Mais bien vite il fut évident que cet objectif, pourtant modeste, était encore trop ambitieux.

La pagaille était intense. Aux carrefours, des gendarmes dirigeaient au petit bonheur la chance les malheureux fuyards vers des routes qui, quelques kilomètres plus loin, s'avéraient impraticables à cause des trous qu'y avaient creusés les obus allemands.

C'est ainsi que nous nous retrouvâmes bloquées à proximité d'un village qui répondait au nom légèrement dissuasif de Conchil-le-Temple. Ma mère repéra une grande ferme auprès de laquelle un certain nombre de voitures étaient déjà arrêtées. Profitant des circonstances, les fermiers, un couple de vieux, logeaient, ou plutôt entassaient, moyennant rétribution, les réfugiés dans leurs granges, hangars et autres dépendances plus ou moins délabrées.

« Par charité chrétienne ! pleurnichaient-ils. Pour ce que ça nous rapporte… »

Ma mère négocia un bout d'appentis, si étroit que nous fûmes contraintes de dormir assises. Il fallait parer au plus pressé. Mais dès le lendemain matin, elle chercha le moyen d'améliorer notre situation. Leurs fils mobilisés, les vieux fermiers se retrouvaient seuls pour accomplir toute la besogne. Les réfugiés, d'origine urbaine, ne leur étaient d'aucun secours. Maman saisit l'opportunité. Traire n'est pas sorcier, c'est un tour de main à acquérir. Elle observa la fermière et, la nuit venue, s'entraîna en douce. Deux jours plus tard, elle proposa son aide. En échange, la fermière – qui, entre-temps, s'était débarrassée des autres réfugiés devenus encombrants – nous alloua un coin de grange. Le soir, mémère sur son matelas, maman, grand-mère et moi sur de la paille, nous pûmes enfin nous étendre.

Nous pensions gagner les Boches de vitesse, ils nous avaient rattrapés. Poursuivre notre voyage vers Rennes était déraisonnable. Il fallait regagner Pont-de-Nieppe au plus vite.

Mais comment rouler sans essence ? Le réservoir de la Renault était à sec ou peu s'en fallait. Maman, intrépide, imagina de siphonner le réservoir de véhicules abandonnés par des soldats belges en déroute. L'opération semblait sur le point de réussir quand nous la vîmes revenir à la ferme, mains en l'air, escortée par deux chars allemands.

Les soldats sautèrent au sol et s'installèrent dans la cuisine de la ferme. Ils avaient avec eux des rations de chocolat en poudre et demandèrent à la fermière de leur en faire un bol. Elle s'exécuta. Quand il fut prêt, l'un des soldats me fit signe d'approcher. Il me prit sur ses genoux et comme un bon père de famille, voulut me faire boire. Mais malgré ses efforts, surmontant ma gourmandise et ma faim, je refusai d'y toucher. On m'avait fait la leçon : ne rien manger, ne rien boire de ce que donnent les Allemands, de crainte qu'il ne s'agisse de nourriture empoisonnée. À la grande surprise du soldat, le chocolat tiède dégoulinait de mes lèvres obstinément closes.

Heureusement, la mairie de Conchil-le-Temple procéda à une allocation de carburant. Nous pûmes recharger nos matelas sur le toit de *Gertrude*, réinstaller la bicyclette de maman sur le marchepied, bourrer la malle arrière jusqu'à la gueule, fixer les sangles au capot et reprendre le chemin de la maison.

Aux carrefours, ce n'étaient plus des gendarmes français mais des soldats allemands qui réglaient la circulation. La défaite prenait soudain un visage et ce visage ne nous plaisait pas.

Dix jours après notre départ précipité, nous étions de retour à Pont-de-Nieppe, épuisées et tristes.

*

À peine descendue de voiture, ma mère se précipita vers la boîte aux lettres. Arrachant l'inscription *Prochainement de retour* désormais superflue, elle l'ouvrit. La boîte était vide.

Voilà plus de trois semaines que nous étions sans nouvelles de mon père.

Balayées par l'offensive allemande, les troupes françaises s'étaient évaporées dans la nature. Seules subsistaient quelques poches de résistance.

Dunkerque était l'une de celles-ci.

Encerclés par l'armée allemande, les Français et les Britanniques combattirent dans la ville assiégée neuf jours durant, permettant ainsi d'embarquer le plus gros des effectifs pour le Royaume-Uni. Hélas, quarante mille hommes restèrent à terre et furent faits prisonniers par les Allemands.

Mon père en faisait-il partie ? Était-il mort au combat ou avait-il péri noyé, comme beaucoup, en essayant de grimper à bord des bateaux surchargés allant vers l'Angleterre ? Était-il seulement présent à Dunkerque ? Impossible de le savoir. Ma mère était accablée. L'espoir de trouver à son retour une ou plusieurs lettres de son mari avait joué pour beaucoup dans sa décision de regagner Pont-de-Nieppe.

Pour ne rien arranger, nous avions trouvé à notre retour la porte de l'épicerie-café-mercerie fracturée et la maison pillée. De bonnes âmes se chargèrent de nous chuchoter le nom des voisins qui, profitant de notre absence, n'avaient pas hésité à se servir. Grand-mère et maman n'étaient pas femmes à se laisser dépouiller sans réagir. Elles firent la tournée des maisons alentour pour récupérer leur bien. « C'était pour mettre vos affaires à l'abri. On pensait que vous étiez parties pour de bon », s'excusèrent les voisins indélicats. En somme, ils nous avaient détroussés pour nous rendre service.

On replaça la marchandise sur les rayons, on changea les carreaux cassés, on fit un grand nettoyage tel que les affectionnent les gens du Nord et tout rentra plus ou moins dans l'ordre.

À un détail près : les Allemands occupaient Nieppe.

Ce n'était pas sans conséquence.

Pour ne pas avoir à servir les Boches, grand-mère décida de maintenir fermée la partie café de son commerce. Héroïsme louable mais de courte durée : la Kommandantur, répertoriant les établissements susceptibles de servir à manger aux officiers, la contraignit à reprendre au plus tôt ses activités. Elle obéit. Pouvait-elle s'y opposer ?

Abandonnant la rue de Gand, maman, mémère et moi nous sommes établies Route nationale, chez grand-mère. Il fallait se serrer les coudes. Maman, provisoirement privée de travail, l'aida pour le service. Mémère fit de même côté cuisine. Et je suivis le mouvement.

Peu après le 4 juin 1940, des colonnes de prisonniers en route vers l'Allemagne commencèrent à traverser le village. C'étaient les soldats capturés à Dunkerque. Ils défilèrent sans interruption pendant quatre jours et quatre nuits, troupeau hagard et résigné.

Nous vîmes s'éloigner les derniers prisonniers sans avoir aperçu mon père. Maman sombra alors dans une profonde dépression. Elle se levait par force, accomplissait mécaniquement son travail au café-épicerie-mercerie, rentrait chez nous à la nuit, se jetait sur son lit et s'endormait d'un sommeil pesant, sans avoir rien absorbé de la journée hormis un bol de chicorée. Le 2 juillet, jour de mon douzième anniversaire, elle accepta une mince tranche du gâteau que mémère avait préparé. Excès qu'elle vomit dans le quart d'heure qui suivit.

Elle consentit à se peser chez le pharmacien et fut elle-même inquiète de constater qu'elle ne pesait plus que trente-cinq kilos.

C'est alors que ma grand-mère décida d'agir.

À cette époque, l'année scolaire se poursuivait jusqu'au 14 juillet. Entre la guerre, la drôle puis la vraie, l'absence d'un certain nombre d'élèves partis durant l'exode et jamais reparus, l'occupation allemande toute récente, il était grand temps que s'achève cette année chaotique dont les dernières journées nous paraissaient interminables. Partageant notre lassitude, nos maîtres nous laissaient baguenauder dans la cour des heures durant tandis qu'ils discutaient entre eux à voix basse, nous rappelant à l'ordre d'un coup de sifflet distrait quand nos jeux se faisaient trop bruyants.

C'est en rentrant à la maison, l'un des derniers soirs de classe, que j'entendis de loin les cris de maman. Des hurlements de bête blessée, des brames, des feulements. Comme si l'être entier tentait d'expulser une douleur si profonde, une souffrance si intolérable que les pleurs ne pouvaient y suffire. Soixante-dix ans plus tard, j'en garde encore le souvenir épouvanté.

La voix de grand-mère tentait de se faire entendre :

« Ton mari t'a toujours trompée ! Tout le monde est au courant sauf toi ! Et c'est pour cet homme-là que tu te laisses mourir ?

– Menteuse ! Méchante ! Je ne te crois pas !

– Demande à qui tu voudras.

– Tu mens ! Tu as tout inventé ! » hurlait ma mère.

Je la vis sortir dans la rue, hallucinée, menaçant d'aller se jeter dans la Lys. Mémère lui fit barrage de sa forte poitrine.

Je m'étais arrêtée à une dizaine de mètres de la maison, incapable de faire un pas de plus. Mémère se rendit compte de ma présence. Elle me fit signe d'approcher et me serra contre elle en soupirant.

Je compris par la suite qu'elle avait tout tenté pour empêcher ma grand-mère d'utiliser cette thérapie de choc. Mais rien n'y avait fait. Grand-mère, qui voyait sa fille dépérir un peu plus chaque jour, n'avait pas trouvé meilleur moyen de lui démontrer qu'elle se minait la santé « pour un homme qui n'en valait pas la peine ». Pari risqué dont les conséquences allaient durablement bouleverser la vie de ma mère.

Par ricochet, j'apprenais sans ménagement que mon père avait une maîtresse, que cette maîtresse était Raymonde, la tenancière du café Le Bureau, et que Jacques, son plus jeune fils, un garçon de mon âge, était probablement mon demi-frère.

Rude journée.

Pour prouver la véracité de ses dires, ma grand-mère fit venir le mari de Raymonde, lequel, craignant sa femme comme le diable, tolérait ses amours sans murmurer. Il amena avec lui une écharpe rouge qu'il avait trouvée, disait-il dans le lit conjugal. Écharpe que ma mère reconnut comme étant celle qu'elle avait tricotée pour mon père et dont elle lui avait fait cadeau pour son anniversaire. Ce bout de laine acheva de la convaincre.

Deux mois plus tard, nous reçûmes enfin la lettre tant espérée. Mon père était vivant. Il n'avait jamais mis les pieds à Dunkerque. Fait prisonnier dans des conditions qu'il ne prenait pas la peine de préciser, il se trouvait pour l'heure dans la région de Dortmund où il travaillait dans une ferme.

Pour finir, il assurait ma mère de tout son amour et couvrait sa petite fille chérie de baisers.

Maman lui répondit aussitôt.

Edmond, c'est fini. Tu es tombé de ton piédestal. Ne m'écris plus jamais. Comme tu as droit à deux lettres par semaine, je te demande d'en envoyer une à ta fille et l'autre à ton fils. Par contre, tu ne manqueras d'aucun colis. Sois certain d'une chose : jamais on ne reprendra la vie ensemble.

C'est ainsi que tous les quinze jours, durant les cinquante-huit mois de captivité de mon père, un colis partit vers l'Allemagne, bourré de conserves, de chocolat, de tabac à rouler et autres précieuses denrées. Et chaque lettre qu'elle recevait de mon père, maman la brûlait dans le poêle sans la lire.

Il n'avait pas pris ses menaces au sérieux. Optimiste de nature, il pensait qu'avec un peu de chance – et il n'en avait jamais manqué – tout finirait par s'arranger.

Du reste, il aimait profondément ma mère. Raymonde, c'était pour la gaudriole. Rien à voir.

J'en voulais beaucoup à ma grand-mère. De quel droit s'était-elle mêlée de nos affaires ? Par sa faute, ma mère était malheureuse comme les pierres et j'étais privée de mon père. Beau résultat.

Pour un enfant, le mensonge n'inclut pas forcément la notion de tromperie. Si un mensonge rend tout le monde heureux, pourquoi s'en priver ? Malgré quelques disputes sans conséquence, mes parents s'entendaient à merveille. Qui se préoccupait de Raymonde ? Ma grand-mère avait eu grand tort de tout chambouler.

Mémère, sans le dire, n'était pas loin de partager mon point de vue. Elle me rassurait.

« Patience, patience… »

Elle aussi pensait que ce petit accroc serait vite raccommodé.

C'était compter sans le caractère de ma mère. Faible avec les hommes, assurément, candide parfois, mais fière. Edmond avait abusé de sa confiance, par sa faute, elle avait été la risée de tout le village, elle ne le lui pardonnerait jamais, même si, en secret, elle ne cesserait jamais de l'aimer.

« C'est curieux, me disait-elle peu avant sa mort, je ne rêve jamais de Marcel. »

Marcel Boute, son second mari.

« Lorsque je rêve, reprenait ma mère, c'est toujours de ton père. De ton père et de toi petite fille. »

Chapitre quatre

Trahison

Comme je m'apprêtais à quitter la chambre de maman, hier soir, j'ai soudain aperçu sur le tapis une coupure de journal que j'avais laissé échapper par mégarde. La date n'y figurait pas, le nom de la rubrique était tronqué : *Arment…*

Je suppose que l'article était paru dans la page Armentières du *Grand Écho du Nord*, le quotidien qui a continué de paraître sous l'Occupation et sera fermé à la Libération pour collaboration. Il relatait un fait divers dont j'étais l'héroïne et c'est la raison pour laquelle ma mère l'avait conservé pieusement cinquante ans durant.

En titre : UNE JEUNE CYCLISTE ROULE SOUS UN CAMION.

En sous-titre : *Elle sort indemne de l'accident mais son vélo est broyé.*

Suivait la relation minutieuse de l'événement.

Un accident qui pouvait être mortel s'est produit lundi, à 15 h 15, à la place Thiers.

Jacqueline Ente, âgée de 14 ans, demeurant rue du Collège, 6, venait à vélo de la rue du Bayart et allait traverser la place Thiers quand arriva un camion qui se dirigeait vers la rue de Dunkerque. Elle passa derrière ce véhicule, mais ne put éviter un autre camion qui arrivait en sens contraire. Elle fut renversée par le lourd engin.

Quand le conducteur aperçut la jeune fille, celle-ci était déjà sous le véhicule. Il essaya de bloquer et vira à droite pour aller échouer dans une tranchée en bordure du trottoir, face au café Dufour, place Thiers.

Le vélo de la jeune fille était resté accroché aux roues du camion et se trouvait au fond de la tranchée.

Le conducteur, affolé, se rendit vivement à l'arrière de sa voiture pour porter secours à la cycliste qu'il croyait gravement blessée. Il fut stupéfait de la voir sortir de dessous du camion en passant entre les deux roues arrière. Elle n'avait qu'une égratignure à la main. Elle ne sait pas expliquer comment les choses se sont passées.

La roue avant et la fourche de son vélo sont broyées.

L'article aurait pu s'intituler TOUT EST BIEN QUI FINIT BIEN – excepté pour le malheureux vélo. Je ne garde aucun souvenir de l'accident, mais j'aime bien l'image de cette jeune fille qui roule sous un camion, passe entre les dix pneus, et s'en tire avec une égratignure. Je m'imagine un peu pâlotte mais souriante, sans doute assez fière de moi, et je mesure la chance phénoménale qui m'a accompagnée toute ma vie. Combien de fois par la suite, me suis-je tirée des pires difficultés comme j'ai surgi d'entre les roues du camion cet après-midi-là, égratignée mais vivante.

Et si ma mère avait si longtemps conservé cet article rédigé d'une plume malhabile, c'était aussi qu'elle y avait vu, j'en suis certaine, comme une métaphore de ce qu'allait être ma vie.

En juillet 1941, j'avais, contre toute attente, obtenu haut la main mon certificat d'études. Ma mère, souhaitant que je pousse jusqu'au brevet, m'inscrivit dès la rentrée au collège d'Armentières. Pour éviter des allers-retours incessants, elle décida de déménager et trouva par chance un logement rue du Collège, pile en face de l'établissement que j'allais fréquenter. Voisinage moins heureux, la Kommandantur occupait la partie gauche du collège, antérieurement école de garçons. Du coup, les classes étaient devenues mixtes, ce dont nul d'entre nous, garçon ou fille, ne songeait à se plaindre.

Mais si mes études en étaient le prétexte, la véritable raison pour laquelle ma mère avait décidé de quitter Pont-de-Nieppe était, on s'en doute, d'échapper aux regards narquois de tous ceux, et ils étaient nombreux, qui connaissaient ses déboires et, faisant mine de la plaindre, s'en divertissaient tout bas.

Au passage, elle se rapprochait d'Houplines où elle travaillait. Enfin, elle ne devait pas être mécontente de ne plus me voir traîner dans l'épicerie-café-mercerie tenue par grand-mère et mémère, où mes formes naissantes attiraient le regard appréciatif de la soldatesque qui venait y boire et s'y restaurer.

Je ne sais comment elle s'y prit financièrement, mais elle se débrouilla pour conserver le petit domicile rue de Gand afin que mon père, quand il rentrerait de captivité, puisse retrouver la maison intacte et continuer d'y vivre s'il le souhaitait. Elle n'emporta aucun meuble et laissa même sur place le piano qu'ensemble ils m'avaient acheté à mon grand déplaisir. C'est donc là que je continuais à me rendre, contrainte et forcée, deux ou trois fois par semaine, pour monter et descendre poussivement mes gammes et massacrer *Le Gai Laboureur* ou *Sur un marché persan*, car ma mère tenait à ce que mon père, à son retour, puisse constater mes progrès.

Mon père, j'y pensais sans cesse, et j'étais secrètement persuadé qu'à peine arrivé, il saurait renverser la situation et convaincre ma mère de reprendre la vie commune.

Voilà pourquoi je vis d'un très mauvais œil l'arrivée d'un autre homme dans la vie de maman.

Il s'appelait Marcel Boute, il était originaire d'Houplines et, peu de temps après leur rencontre, ma mère et lui se rendirent compte qu'avant d'aller travailler à Paris où il s'était marié vers 1937, il avait habité pratiquement sous les fenêtres du bureau où elle travaillait, chez Hacot Frères. Y virent-ils un signe ? C'est en tout cas le genre de détail qui, au moment où une relation se noue, lui donne une sorte de légitimité. On se découvre un passé commun et déjà des souvenirs. « Ça devait arriver », dit-on en se prenant la main pour la première fois.

Ouvrier chez Renault, il fut requis par le Service du travail obligatoire en 1943 et partit en Allemagne. Quelques mois plus tard, ayant obtenu une permission de huit jours, il décida de ne pas rejoindre son usine en Bavière et alla se cacher chez ses parents dans le Nord.

Fut-il victime d'une dénonciation, la traque aux réfractaires prit-elle soudain plus d'ampleur, toujours est-il que, lorsqu'il débarqua chez nous accompagné d'un copain prénommé Jules, ma mère m'expliqua que les deux hommes fuyaient le STO et qu'elle avait accepté de les planquer.

Peu de temps après, Jules disparut et il fut vite évident pour moi que maman et Marcel partageaient le même lit. Cela, je refusai de l'accepter.

Opposant Marcel à mon père, je trouvais à l'un toutes les excuses et les plus belles qualités et à l'autre tous les torts et les pires défauts.

Mon père était un héros, Marcel un planqué. Mon père, je le savais par les lettres qu'il m'envoyait régulièrement, en plus de celles qu'il adressait à ma mère et qui finissaient dans le poêle, trimait dans une ferme de Westphalie où, du fait du départ des hommes pour le front, il avait en charge tous les gros travaux. Marcel, sous prétexte de refuser le travail obligatoire, ne fichait rien d'un bout à l'autre de la journée. Je n'avais jamais vu mon père malade, Marcel disait souffrir d'horribles céphalées qui, selon lui, l'obligeaient parfois à rester enfermé des heures durant dans l'obscurité.

Comble de disgrâce, il avait des taches rouges sur le crâne, des envies, que je trouvais parfaitement repoussantes. J'avais en mémoire la belle silhouette de mon père, son sourire éclatant, le charme désinvolte avec lequel il portait son uniforme de simple troufion lorsque nous allions lui rendre visite le dimanche, à Ergny.

Enfin, pour parachever le tout, il s'appelait Boute. J'excitais ma rage en répétant son nom en boucle : « Boute-Boute-Boute ! » Rien qu'à la position des lèvres, on mesurait ce que ce nom pouvait avoir d'odieux.

L'atmosphère, rue du Collège, devint vite irrespirable. Les escarmouches avec Marcel se multipliaient. L'après-midi, après l'école, je traversais la rue en vitesse, impatiente d'allumer la radio pour écouter sur Radio Paris l'émission d'André Claveau « Cette heure est à vous », que le célèbre chanteur de charme dédiait tout spécialement aux jeunes filles et aux femmes et qui avait un immense succès. Surgissant à l'improviste, Marcel coupait la radio d'autorité.

« Fais d'abord tes devoirs ! »

Je bondissais.

« Je suis chez moi, vous êtes chez nous. Vous n'avez pas d'ordre à me donner ! »

C'était un intrus, il volait la place de mon père et rendait plus qu'improbable une réconciliation déjà très hypothétique et à laquelle, pourtant, je m'accrochais avec la dernière énergie.

« Jamais je ne retournerai vivre avec ton père, prévenait ma mère. Il m'a rendue trop malheureuse. »

Je refusais de la croire. Mémère, avec qui j'en parlais souvent, me confortait dans mes illusions. Sans doute y aurait-il un peu de tirage, au retour de mon père, mais le couple finirait bien par se ressouder. Ma grand-mère pensait de même.

« Jamais plus, répétait ma mère. Non, jamais je ne revivrai avec Edmond. »

Pourtant, lorsque, la harcelant, je cherchais à savoir ce qui se passerait le jour où mon père, enfin libéré, reviendrait d'Allemagne, elle me répondait, d'un ton d'avance résigné :

« Marcel est un homme marié. Après la guerre, il rentrera vivre à Paris avec sa femme, il me l'a dit. »

Et ainsi, sans le vouloir, elle laissait une petite porte ouverte à l'espoir et, du même coup, renforçait ma détermination. Non, Marcel n'aurait jamais sa place auprès de nous, j'en faisais le serment.

Voilà comment, pendant toute cette période, j'ai gâché délibérément la vie de ma mère, faisant peser sur elle une insupportable contrainte.

Mais le pire était à venir.

Le collège ne disposant pas d'une cantine, Fernande, une fille un peu plus âgée que moi, avait pris demi-pension chez nous où elle venait déjeuner chaque midi. Un jour, en grand mystère, elle me confia que Marcel s'intéressait à elle. Il suffisait qu'elle monte à l'étage pour qu'il la suive. Elle avait ensuite le plus grand mal à s'en débarrasser.

Malgré mon hostilité envers Marcel, j'eus du mal à la croire. Plusieurs jours de suite, je le mis en observation. Et en effet, il me sembla qu'il la regardait d'un drôle d'air, qu'il était un peu trop empressé auprès d'elle, qu'il se postait au bas de l'escalier lorsqu'elle le montait et qu'il avait comme par hasard à faire à l'étage lorsqu'elle s'y trouvait. Fernande, par-dessus son épaule, m'adressait des clins d'œil, comme pour dire : « Tu vois bien ! »

Quel jeu jouait-elle ? C'était une adolescente, pas spécialement séduisante et par suite un peu délaissée. En guise de compensation, elle s'imaginait sans doute que tout ce qui portait un pantalon était fou d'elle. Ou bien simplement était-ce une faiseuse d'embrouilles et, comme je ne lui avais pas caché que je ne portais pas Marcel dans mon cœur, elle prenait plaisir à envenimer nos rapports.

Il faut dire que Marcel et moi nous opposions de plus en plus violemment, moi saisissant le moindre prétexte pour lui faire comprendre qu'il n'était qu'un étranger à mes yeux, lui, essayant avec autant de bonne volonté que de maladresse, de jouer les pères de substitution. Son affection proclamée m'horripilait, ses « Fifille » et autres « Choupinette » me faisaient venir des boutons et lorsqu'il tentait de faire preuve d'autorité sous prétexte d'aider ma mère à dompter mon caractère fougueux, je devenais enragée.

Je n'étais pas sa fille, je ne voulais pas l'être, je ne le serais jamais.

Après mûre réflexion, je décidai d'agir. Comme ma grand-mère deux ans plus tôt, sous prétexte d'aider ma mère, dans l'espoir de lui ouvrir les yeux, pour lui montrer le vrai visage de l'homme qu'elle aimait, je lui déballai mon sac sans la moindre précaution : Marcel lorgnait sur Fernande, il essayait de la coincer, bref, c'était un sale bonhomme. Mais, à la différence de grand-mère qui avait au moins l'excuse de n'avancer que ce dont elle était absolument certaine, je ne faisais état, quant à moi, que de vagues soupçons, me fiant pour l'essentiel aux dires de Fernande.

Le résultat fut désastreux.

Pour la deuxième fois en moins de trois ans, j'entendis s'échapper de ma mère cette lamentation bestiale où se mêlaient hurlements et sanglots, comme un vomissement sonore par lequel elle tentait d'expulser une intolérable souffrance. À demi inconsciente, en proie à des mouvements désordonnés, elle courut se réfugier dans la cave où elle se barricada. Je la suivis, affolée par la catastrophe que j'avais déclenchée.

Collée derrière la porte, à genoux, je suppliai ma mère de ne pas me croire.

« Pardon, maman, j'ai menti ! Tout ce que je t'ai raconté, c'est pas vrai ! »

Je l'entendais gémir de l'autre côté de la porte.

« Maman, maman, ouvre-moi, j'ai menti, j'ai inventé cette histoire ! »

Peu à peu, ses pleurs se sont calmés. À un moment, je n'ai plus rien entendu et l'inquiétude m'a saisie.

« Maman ? Réponds-moi, maman ! Ça va ? »

La porte s'est ouverte. Ma mère est apparue, les yeux secs, très pâle. J'ai voulu me jeter dans ses bras. Elle m'a repoussée.

« Tu es bien la fille de ton père ! Les mensonges ! Les mensonges ! »

Je garde des jours qui suivirent un souvenir de tristesse et de découragement. Ma mère, d'ordinaire si indulgente, restait hostile à mon égard. Elle aurait pu à la rigueur comprendre que je cherche à la détourner de Marcel, mais que je tente de le salir en inventant une fable sordide, cela, elle ne pouvait l'admettre.

Renonçant à me justifier, je rassemblai quelques affaires, pris ma bicyclette et quittai la maison, laissant le champ libre à Marcel qui, décidément, avait volé ma place dans le cœur de ma mère.

Mon désir de fuite, pour sincère qu'il fût, ne devait pas être aussi définitif que je l'imaginais puisque, avant de prendre la route de Paris – pouvais-je aller ailleurs ? – je fis un détour par Pont-de-Nieppe pour embrasser mémère et ma grand-mère et les mettre au courant de mes projets. Elles eurent la sagesse de ne pas chercher à me retenir, me souhaitèrent bonne chance et, sortant leurs mouchoirs, me firent de grands signes d'adieu sur le pas de la porte. Mais à peine avais-je tourné le coin de la rue qu'elles actionnaient frénétiquement la manivelle du téléphone et prévenaient ma mère chez Hacot. Celle-ci, bien plus endurante que moi, me rattrapa à l'entrée de Béthune. Nous tombâmes dans les bras l'une de l'autre, j'étais pardonnée.

Tout juste réconciliées, tandis que nous mêlions nos larmes, je poussai mon avantage et fis jurer à ma mère de ne jamais se marier avec Marcel. Dans la confusion, elle y consentit. Il fallut attendre le début des années cinquante, le 7 janvier 1950 exactement, pour que le mariage entre ma mère et Marcel soit enfin célébré à la mairie de Nieppe. À cette époque, on était considéré comme mineur jusqu'à vingt et un ans. Ma mère avait patienté jusqu'à ma majorité – 2 juillet 1949 – pour se sentir enfin déliée du serment que je lui avais arraché par surprise.

Je précise, car je ne veux rien dissimuler, que je n'étais pas présente au mariage de ma mère. Pour atténuer un peu le remords que j'en éprouve, je me persuade qu'elle n'avait pas songé à m'inviter. En ai-je seulement été avertie, sinon après la cérémonie ?

*

La guerre touchait à sa fin. Comme toujours, les derniers combats furent les plus violents. Les bombardements se succédaient, nous faisions des séjours de plus en plus fréquents dans une cave voisine, plus profonde et mieux protégée que la nôtre. L'aviation anglaise pilonnait les voies ferrées, mitraillait les convois allemands, déversait des chapelets d'obus sur les installations stratégiques et ces attaques, sans doute nécessaires, étaient parfois démesurément coûteuses en vies humaines.

C'est ainsi que les parents de Marcel périrent dans la destruction de leur maison par des bombes anglaises. Quelques instants avant le drame, j'étais chez eux, venue apporter des épluchures pour leurs lapins.

C'est ainsi que l'un de mes flirts, Pierrot, âgé de seize ans comme moi, fut la victime indirecte d'un raid de l'aviation britannique sur un convoi allemand.

Pierrot et sa sœur Lucette étaient les enfants d'amis très proches de ma mère. Je les fréquentais depuis mon plus jeune âge. Il était plus ou moins admis qu'un jour, j'épouserais Pierrot, on nous appelait « le petit couple » avec des sourires entendus. Nous laissions dire. Une grande affection nous liait et cette union anticipée nous dispensait de passer à l'acte : puisque nous étions promis l'un à l'autre, il était tout à fait inutile de nous livrer à ces flirts poussés qu'en ces temps de sévères restrictions sexuelles, garçons et filles pratiquaient avec une perversité qui sidérerait plus d'un jeune « libéré » d'aujourd'hui.

Ensemble nous avions passé notre brevet dont les épreuves s'étaient déroulées sur fond de canonnade dans les sous-sols du collège. Pierrot, soucieux de faire honneur à ses parents et conscient des sacrifices qu'ils avaient consentis pour lui permettre de poursuivre ses études, avait été reçu dès juillet avec mention bien. Et moi, l'enfant gâtée, celle à propos de qui mémère continuait à proclamer : « C'est pas grave, elle s'en tirera toujours », j'avais été « ajournée à septembre », autrement dit recalée et invitée à me présenter à la session de rattrapage, après les vacances scolaires.

Perspective on ne peut plus hypothétique.

Car durant cet été, qui fut celui de la Libération, je me préparais à faire mes débuts sur les ondes de Radio Lille où je venais d'être engagée par un coup de chance extraordinaire.

*

J'ai vécu, sans déchirement, deux enfances parallèles. D'un côté, une petite fille puis une adolescente parfaitement banales, de l'autre, celle qui, dès trois ans, grimpait sur les tables et chantait devant les ouvriers des filatures. Une petite vedette qu'on applaudissait à tout rompre dans les fêtes patronales et les galas de charité.

Vers huit ans, j'ai dit un jour à ma mère : « Il doit y avoir quelque chose de mieux ailleurs.

– Quelque chose comment ? avait questionné ma mère, perplexe.

– Je ne sais pas. Quelque chose. »

Et mes dessins d'enfant que maman a conservés toute sa vie avaient un thème unique, presque obsessionnel : la tour Eiffel. Pas le beffroi d'Armentières ou les bords de la Lys. La tour Eiffel, avec et sans soleil, avec et sans drapeau au sommet, symbole d'un ailleurs emblématique.

Je n'avais pourtant nullement à me plaindre de ma vie. J'étais joyeuse, délurée, effrontée. Mais il y avait décidément en moi deux petites filles, l'une qui était bien là et l'autre qui rêvait d'ailleurs.

Suis-je si différente aujourd'hui ? Sans doute pas. Comment expliquer autrement que parfaitement heureuse à La Jonchère, entourée de mes chiens et des quelques ami(e)s avec lesquel(le)s j'aime rire et bavarder, j'éprouve le besoin d'aller m'enrhumer dans un théâtre ou piétiner des journées entières sur un plateau de cinéma ?

*

Mon échec au brevet ternissait la joie de Pierrot. Je savais bien, moi, qu'il était amplement mérité, mais il ne voulait pas l'admettre. Il considérait que j'avais été victime d'une abominable injustice et maudissait les examinateurs qui avaient osé m'étendre.

Nous étions allés voir ensemble les résultats affichés à la porte du collège. Je le suppliai de m'accompagner à la maison, comptant sur sa présence pour atténuer la sévère engueulade à laquelle je m'attendais de la part de ma mère. Il plaida ma cause du mieux qu'il put. Puis, prenant congé de nous, il enfourcha sa bicyclette et pédala jusqu'au village où il habitait, près de Bailleul, impatient d'annoncer sa réussite à ses parents.

Arrivé en vue du logis familial, il croisa un convoi allemand pourchassé par des avions anglais. Pierrot se jeta sur le bas-côté pour échapper aux tirs. Comme il sortait du fossé, se croyant tiré d'affaire, les avions firent demi-tour et arrosèrent à nouveau le convoi. Une balle l'atteignit par ricochet. Il mourut sur le pas de sa porte dans les bras de sa sœur Lucette.

*

Lille fut libérée le dimanche 3 septembre tandis qu'à Nieppe, à peine à vingt kilomètres de là, des combats extrêmement violents se poursuivirent jusqu'au mardi. Les FFI avaient fait de nombreux prisonniers, ils tenaient le pont sur la Lys, interdisant tout mouvement des troupes ennemies vers Armentières, Bailleul et la Belgique.

Autant dire que mémère et ma grand-mère, dont l'épicerie-café-mercerie était précisément située sur la route nationale à proximité du pont, étaient aux premières loges.

J'ai toujours cru avoir moi-même été témoin de ces événements et j'ai raconté ailleurs comment les Allemands, en guise de représailles, avaient rassemblé la population dans les prés en bordure de la Lys pour assister à l'exécution de quarante otages civils, certains à peine sortis de l'enfance. J'ai décrit la scène avec une précision cinématographique : les otages liés les uns aux autres par une chaîne, les soldats en uniforme vert-de-gris sur la rive opposée, le crépitement des mitraillettes, les corps qui s'affaissent et basculent, l'eau du fleuve rougie par le sang des fusillés… Et à l'instant où je l'écris, ces images me hantent, effroyables.

Pourtant, je doute, à présent, que la scène ait jamais eu lieu, du moins telle qu'elle est restée fixée dans mon imagination. J'ai sous les yeux un long article de *La Voix du Nord*, publié début septembre 1944, qui détaille minutieusement les quatre journées de combat autour du pont, dans le quartier de mon enfance : rue de la Lys, rue d'Armentières, rue du Pavé-Fruit, rue de Gand. L'horreur est là, sans la mise en scène. Les Allemands sont décrits, se répandant dans les rues, « pillant, saccageant, buvant et… jouant de l'accordéon ! ». Ici, deux civils sont conduits au milieu du pont et mitraillés dans le dos par des soldats qui les basculent par-dessus le parapet. Là, un groupe de dix civils est dirigé vers les bords de la Lys. Le témoin cité « entend des détonations et ne voit revenir aucun Français ».

L'exécution solennelle à laquelle j'ai si longtemps été persuadée d'avoir assisté, je l'ai sans doute reconstituée dans ma tête à partir des récits cent fois ressassés par mémère que cet épisode tragique avait profondément bouleversée. Durant soixante ans, ils ont fait office de souvenirs vécus, fiables à cent pour cent.

Mais certains souvenirs ne sont-ils pas, sinon plus vrais, du moins plus intenses et plus significatifs lorsqu'ils sont enrichis par l'imaginaire ? Cette fausse vérité est-elle moins légitime que la vérité anonyme obtenue d'un clic sur Google ?

Ce dont je suis certaine, c'est d'avoir défilé quelques jours plus tard, place de la Mairie, avec toute la population, devant les seize cercueils de ceux qui avaient payé de leur vie la libération du village.

*

Google, que je viens, en toute mauvaise foi, d'égratigner d'un coup de patte, m'apprend – il serait plus exact de dire que Jennifer, ma jeune collaboratrice, m'apprend par l'intermédiaire de Google – que début janvier 1945, soit quatre mois après la libération de Paris, plus d'un million de soldats français restent prisonniers en Allemagne. Ils sont libérés au fur et à mesure de l'avancée des troupes alliées. En mars, on estime que la moitié d'entre eux ont déjà regagné la France et que fin mai leur rapatriement est pratiquement achevé.

Quand situer précisément le retour de mon père ? Son nom ne figure pas dans les listes publiées par *La Voix du Nord*, édition d'Armentières, sous la rubrique : « Ils sont de retour ». Par recoupement, je le situe vers la fin avril ou le début du mois de mai, soit parmi les derniers prisonniers à regagner leur foyer.

Je soupçonne mon père d'avoir différé ce moment le plus longtemps possible, par crainte d'affronter les difficultés qui l'attendaient en rentrant. Certes, la situation en Allemagne, à la veille de la capitulation, était épouvantable, mais il était tout à fait dans sa manière de s'aménager, au beau milieu du chaos, un petit nid où attendre des jours meilleurs. Champion du monde du système D, il avait comme atout majeur d'être aimé des femmes. Il vivait au jour le jour, insouciant, heureux d'un rien, choyé par l'une et guettant déjà l'autre.

À l'appui de ma thèse, je remarque qu'il fit, aussi longtemps qu'il vécut, des séjours réguliers en Allemagne, accueilli à bras ouverts dans la ferme où il avait passé l'essentiel de la guerre et où il n'avait laissé, semble-t-il, que des regrets. Peut-être ai-je là-bas un demi-frère, une demi-sœur, ou qui sait plusieurs s'ajoutant au fils de Raymonde. Aucun, de part et d'autre du Rhin, ne s'est jamais manifesté à l'heure où j'écris ces lignes.

Cet après-midi-là, je chante à La Madeleine, dans les faubourgs de Lille, à l'occasion d'un gala donné justement au profit des enfants de prisonniers.

Je vais sur mes dix-sept ans, le brevet, dont je n'ai jamais passé l'épreuve de rattrapage, est depuis longtemps oublié. Je ne m'appelle pas encore Line Renaud, mais je suis déjà Jacqueline Ray, nom qui, selon René Cottinet, le directeur de Radio Lille, sonne mieux que Jacqueline Ente.

Mon répertoire se compose essentiellement de chansons dites « réalistes », et ce doit être un bien curieux spectacle de voir cette jeune fille blonde et rose, un peu potelée – à vrai dire beaucoup trop à mon gré –, débiter ces textes où il n'est question que de jalousie, d'amour trahi, de vengeance et de filles perdues.

J'affectionne particulièrement une chanson empruntée au répertoire d'Édith Piaf, « Le disque usé » :

Impasse de la gouttière,
Dans la ruelle aux mat'lots
Où n'entre pas la lumière,
Y a un vilain caboulot...

Soudain, j'entends un murmure dans la salle, des têtes se tournent, je perçois des conciliabules. À l'évidence, le public se désintéresse absolument de ce que je chante. Mon pianiste m'encourage du regard. Je lis dans ses yeux : « Vas-y ma poulette, mets la gomme ! »

Je force encore la note dans le style pathétique, dans l'espoir de ranimer l'attention des spectateurs.

Avant que votre vie s'achève,
Le bonheur viendra vous voir.
Il faut l'attendre sans trêve
Chassez les papillons noirs...

Mais rien n'y fait, au contraire, le brouhaha s'amplifie. Maman et Marcel, qui sont assis dans les premiers rangs, se sont tournés eux aussi, on me fait signe, j'entends qu'on me crie quelque chose depuis le fond de la salle :

« Jacqueline ! Jacqueline, ton papa ! »

Je ne sais plus ce que je dis, je ne sais plus ce que j'entends, je m'accroche aux paroles. Le pianiste s'est arrêté de jouer, je poursuis machinalement, *a cappella* :

Tant qu'y a d'la vie, y a d'l'espoir
Vos désirs, vos rêves
Seront exaucés un soir.

Venu du fond de la salle, je vois un soldat descendre l'allée avec son barda sur le dos, il est au pied de l'estrade, il grimpe les marches, il me tend les bras. C'est mon père.

Je fonds en larmes, il éclate en sanglots, le public se lève, on nous applaudit, tout le monde pleure. Je devrais être bouleversée de revoir mon père, je le suis sans doute, mes larmes ne sont pas feintes. Pourtant, ma première pensée est qu'il n'a aucunement l'air épuisé par les privations et les mauvais traitements. Sa moustache est bien taillée, son visage, un peu épaissi, garde toute sa séduction et lorsqu'il sourit, ses lèvres s'ouvrent toujours sur des dents d'une blancheur éclatante.

Il me regarde, intrigué, n'arrivant pas à superposer dans sa tête l'image de la fillette de douze ans qu'il a vue pour la dernière fois en avril 1940 et la presque femme qui se tient devant lui.

« Eh bien…, répète-t-il en hochant la tête. Eh bien… »

Le public apprécie énormément cet intermède à la fois patriotique et familial. L'image du brave soldat rentrant au pays, recru d'épreuves, et serrant sur son cœur son enfant devenue une belle jeune fille à la voix de rossignol, efface bien des humiliations et de bien des compromissions imposées et consenties.

La suite est confuse dans mon esprit.

Le premier moment d'émotion passé, que s'est-il produit ? Le spectacle a-t-il repris ? Il y a, dans cet après-midi du retour de mon père, de grands blancs que je ne pourrai jamais combler. Comme un livre dont on aurait omis d'imprimer certaines pages.

Une chose est certaine, nous nous rendons, maman et moi, à Pont-de-Nieppe avec mon père. Notre première visite est pour embrasser mémère et grand-mère au café-mercerie, sur la route nationale. Mémère est très heureuse de revoir Edmond pour lequel elle a toujours éprouvé de la sympathie, malgré ses défauts. Quant à grand-mère, elle n'apprécie pas spécialement Marcel et, à tout prendre, lui préfère son gendre. À ce moment, il est clair qu'elles ont l'une comme l'autre la certitude que tout va rentrer dans l'ordre. La guerre est finie, la page est tournée, à temps nouveaux, nouvelle chance.

Pour fêter ces heureuses perspectives, on boit un verre de bière – moi une limonade – et en route pour la rue de Gand où ma mère a conservé intact et scrupuleusement entretenu le logement familial. Est-ce pour gagner du temps, est-ce pour montrer à mon père qu'en son absence elle n'a pas démérité et qu'elle a tenu, malgré leur coût et mes résistances, à me faire poursuivre ces leçons de piano auxquelles il tenait tant ? Elle me demande de me mettre au piano. J'exécute, dans tous les sens du terme, *Sur un marché persan* et *La Prière d'une Vierge*, de Mme Badarzewska, morceaux spécialement sélectionnés parce qu'à un moment donné, la main gauche croise la main droite et vient frapper les notes tout en haut du clavier, petite acrobatie qui impressionne à peu de frais le néophyte.

L'intermède musical achevé, le silence retombe.

« Alors, Simone, qu'est-ce qu'on fait ? demande mon père au bout d'un instant, la voix troublée, le regard humide.

– Tu le sais bien, Edmond, répond doucement ma mère. Entre nous, c'est fini.

– Laisse-moi une chance. En cinq ans, un homme change ! » se défend-il.

Ma mère baisse la tête.

« Non, Edmond. Je ne veux pas. »

Il y a une infinie tristesse dans sa voix. Elle l'aime encore, j'en suis certaine. Je me jette à ses pieds, je l'entoure de mes bras, je la supplie de se montrer indulgente. Papa a changé, oui, ce qu'il a fait était très mal, mais c'était il y a longtemps, ça ne se reproduira plus ! Et, levant les yeux vers mon père :

« Hein, papa ?

– Plus jamais ! » jure mon père.

Ma mère reste inflexible. Elle ne reviendra pas sur sa décision. Ni ce soir-là ni les jours suivants, malgré l'insistance de mémère et de ma grand-mère, malgré mes supplications renouvelées.

Quelque chose s'était définitivement cassé le jour où elle avait appris la liaison de mon père avec Raymonde. Il n'était pas en son pouvoir de ressusciter ce qui n'était plus.

Chapitre cinq

Jugement

Mon père mis hors jeu, rien n'aurait dû s'opposer à ce que ma mère et Marcel refassent leur vie ensemble, puisque tel semblait être leur souhait à tous deux. C'était compter sans l'extrême bizarrerie de l'âme humaine.

Marcel, soudain, rappela à ma mère qu'il l'avait mise en garde, au début de leur liaison : après la guerre, il reviendrait à Paris et verrait si sa femme voulait encore de lui ou pas. En fonction de sa réponse, soit il reprendrait la vie conjugale au point où il l'avait laissée à son départ en Allemagne, soit il divorcerait et épouserait maman.

Autrement dit, il remettait son sort, et par conséquent celui de ma mère, au bon vouloir d'une femme qui l'avait trompé et dont il vivait séparé depuis deux ans.

Aussi invraisemblable que cela puisse paraître, il demanda à ma mère de l'accompagner à Paris et d'être présente à l'entretien.

Tout aussi incroyable, ma mère accepta.

Encore plus effarant, ils me supplièrent de me joindre à eux et j'acceptai.

J'imagine que ma mère dépensa des trésors de persuasion pour me convaincre de la noblesse des sentiments de Marcel, de sa loyauté, de son esprit chevaleresque. Et moi, ne voulant pas être celle qui, par mon refus, aurait fait capoter toute l'affaire, je finis par céder. Tout cela me semble tellement extravagant que j'ai du mal à habiller d'un semblant de logique ce qui en était absolument dépourvu.

Une chose est certaine, nous fîmes bel et bien le voyage à Paris. Germaine, l'épouse légitime de Marcel, nous attendait au bistrot en bas de l'immeuble, debout au comptoir, devant un verre de vin blanc. Elle était rousse et assez antipathique. Je ne me souviens pas que nous soyons montés chez elle. L'affaire, me semble-t-il, fut réglée en moins de dix minutes.

Car il fut clair dès le début que Germaine n'avait aucune envie de s'embarrasser à nouveau d'un homme qu'elle avait depuis longtemps rayé de sa vie.

Je doute que nous nous soyons attardés à Paris et notre séjour dut se résumer à un aller-retour gare du Nord. Marcel avait décroché son bon de sortie, maman triomphait sans combattre, les dés étaient jetés, ils vivraient désormais ensemble.

Ce qu'ils firent, raisonnablement heureux, jusqu'à la mort de Marcel quinze ans plus tard.

*

Ce que je viens de raconter n'est pas, je m'en rends compte, à l'avantage de Marcel. Loin de le racheter, je l'enfonce un peu plus. J'aurais pu lui laisser une chance, présenter les faits autrement, rappeler le contexte, lui trouver des excuses. Malgré les années, mes préventions restent intactes, je ne peux rien y changer.

Pourtant, je voudrais dire ceci : ma mère a aimé Marcel tel qu'il était, entièrement, et cela suffit à rendre absolument insignifiante et mesquine ma rancœur à son égard.

On a bien trop tendance, surtout lorsqu'on est jeune – mais de ce point de vue, la jeunesse peut se prolonger très tard dans la vie – à juger des couples avec légèreté.

« Qu'est-ce qu'elle fout avec un con pareil ? » « On se demande ce qu'il trouve à cette mocheté ! »

Justement. C'est ce mystère qui fonde le couple.

Pourquoi elle ? Pourquoi lui ? Personne ne peut y répondre, sauf les intéressés, qui d'ailleurs, ne se posent pas la question. Et je me méfie de ces couples qu'on dit « magnifiques » parce qu'on les croit bien accordés.

Oui, maman a aimé Marcel. Aimé au point de rester fâchée avec moi deux longues années, les plus tristes de ma vie. Qu'on me permette d'anticiper sur la suite de mon récit pour raconter dans quelles circonstances.

À la veille de mon premier séjour avec Loulou aux États-Unis, au printemps 1955, la question se posa de savoir qui, en notre absence, prendrait soin de La Jonchère, la maison que nous avions construite et aménagée sur les hauteurs de Saint-Cloud. Maman et Marcel y vivaient à demeure, mais ils ne pouvaient pas, à eux seuls, assumer la garde et l'entretien de cette grande propriété.

Lors d'une tournée en province, on nous signala un couple de Poitiers, – lui jardinier-homme à tout faire, elle femme de chambre sachant cuisiner – qui cherchait à se placer dans la région parisienne. Nous les contactâmes et leur fixâmes rendez-vous au buffet de la gare. À l'heure dite, nous étions là, Loulou et moi. Dix minutes, un quart d'heure, une demi-heure se passèrent, pas de couple en vue. Nous nous apprêtions à repartir, déconfits, lorsque nous aperçûmes, devant la gare, un homme et une femme serrés sur un banc l'un contre l'autre comme des amoureux.

« Les voilà ! dis-je sans hésiter.

– Comment le sais-tu ? fit Loulou, surpris.

– Mon instinct. Et si ce sont eux, on les embauche tout de suite. »

Nous nous approchâmes, ils se présentèrent, c'étaient bien eux. Nous les engageâmes sans même jeter un coup d'œil aux références et certificats qu'ils nous tendaient. Fernand et Marcelle vivront trente ans à nos côtés dans l'entente la plus parfaite. Comme en bien des cas, mon instinct ne m'avait pas trompé.

Certains d'avoir laissé La Jonchère entre de bonnes mains, nous nous envolâmes pour les États-Unis où, de contrat en contrat, de prolongation en prolongation, nous séjournâmes plusieurs mois.

J'écrivais des lettres enthousiastes à ma mère, je lui disais mon enchantement devant la vie américaine qui fascinait la petite provinciale que j'étais restée, je lui parlais des personnalités que nous rencontrions – le shah d'Iran et Soraya, Ali Khan et Rita Hayworth, Sugar Ray Robinson et tant d'autres –, je lui détaillais fièrement mes succès : le « Bob Hope Show », mon tour de chant au Waldorf, Hollywood et le Cocoanut Grove.

En réponse, maman me donnait des nouvelles de La Jonchère. Le jardin resplendissait de fleurs, les arbres nouvellement plantés se développaient à vue d'œil, les travaux décidés avant notre départ étaient presque achevés, tout semblait aller à merveille.

Pourtant, sitôt rentrée, je sentis que quelque chose ne tournait pas rond. Marcelle et Fernand, le couple que nous avions engagé avant notre départ, faisaient grise mine, ils me croisaient sans oser m'aborder, visiblement contrariés.

J'interrogeai Fernand. Qu'est-ce qui n'allait pas ?

« Madame, me répondit Fernand très ému, il ne faut pas nous en vouloir, mais nous n'allons pas rester chez vous. Je suis un bon jardinier, je connais mon métier, je ne supporte pas d'avoir M. Boute à longueur de journée derrière moi, les mains dans les poches, à me dire ce que j'ai à faire. »

Fernand, alors âgé d'environ trente ans, était un beau type, un dur à cuire, toujours la cigarette au coin des lèvres. Il me faisait irrésistiblement penser à Humphrey Bogart. C'était d'autant plus désarmant de le voir au bord des larmes, blessé dans sa fierté de jardinier.

Je le rassurai.

« Ne vous en faites pas, Fernand, c'est un malentendu. Je vais régler ça, je vous le promets. »

J'allai voir ma mère et je lui dis :

« Voilà, maman, on a un problème, ça ne va pas entre Marcel et Fernand. C'est pas possible, Fernand sait ce qu'il fait dans le jardin, il ne faut plus que Marcel soit toujours sur son dos. »

À ma grande surprise, ma mère me regarda droit dans les yeux et me répondit d'une voix tranquille :

« Écoute, ma chérie, c'est à toi de choisir : c'est nous ou c'est eux. »

La réplique fusa, sans que je puisse la retenir.

« Eh bien, maman, c'est eux.

– Très bien. »

Quelques jours plus tard, elle quittait La Jonchère pour aller vivre en Normandie où Marcel avait de la famille. Nous avons passé deux ans sans nous voir, sans nous écrire, sans le moindre coup de téléphone.

Lorsqu'on sait le rapport fusionnel que nous entretenions, ma mère et moi, cela en dit long sur le lien qui l'unissait à son second mari.

Elle l'aimait.

Seulement voilà : lorsqu'elle rêvait, c'était de mon père. Pas de Marcel.

*

J'ai toujours pensé que mes parents s'étaient séparés sans heurts. Dans mon esprit, mon père, comprenant au bout de quelques semaines que ses tentatives pour récupérer ma mère n'avaient aucune chance d'aboutir, s'était mis en ménage avec Raymonde, sa maîtresse. Je le voyais ensuite tenir avec elle le café du Bureau, dont elle exerçait la gérance place Jeanne-d'Arc à Pont-de-Nieppe. Et c'est à peu près tout. De 1946 à sa mort, en 1955, j'ai dû rencontrer mon père à quatre ou cinq reprises, lui téléphoner une dizaine de fois. Il se réjouissait de mon succès, je le croyais heureux et peut-être l'était-il. Nos rapports s'arrêtaient là.

Je n'éprouve à cet égard ni regret, ni remords, ni sentiment de culpabilité. Je n'ai jamais oublié les miens ni renié le milieu dont je suis issue. Mais pour progresser, pour réaliser ce que j'avais en moi, j'avais besoin de rompre avec mon enfance et cette rupture passait aussi par un éloignement temporaire d'avec ceux qui m'étaient le plus chers.

Ni regret ni remords… En suis-je bien certaine ? Alors que je cherchais en vain le sommeil, la nuit dernière, m'est brusquement revenu en mémoire le souvenir douloureux d'une rencontre avortée avec mon père, vers 1953.

C'était l'époque de mes plus grands succès. « Mademoiselle from Armentières », « Étoile des neiges », « Le chien dans la vitrine », et surtout « Ma p'tite folie » étaient sur toutes les lèvres. Récitals à Paris, tournées en Europe, émissions de radio en France et en Angleterre se succédaient.

J'avais brièvement revu mon père lors d'une tournée qui avait fait escale à Armentières, la ville de mon enfance. Je lui avais présenté Loulou, ensemble nous lui avions fait promettre de venir nous voir à Paris. Il tint parole.

C'est ainsi que par une belle journée de printemps, je suis allée l'accueillir gare du Nord. J'avais une Chrysler bleue décapotable, une voiture de vedette, comme on disait alors. De star, selon la terminologie actuelle.

Il a paru surpris.

« C'est à toi, ça ?

– Mais oui, papa ! » ai-je répondu fièrement.

Car pour moi, il était évident que ma réussite rejaillissait sur lui, qu'il en était pour une part responsable et devait en éprouver une légitime satisfaction.

Je me suis mise au volant. Pendant tout le trajet, il me regarda conduire cette grosse voiture avec une certaine méfiance. Je le tranquillisai.

« Ne t'inquiète pas, c'est très facile. Tout est automatique ! »

Il ne fut pas rassuré, bien au contraire. Spécialement lorsque nous avons abordé la place de l'Étoile, que j'ai franchie à toute vitesse en prenant au large, selon les recommandations de Loulou.

Tout ce que disait Loulou méritait d'être appliqué à la lettre, qu'il s'agisse de tempo, de tessiture ou de conduite automobile.

Arrivés à La Jonchère, je klaxonnai. Loulou vint ouvrir le portail. Lui qui pouvait parfois se montrer un peu snob, il fut immédiatement charmant avec mon père, pour qui il semblait éprouver autant de sympathie que de curiosité.

« Merci d'être venu, Edmond. Vous êtes ici chez vous. »

Nous lui fîmes faire le tour du parc, j'étais heureuse de lui montrer les arbres et les massifs de fleurs que nous avions plantés sur ce terrain qui n'était que taillis, broussailles et fourrés lors de notre première visite, cinq ans plus tôt. Mon père écoutait nos explications, regardait tout avec attention, hochant la tête sans faire le moindre commentaire. Toute à ma joie enfantine de lui faire découvrir ce qui était à présent ma vie, je ne prêtai pas attention à sa gêne.

L'heure approchait de passer à table. Je proposai à mon père de lui montrer sa chambre pour qu'il puisse y déposer ses affaires et se reposer un peu avant le déjeuner, servi sur la terrasse. C'est alors qu'il m'attira à l'écart.

« Jacqueline, je ne vais pas rester », me dit-il.

Je le regardai sans comprendre.

« Qu'est-ce que tu dis ?

– Ta maison est magnifique, ton mari m'a l'air charmant, mais…

– Mais quoi ?

– Ramène-moi à la gare.

– Tu viens à peine d'arriver !

– S'il te plaît, Jacqueline. »

Sa valise était restée dans le coffre de la Chrysler, je repris le volant et le raccompagnai gare du Nord sans qu'il ait même consenti à partager notre déjeuner.

Nous sommes restés silencieux durant tout le trajet. À mon chagrin se mêlait un sentiment de honte que je ne parvenais pas à m'expliquer. Qu'avais-je fait de mal ? Où m'étais-je trompée ?

Aujourd'hui encore, je m'interroge. Quelles sont les raisons qui ont alors poussé mon père à quitter Paris en toute hâte, sans même défaire sa valise ? Que fuyait-il ainsi ? La femme que j'étais devenue, la « vedette », inauthentique, superficielle, factice à ses yeux ? En refusant d'être mêlé si peu que ce soit à ma vie, cherchait-il à préserver en lui l'image qu'il voulait garder de moi ?

Ces questions tournent dans ma tête tandis que, ce matin, je relis posément les vingt pages tapées à l'encre violette que j'ai découvertes par hasard dans la pochette en skaï jaune tirée du placard de ma mère.

Le jugement du tribunal d'Hazebrouck récapitule minutieusement les griefs que s'adressent mes parents, compare les témoignages qu'ils produisent et prononce, en définitive, le divorce aux torts partagés.

Je tente, surmontant mon indignation, de faire le point sans parti pris, mais comme la nuit dernière, je suis atterrée par la violence et la cruauté des accusations portées par mon père contre ma mère.

Je sais bien que le divorce par consentement mutuel est une innovation récente. Jusqu'à ce que cette disposition soit introduite dans la loi, il fallait coûte que coûte se lancer des injures au visage et recueillir les témoignages les plus sordides pour avoir une chance de voir aboutir sa demande.

Cela signifie-t-il pour autant que tous les coups soient permis ? Et si, de part et d'autre, on s'est résigné au divorce, ne peut-on, d'un commun accord, limiter les attaques au strict nécessaire ?

C'est à quoi s'efforce ma mère.

Que dit-elle ? Rien qui ne soit de notoriété publique. En jargon judiciaire, cela donne :

L'enquête établit que dès 1935 le sieur ENTE fréquentait assidûment la tenancière du café du Bureau à Pont-de-Nieppe, que tous deux se comportaient comme amant et maîtresse, qu'ils avaient des rendez-vous au café de la Rotonde à Armentières, connu comme lieu de rendez-vous de ce genre, qu'ENTE avait sur la dame des gestes plus que familiers dont il semblait coutumier [...], qu'à plusieurs reprises depuis le retour de captivité de ENTE, celui-ci et la dame ont été vus ou se promenant ou rentrant ensemble au café de la Rotonde..., etc.

C'est le minimum que ma mère puisse invoquer pour justifier sa demande de divorce et je remarque qu'il n'est pas fait allusion au fils naturel, à « l'enfant du péché », Jacques, dont la ressemblance frappante avec mon père trahissait pourtant le géniteur.

Ma mère, « sœur Marie-Thérèse », comme je l'appelais parfois pour la taquiner, voulait sans doute éviter de mêler à ce déballage un jeune homme qui n'était en rien responsable du tempérament ardent de sa mère.

Mon père ne fait pas preuve, loin s'en faut, de la même retenue. Il cherche avant tout à entamer la réputation de résistante de ma mère, à démontrer qu'elle était largement exagérée sinon usurpée.

Il jette d'abord la suspicion sur sa relation avec des réfractaires au Service du travail obligatoire qu'elle était censée cacher, J.D. et M.B. Les premières initiales désignent Jules, le copain de Marcel, qui séjourna quelques semaines rue du Collège. Les secondes, M.B., sont évidemment celles de Marcel lui-même.

Si on ne peut contester que ma mère ait eu une liaison avec ce dernier, les appréciations qui entourent le fait brut sont plus tendancieuses : *Attendu que ces compagnons assidus ne paraissaient nullement se dissimuler comme des gens traqués par la police allemande mais semblaient mener joyeuse et libre vie en compagnie de Mme ENTE-RENARD*, ce qui laisse supposer que des bacchanales se déroulaient dans l'appartement d'Armentières.

Mais mon père ne s'en tient pas là. Car le document poursuit, et cela, je peux difficilement le lui pardonner : *Attendu que la dame ENTE a été assidue durant l'Occupation près des soldats allemands occupés à Pont-de-Nieppe, qu'elle leur apportait à boire et à manger et plaisantait avec eux [...]. Attendu qu'un autre témoin lui a vu faire aux soldats allemands le salut hitlérien...*

Ici il est nettement suggéré, sinon affirmé, que ma mère, soi-disant résistante vertueuse, était du dernier bien avec les Allemands.

Il en restera quelque chose dans les conclusions du magistrat qui prononcera finalement le divorce aux torts réciproques. Certes mon père s'était rendu coupable d'adultère, mais ma mère, de son côté, avait eu pendant l'Occupation *une conduite déréglée.*

Je comprends que ma mère ait tenu caché, sa vie durant, ce document tout à la fois infamant à son égard et déshonorant pour mon père. Je note pourtant qu'elle ne l'a pas détruit. J'en déduis qu'elle se doutait qu'un jour, après sa mort, j'en aurais connaissance. Peut-être le souhaitait-elle.

Mais ce qu'elle refusait, c'était d'avoir à se justifier vis-à-vis de moi. Si jamais j'en prenais connaissance, ce qui finalement s'est produit, ce serait à moi et à moi seule de la juger. Agissant ainsi, elle préservait aussi le plus longtemps possible – et peut-être pour toujours si je n'avais pas ouvert la pochette en skaï – l'image que j'avais de mon père et qu'elle ne voulait pas ternir.

Ce matin, assise dans mon lit, les feuilles à demi effacées éparpillées autour de moi, je suis saisie d'une grande compassion pour mon père, pour ma mère et pour tous ceux qui ont vécu cette époque incertaine et trouble.

Mon père, rentrant de cinq ans de captivité était, à l'égal de ses camarades d'infortune, considéré comme un héros, un combattant passif mais un combattant tout de même.

Sincèrement décidé à reconquérir l'amour et la confiance de ma mère à laquelle il était profondément attaché, il s'est senti humilié et frustré de se voir opposer un refus catégorique de sa part.

Et il a dû s'en trouver plus d'un, parmi ses camarades de l'harmonie, pour lui monter la tête contre sa femme qui avait mené « joyeuse vie » pendant qu'il se sacrifiait pour la patrie.

Que ma mère ait ri et plaisanté avec des soldats allemands est tout à fait probable. On ne tient pas un café en faisant la tête à ses clients, agir autrement aurait été suspect. Accueillant chez elle des réfractaires au STO, effectuant diverses tâches pour le compte de la Résistance, il fallait qu'elle donne le change. Quitte à prêter le flanc aux médisances, la guerre terminée.

C'est d'ailleurs le sujet d'un film, *La Femme tranquille*, que j'ai tourné, il y a quelques années pour la télévision. J'y interprète le rôle de Louise, la patronne d'un bistrot fréquenté par des miliciens et qui, tandis qu'elle loge chez elle un officier allemand, cache en même temps dans sa cave un parachutiste anglais blessé. Dans le feu vengeur de la Libération, elle est abattue comme collabo par des Résistants de la dernière heure.

J'ignorais alors que ma mère, sans pour autant subir un sort aussi dramatique, avait été victime d'une pareille suspicion. On en retrouve la trace dans l'argumentation de mon père. Argumentation dictée, je veux le croire, par le dépit et paradoxalement alimentée par l'amour qu'il portait encore à ma mère. De son côté, Raymonde, pourtant maîtresse du terrain, demeurait maladivement jalouse de ma mère et avait dû se charger d'envenimer la situation.

*

À diverses reprises, dans l'acte définitif de divorce signé le 30 septembre 1947 devant Me Grandhomme, notaire à Nieppe, il est fait état de « l'enfant issu du mariage ». Moi, en l'occurrence. Mon père et ma mère s'en disputent la garde. Finalement, le juge tranchera de la façon suivante : *Attendu qu'une fille âgée de 18 ans est issue du mariage et qu'il y a lieu d'en maintenir la garde à la mère qui s'en est toujours occupée pendant la captivité du mari. Qu'il n'y a pas lieu à pension alimentaire, cette jeune fille étant en âge de subvenir à ses propres moyens...*

En septembre 1947, je m'appelle Line Renaud, je vis avec Loulou Gasté, l'une de mes chansons, « Le complet gris », est sur toutes les lèvres, le Nord est loin et la guerre encore plus.

J'ai dix-huit ans et je subviens à mes besoins.

Chapitre six

Je chante

Elle n'avait pas encore parlé
Qu'elle savait déjà chanter...

Combien de fois, sur des centaines et des milliers de scènes, ai-je martelé ces mots devant des publics qui les scandaient du pied et reprenaient au refrain ? Loulou les avait écrites pour moi, adaptant une vieille chanson aux paroles un peu lestes, « Mademoiselle from Armentières », à l'honneur dans les troupes britanniques pendant la Première Guerre mondiale. C'était du sur-mesure. J'avais été cette enfant qui chantait avant même de savoir parler. Don exceptionnel ? Marque du destin ? Ni l'un ni l'autre. J'étais une gosse tout ce qu'il y a de plus normale. J'aimais chanter, voilà tout. Chanter était l'expression de ma joie de vivre, un exutoire à mon trop-plein d'énergie. Car je ne tenais pas en place. Entrer, sortir, sauter, courir, caqueter du matin au soir avec les enfants du voisinage, j'étais infatigable. Chose d'autant plus bizarre que, durant toute ma première enfance, ma maigreur a été le principal sujet d'inquiétude de ma mère. La maigreur, signe d'anémie, était le symptôme avéré d'une santé déficiente. Il fallait à tout prix me fortifier. De l'huile de foie de morue au sirop Plasmarine, plus agréable au goût, du sang de cheval dans la soupe jusqu'aux œufs battus avec du sucre et une goutte de rhum, mixture baptisée « lait de poule », tout fut essayé en pure perte. Je m'obstinais à ne pas grossir. Personnellement, cela ne me gênait guère, mais à force de me répéter que « je n'avais que la peau sur les os », que j'étais « maigre à faire peur », et de m'appeler « poids plume », mon entourage finit par me coller un sacré complexe. Le comble fut atteint un jour que, nous prenant en photo avec ma cousine Lucette qui était ravissante, mon père voulut rectifier ma pause qu'il jugeait disgracieuse, et me lança : « Rassemble tes baguettes de tambour ! » Je ne devais pas l'oublier de sitôt.

Une qui ne s'affolait pas pour si peu, c'était mémère, toujours indulgente et pour qui, du moment que j'étais heureuse et que je mangeais à ma faim – même si je n'avais qu'un appétit d'oiseau –, le reste n'avait pas grande importance. Elle avait cependant sa recette à elle pour me fortifier : un tison rougi au feu qu'elle plongeait dans un bock de bière. Ça faisait *pfuuit !*, un peu de vapeur s'échappait, la mousse débordait de la chope.

« Bois, disait-elle. Avec ça, tu en auras, de la force ! »

Je m'enfilais le liquide tiédi et retournais jouer.

Y avait-il la moindre parcelle de science dans ce remède d'arrière-grand-mère ? J'en doute. Pourtant, personne ne m'enlèvera de l'idée que je tire ma santé de fer de ce tison rougi plongé dans la bière.

Aujourd'hui, lorsque je regarde mes photos, à quinze ans, vingt ans, trente ans, je dois avouer, toute modestie mise à part, que je me trouve rudement jolie. Mais alors, je n'en avais pas conscience. Bien au contraire, mon physique me désespérait. Mes jambes surtout. Pendant des années, je les ai soigneusement dissimulées. La première fois que Loulou m'a emmenée sur la Côte d'Azur, en 1946, j'attendis l'extrême fin de la journée pour descendre sur la plage du Carlton où l'on rangeait déjà chaises longues et parasols. Je m'avançai vers l'eau, soigneusement enveloppée dans un peignoir de l'hôtel que je laissai tomber au dernier moment, fis quelques brasses et, vite, courus m'empaqueter à nouveau.

J'ai mis de longues années à me débarrasser de ce complexe. En 1959, je créais au Casino de Paris ma première revue, *Plaisirs*, dans laquelle, l'affiche du spectacle suffit à en témoigner, je ne craignais plus de révéler mes formes. J'avais alors trente et un ans. Tout ce temps pour m'accepter enfin telle que j'étais…

*

Petite fille, je saignais du nez pour un oui pour un non. Un médecin avait mis ma mère en garde : si ces saignements intempestifs ne cessaient pas avant l'âge de douze ans, je deviendrais hémophile.

Fer brûlant, fer gelé, cette fois c'était une clé glacée qu'on m'appliquait dans le dos pour stopper l'hémorragie. Et pour qu'elle soit la plus froide possible, on allait, transi, chercher dans la cour la clé de la réserve à charbon. Au bout d'un instant de ce traitement, l'écoulement cessait.

Ma mère triomphait.

« Vous voyez que ça marche ! Allez, va jouer, maintenant ! »

Probablement que, sans la clé, le saignement se serait arrêté de lui-même. Un peu plus vite, un peu moins vite ? Nul ne le saura jamais.

Ces petits désagréments n'entamaient en rien ma bonne humeur et je chantais de plus belle, retenant sans difficulté les paroles que j'entendais à la radio. Mon tout premier répertoire comprenait essentiellement des chansons dans le style comique troupier, remplies d'allusions coquines et de sous-entendus grivois. Mes plus grands succès étaient par exemple une chanson d'Ouvrard dont le refrain disait :

Qui qui qui l'a perdu
Son petit petit petit Tom Pouce
Celle qui l'a perdu
Un petit moment qu'elle ne l'a plus...

Ou « Émilienne » chantée par Georges Milton dans le film *La Bande à Bouboule* :

C'est-y toi qui t'appelles, Émilienne ?
C'est-y toi, c'est-y toi ou c'est-y pas toi ?

Mais aucune n'égalait le triomphe remporté par la chanson de Maurice Chevalier, à peine plus relevée, « Prosper yop la boum » !

Prosper yop la boum
C'est le chéri de ces dames
Prosper yop la boum
C'est le roi du macadam...

Naturellement, je n'avais aucune idée de ce qu'était le petit Tom Pouce que les dames perdaient sur les sièges des taxis ni du métier qu'exerçait ce fameux Prosper, roi du macadam. C'est sans doute ce qui réjouissait mon auditoire : voir une enfant de cinq ans, avec ses cheveux blonds, ses yeux bleus et ses gambettes filiformes, débiter en toute innocence des paroles dont le double sens lui échappait.

Hisser un enfant sur une table à la fin d'un repas de noces ou de communion, lui faire réciter une poésie, un compliment, ou chanter un refrain à la mode n'avaient rien d'exceptionnel à l'époque. Dans mon cas, c'était un peu différent. J'étais une véritable attraction. On me réclamait, on frappait en cadence les verres avec les couteaux : « Jacqueline ! Jacqueline ! » On exigeait que je chante. Quand j'avais terminé une chanson, on m'en demandait une autre et, quand tout mon stock était épuisé, je recommençais du début. Toutes les occasions étaient bonnes. « Chante-nous quelque chose, Jacqueline ! » Et moi, loin d'être intimidée, j'attendais avec impatience le moment de me produire. On m'appelait « Gazouillis ».

Cabotine ? Un peu, sans doute. Mais plus profondément, j'éprouvais sans le savoir la griserie de tenir un public, d'être capable, d'une intonation, d'un geste, de provoquer l'hilarité ou de susciter l'émotion. Car si je déclenchais l'hilarité avec « Prosper », je savais aussi faire pleurer avec « Les roses blanches », le grand succès de Berthe Sylva.

C'est aujourd'hui dimanche
Tiens ma jolie maman
Voici des roses blanches,
Toi qui les aimes tant...

Faire rire, faire pleurer, j'expérimentais ce pouvoir tout neuf et m'en délectais.

J'aurais été mieux inspirée de choisir « Les roses blanches » plutôt qu'« Émilienne » le jour où l'on enterra mon arrière-grand-mère paternelle. À l'issue du repas qui précéda la cérémonie, alors que mon aïeule reposait dans la pièce voisine, je m'étonnai que personne ne me demande de chanter. Malgré tous mes efforts pour attirer l'attention sur moi, on semblait m'ignorer. Désagréablement surprise, puis franchement vexée, je grimpai finalement sur une chaise et attaquai « Émilienne » de ma propre initiative.

C'est-y toi qui t'appelles Émilienne...

Des « Chut ! » indignés m'intimèrent le silence. Ma mère, confuse, m'entraîna dehors. Cette bévue faillit marquer la fin de ma jeune carrière. Le soir pourtant, de retour rue de Gand, mes parents, racontant l'incident à mémère, ne purent s'empêcher d'éclater de rire en évoquant l'arrière-grand-mère étendue raide dans son cercueil et moi faisant le pitre à côté.

« T'as bien fait, ma poutch ! réagit mémère avec sa placidité coutumière. C'est pas tous les jours qu'on a l'occasion de rigoler quand on est morte ! »

Mon père était enchanté par ma popularité naissante. Il y contribuait activement en me trimballant d'un estaminet à l'autre, exhibant son phénomène de fille. Chacun connaissait « Gazouillis, la gosse à Edmond », j'avais droit à mon verre de sirop en échange d'un récital. On me prédisait un grand avenir et mon père se voyait bien former avec moi un duo dont il imaginait déjà l'affiche : « Le grand trompettiste Edmond Ente et sa fille Jacqueline, l'enfant prodige ». Pour lui, j'étais une artiste, et ce mot seul suffisait à le faire rêver. Ma mère se chargeait de doucher son enthousiasme. D'abord bien travailler à l'école, ensuite apprendre un métier sérieux, institutrice ou à la rigueur coiffeuse. Pour la chanson, on verrait plus tard. Jamais, si possible, souhaitait-elle intérieurement.

En attendant, je suivais mon père, lorsqu'il partait défiler avec l'harmonie, le dimanche, dans les petites villes côtières. D'autant qu'il m'avait inscrit à la société de gymnastique où mon faible poids s'était tourné en avantage : j'avais l'insigne honneur de figurer tout au sommet de la pyramide humaine. Les gymnastes, grimpés sur les épaules les uns des autres, me propulsaient tant bien que mal au dernier étage de la tour vacillante, position depuis laquelle, morte de trouille, je souriais à la foule en envoyant des baisers.

Après la parade, le concert et la démonstration de gymnastique, j'avais quartier libre.

« Je peux compter sur toi, n'est-ce pas, Jacqueline ? » demandait mon père distraitement.

Sans attendre ma réponse, il partait vivre sa vie – déjeuner bien arrosé, sieste améliorée avec quelque conquête –, me laissant vagabonder à mon aise. Je traînais parmi les manèges et les tirs forains, dans l'odeur de friture et les sonorités aigres, me gavant de glace à la vanille avec les trois sous qu'il m'avait alloués.

Parfois, au détour d'une allée, un chanteur fredonnait les refrains du jour en vendant des petits formats, ces feuillets à couverture bleue ou bistre sur lesquels étaient reproduits, paroles et musiques, les derniers succès de Lys Gauty ou de Chevalier. Je me joignais aux badauds et bientôt ma voix aiguë couvrait celle des adultes.

Les regards convergeaient vers moi, d'abord amusés puis séduits. Un bras me saisissait par la taille et, fétu de paille, me hissait sur l'estrade où je déroulais complaisamment mon tour de chant jusqu'à ce que, lassés de me voir récolter sous leur nez piécettes et petits billets, les légitimes propriétaires de l'emplacement me prient d'aller gazouiller ailleurs.

L'après-midi passait vite. Je n'étais jamais en peine de compagnie. À présent que les enfants partent à l'école avec un téléphone portable dans leur cartable, qu'ils sont perpétuellement « traçables » – autrement dit fliqués : où es-tu ? que fais-tu ? quand rentres-tu ? –, il est très difficile de se figurer l'immense liberté dont nous jouissions alors. J'en ai profité tant et plus et je garde de ces flâneries sans entraves un souvenir d'absolu bonheur.

Jusqu'à ce dimanche où, déambulant sur la plage de La Panne, en Belgique, j'aperçus un attroupement. Curieuse, je m'approchai. Deux pompiers étaient penchés sur un homme qu'ils ranimaient avec difficulté. C'était mon père, congestionné, les yeux chavirés, le souffle court. Je me jetai sur lui en hurlant. Mes pleurs eurent plus d'effet que la respiration artificielle maladroitement pratiquée par les pompiers bénévoles. Mon père battit des paupières, toussota, m'adressa un faible sourire. « Ma petite Jacqueline… »

Sa voix chevrotante provoqua l'attendrissement général. De se voir l'objet de toutes les attentions acheva de le remettre sur pied. Mon père n'aimait rien tant qu'avoir un public. Il entreprit d'expliquer l'incident à sa façon, s'inventant une affection bizarre qui lui donnait des éblouissements. La réalité était plus prosaïque. À la suite d'un plantureux repas, passablement éméché, il avait fait le pari avec des camarades qu'il prendrait un bain de mer. Nous étions au mois de mai, l'eau était encore froide, sans la présence opportune d'un courageux nageur, il aurait péri noyé.

Ce fut pour moi la fin de l'innocence. Mon père était vulnérable. Il était faible et menteur. Lorsqu'en fin de semaine nous partions ensemble en expédition avec l'harmonie et la société de gymnastique, c'était tout autant à moi de le protéger qu'à lui de me surveiller. Dès lors, je m'inquiétai pour lui, le suivis à distance, m'assis à la porte des restaurants en bord de mer où il festoyait en joyeuse compagnie. Les après-midi en furent ternis.

*

La vogue était aux radio-crochets, calqués sur la célèbre émission animée par Saint-Granier sur Radio Cité. Comme aujourd'hui dans « Star Academy » ou

« Nouvelle Star », il s'agissait de désigner par élimination les talents les plus prometteurs en invitant les auditeurs à voter pour les candidats de leur choix. Partout en France fleurirent alors des concours baptisés par analogie « radio-crochets », bien que la radio n'y eût aucune part. Le terrible crochet, en revanche, était bien là, manche de parapluie ou simple tige de fer, qui happait le candidat malheureux par une jambe et le forçait à quitter la scène à cloche-pied sous les sifflets des spectateurs. Car on s'en doute, conspuer les maladroits était de loin la partie la plus divertissante de ces jeux du cirque modernes et les animateurs improvisés s'y entendaient à exciter la cruauté d'un public chauffé à blanc.

Je participai à l'un de mes tout premiers crochets vers l'âge de six ans, au café de l'Harmonie à Armentières. Je m'y étais inscrite de ma propre initiative, en vertu de cette liberté laissée aux enfants que j'évoquais plus haut. Pas besoin d'autorisation des parents, de certificat médical ni d'assurance complémentaire. Il suffisait d'écrire son nom sur la liste et d'acquitter un modeste droit de participation – dont je fus exonérée, vu mon jeune âge. Je sortis victorieuse de l'épreuve et remportai le prix qui se montait à cinq cents francs.

Au terme d'une étude serrée sur Internet, Jennifer m'assure que l'équivalent actuel de cette somme serait d'environ trois cent cinquante euros. Cela me paraît considérable mais explique la réaction de ma mère lorsque je lui tendis l'enveloppe gonflée de billets en lui expliquant que je l'avais trouvée dans la rue – car j'avais jugé préférable de mentir plutôt que d'avouer que je traînais seule dans les cafés d'Armentières.

« Mon Dieu, dit ma mère catastrophée, je plains les pauvres gens qui ont perdu cet argent ! Ils doivent être aux cent coups. »

Elle enfila un manteau en toute hâte et m'entraîna après elle.

« Allons vite au commissariat ! »

Je tins bon jusqu'à la porte du commissariat. Parvenue là, il fallut bien que j'avoue. Ces billets, je ne les avais pas trouvés, je les avais gagnés. Ma mère ne voulut pas me croire et envisagea avec effroi une troisième hypothèse : le vol. Je me mis à pleurer et à trépigner. Menteuse, difficile de le nier. Voleuse, non.

Pour le prouver, il fallut retourner au café de l'Harmonie. J'y avais laissé un excellent souvenir et chacun, ravi de me voir revenir, me réclama « Prosper » et « Le chapeau de Zozo ».

J'eu droit à une punition, mais l'honneur était sauf.

À quoi passèrent les cinq cents francs ? je ne m'en souviens plus. Peut-être servirent-ils à financer, du moins en partie, l'achat de ce maudit piano qui empoisonna durablement ma jeunesse. *Fais ton piano, Jacqueline !* devint un leitmotiv plus redoutable encore que le sempiternel *Fais tes devoirs !*

Ce fut à peu près le seul domaine dans lequel ma mère, d'ordinaire accommodante, refusa de se laisser fléchir.

C'est par contre à ma demande qu'elle se démena pour me trouver un banjo, instrument pour lequel je m'étais prise d'une soudaine passion après avoir vu un film avec Al Jolson au cinéma d'Armentières.

Malgré tous ses efforts, elle ne parvint pas à dénicher l'objet de mes rêves. Par des amis d'amis d'amis, elle fit la connaissance d'une vieille dame d'origine italienne qui possédait une mandoline et savait en jouer. Banjo, mandoline, il lui sembla qu'il existait un certain cousinage visuel et sonore entre les deux instruments. Elle acheta la mandoline et obtint, pour le même prix, que la vieille dame me donnât quelques leçons. Je m'en lassai vite. Les cordes m'écorchaient les doigts, les sons que je tirais de l'instrument ressemblaient aux claquements d'une chaîne de vélo sortie du pédalier. Pire encore, délaissant les couplets façon comique troupier de mes débuts, mes préférences allaient à présent vers des chansons réalistes dans le style de Piaf. Pouvait-on imaginer chanter en grattant de la mandoline :

Il était mince, il était beau
Il sentait bon le sable chaud
Mon légionnaire...

Exit le banjo. J'eus bientôt une nouvelle marotte : l'accordéon. Ma mère, une fois encore, se laissa convaincre. Mais l'accordéon comporte tant de touches et de boutons, et l'instrument pèse si lourd, que je ne tardai pas à m'en détourner. J'avais déjà une autre idée en tête : les claquettes.

Comme Al Jolson pour le banjo, c'est en voyant Louise Carletti dans *Jeunes Filles en détresse*, un mélo qui m'avait fait pleurer toutes les larmes de mon corps, que je fus conquise.

Louise Carletti avait seize ans, elle était merveilleusement belle. J'avais lu dans un journal qu'elle était née à Marseille dans un milieu très pauvre, qu'elle était fille de trapézistes et qu'elle avait débuté enfant en exécutant un numéro de danse acrobatique à base de claquettes avec sa sœur Victoria. Mon imagination s'enflamma, Louise Carletti devint mon idole, je me vis marcher sur ses traces.

Je ne sais par quel hasard, un vieux Noir ex-danseur de claquettes habitait Lille où il gagnait misérablement sa vie comme portier d'un restaurant rue Faidherbe. Il fut trop heureux de me prodiguer ses conseils moyennant finance. Hélas pour lui, quelques semaines plus tard, ce complément de revenus lui passa brutalement sous le nez. J'avais changé d'avis.

Il faudra attendre Las Vegas et mon premier show pour que j'apprenne sérieusement les claquettes, avec canne et *top hat* façon Fred Astaire, à raison de quatre heures par jour d'entraînement acharné.

Je pense aujourd'hui avec émotion et un peu de honte à cette mère si bonne qui, pour me faire plaisir, pour me donner les meilleures chances dans la vie, n'hésitait pas à faire des doubles et des triples journées – coiffure, couture, services en tout genre – afin d'améliorer la paie plus que modeste allouée par la maison Hacot Frères où elle travaillait chaque jour, samedi compris, de huit heures du matin à six heures du soir.

Étais-je inconsciente, capricieuse, égoïste ? Rien de tout cela. J'étais une boule de vie, animée par l'idée confuse d'un *ailleurs* auquel je cherchais à accéder sans méthode et sans horizon. Il n'y avait ni calcul ni stratégie dans mes emballements successifs. Je fonçais tête baissée, qui m'aime me suive, ce n'est pas pour rien que mes camarades de jeu m'appelaient « la Commandante ». Ma mère, secrètement consentante, se laissait entraîner dans mes équipées, sans bien savoir où elles nous mèneraient l'une et l'autre. Dire que je réalisais ses rêves serait prétentieux et la dévaloriserait : elle a montré, en maintes occasions, qu'elle n'avait besoin de personne pour mener sa vie à sa guise. Mais je crois qu'elle était secrètement tiraillée entre deux exigences contradictoires, la prudence et l'audace. En même temps qu'elle me mettait en garde, quelque chose de non exprimé, comme une onde qui émanait d'elle, me soufflait : « Vas-y ! Ose ! » Car par-dessus tout, elle me faisait confiance.

Je n'ai pas eu d'enfant, c'est le seul, l'immense regret de ma vie. J'y pense souvent, avec une infinie tristesse. Pour tout le reste, les choix que j'ai faits, ceux que les circonstances m'ont imposés, les amis que j'ai eus, ceux que je n'ai pas su conserver, l'amour auquel j'ai renoncé pour préserver le seul, le magnifique amour de ma vie, oui, tout cela, je l'accepte, c'est le destin, c'est arrivé parce que ça devait arriver. L'absence d'enfant, non, non, je ne m'y résous pas. C'est une privation que je ne méritais pas. À supposer que le mérite ait la moindre part dans ce qui vous advient dans la vie.

Parfois, il m'arrive de réfléchir à ce que j'aurais aimé transmettre à cet enfant que je n'ai pas eu. Mais n'est-ce pas illusoire de prétendre transmettre quoi que ce soit ? Un enfant – si je suis autorisée à donner mon avis, moi qui ne suis pas mère – n'est pas le duplicata de ses géniteurs et encore moins celui qui les dédommagera de leurs échecs ou compensera leurs frustrations.

Non, décidément, le seul vrai cadeau dont on puisse doter un enfant, c'est la confiance. Celle qu'on lui accorde sans partage et dont dépend la confiance qu'il aura plus tard en lui-même. Ma mère, comme mémère du temps de ma petite enfance rue de Gand, n'a jamais douté de moi. Non pas en vertu de qualités particulières dont j'aurais fait preuve ou du pressentiment qu'elle aurait eu d'un destin hors du commun, mais simplement parce que j'étais son enfant. C'est de cette confiance que j'ai tiré ma force, c'est ce capital que ma mère m'a légué et que je suis bien loin d'avoir épuisé.

Chapitre sept

Candidate n° 8

J'ai déjà cité « Mademoiselle from Armentières » pour évoquer cette enfant qui savait chanter avant de savoir parler. La suite des paroles, malheureusement, colle d'aussi près à celle que j'ai été, enfant.

Puis vint l'âge d'être écolière
D'apprendre à compter
D'apprendre à parler
Ça, ça l'ennuyait...

Je n'ai jamais été bonne élève. Tout ce qui était contrainte me pesait, qu'il s'agisse de grammaire ou de calcul, de piano ou de banjo. Et si j'hésite à dire que j'étais paresseuse, c'est que j'ai tellement travaillé dans ma vie que ce mot me paraît tout à fait étranger à ma personnalité.

En fin de compte, le seul domaine dans lequel je faisais preuve de persévérance était celui qui me semblait être de pur divertissement : la chanson. Les années passant, je n'étais plus une gosse qui poussait la chansonnette au dessert, j'étais devenue une « chanteuse amateur ».

Ce terme d'amateur est déprécié aujourd'hui. Il avait un sens à l'époque. Amateur n'était pas synonyme d'à peu près, il signifiait simplement que les gens qui pratiquaient en amateur n'avaient pas l'intention d'en tirer profit, encore moins d'en faire leur métier. Ce qui n'excluait nullement l'excellence.

Dès l'âge de onze ou douze ans, je chantais régulièrement devant des publics variés et fournis, dans des cafés, des salles des fêtes, en plein air ou dans des hangars, le plus souvent sans aucun accompagnement et naturellement sans micro. À tâtons, d'instinct, j'apprenais peu à peu à composer un tour de chant : cette chanson pour débuter, cette autre pour conclure, celle-ci avant celle-là. Seule devant le grand miroir de l'armoire, dans la chambre de mémère, j'améliorais ma gestuelle, j'expérimentais, non sans maladresse, de nouveaux effets.

Je n'avais pas le sentiment de travailler, je ne l'ai jamais eu avant ma rencontre avec Loulou qui le premier me soumit à une discipline rigoureuse. Pourtant, je progressais à mon insu. Je découvrais l'exigence.

Ainsi je me souviens de ce bon M. Defer, chef de la fanfare du Commerce. Chaque dimanche, il se dévouait pour accompagner au piano les chanteurs amateurs qui se produisaient au café de Paris à Armentières. L'établissement était tenu par les parents d'une copine de classe et j'usais de son amitié pour avoir le droit de chanter toutes les semaines au lieu d'attendre que revienne mon tour sur la liste.

Arthur Defer, arrangeur, compositeur, chef d'orchestre était assurément un vrai musicien. Mais il n'avait pas le sens du tempo, du moins du tempo syncopé qui tendait à s'imposer dans ces années-là et je le reprenais durement :

« Non, non, non, monsieur Defer, vous n'êtes pas dans le rythme ! »

Ma mère, qui suivait la répétition, en était mortifiée.

« Ne faites pas attention, monsieur Defer. C'est une enfant, elle ne mesure pas ses paroles.

– Laissez, madame, elle a raison ! répondait M. Defer. C'est moi qui m'emmêle les pédales. »

Et il se corrigeait avec gentillesse et humilité.

Je vois Jennifer qui tapote fébrilement « Arthur Defer + Armentières » sur Google. « À quoi bon ? lui dis-je. Personne ne se souvient plus de M. Defer. »

Erreur. Une rue de la ville porte son nom.

Surtout, j'ai la surprise d'apprendre que le petit-fils de M. Defer, Jacques, premier prix de saxophone du Conservatoire national de Paris, a fondé, dans le Nord, l'orchestre régional de jazz.

Le rythme syncopé a donc fini par s'imposer dans la famille Defer. Alléluia !

*

On a beaucoup écouté de chansons pendant la guerre. La radio nous en abreuvait, celles que je chantais n'étaient pas toujours mes favorites.

J'avais quatorze ans, quinze ans, et comme les jeunes gens de mon âge, j'étais enthousiasmée par ces chansons swing qui, bien que sévèrement critiquées par la morale officielle qui y voyait l'influence de la musique dégénérée venue d'Amérique, étaient tout de même largement diffusées sur les ondes, y compris par la très collaborationniste Radio Paris.

Mais à tort ou à raison, je considérais que ce répertoire n'était pas mon style : trop exubérant, trop zazou, comme on disait alors. Mon public était trop sage pour admettre des chansons aussi hurluberlues que « Avec son ukulélé », « Elle était swing » ou « Oui ! (Si tu me dis oui !...) ». Chansons qui, je le remarquai vite, avaient toutes un point commun : elles étaient composées par un certain Louis Gasté, ou, ainsi que le nommaient plus familièrement les présentateurs, Loulou Gasté. Car la radio prenait soin d'annoncer le titre de la chanson, son interprète, musique de... paroles de... Si bien que les auteurs finissaient par être aussi connus, parfois plus, que les chanteurs eux-mêmes. D'autant que certains titres à succès pouvaient être repris par cinq ou six interprètes différents.

Toujours prompte à m'enflammer, Loulou Gasté devint mon idole. Il devait le rester pendant cinquante ans. Hélas, je ne me voyais pas du tout chanter :

Elle gagnait sa petite vie [...]
Avec son uku
Avec son uku
Avec son ukulélé...

Deux chansons, plus sages en apparence, me permirent d'inscrire du Loulou Gasté à mon répertoire sans courir le risque d'effaroucher mon public : « Sainte Madeleine » et « L'âme au diable ». La première tout particulièrement devint rapidement mon cheval de bataille. C'était un blues aux paroles plaintives, dont Léo Marjane avait fait un grand succès.

Sainte Madeleine, écoute-moi !
Sainte Madeleine, je n'ai que toi ! [...]
Pourquoi ne pas entendre
La voix des filles de l'amour
Dont tout le mal est d'être tendres
Et d'aimer un peu chaque jour ?

Je la chantais les mains croisées sur la poitrine dans une attitude de recueillement, la tête légèrement penchée sur le côté, les yeux levés vers le ciel. L'image même de l'innocence.

Mes fossettes, mes yeux bleus et mon jeune âge faisaient le reste. J'obtenais un triomphe et il était bien rare qu'on ne me demande pas de reprendre la chanson une, deux ou trois fois dans la même soirée.

« L'âme au diable » était un vrai swing qui rompait plus nettement avec mon répertoire habituel. Mais là encore, après un début véritablement… endiablé, la chanson évoluait vers un ton beaucoup plus grave et me permettait de reprendre en main mon public un instant malmené :

Je n'ai pas pu pourtant
Garder pour moi le cœur
Du gars que j'aime tant
Une autre a pris tout mon bonheur…

La compassion faisait passer le swing.

C'est ainsi, prudemment, à petits pas, que je pénétrai dans l'univers nouveau pour moi, du « rythme américain » qui allait marquer durablement la chanson française et, quelques mois plus tard, donner un tour entièrement nouveau à ma carrière naissante.

*

Si je parle de carrière, c'est d'une façon rétrospective. Connaissant la suite, je retouche le début. Mais je peux garantir qu'à quinze ans, peu avant que ma vie ne bascule, il ne me serait jamais venu à l'esprit, s'agissant de moi, d'utiliser ce mot, à supposer que je le connaisse. Je vivais dans un monde, les vedettes dont j'entendais le nom à la radio dans un autre. Entre ces deux mondes, aucune passerelle. Entre Pont-de-Nieppe et Paris, une distance infranchissable.

Enfant puis adolescente, je ne crois pas avoir dit une seule fois : « Plus tard, je veux être chanteuse ! » À dire vrai, je ne voulais pas être chanteuse, je l'étais déjà, je l'avais toujours été. Je le ressentais au plus profond de moi mais me refusais à l'admettre – ou craignais de l'affirmer.

Ma mère, en revanche, savait parfaitement à quoi s'attendre et s'en inquiétait beaucoup. Comment me détourner d'un choix qui, les mois passant, deviendrait inévitable ? Je préparais, avec peu de chance de succès, mon brevet élémentaire, terme de ma scolarité. Ensuite, ce serait l'entrée dans la vie professionnelle. Les questions soigneusement laissées de côté exigeraient une réponse. Il convenait d'agir, mais comment ?

Vers le mois d'avril 1944, une lettre à mon nom parvint à la maison. À l'intérieur, sur du mauvais papier jaunâtre à en-tête du conservatoire de Lille, une convocation pour le concours d'admission en classe de chant qui aurait lieu le mois suivant. Je tombai des nues. Je ne savais pas ce qu'était un conservatoire, j'ignorais qu'il existait un tel établissement à Lille et je n'avais jamais sollicité d'inscription à un quelconque concours d'entrée. Perplexe, je me confiai à mon amie Agnès qui éclata de rire. Ayant lu dans le journal l'annonce : « Inscriptions ouvertes pour l'admission en classe de chant au conservatoire de Lille », c'est elle qui, de sa belle écriture, avait rédigé et envoyé à mon insu une lettre de candidature.

« Tu veux chanter ? m'avait-elle dit. Eh bien, comme ça, tu apprendras ton métier. »

J'eus comme une illumination. Jusqu'alors, je croyais que les artistes que j'entendais à la radio chantaient pour leur plaisir. Mais puisqu'il y avait une école officielle où l'on apprenait le chant, cela signifiait qu'à l'issue de cette formation, on pouvait en faire sa profession, comme institutrice ou coiffeuse.

Le destin, par l'intermédiaire d'Agnès, avait décidé à ma place. Bien qu'ignorant la nature des épreuves et les compétences exigées, je décidai de tenter ma chance.

Il était précisé dans la convocation que les postulants devaient se présenter au concours « accompagnés d'une personne dûment habilitée ». La mort dans l'âme, je dus mettre ma mère au courant de mes intentions, persuadée qu'elle s'y opposerait.

Curieusement, maman, après un petit temps de réflexion, me donna son accord sans que j'aie besoin d'argumenter ou de supplier.

« Entendu, me dit-elle. Mais promets-moi une chose.

– C'est promis.

– Attends d'abord de savoir de quoi il s'agit avant de promettre. Si tu n'es pas retenue par les examinateurs, jure-moi que tu ne me parleras plus jamais de devenir chanteuse. »

Je jurai sur la tête de mémère.

Le concours eut lieu en mai au Théâtre Sébastopol à Lille, une salle gigantesque de deux mille places où je n'avais jamais mis les pieds. Maman m'accompagnait.

Je fus un peu surprise de constater en coulisses que les autres candidats, mes concurrents, garçons et filles bien plus âgés que moi, trimballaient avec eux de lourds cartables d'un calibre inusité d'où ils tirèrent de volumineuses partitions. Moi, je serrais sur mon cœur les deux petits formats squelettiques des chansons que j'envisageais de présenter au jury : « Sainte Madeleine » et « L'âme au diable ».

Autre motif d'étonnement, à peine leurs partitions sorties du cartable, tous ces jeunes gens se mirent, dans une cacophonie insupportable, à faire des vocalises, montant et descendant frénétiquement la gamme et roucoulant « mi-mi-mi-mi-mi » à en perdre le souffle.

Seule dans mon coin, perplexe, je les écoutais bouche cousue, bien incapable de les imiter.

Me voyant embarrassée et me croyant sans doute paralysée par le trac, une jeune fille fort bien élevée s'approcha.

« Tu ne t'échauffes pas ? me demanda-t-elle gentiment.

– Euh, non. Plus tard, répondis-je au hasard.

– Chacun sa méthode », conclut-elle très étonnée avant de reprendre ses exercices vocaux.

Ainsi, il fallait s'échauffer avant de chanter ? J'ignorais tout de cet exercice que je n'avais jamais pratiqué. Depuis mon plus jeune âge, chanter signifiait saisir l'occasion, grimper sur une table ou sur un tonneau et hop ! se donner à fond afin d'éviter qu'un crochet vienne vous saisir par une patte comme un poulet promis à la broche et vous rejette dans l'ombre sous les huées.

Au bout d'un moment, on nous distribua des numéros. J'héritai du 8.

Le défilé des candidats commença.

Il ne me fallut pas longtemps pour comprendre que j'étais bien mal embarquée. J'avais atterri sans m'en douter dans l'univers de ce qu'on appelait dans les milieux populaires la « grande musique », ou encore la « musique sérieuse », celle qui me faisait tourner le bouton de la radio dès les premières mesures, tout spécialement lorsqu'il s'agissait de chant. « L'amour est un oiseau rebelle », l'« Air des bijoux », « Connais-tu le pays où fleurit l'oranger » ou « Poussez, poussez l'escarpolette », je n'entendais là que vociférations ou mièvreries. Et si par hasard je m'attardais à écouter quelques mesures, je m'étonnais de ne rien comprendre tant les mots étaient mâchouillés, coincés, aspirés, étranglés, comme si le but ultime était de rendre les paroles absolument inaudibles.

Et à présent, de ma propre initiative, je me retrouvais à concourir pour entrer au Conservatoire qui était précisément le lieu, je m'en rendais compte un peu tard, où l'on formait celles et ceux qui chantaient d'une façon pour moi aussi ridicule.

Bien sûr, il y avait beaucoup de naïveté dans mon attitude qui trahissait surtout une totale inculture. J'ai appris plus tard à apprécier l'opéra et j'ai vite saisi, au contact des plus grands, que les chanteurs qui étaient incapables de faire entendre le texte étaient tout simplement de mauvais chanteurs.

Mais ce jour-là, je n'étais qu'une petite nigaude désemparée qui réalisait avec effroi qu'elle s'était fourrée dans un guêpier dont elle n'avait aucune possibilité de s'extraire, à moins de prendre ses jambes à son cou.

Solution qui se révéla impossible à mettre en œuvre : ma mère me barra la route.

« Tu as voulu venir, tu restes ! »

Je compris brusquement son jeu. Si elle n'avait manifesté aucune opposition lorsque je lui avais dit mon intention de me présenter au concours, si elle m'y avait même insidieusement encouragée, c'est qu'elle savait bien, elle, de quoi il retournait. Elle avait vu le piège, m'avait habilement manœuvrée pour que je m'y engage et avait refermé la trappe derrière moi.

J'étais tenue par ma parole : abandonner la chanson en cas d'échec. Et vu les règles du jeu, je n'avais strictement aucune chance de réussite.

Mon tour se rapprochait inexorablement. Après chaque prestation, le président remerciait poliment le candidat qui sortait de scène la mine défaite ou un sourire satisfait sur le visage, selon qu'il estimait avoir plus ou moins réussi son passage. Un grand silence retombait alors sur la salle. On distinguait le jury, assis dans la pénombre, dont les membres, assez âgés semblait-il, chuchotaient, penchés les uns vers les autres. Après un bref conciliabule, chacun inscrivait quelque chose, note ou appréciation, sur une feuille, à la suite de quoi le président appelait le candidat suivant.

« Candidate n° 8, mademoiselle Ente, Jacqueline… »

Depuis le premier jour où j'ai chanté en public, toute petite fille, jusqu'au Théâtre Antoine où je jouais chaque soir l'hiver dernier *Harold et Maude*, le trac qui me noue l'estomac pendant les répétitions ou dans les minutes qui précèdent le spectacle, s'évanouit miraculeusement au moment où j'entre en scène. Il en fut ainsi cette fois-là. Au comble de l'angoisse et de la honte quelques secondes auparavant, je m'élançai, à l'appel de mon nom, sur l'immense plateau du Théâtre Sébastopol avec la fougue d'un pur-sang libéré par le starter. Après tout, j'étais là, et quitte à perdre, autant se montrer sous son meilleur jour.

« Quelle œuvre allez-vous nous interpréter, mademoiselle ? demanda le président du jury.

– "Sainte Madeleine", monsieur. »

Il y eut un petit moment de flottement.

« Sainte Madeleine ? » répéta lentement le président du jury, fouillant dans sa mémoire à la recherche d'une pièce lyrique qui lui aurait malencontreusement échappé.

« Pouvez-vous nous dire, mademoiselle, à qui nous sommes redevables de cette composition ? questionna-t-il, un peu d'ironie dans la voix.

– Les paroles sont de Jean Féline, la musique de Louis Gasté.

– Voyons toujours », fit le président goguenard.

Je tendis la partition à l'accompagnatrice et vins prendre ma place au centre du plateau. Croisant les bras sur ma poitrine, penchant la tête de côté, les yeux levés vers le ciel, j'entonnais la chanson avec toute l'émotion et le recueillement dont j'étais capable, exactement comme je le faisais depuis plusieurs mois dans les cafés et les salles des fêtes aux environs d'Armentières.

Et je finis la chanson, les yeux mi-clos, les mains jointes tendues vers les cintres, où un machiniste, accoudé sur une passerelle, m'adressa un bravo muet.

Que la haine soit écartée
Que les chaînes soient évitées
Que les peines soient rapportées
Sainte Madeleine de bonté...

Généralement, dans les salles où je chantais, ces derniers mots étaient suivis d'un tonnerre d'applaudissements. Ici, le silence, impénétrable, des chuchotis dans l'ombre. Les vieux messieurs se concertaient. Un peu plus longuement que d'habitude, me sembla-t-il.

« Pourriez-vous nous interpréter un second morceau ? » demanda soudain le président.

Aucun candidat avant moi n'avait chanté deux œuvres. Que signifiait ce traitement singulier ? Marque d'intérêt ou tentative de repêchage ?

J'enchaînai mécaniquement.

« De Jacques Larue pour les paroles et Louis Gasté pour la musique, "Mon âme au diable".

– Allez-y, mademoiselle. »

Il me sembla que l'ironie avait disparu de sa voix.

Je m'approchai de l'accompagnatrice et lui indiquai le tempo en claquant dans mes doigts.

« J'ai compris », dit l'accompagnatrice.

Avant de commencer, je jetai un coup d'œil dans les cintres. Le machiniste me fit un signe d'encouragement.

Comme pour « Sainte Madeleine », je me donnais à fond, attentive à conserver un bon équilibre entre la pulsation swing et la mélancolie qui se dégageait des paroles. Pas une seconde je ne me préoccupai de la solennité des lieux, des vieux messieurs barbichus assis dans la salle, et encore moins de ce Conservatoire de Lille où je n'entrerais jamais.

Arrivée au bout, je récupérai mes deux partitions et attendis le mot de remerciement qui indiquait au candidat qu'il pouvait sortir de scène. Rien ne vint pendant un moment. Puis j'entendis la voix du président :

« Mademoiselle, veuillez avoir l'obligeance d'attendre la fin des auditions. Candidat suivant. »

Attendre la fin des auditions ? Cela non plus, il ne l'avait demandé à personne jusqu'à présent. Ma mère, toujours intuitive, sentit que les choses ne se passaient pas exactement comme elle les avait prévues. Nous nous assîmes dans un coin, plongées dans nos réflexions.

Enfin le concours s'acheva. Un monsieur s'approcha de nous, costume soigné, physique avantageux, le crâne entouré d'une couronne de cheveux blancs.

« Madame, dit-il, je m'appelle René Cottinet. Je suis directeur de ce théâtre et de l'Opéra de Lille. Je pense que vous aurez compris que votre fille n'a rien à faire au Conservatoire…

– Elle tenait absolument à passer ce concours, vous comprenez, s'excusa ma mère.

– Elle a bien fait ! s'exclama M. Cottinet. Car je suis également directeur artistique de Radio Lille et je lui propose un contrat pour la rentrée. »

Je le regardai, incrédule. Un contrat ? À la radio ?

« Je cherche une jeune chanteuse pour faire partie de l'orchestre de jazz de Michel Warlop à qui j'ai confié une émission hebdomadaire. D'après ce que je viens d'entendre, je crois que vous ferez parfaitement l'affaire. Si vous êtes d'accord, naturellement. »

Si j'étais d'accord ? Je l'étais tellement que je ne parvenais pas à articuler un seul mot.

« Elle a son brevet élémentaire à repasser en septembre, objecta faiblement ma mère.

– Madame, le brevet élémentaire n'est pas exigé pour l'emploi que je lui propose », répliqua René Cottinet qui avait du panache et de la repartie.

En quelques secondes, le destin – comment nommer autrement l'incroyable concours de circonstances qui avait présidé à ce brusque revirement de situation –, le destin, donc, avait tranché : j'étais arrivée au Théâtre Sébastopol sans vocation affirmée, sans avenir défini, en pleine confusion, j'en ressortais chanteuse professionnelle avec un contrat en poche.

Ma mère ne mit pas longtemps à reconnaître sa défaite.

« Tu me promets de repasser tout de même ton brevet ? » risqua-t-elle sans grande conviction.

Je me jetai dans ses bras.

« Bien sûr, maman ! »

Promesse que je n'ai pas tenue. Mais ma mère y avait-elle cru elle-même ?

Dès ce moment, en juin 1944, avec le pragmatisme dont elle a toujours fait preuve et qui lui a permis d'affronter victorieusement tant de situations délicates, maman n'a plus jamais remis mon choix en cause. Mieux, elle m'a aidée en toutes circonstances, de toutes ses forces et de tout son amour, avec discrétion, modestie et générosité, jusqu'à sa mort.

Chapitre huit

Mademoiselle « Quelle heure est-il ? »

Ma vie changea du jour au lendemain.

À Pont-de-Nieppe, mémère et grand-mère se chargèrent de diffuser la nouvelle. Quand on tient un estaminet, les informations circulent vite : Jacqueline va chanter à la radio ! Pas par hasard, à la va-vite, en bouche-trou. Officiellement engagée par la radio !

Radio Lille était très écoutée. Les gens y retrouvaient avec plaisir les annonces locales, les émissions cent pour cent parlées ch'ti, mais aussi les pièces radiophoniques, les concerts et les émissions de variétés qui mêlaient artistes locaux et demi-vedettes venues de Paris. C'était une radio proche et chaleureuse, on dirait aujourd'hui conviviale.

Entrer dans le cercle prestigieux de ces voix familières qu'on « écoutait dans le poste » était un privilège dont je mesurai bien vite les avantages. Je n'étais sans doute pas insensible aux louanges et aux flatteries. Mais l'essentiel n'était pas là. Par la seule grâce de cet engagement miraculeux, j'étais soudain devenue une adulte à part entière. Même si j'étais tenue de consulter ma mère pour les grandes décisions, je disposais de ma vie à ma guise. J'étais libre, enfin presque.

M. Cottinet, le directeur artistique de la station, avait décidé de mettre à profit les quelques semaines qui nous séparaient de mes débuts sur les ondes pour soigner mon image.

Il fallait qu'on parle de moi, qu'on me lance et que j'acquière un peu d'assurance avant septembre.

Au cours d'un déjeuner, il aborda la délicate question de mon nom. Il fallait en changer. Jacqueline Ente ne lui convenait pas du tout. Je protestai :

« C'est le nom de mon père ! »

N'oublions pas que cette conversation avait lieu bien avant la fin de la guerre et que mon père, mon héros à l'image intacte, était encore prisonnier en Allemagne pour de longs mois. D'où ma réaction indignée : pas question de trahir mon père en reniant son nom.

« C'est le nom de votre père, je n'en disconviens pas, argumenta M. Cottinet, mais vous ne me retirerez pas de l'idée que Jacqueline Ente manque de peps ! »

Il m'expliqua patiemment l'avantage qu'il y avait à opter pour un nom de scène. Jean Gabin ne s'appelait-il pas Moncorgé, selon l'état civil ? Fernandel, Fernand Contandin ? Et Léo Marjane, Thérèse Gérard ?

Je me laissai convaincre. Encore fallait-il trouver un nom de substitution. Des heures durant, je me torturai les méninges, passant en revue toutes les combinaisons possibles.

Jacqueline Chevalier (comme Maurice) ? Jacqueline Vanel (comme Charles) ? Jacqueline Ventura (comme Ray) ?

Non, mais pourquoi pas Jacqueline Ray ? C'était court, percutant, américain en un mot.

Va pour Jacqueline Ray.

À peine avais-je débuté à Radio Lille qu'un imprésario, Édouard Rombaud, grand ami de M. Cottinet, obtint que je passe une audition au Strasbourg, une grande brasserie du centre de Lille. Je subis l'épreuve avec succès, on m'engagea pour huit jours.

Se posa alors la question de savoir où j'allais habiter. Rentrer seule de nuit à Armentières n'était pas très indiqué. Marcel avait une sœur, Berthe, qui habitait Lille et accepta de me loger. En même temps, elle me servirait de chaperon et veillerait, durant la journée, à ce que je révise sérieusement ce fameux brevet auquel maman ne voulait pas officiellement renoncer.

Autant je trouvais tous les défauts du monde à Marcel, autant Berthe me fut d'emblée sympathique. Elle était vive, pleine de gaieté, et enchantée par ma réussite qui, par procuration, comblait chez elle des ambitions artistiques refoulées. Plus âgée que moi de vingt ans, on se demandait parfois qui était la cadette tant elle aimait rire et s'amuser. Nous devînmes rapidement complices. Mes révisions en souffrirent.

Elle me prêta une petite robe bleu marine et blanc pour paraître en scène, et cette tenue toute simple renforçait l'image d'une gosse fragile maltraitée par la vie, en parfait accord avec mon répertoire réaliste. C'est là que j'étrennais avec succès la chanson d'Édith Piaf « Le disque usé », celle-là même que je chanterai quelques mois plus tard, à La Madeleine-lez-Lille, au moment où mon père, de retour d'Allemagne, fera irruption dans la salle.

Lille est un village. Il ne fallut pas trois jours pour qu'on sache un peu partout en ville qu'une petite chanteuse qui venait de débuter à Radio Lille faisait un malheur au Strasbourg. Édouard Rombaud n'eut aucun mal à me trouver un second engagement, au Bellevue cette fois, une autre grande brasserie lilloise dirigée par Freddy Beaufort.

En 1979, je me souviens avoir fait une émission à la télévision dans le décor du Bellevue reconstitué à l'occasion de la foire de Lille. Jennifer et Michaël (le jeune homme qui m'aide à classer toutes mes archives) retrouvent facilement l'extrait sur Internet. Nous le regardons ensemble. Accompagnée au piano par Pierre Spiers, je chante, pour la première fois depuis trente-cinq ans, « Sainte Madeleine ». En voyant ces images, je retrouve l'atmosphère enfumée et bruyante de cette immense salle où les gens dînaient en accordant une attention très relative aux numéros qui se succédaient sur scène. Comment une gamine de seize ans parvenait-elle à imposer silence à cette foule en lui chantant un blues aux paroles édifiantes ?

Il faut croire que je ne me débrouillais pas trop mal puisque, à l'issue de la première soirée, Freddy Beaufort – que je retrouve avec émotion dans cette vidéo – me proposa, en plus de mon tour de chant à la brasserie, de passer, dès le lendemain, au Rio, un club assez sélect situé au sous-sol. Là, changement complet de clientèle. Des industriels, des notables, une ambiance discrète, champagne et fauteuils profonds. Le grand standing.

Point commun entre les deux établissements, la présence massive de soldats américains, simples GI's en haut, officiers supérieurs en bas.

Seul problème : il n'était plus question de se présenter sur scène vêtue de ma petite robe bleu marine et blanc. Pour chanter dans un night-club, il me fallait une robe longue. Tante Berthe n'avait pas ce modèle dans sa garde-robe et malgré toute son ingéniosité et sa bonne volonté, se montra à court de solution.

Un seul recours : grand-mère, qui était, on s'en souvient, couturière de métier avant d'être bistrotière.

Le lendemain, le jour à peine levé, je me mis en route. Le pont entre Armentières et Pont-de-Nieppe avait sauté, je dus traverser la Lys en barque.

Grand-mère et mémère m'accueillirent avec joie. Je leur exposai le problème, elles se mirent aussitôt au travail. D'où sortait le velours pané dont elles se servirent pour confectionner ma robe ? L'avais-je amené avec moi, en gardait-elle un coupon dans leur commerce de mercerie ? Je ne sais plus trop. Mais je me revois en combinaison, les deux femmes prenant mes mesures, coupant, bâtissant, cousant, tout en conversant gaiement.

En moins de trois heures, la robe, un élégant fourreau noir, fut achevée, repassée et soigneusement pendue sur un cintre. Je retraversai la Lys, tenant le cintre à bout de bras comme s'il s'agissait du saint sacrement.

Le soir, coiffée par tante Berthe « à la Veronica Lake », c'est-à-dire la moitié du visage dissimulée par une grande mèche crantée au fer à friser, j'étais sur la scène du Rio, serrée dans mon fourreau noir.

Moins gosse perdue, plus femme fatale, je changeais de personnage en descendant l'escalier qui menait de la brasserie au night-club. Mais les chansons restaient les mêmes et obtenaient, je dois le dire, un beau succès, tant au sous-sol qu'au rez-de-chaussée.

*

L'orchestre de Michel Warlop, qui m'accompagnait au Rio, était celui dont j'étais la chanteuse attitrée au cours de l'émission hebdomadaire sur Radio Lille. Les soirées du Rio nous servaient de tour de chauffe.

Michel était un musicien prodigieusement doué. Originaire du Nord comme moi, il adorait sa ville natale, Douai, où son père tenait une pâtisserie réputée pour ses gaufres. De formation classique, ce virtuose du violon renonça à la brillante carrière de concertiste qui s'offrait à lui au profit du jazz pour lequel il éprouvait une véritable passion. Il joua avec les plus grands spécialistes du genre en France et multiplia les enregistrements, accompagnant Piaf, Trenet, Léo Marjane, Danielle Darrieux, Jean Sablon et beaucoup d'autres.

Au moment de notre rencontre, il avait, à trente-trois ans, un physique d'enfant prématurément vieilli. L'alcool – la fine champagne – et la drogue – la cocaïne, la coco, comme on disait – l'avaient épuisé sans parvenir à calmer, bien au contraire, l'angoisse qui l'étreignait.

Usé, meurtri, écarté des studios d'enregistrement sinon tout à fait oublié, il devait mourir brusquement trois ans plus tard d'une phtisie galopante à Luchon où, pour survivre, il jouait dans un hôtel de cure.

Un soir, après mon passage à la brasserie, Freddy Beaufort m'annonça que le chef d'orchestre Raymond Legrand et sa femme, Irène de Trébert, étaient dans la salle au Rio où je chantais tout de suite après. J'étais très impressionnée. La réputation de Raymond Legrand était immense. Pendant toute la guerre, la France entière avait écouté ses émissions sur Radio Paris. Aujourd'hui, lorsqu'on dit « Radio Paris », on pense immédiatement à la ritournelle de Pierre Dac à la BBC : « Radio Paris ment, Radio Paris ment, Radio Paris est allemand ! » Mais je peux assurer que durant l'Occupation, l'audience de Radio Paris dépassait de beaucoup le cercle des collaborateurs actifs ou passifs et que le grand public, parmi lequel très probablement nombre de Résistants ou de gaullistes de cœur, l'écoutait sans réticence, quitte à tourner le bouton à l'heure des informations. Car à de rares exceptions près, tous les grands artistes de variétés de l'époque, chanteurs, musiciens, chansonniers, se produisaient avec succès sur les ondes de Radio Paris – d'où les difficultés qu'une bonne partie d'entre eux connut à la Libération.

Inutile de préciser que ce contexte troublé m'échappait totalement et que, pour moi, Raymond Legrand et Irène de Trébert n'étaient pas d'affreux collaborateurs mais les éblouissants interprètes de *Mademoiselle Swing*, film qui m'avait transportée d'enthousiasme deux ans plus tôt.

Ce soir-là, je fis mon tour de chant, avec, j'imagine, un peu d'appréhension, terminant sur « Sainte Madeleine », que je dus, à la demande du public, chanter deux fois comme à l'accoutumée. À peine sortie de scène, alors que je venais de regagner l'étroit cagibi qui me servait de loge, tante Berthe, très excitée, vint me dire que Raymond Legrand et Irène de Trébert désiraient me parler. Je me changeai et les rejoignis dans la salle, non sans anxiété. C'était la première fois que je me retrouvais en tête à tête avec de telles célébrités. Je fus très surprise de constater qu'ils s'exprimaient avec les mots que j'employais moi-même tous les jours, que je n'éprouvais aucune difficulté particulière à me faire comprendre d'eux et qu'au bout de quelques secondes, je me trouvais parfaitement à l'aise en leur compagnie.

La prédiction de mémère se réalisait : « Jacqueline ? Elle irait parler au président de la République ! »

Pourtant, la proposition que me fit Raymond Legrand avait de quoi me surprendre.

« Vous avez du talent, mademoiselle. Il faut que vous veniez à Paris. Si vous avez l'intention de poursuivre dans ce métier, naturellement. »

Je balbutiai : « Ce métier ? Bien sûr ! Mais Paris…

– Nous avons un grand appartement, vous habiteriez chez nous, intervint gentiment Irène de Trébert.

– Je crois en vous, insista Raymond Legrand, je prendrai en main votre carrière.

– C'est-à-dire que maman… »

Il coupa court à mes hésitations en me promettant d'adresser, dès son retour à Paris, une lettre à ma mère où tout serait précisé noir sur blanc.

Tante Berthe et moi sortîmes du Rio au comble de l'excitation. Cette proposition tenait du miracle, nous avions peine à y croire, tout allait trop vite.

Maman fut loin de partager notre enthousiasme.

Le soudain intérêt de ce couple en vue pour une petite gamine qui débutait à peine lui parut extrêmement suspect. Toute seule, à Paris, et de surcroît habitant chez eux, autant dire à leur disposition ? Pas question !

« D'ailleurs, m'assura-t-elle, je te parie une chose : leur fameuse lettre, je ne la recevrai jamais ! »

Erreur. Bien qu'avec retard, la lettre finit par arriver. Elle ne suffit pas à rassurer ma mère.

« C'est facile de promettre la lune ! »

Je protestai pour la forme, mais au fond, j'étais soulagée. Je n'étais pas prête pour le grand saut.

Moins d'un an plus tard, Raymond Legrand et Irène de Trébert se séparaient. Ma mère, involontairement, avait pris la bonne décision : j'aurais eu l'air maligne, coincée entre eux deux !

Un autre soir, ce fut Jacques Larue, le parolier de « L'âme au diable », qui vint avec sa femme assister à mon tour de chant au Rio. Impressionné par ma performance – les rappels de « Sainte Madeleine » étaient toujours du meilleur effet – il se déclara prêt lui aussi à prendre ma carrière en main, à condition bien entendu que je quitte Lille pour la capitale. Appât suprême, il se faisait fort de me présenter Louis Gasté, dont j'interprétais si bien les chansons.

« Loulou Gasté, tu te rends compte ? représentai-je à ma mère en me tordant les mains pour l'émouvoir.

– Loulou Gasté ou le pape, tu n'iras pas à Paris ! » répliqua ma mère, nullement impressionnée.

*

En attendant, ma carrière à Lille et dans la région prenait forme. Après le Strasbourg, le Bellevue et le Rio, je fus engagée au Carlton, une boîte de nuit au sous-sol de l'hôtel du même nom. À cela s'ajoutèrent les cinémas où je passais en attraction, tout particulièrement au Capitole, une salle de plus de mille places à laquelle on accédait par un étroit boyau qui donnait rue de Béthune. Mon imprésario, Édouard Rombaud, à qui M. Cottinet m'avait plus ou moins imposée, trouvait finalement que je n'étais pas une si mauvaise recrue.

Dans chacun de mes contrats, il prenait soin de préciser que j'étais autorisée à vendre mes photos durant l'entracte ou après le spectacle. Grâce à Radio Lille, le nom de Jacqueline Ray s'était rapidement imposé dans la région, si bien que ce petit commerce finissait par produire un bénéfice appréciable. Comme disait mémère avec admiration, « Je faisais ma pelote ».

Poussant plus loin l'ambition, Édouard Rombaud m'obtint une place dans une tournée dont la tête d'affiche était Roland Avellis, le Chanteur sans nom. Avec lui et une petite troupe réunie pour la circonstance, nous sillonnâmes, entassés dans un autocar, les villes du nord de la France et du sud de la Belgique. Émerveillée, je réalisais enfin mon rêve d'enfance, lorsque j'avais voulu à toute force grimper dans une roulotte et parcourir quelques kilomètres avec une troupe de gitans qui avait fait escale sur la place, à Pont-de-Nieppe.

Roland Avellis s'était fait connaître essentiellement par la radio où il débitait à la chaîne les succès du moment, tel un juke-box humain. D'où cette idée bizarre de se faire appeler le « Chanteur sans nom », comme pour souligner qu'il n'avait aucune personnalité propre, aucun répertoire personnel, qu'il était juste une voix anonyme, du reste assez agréable. Poussant cette idée à son paroxysme, il apparut, du jour où il se risqua à faire de la scène, les yeux masqués par un loup noir. N'étant personne, il était tout le monde, Tino Rossi ou Charles Trenet, Jean Sablon ou André Claveau, selon qu'il interprétait les chansons des uns ou des autres. Les music-halls de province, bien empêchés de s'offrir les grands noms, engageaient volontiers cette demi-vedette qui, l'espace d'un gala à Saint-Omer ou Douchy-les-Mines, donnait au public l'illusion de s'être offert, sans augmentation du prix des places, ce qui se faisait de mieux à Paris.

Bon vivant, pas prétentieux pour deux sous, s'accommodant de tout y compris du pire, infiniment drôle, le Chanteur sans nom fut pour moi un excellent camarade. Sous ses dehors insouciants, il connaissait parfaitement son métier et j'appris beaucoup à son contact. Nous avions de longues conversations. Lui aussi me poussait à tenter l'aventure à Paris.

« Tu es jeune, tu as du talent, qu'est-ce que tu fais ici ? »

Je ne savais que répondre : j'étais en train de vivre ce que je n'aurais jamais osé espérer dans mes plus beaux rêves. J'étais sur scène tous les jours, et même plusieurs fois par jour, on m'applaudissait. Ce nom de Jacqueline Ray, dont personne n'avait entendu parler, et pour cause, quelques mois plus tôt, commençait à s'imposer de Boulogne à Charleroi et de Béthune à Dunkerque. De plus, entre mes cachets à la radio, les engagements dans les brasseries, cabarets et cinémas lillois, sans parler des tournées et de mon petit négoce de photos dédicacées, je gagnais déjà à mon âge à peu près une fois et demie le salaire de ma mère chez Hacot Frères après quinze ans de maison.

Fallait-il vraiment remettre tout ça en cause au profit d'une hypothétique réussite à Paris ?

Indécise, j'argumentais :

« C'est cher, Paris. De quoi je vivrai, là-bas ?

– Puisque tu chantes à Radio Lille, tu peux passer une audition pour chanter sur la radio nationale. Tu seras au moins sûre de ne pas crever de faim.

– Ah bon ?

– Et puis il faut absolument que tu rencontres Loulou Barrier, l'imprésario d'Édith. Je vais essayer de t'organiser un rendez-vous. »

Roland Avellis était un grand ami d'Édith Piaf qui lui pardonnait sa paresse et ses excès de boisson parce qu'il la faisait rire aux larmes. Il fut même un temps son secrétaire.

Rencontrer Loulou Barrier, je ne demandais que ça. Mais comment convaincre ma mère de me laisser aller à Paris ?

« Charge-toi de ta maman, je me charge de Loulou Barrier », me dit le Chanteur sans nom.

Sans attendre que j'aie obtenu le consentement de ma mère, il fit ce qu'il avait promis et écrivit une lettre à Loulou Barrier pour lui dire qu'il avait rencontré dans le Nord « une fille qui cassait tout » et qu'il devait me rencontrer au plus vite « dans son propre intérêt ». La réponse lui revint par retour du courrier. Elle tenait en trois mots : « Envoie-la-moi ! »

La balle était dans mon camp.

*

Le propriétaire du cinéma Capitole, Jean Féraud, était un homme charmant. Avec son associé Albert Courtine, il possédait plusieurs cinémas dans le Nord, mais aussi le Berlitz, sur les boulevards à Paris. Élégant, raffiné, il gérait ses affaires avec détachement, comme s'il s'agissait de choses sans importance et un peu vulgaires dont il convenait de s'acquitter avec discrétion. Toujours de passage, il débarquait à Lille entre deux trains, vérifiait les comptes, s'informait des entrées et repartait content. Il avait de quoi l'être. Dans ces mois d'après-guerre, les cinémas étaient littéralement bondés. On n'hésitait pas, au mépris de toutes les règles de sécurité, à vendre beaucoup plus de billets qu'il n'y avait de places et les gens s'entassaient sur les marches ou debout dans les allées.

Un jour où il devait disposer d'un peu plus de temps que de coutume, Jean Féraud, qui mettait rarement les pieds dans la salle, assista à mon tour de chant. Il fut conquis par l'aplomb avec lequel j'imposais mes chansons aux mille deux cents spectateurs qui s'entassaient du parterre au deuxième balcon. Peut-être aussi fut-il sincèrement touché par ma voix. C'est du moins ce qu'il m'affirma lorsqu'il vint me voir dans ma loge et m'invita à dîner pour le lendemain soir.

Depuis quelques semaines, ma mère et Marcel, abandonnant Armentières, s'étaient définitivement installés à Lille, rue de la Grande-Chaussée. Toujours pratique, maman avait tiré les conséquences de mes premiers mois d'activité professionnelle : les engagements s'enchaînaient, j'en bénéficiais financièrement, il n'y avait aucune chance que je fasse machine arrière, il convenait donc de s'organiser. Tante Berthe, comme chaperon, n'y suffisait plus. C'était à ma mère de reprendre les choses en main et pour cela, il fallait qu'elle soit sur place. D'où le déménagement, synonyme pour moi d'une surveillance resserrée, car depuis longtemps j'avais mis tante Berthe dans ma poche et n'en faisais qu'à ma tête.

Ainsi, avant d'accepter de dîner avec Jean Féraud, je dus demander la permission à ma mère. Maman avait le respect des patrons. Si M. Féraud me faisait l'honneur de m'inviter, il était impossible de refuser. Mais je devais impérativement être rentrée pour minuit.

Le dîner eut lieu au restaurant du Carlton. Ce fut la première fois que je mangeai des huîtres. C'était aussi la première fois qu'un homme m'invitait à dîner. Jean Féraud parlait beaucoup, il était à la fois grave et léger, drôle et cultivé. Je tombai vite sous le charme. Il me parla de sa femme, qu'il aimait beaucoup, de son fils, devant lequel il était en pâmoison, il était le contraire d'un dragueur. Pourtant, je sentais que je lui plaisais et j'étais indubitablement attirée par lui. C'était un sentiment imprévu, que je n'arrivais pas à définir. Mais tant de choses nouvelles m'étaient arrivées ces derniers mois que j'avais appris à les vivre sans essayer de les analyser. Dans l'atmosphère protectrice de ce restaurant de luxe, l'esprit comme embrumé, je m'abandonnai au plaisir de l'instant, dégustant mes huîtres de bon appétit, buvant un peu de champagne et l'écoutant me parler de Paris, où il me recommandait à son tour d'émigrer au plus tôt si je voulais faire carrière.

De temps à autre, et de plus en plus souvent au fur et à mesure que la soirée avançait, je posais la question : « Quelle heure est-il ?

– Vous avez encore le temps, me répondait-il. Mangez un dessert. Vous aimez les desserts, je parie ? »

Je n'aimais pas particulièrement les desserts, excepté les mille-feuilles. Ceux du Carlton étaient réputés. Jean Féraud en commanda un à mon intention.

« Quelle heure est-il ? demandai-je encore, la dernière miette avalée.

– Restez encore un peu. Je vous raccompagnerai. »

Nous marchâmes ensemble à travers les rues du Vieux Lille, sa main tenant la mienne. Arrivés devant ma porte, il se pencha, déposa un rapide baiser sur mes lèvres et s'en fut. Cette soirée marqua le début d'une longue, tendre et parfaitement chaste amitié.

Le lendemain, en ouvrant la porte pour prendre la bouteille que le laitier déposait chaque matin sur le seuil, ma mère trouva quatre douzaines de roses blanches assorties d'un petit mot : *Pour mademoiselle « Quelle heure est-il ? »* Elle ne s'en émut point, au contraire elle loua la correction de mon patron qui, non content de m'inviter à dîner dans l'un des meilleurs restaurants de la ville, poussait la courtoisie jusqu'à m'offrir des fleurs…

*

La suggestion du Chanteur sans nom avait fait son chemin. Par l'intermédiaire de Radio Lille, j'obtins de passer une audition à la radio nationale en vue d'avoir l'autorisation d'y travailler. Cette audition, pour laquelle je recevrais une convocation ultérieure, aurait lieu rue Christophe-Colomb à Paris. Impossible de reculer cette fois : je devais à tout prix arracher à ma mère la permission de me rendre dans la capitale. Certes, mon dossier était meilleur. Il y avait quelque chose d'officiel dans cette convocation, le mot « national » imposait le respect. Mais ma mère était trop fine mouche pour ne pas comprendre qu'au cas où ma candidature serait retenue, j'aurais de solides arguments à faire valoir pour revendiquer mon installation définitive à Paris. À cela, elle ne pouvait consentir, du moins pas encore. J'allais avoir dix-sept ans en juillet, j'étais encore bien trop jeune pour échapper à son contrôle.

Jean Féraud, mis au courant, sauva la situation. Il rendit visite à ma mère et, couvrant l'opération de son prestige, parvint à la convaincre.

Il fut convenu que maman et Marcel m'accompagneraient. Nous logerions chez leurs amis à Boulogne, métro Marcel-Sembat.

La porte de l'*ailleurs* s'entrouvrait. Une mince ouverture par laquelle, sans bien savoir ce qui m'attendait derrière, je me faufilai sans hésiter.

Chapitre neuf

Première chance

Malgré son nom évocateur de conquêtes et de gloire, la rue Christophe-Colomb, dans le quartier de l'Étoile à Paris, est parfaitement anonyme. Et plus anonyme encore était le studio d'enregistrement – gris, froid, désert – dans lequel je me retrouvai trois semaines plus tard en compagnie d'un pianiste enrhumé et d'un micro qui semblait avoir avalé une note de travers.

J'avais choisi de chanter « Fleurette », une chanson de Loulou Gasté. Pas la meilleure.

Une voix sépulcrale fit entendre le traditionnel « Nous vous écoutons ! ».

Qui se cachait derrière ce nous ? Mystère impénétrable, on ne distinguait personne au travers de la vitre en hauteur qui séparait le studio de la cabine d'enregistrement.

J'entamai la chanson :

Et pourtant elle aimait
Elle aimait se faire conter fleurette
Par les beaux soirs d'été
Fallait la voir partir à la fête…

Deux minutes trente plus tard, j'avais fini. Le pianiste me rendit mon petit format d'un air désabusé, tout en se mouchant bruyamment.

« Merci mademoiselle. On vous écrira à Radio Lille ! » laissa tomber la voix.

Je partis catastrophée. Heureusement, j'avais rendez-vous chez Roland Avellis, le Chanteur sans nom, qui habitait à deux pas, rue Lauriston. Sa femme, une beauté, était charmante, elle parut ravie de me rencontrer, nous fîmes un excellent déjeuner – ce qui, en ces temps de restriction, était toujours appréciable. En quelques blagues, Roland sut dissiper le découragement qui m'avait saisie après l'audition à la radio.

« Bonne nouvelle, nous avons rendez-vous ce soir chez Ma Cousine avec Loulou Barrier, m'avait-il annoncé dès mon arrivée.

– Ta cousine ? »

Quelle drôle d'idée d'avoir organisé ce rendez-vous chez sa cousine…

Il éclata de rire :

« Mais non, bécasse ! Je n'ai même pas de nom, comment veux-tu que j'aie une cousine ? Chez ma cousine, c'est le nom d'un cabaret à Montmartre. Loulou Barrier a obtenu du patron qu'il te laisse chanter trois chansons en intermède. Ça lui permettra de voir comment tu te débrouilles en public. »

Il me prévint charitablement que j'allais sans doute être un peu surprise par l'atmosphère qui régnait là-bas. « C'est le rendez-vous des BOF et le temple de la chanson paillarde, tu vois le genre ? »

Non, je ne voyais pas très bien. À la Libération, on appelait BOF ceux qui s'étaient enrichis pendant la guerre grâce au marché noir, particulièrement dans le commerce alimentaire, beurre, œufs et fromage, d'où l'acronyme. Quant à la chanson paillarde, sans être particulièrement prude ni totalement innocente en matière de sexe, mon répertoire en la matière était des plus réduits. Et puis, quel rapport entre le marché noir et les chansons paillardes ?

À peine entrée, je sus à quoi m'en tenir. Et si je n'avais pas senti à mes côtés la présence rassurante du Chanteur sans nom, probablement aurais-je pris mes jambes à mon cou. Le lieu, enveloppé d'une fumée âcre, suait la vulgarité, l'argent facile, la phallocratie satisfaite. Une foule excitée braillait « Les filles de Camaret » et « La digue du cul ». Dans un angle, perché sur une minuscule estrade drapée de velours rouge, un amuseur jouait les chefs de chorale en accompagnant les paroles de gestes obscènes, au cas où quelqu'un dans la salle n'aurait pas saisi toute la subtilité du propos.

« Avance, ma grande ! me souffla Roland Avellis, c'est le moment de montrer ce que tu as dans le ventre. »

Loulou Barrier nous attendait au bar. Lorsqu'il me vit, il parut un peu gêné. Sans doute ne m'imaginait-il pas si jeune.

« Ce n'est peut-être pas le lieu idéal pour une fille de votre âge, fit-il l'air préoccupé. Écoutez, il est toujours temps de faire marche arrière. »

Je le fixai droit dans les yeux :

« Si je fais marche arrière, vous n'aurez jamais l'occasion de m'entendre chanter.

– Très bien, dans ce cas… »

Il me présenta au patron de l'établissement qui m'évalua du regard :

« Ils vont te bouffer toute crue, prédit-il d'un ton affligé. Enfin, après tout, c'est tes miches. »

Je donnai mes partitions au pianiste, j'échangeai quelques mots avec l'amuseur qui me présenta au public :

« Elle n'a pas dix-sept ans, elle nous vient tout droit des brumes du Nord, elle a une voix exquise, voici Jacqueline Ray ! »

Je gravis les trois marches par lesquelles on accédait à l'estrade. Aussitôt, un type dans la salle suggéra qu'on apprécierait beaucoup mieux ma voix exquise si j'étais à poil. Apparemment, il n'était pas seul de son avis. Plus morte que vive, j'annonçai ma première chanson :

« De Jean Féline pour les paroles et Louis Gasté pour la musique, "Sainte Madeleine". »

Je ne sais quel déclic se produisit, le silence se fit. Non seulement je parvins au bout de cette chanson, mais je pus en chanter deux autres après.

Je l'avais échappé belle.

Loulou Barrier, soulagé, me prit à part.

« Vous avez droit à une revanche, me dit-il. Je vais vous trouver un engagement aux Folies-Belleville. On verra ce que vous donnez dans une grande salle, sur le vrai public. »

La programmation était établie très longtemps à l'avance, nous étions en mai, il allait voir ce qu'il pouvait faire. À la rentrée peut-être…

Je n'avais plus qu'à m'en retourner à Lille en espérant qu'il tiendrait parole.

Le lendemain matin, alors que maman, Marcel et moi devions prendre le train dans l'après-midi, je me décidai enfin à accomplir une démarche qui me trottait dans la tête depuis un bon bout de temps. Sur les petits formats des chansons de Loulou Gasté, j'avais noté, à côté de l'adresse des éditions Micro, rue Washington, un numéro de téléphone : BAL 43 03.

Le cœur battant, je pénétrai dans une cabine téléphonique, composai le numéro et demandai à parler à M. Louis Gasté. À ma grande surprise, on me le passa sans difficulté.

« Bonjour, monsieur Gasté, je m'appelle Jacqueline Ray, je chante vos chansons. Est-ce que je pourrais vous rencontrer.

– Quel âge avez-vous ?

– Dix-sept ans.

– Mademoiselle, beaucoup de jeunes filles de votre âge chantent mes chansons. Si je devais toutes les recevoir, je ne trouverais plus le temps de composer. »

Il raccrocha. Moi aussi. Honteuse. Je m'étais conduite comme une gourde, une petite provinciale naïve et maladroite. J'avais laissé passer ma chance.

*

De retour à Lille, je repris mes activités. Le travail ne manquait pas pour les chanteurs et les musiciens dans ces années d'après-guerre. Il y avait des fêtes en veux-tu en voilà et des bals à tous les coins de rue. Je plaisais au public. j'avais la réputation de savoir tenir les salles les plus difficiles, Édouard Rombaud, mon imprésario, m'obtenait aisément engagement sur engagement.

J'aurais dû m'estimer heureuse, je ne l'étais pas. Cet *ailleurs* dont, à huit ans, je parlais à ma mère, je savais maintenant qu'il existait. Mon voyage à Paris avait changé la donne. La vraie partie se jouait là-bas, une partie autrement difficile, mais ô combien excitante.

Ces réflexions, loin de me plonger dans la mélancolie, dopaient mon énergie. Je suis ainsi faite que les difficultés, les épreuves, les échecs ont toujours été pour moi l'occasion d'un nouveau départ.

Je continuais à chanter le soir dans les cabarets. Le Bout du Monde, puis le Royalty dont la patronne, je m'en souviens, s'appelait Poupette. J'étais accompagnée par un merveilleux pianiste de jazz, Paul Collot et par René, un guitariste exceptionnel dont j'aimerais bien retrouver le nom de famille. Ma prestation au Royalty faillit tourner court. En effet, à l'issue du premier soir, tandis que je me changeais dans ma loge, Poupette surgit, très contrariée.

« Voyons, que faites-vous ? demanda-t-elle.

– Je m'en vais, pourquoi ?

– Mais vous n'avez pas fini ! »

Je m'étonnai.

« J'ai chanté le nombre de chansons prévu.

– Qui vous parle de chanter ? Vous devez rester dans la salle jusqu'à la fermeture, être aimable avec les clients, boire avec eux… »

En clair, jouer les entraîneuses. Je protestai :

« Mais ce n'est pas dans mon contrat !

– Mon petit, est-ce que vous pensez vraiment qu'on mette ce genre de chose dans les contrats ? » répondit Poupette en haussant les épaules.

Édouard Rombaud régla le problème dès le lendemain, mais je limitai tout de même mon passage au Royalty, dont je n'aimais guère l'atmosphère, bien que Poupette, radoucie, se soit montrée plutôt gentille avec moi.

*

Vers le mois de juillet, je reçus, par l'intermédiaire de Radio Lille, ma carte officielle de « chanteuse à la radio nationale ». J'avais franchi avec succès le premier barrage ! On m'informait par le même courrier que j'étais convoquée fin août à Paris pour passer une nouvelle audition, cette fois devant tous les producteurs de radio, afin de déterminer les émissions auxquelles je pourrais éventuellement participer.

Je contactai aussitôt le Chanteur sans nom pour lui demander de me rappeler au bon souvenir de son ami Loulou Barrier. Fidèle à sa parole, celui-ci était parvenu à me glisser en lever de rideau aux Folies-Belleville les samedi 8, dimanche 9 et lundi 10 septembre 1945, dans un programme dont André Dassary était la tête d'affiche et Josette Daydé la vedette américaine – autrement dit celle qui finissait la première partie du spectacle.

Quelques jours plus tard, je reçus mon contrat. Mon cachet était de deux cents francs par soirée. J'ai retrouvé ce contrat il y a quelques années. Un an après la Libération, il porte encore la mention « L'artiste certifie qu'il n'est pas juif », simplement biffée d'un trait de plume. La direction du théâtre, économe, n'avait pas jugé utile de mettre au pilon ses vieux formulaires qu'elle utilisait jusqu'à épuisement des stocks sans qu'apparemment personne n'y trouve à redire, moi pas plus que les autres. J'avais l'excuse de l'âge, admettons. Pas Loulou Barrier, qui en sa qualité d'imprésario, contresigna le contrat. Il faut croire que le sort réservé aux Juifs pendant la guerre n'était pas, pour les Français de l'époque, un sujet de remords ni de mauvaise conscience.

Ma première préoccupation fut de me trouver une tenue de scène. Loulou Barrier avait bien insisté sur ce point : la petite robe en vichy rose que je portais lors de mon audition chez Ma Cousine n'allait pas du tout.

Je mis à nouveau ma grand-mère à contribution. Elle me confectionna une robe de velours bleu nuit qui me parut très élégante. De son côté, ma mère m'acheta la paire de chaussures à semelles compensées dont je rêvais depuis longtemps. Ainsi pourvue, je me sentis prête à affronter la capitale.

Comme la fois précédente, maman et Marcel décidèrent de m'accompagner. Nous reprîmes le chemin de l'appartement de leurs amis à Boulogne-Billancourt, métro Marcel-Sembat.

C'est avec un peu moins d'appréhension que je me rendis à la convocation de la radio nationale, dans un studio lugubre situé derrière la Bourse, rue Paul-Lelong.

Nous étions une dizaine de concurrents. Derrière la vitre, à contre-jour, on distinguait quelques silhouettes imprécises : la fine fleur des producteurs de radio, les Robert Beauvais, Henri Kubnick, Jean Delettre ou Pierre Cour dont nous entendions les noms tous les jours sur les ondes.

Le défilé commença. Ça ne traînait pas. À croire que les juges étaient chaque fois unanimes. « Merci, on vous écrira. Au suivant ! » À ce rythme, le couloir où nous attendions notre tour se vida en moins d'une demi-heure.

Le hasard, ou l'ordre alphabétique, fit que je passai la dernière. J'interprétai « Gentleman », une chanson de mon auteur favori, Louis Gasté, que Jacqueline François venait d'enregistrer :

Son père était un gentleman
Lui-même était un gentleman
Un peu danseur un peu barman...

À la fin, le pianiste me rendit ma partition, ferma le couvercle de son instrument et quitta le studio sans un mot. Je restai seule. Pas de « Merci, on vous écrira ! », pas la moindre information sur la conduite à tenir. M'en aller ? Attendre ? Derrière la vitre, je voyais – ou plutôt je devinais – les producteurs en train de discuter entre eux avec animation, plaisantant et riant sans m'accorder la moindre attention. M'avaient-ils oubliée ? Avais-je été à ce point mauvaise qu'ils ne jugeaient même pas utile de me congédier, comme si j'avais dû comprendre toute seule que personne ne voulait de moi ?

Je commençai à perdre mon calme, fis des « Oh, oh ! », des « Hou, hou ! », mais l'unique micro était coupé depuis longtemps et je m'égosillai en pure perte. Soudain, le désespoir m'envahit. Pourquoi insister ? C'était fichu, voilà tout. J'avais défendu ma chance du mieux que je pouvais, mais il fallait en prendre mon parti : je n'étais pas de taille à conquérir Paris. *Ailleurs* n'était pas pour moi.

Les sanglots m'étouffèrent, je me précipitai vers la sortie, dégringolai les escaliers et me retrouvai dans la rue, pleurant toutes les larmes de mon corps.

Soudain j'entendis courir derrière moi.

« Mademoiselle ! Mademoiselle ! Où allez-vous ? »

Je forçai le pas.

« Mais arrêtez de courir, bon sang ! »

Une main m'accrocha par le bras. Je me retournai et me trouvai face à face avec un jeune homme bien élevé qui m'observait, l'air ahuri :

« Qu'est-ce qui vous a pris de vous sauver comme ça ? Et d'abord, pourquoi pleurez-vous ?

– Oh, ça va, répliquai-je entre deux reniflements. J'ai pas besoin de votre pitié ! Si je suis si mauvaise que ça, il suffisait de me le dire ! »

Il eut l'air suffoqué.

« Vous n'y êtes pas du tout ! Les producteurs étaient en train de se disputer pour savoir lequel d'entre eux vous aurait en premier dans son émission ! »

Sortant de sa poche un mouchoir soigneusement plié, il me le tendit. J'essuyai mes yeux, riant à travers mes larmes. Nous revînmes vers le studio bras dessus, bras dessous.

C'était Pierre Grimblat, l'assistant de Pierre Cour. Il me présenta et raconta ma méprise. Attendris, ces messieurs se relayèrent pour me consoler, tout heureux de jouer les pères Noël avec cette petite jeune fille aux yeux candides qu'ils avaient eu la cruauté de faire pleurer. Quelques instants plus tard, je marchai vers le métro avec trois engagements en poche. L'un pour l'émission-concours de Jean Delettre « Première Chance », le second pour l'émission d'Henri Kubnick

« Chanson grise, chanson rose », le troisième pour celle de Pierre Grimblat, « Escale à… ».

Je rentrai à Marcel-Sembat en triomphatrice. Nous descendîmes fêter l'événement au café du coin.

Restait le plus difficile à accomplir : le passage aux Folies-Belleville.

*

Depuis trois mois que je balade fièrement mon iPad d'une pièce à l'autre, dans son élégante gaine noire, avec le sentiment d'être vraiment dans le coup, je n'ai jamais rien fait d'autre que l'allumer et contempler les petites vignettes multicolores qui parsèment l'écran comme des fleurs au printemps. Si je me risque à effleurer l'une d'elles, il se produit une suite de phénomènes étranges et incontrôlés qui me ramènent au temps où, enfant, une petite bêtise en entraînait une autre, la seconde une troisième et ainsi de suite jusqu'à la catastrophe finale et la punition assurée. Jennifer, ma tutrice en la matière, a beau jeu de rétablir la situation avec un sourire patient dont je vois bien la signification : jamais au grand jamais je n'arriverai à me servir correctement de cet engin, mieux vaudrait y renoncer.

Comme j'ai toujours aimé faire les choses par moi-même, j'ai décidé ce matin de vaincre mon blocage et de me pencher sérieusement sur le problème. Je m'installe sur la grande table en verre du salon, pose l'appareil devant moi et l'allume.

« Qu'est-ce que vous faites, madame, me demande Marie-Annick, apeurée.

– Vous voyez bien, je consulte mon iPad.

– Jennifer va arriver. Elle a téléphoné qu'elle aurait un peu de retard.

– Je n'ai pas besoin de Jennifer.

– Ah ? » fait Marie-Annick dubitative.

Je repère la vignette Google, je l'effleure d'un doigt précautionneux, l'écran familier apparaît. Jusqu'ici tout va bien. Je tape Folies-Belleville… voilà… 8, rue de Belleville, ancien café-concert… c'est bien ça… Je repère un site intitulé « Ciné-Façades »… je me risque. Bingo ! Les voilà, mes Folies-Belleville, telles que je les ai découvertes en septembre 1945. Une étroite façade, coincée entre un marchand de légumes et une charcuterie dans une rue populeuse. Un music-hall de quartier comme il y en avait encore beaucoup après la guerre dans Paris, avec son public d'habitués réputé pour sa gouaille et sa férocité. Les grandes vedettes venaient y roder leurs nouveautés avant de se produire à l'ABC, à l'Alhambra, à l'Étoile ou à Bobino.

Si une chanson passait la rampe aux Folies-Belleville, c'est qu'elle avait de bonnes chances de s'imposer partout. Loulou Barrier m'avait prévenue : gare au moindre faux pas. Plus d'un artiste s'était retrouvé bombardé de projectiles divers et malodorants par des titis parisiens qui n'admettaient pas qu'on se paie leur fiole.

En ce qui me concernait, de nombreuses participations aux radios-crochets m'avaient aguerrie et je savais comment prévenir ce genre de désagréments. Du moins à Armentières ou à Hazebrouck. Mais à Paris, 20e arrondissement ?

La veille de la première représentation, répétition aux Folies-Belleville. J'entre en scène dans la robe en velours bleu nuit confectionnée par ma grand-mère, avec aux pieds les chaussures à semelles compensées achetées par ma mère. Immédiatement, j'entends un beuglement :

« Mais qui m'a fichu une chanteuse avec des pieds bots ! »

Debout au premier rang des fauteuils d'orchestre, Loulou Barrier vitupère, le chapeau vissé sur la tête, les deux mains enfoncées dans les poches de son veston.

« Je vous avais bien dit qu'il vous fallait une tenue de scène !

– Mais c'est ma tenue de scène, monsieur Barrier.

– Ça, une tenue de scène ! Cette robe minable et ces chaussures d'infirme ? Vous avez intérêt à dégoter autre chose d'ici demain soir ! »

J'avais les larmes qui perlaient aux yeux. Les efforts de ma grand-mère, tout heureuse de se rendre utile, l'argent dépensé par ma mère pour m'offrir enfin ces chaussures tant désirées… Mais non, non, il ne fallait pas que je pleure. Pas maintenant, pas devant cet homme qui prenait un malin plaisir à blesser l'amour-propre d'une jeune fille de dix-sept ans. J'acquiesçai docilement :

« Ne vous inquiétez pas, monsieur Barrier. Je trouverai.

– J'espère bien. »

Depuis les coulisses, la cigarette au bec, enveloppée dans un peignoir qui ne dissimulait qu'à demi sa poitrine – qu'elle avait, il est vrai, fort belle et dont elle était très fière –, une jeune femme dotée d'une magnifique chevelure rousse observait l'altercation avec un sourire goguenard. Comme je sortais de scène, effondrée, elle passa un bras autour de mes épaules :

« Ne t'en fais pas, je le connais. Il gueule, mais c'est pas le mauvais cheval », me consola-t-elle.

C'était Josette Daydé, une chanteuse très populaire dans ces années-là. Cousine de Charles Trenet, Josette était l'interprète favorite de Loulou Gasté – dont elle venait de créer « Le rythme américain » après avoir chanté entre autres « Quand Betty fait boop » et « Elle était swing ». Délurée, chic fille, elle était somptueusement entretenue par un riche industriel belge et l'avouait d'autant plus volontiers que, par un heureux hasard, cet homme était très beau et qu'elle l'aimait.

Les trois chansons que j'avais choisi de chanter aux Folies-Belleville étaient toutes les trois de Gasté : « Gentleman », « Fleurette » et, inévitablement « Sainte Madeleine ». Josette Daydé aurait pu légitimement en prendre ombrage, trouvant que je marchais sur ses plates-bandes. Tout au contraire, elle s'en amusa.

« Tu chantes du Loulou Gasté, toi aussi ?

– C'est mon idole ! » répondis-je spontanément.

Elle me regarda avec ironie.

« Rien que ça ! Il serait flatté de t'entendre, le pauvre ange. »

Puis, après un temps de réflexion :

« Ça te plairait de le rencontrer ?

– J'en rêve.

– Très bien. Demain, tu viendras chez moi, nous faisons à peu près la même taille, je te trouverai une robe et des chaussures, et ensuite, je t'emmène voir Loulou aux éditions, rue Washington.

– Demain matin ?

– Tu es folle ! Le matin je dors. »

Le lendemain, vers trois heures de l'après-midi, je débarquai du métro Alma pour me rendre chez Josette Daydé qui habitait rue Freycinet. Il faisait encore très chaud en ce début septembre, j'avais mis ma petite robe en vichy rose, noué un ruban dans mes cheveux, et je portais aux pieds ces fameuses chaussures à semelles compensées qui avaient tant déplu à M. Barrier. Dans les escaliers de la station, patatras ! je trébuche et voilà que ma semelle gauche se fend dans le sens de la longueur. Impossible de marcher ainsi. Que faire ? Acheter une autre paire de souliers ? Je n'avais pas trois sous en poche. J'arrachai le ruban que je portais dans les cheveux, je le glissai sous la chaussure et le nouai sur mon pied. Une sorte de garrot, en quelque sorte, qui maintenait tant bien que mal la semelle en place. Je fis quelques pas ainsi, puis me vint une meilleure idée. D'un coup de dent, je partageai le ruban en deux et en nouai une moitié sur chaque pied, comme s'il s'agissait d'un motif caractéristique du modèle.

Me voyant ainsi accoutrée, Josette fut prise de fou rire. Elle préleva dans son impressionnante collection personnelle non pas une mais deux paires de chaussures, la première adaptée à la robe en Vichy rose que je portais, la seconde assortie à la splendide robe de Nina Ricci dont elle me fit cadeau pour chanter, le soir, aux Folies-Belleville. Puis, vers cinq heures de l'après-midi, nous prîmes le chemin des éditions Micro, rue Washington, pour rencontrer Loulou Gasté.

*

Jusqu'au début des années soixante, le métier d'éditeur musical consistait principalement à placer auprès des interprètes les chansons confiées par les paroliers et les compositeurs. Entre deux tournées, il n'était pas rare que les chanteurs se rendent directement chez l'éditeur pour choisir ce qu'ils appelaient leur « matériel ».

« Avez-vous des nouveautés ?

– Bien sûr, on va vous les faire entendre. »

Un accompagnateur, ou une accompagnatrice, attaché à la maison, se mettait au piano et jouait le thème. Si la mélodie lui plaisait, si elle était adaptée à son public, l'interprète avait la possibilité de travailler la chanson sur place avec le pianiste, ce qui, pour lui, était autant d'économisé, en temps et en argent.

Beaucoup de chanteurs et surtout de chanteuses, engagés dans des cabarets au Maroc, en Tunisie, au Liban, au Canada ou en Amérique du Sud, venaient ainsi faire leurs emplettes avant de prendre le bateau ou l'avion.

Les bureaux des éditions Micro, proches des Champs-Élysées, tenaient dans trois pièces. À l'entrée trônait une secrétaire, Germaine, sœur de la chanteuse Jacqueline François. C'est aussi là que se tenait Mme Walter, l'accompagnatrice attitrée des éditions. André Lebleu, l'associé de Loulou, un ancien boucher, occupait l'un des bureaux, l'autre était celui du maître des lieux. Entre les deux, la réserve à charbon. Il semble, je l'ai su plus tard, que cette réserve servait aussi aux ébats de Loulou, tout spécialement avec les jeunes chanteuses en partance pour le Liban. Comme si cette destination à elle seule était un puissant désinhibant.

« Alors, Loulou, demandait M. Lebleu égrillard en le voyant ressortir de la réserve à charbon en galante compagnie, elle chante bien ? »

Cela, qui nous choque, qui me choque aujourd'hui, semblait banal à l'époque. Dans les métiers du spectacle – comme dans beaucoup d'autres, sans doute – le droit de cuissage s'exerçait encore sans le moindre scrupule et il était entendu que, pour avoir une chance de travailler, chanteuses débutantes, starlettes et autres figurantes devaient d'abord « passer à la casserole ».

Bien entendu, lors de ma première visite rue Washington, je ne savais absolument pas en quoi consistait l'édition musicale et j'ignorais tout des frasques de Loulou Gasté. D'autant que Josette Daydé m'avait laissé entendre que mon idole broyait du noir :

« Il est complètement neurasthénique, sa femme vient de le quitter. »

Aux éditions Micro, Josette était en pays conquis. C'était une bonne cliente, on lui passait tout. J'admirais sa désinvolture à la limite du sans-gêne.

« Salut tout le monde ! Le patron est dans son bureau ? » fit-elle en entrant. Sans attendre la réponse, elle se dirigea vers une pièce dont la porte était entrouverte. J'aperçus vaguement à l'intérieur un jeune homme qui grattouillait des accords de guitare, assis sur un coin de table.

Sans doute le fils de Loulou Gasté, me dis-je.

Josette lui sauta au cou.

« Viens, entre, n'aie pas peur ! » me rassura-t-elle, voyant que je restai en retrait. Tandis que je m'avançais d'un pas mal assuré, je remarquai trois choses. Un, le jeune homme était un petit peu moins jeune qu'il m'avait semblé tout d'abord, deux, il n'avait pas très bonne mine et trois, je lui trouvais une classe folle dans sa tenue de sport chic, pantalon de gabardine beige et pull à col roulé en cachemire assorti. Je notais aussi qu'il avait un magnifique sourire.

« Loulou, lui dit Josette, je te présente Jacqueline Ray. Elle débute ce soir avec moi aux Folies-Belleville et elle chante trois de tes chansons. »

J'étais stupéfaite. Ainsi le jeune homme mélancolique qui me faisait face n'était pas le fils de Loulou Gasté, c'était Loulou Gasté en personne. Pour moi qui, encore petite fille, entendais son nom martelé à la radio, je m'attendais à rencontrer quelqu'un d'âge respectable, alors que cet homme, pour autant que je puisse en juger, avait à peine dépassé la trentaine – il avait en réalité trente-sept ans. Lui, de son côté, m'observait avec curiosité.

« Quels beaux yeux, murmura-t-il l'air pensif.

– Je crois qu'elle préférerait que tu t'intéresses à sa voix plutôt qu'à ses yeux. »

Il saisit sa guitare. « Allons-y. Laquelle de mes chansons voulez-vous chanter ? »

Je répondis sans réfléchir : « “Sainte Madeleine” ! »

Il lança un regard à Josette.

« Quelle idée ! fit-il en hochant la tête.

– Une autre, si vous voulez, dis-je précipitamment.

– Non, non, “Sainte Madeleine”, pourquoi pas ? »

Il plaqua un accord. Pas du tout ma tonalité.

« Plus haut ? Plus bas ? » m'interrogeait-il tout en parcourant la gamme, un ton après l'autre. J'étais dans un tel état de confusion que je n'arrivais même plus à retrouver la tonalité qui me convenait. Nous finîmes par nous mettre d'accord.

« Très bien. Allez-y. »

Il démarra. Seul. J'avais ouvert la bouche, mais aucun son ne sortait. Blocage total. Et tandis qu'il répétait en boucle les mêmes notes d'introduction, m'adressant de la tête des petits signes d'encouragement, je demeurais littéralement sans voix. J'étais comme un jockey monté sur un cheval qui refuse d'avancer.

Josette vola à mon secours.

« Le mieux, Loulou, serait que tu viennes l'écouter aux Folies. Tu verras, elle a vraiment quelque chose !

– Entendu, je viendrai », dit Loulou. Son ton n'était pas très rassurant. Genre promesse en l'air. Josette le sentit et, s'approchant de lui, elle s'accrocha à son cou.

« Promis ? susurra-t-elle, comme si sa vie en dépendait.

– Est-ce que je peux te refuser quelque chose ? » minauda Loulou. Puis me regardant :

« Vous avez vraiment de beaux yeux. »

Nous quittâmes les éditions Micro, moi contrariée, elle confiante.

« Qu'est-ce qu'il faut pas faire dans ce métier ! soupira-t-elle en descendant l'escalier. Enfin, il viendra, c'est l'essentiel.

– Vous croyez ? »

Elle éclata de rire.

« Ne serait-ce que pour tes beaux yeux ! »

*

Loulou ne vint pas aux Folies-Belleville le soir même ni le lendemain, mais le dernier soir, le lundi 10 septembre 1945. Le samedi comme le dimanche, j'avais obtenu un gentil succès. Entendons-nous : je ne fus pas la révélation du spectacle, on ne me fit pas une ovation, le public n'était pas venu pour moi, je n'étais qu'une débutante qui chantait en lever de rideau, tandis que les retardataires gagnaient leur siège à tâtons et qu'au balcon, les commerçantes et les concierges du quartier rangeaient le tricot, les chaussettes à repriser ou les petits pois à écosser qu'elles avaient amenés pour patienter. Mais on m'avait écoutée, applaudie et j'avais même eu droit à un rappel.

Tel un alpiniste amateur qui, lancé dans sa première ascension du mont Blanc, se dit, un peu déçu : « Ce n'était que ça ? », je pensai, à l'issue des deux premières représentations, que tout compte fait, les Folies-Belleville n'étaient pas plus difficiles à dompter que la grande salle du cinéma Capitole, rue de Béthune à Lille.

Maman et Marcel étaient là tous les soirs, plus fiers qu'ils ne voulaient bien l'avouer. Après le spectacle, je rentrais sagement avec eux en métro jusqu'à Boulogne-Billancourt.

Le lundi soir, donc, Josette Daydé attendit que je sois sortie de scène pour me souffler : « Il est dans la salle ! » Elle avait eu la délicatesse de ne pas me prévenir avant, de peur que je perde tous mes moyens. Je regagnai le petit bout de loge que je partageais avec deux danseuses exotiques et une équilibriste et, plus morte que vive, me préparai à entendre le verdict du maître.

Je ne fus pas déçue.

À peine la représentation achevée, nous nous retrouvâmes dans la loge de Josette Daydé, en présence de maman, de Marcel et de Loulou Barrier qui nous avaient rejoints.

Loulou Gasté entra dans un grand tourbillon. Il paraissait très en colère.

« C'est insensé ! Je n'ai jamais vu quelque chose d'aussi grotesque ! Un contresens total ! Mais enfin, regarde-toi dans une glace ! »

Il me prit par le cou en m'entraîna devant le miroir qui surmontait la table où Josette, en peignoir, était en train de se démaquiller.

« Qu'est-ce que tu vois ? Dis-moi !

– Ben…

– Moi je vois une gamine ! Une gamine avec deux joues bien roses et deux grands yeux bleus ! Et tu chantes ces chansons sinistres ?

– Elles sont de vous ! m'écriai-je, indignée.

– Crois-tu que je les ai écrites pour toi ? Il te faut de la fantaisie, de la bonne humeur, des couplets tout simples ! Tu n'es pas là pour faire pleurer les foules ! Laisse ça à Piaf ! Tu es faite pour chanter le bonheur ! »

Il se tourna vers ma mère qui assistait à cette sortie, pas mécontente au fond que sa diablesse de fille trouve enfin à qui parler.

« Dites-lui, madame ! Dites-lui, vous, que j'ai raison !

– C'est vrai que… »

Il ne lui laissa pas le temps d'exprimer plus longuement son point de vue et se tourna de nouveau vers moi.

« Passe aux éditions demain après-midi. Je verrai ce que je peux faire. »

Josette suggéra alors qu'après la dégelée que je venais de prendre, il me fallait un verre pour me remettre.

« Emmène-nous danser pour te faire pardonner. »

Maman et Marcel déclinèrent l'offre, mais ils acceptèrent que je suive Josette et Loulou.

« Oui, mais comment va-t-elle rentrer ? s'inquiéta maman.

– Elle dormira chez moi, répondit Josette. Je vous la renverrai dès qu'elle sera réveillée. »

Loulou s'était rendu aux Folies-Belleville en moto. L'engin – une Triumph T100 – était là, rutilant, garé sur le trottoir à la sortie du théâtre.

« Ça vous dit ? » proposa-t-il.

Je n'étais jamais montée sur une moto. Ça me disait tout à fait. Loulou Barrier prit Josette dans sa voiture, Loulou accrocha la petite valise qui contenait ma robe de scène et un nécessaire de maquillage sur le porte-bagages et vraoum ! mit en route le puissant engin.

« Accroche-toi, me dit-il.

– Où ça ? demandai-je, à la recherche d'une quelconque poignée.

– Passe tes bras autour de moi, idiote ! »

C'est ainsi qu'arrimée à lui, nous dévalâmes la rue du Faubourg-du-Temple, enfilâmes les boulevards à un train d'enfer et, laissant Saint-Augustin sur notre droite, remontâmes vers l'Étoile. Il avait donné rendez-vous à Josette et Loulou Barrier dans un night-club rue de l'Arc-de-Triomphe, qui s'appelait, je crois, Chez Misia.

Rien ne peut dire dans quelle ivresse m'avait plongée cette course folle. Je me trouvais brusquement projetée dans une autre vie où tout était surprise, tout allait plus vite, tout paraissait plus excitant. Collée à cet homme dont la pensée ne m'avait pas quittée un instant depuis deux jours, les mains croisées sur sa poitrine, sentant tout contre moi la chaleur de son corps, l'odeur citronnée qui imprégnait ses vêtements – l'eau de Cologne 4711 de Jean-Marie Farina, alors symbole de raffinement –, le rythme de sa respiration, j'étais déjà captive, totalement séduite sinon amoureuse, et surtout remplie de curiosité à son égard.

*

Arrivés chez Misia, Loulou commença à détailler avec Barrier et Josette les avantages comparés de toutes les femmes présentes dans l'assistance. Il en parlait avec une sorte de mépris teinté d'ironie, pointant avec cruauté les travers de chacune. Comme s'il avait eu des comptes à régler avec toutes, ce qui, je le compris plus tard, était d'ailleurs plus ou moins le cas. Simone, sa femme, venait de le quitter pour un autre homme, le champion de bridge Pierre Albarran, et il en restait profondément meurtri.

Quand il en eut assez de ce jeu de massacre, il invita Josette à danser. Ils firent tous deux une démonstration de boogie-woogie époustouflante. Vissée sur ma banquette, étourdie, je les regardais évoluer sur la piste, et je pensais que jamais je n'avais rencontré des gens aussi élégants, aussi doués, aussi spirituels. Par comparaison, toutes les personnes qui, jusqu'ici, avaient croisé ma vie m'apparaissaient comme des lourdauds sans grâce et sans talent.

Vers deux heures du matin, il m'invita à mon tour, pour la première fois de la soirée. Un slow. À la fin, il me dit : « Viens ! »

Troublée, confuse, je bredouillai :

« Euh… Oui. Où ça ?

– Chez moi. »

De la place de l'Étoile à la rue Ruhmkorff, il n'y avait pas dix minutes en moto.

« Ne fais pas de bruit, mon père dort », me dit Loulou en pénétrant dans l'appartement. Il ouvrit la porte de sa chambre. Je tenais ma petite valise à la main. Il me la prit des mains et, tout en m'embrassant, me déshabilla comme on plume un poulet.

Dans un livre écrit il y a trente ans, je relis cette phrase qui me laisse perplexe aujourd'hui : « Dieu que je l'ai aimé quand il m'a fait l'amour… »

Passons sur le style, les points de suspension et l'intervention inopinée de Dieu, garant malgré lui d'un acte pour le moins discutable perpétré par un homme de trente-sept ans sur une jeune fille de dix-sept. Une chose est certaine, je n'oserais plus m'exprimer ainsi aujourd'hui. Il me suffirait d'imaginer mes filles de cœur, Muriel (Robin), Michèle (Laroque) ou Claude (Chirac), toutes les trois écroulées de rire, pour m'en dissuader.

Je les entends d'ici :

« Oui, enfin, il t'a baisée, quoi ! Pas la peine de raconter d'histoire. »

Oui, il m'a baisée. Et je n'en garde aucun souvenir d'ivresse sensuelle. Je me souviens seulement d'un tourbillon où se mêlaient le plaisir – je dus bien en éprouver un peu –, la honte d'avoir cédé si vite – qu'est-ce que cet homme que j'admire tant va penser de moi ? – et surtout la trouille. Si je tombais enceinte ? Si je me retrouvais fille-mère, comme ma grand-mère ?

Trouille qui ne m'a pas quittée jusqu'au retour de mes règles, et même bien après car, très mal informée, je ne fus totalement rassurée qu'en constatant, deux ou trois mois plus tard, que non, décidément, rien de fâcheux ne s'était produit.

Le lendemain matin, je quittai rapidement l'appartement, ma petite valise à la main. Et ne sachant que faire seule dans les rues, je me résolus à regagner en métro Boulogne-Billancourt où maman, très surprise, me vit débarquer sur le coup de huit heures du matin.

« Déjà ? fit-elle, toute ensommeillée.

– Je n'arrivais pas à dormir. »

Elle m'observa d'un œil curieux. Je n'en menais pas large. Car dans l'état de confusion qui était le mien, je craignais qu'elle ne s'aperçoive, au premier regard, que j'avais couché avec un homme.

« Tu n'as pas eu d'ennui, au moins ?

– Non, maman. »

Je soutins son regard, retenant du mieux que je pus une forte envie de pleurer.

« Je t'aime, maman, dis-je d'une voix étranglée.

– Oui, eh bien je vais me recoucher, dit maman sans chercher à approfondir. Et tu ferais bien d'en faire autant. »

L'après-midi, comme convenu, je retournai aux éditions Micro, rue Washington. Loulou ne fit aucune allusion à ce qui s'était passé entre nous la nuit précédente. Il se montra charmant et même charmeur, mais très professionnel et cela suffit à marquer entre nous la distance qu'il souhaitait visiblement maintenir – ou rétablir. Mme Walter, la répétitrice maison, me fit entendre le matériel qu'il avait préparé pour moi et qui, selon lui, correspondait à mon personnage rose et bleu.

« Retourne dans le Nord, travaille ces chansons, essaie-les sur ton public. Quand tu te sentiras prête, reviens me voir. »

C'était tout à fait clair. Il me renvoyait dans mes foyers.

Quelques instants plus tard, je me retrouvai dans le métro, en route pour la gare du Nord où je devais retrouver maman et Marcel. Je feuilletai la brassée de petits formats que Loulou m'avait confiée. Les chansons s'appelaient « Au p'tit bonheur la chance », qu'il avait composée pour Danielle Darrieux, « Câline », que chantait Lucienne Boyer, « Ça n'a pas empêché la terre de tourner », écrite pour je ne sais plus qui.

Fini le swing. Des chansons sentimentales et optimistes, des paroles « toutes simples », comme il l'avait préconisé. Apparemment, la grande chanson n'était pas mon rayon. Pourquoi ? Parce que M. Gasté en avait décidé ainsi.

Le refrain d'« Au p'tit bonheur la chance » disait :

Au p'tit bonheur la chance
D'une aventure sans lendemain
Ou d'un amour immense
Au p'tit bonheur la chance

Mon destin a voulu que d'une aventure sans lendemain naisse un amour immense. Au soir de ma vie, j'ai choisi, dans ce livre, de ne rien cacher quoi qu'il m'en coûte. On n'aime pas malgré, on aime avec : les défauts, les erreurs, les faiblesses ou les mensonges.

On aime complètement. Et la lucidité, loin d'abîmer cet amour, le fortifie.

Line

PONT-DE-NIEPPE
HOLLYWOOD

1928
1944

Pont-de-Nieppe

« J'ai vécu, sans déchirement, deux enfances parallèles. D'un côté, une petite fille puis une adolescente parfaitement banale, de l'autre, celle qui, dès trois ans, grimpait sur les tables et chantait devant les ouvriers des filatures. Une petite vedette qu'on applaudissait à tout rompre dans les fêtes patronales et les galas de charité. »

Yeux de velours,
bouche gourmande,
abondante chevelure
noire ondulée,
la photographie
de mon père jeune
homme que je garde
sur ma table de nuit.

Me voici
à côté
de maman.
J'ai treize ans.

Les trois femmes de ma vie :
ma grand-mère, maman (petite fille)
et mon arrière-grand-mère, mémère.

Grand-mère, maman (je suis dans ses bras),
la chienne Diane et trois clients de l'Alliance, notre estaminet.

Une « lettre ornée ».
Pour moi, le P, c'est Paris, naturellement.
La tour Eiffel revient dans tous mes dessins.

1945
1954

PARIS

Septembre 1945.
« Tu chantes du Loulou Gasté, toi aussi ? me demanda la chanteuse Josette Daydé.
— C'est mon idole ! »
Elle me regarda avec ironie.
« Rien que ça ! Il serait flatté de t'entendre, le pauvre ange. Ça te plairait de le rencontrer ?
— J'en rêve. »

La photo que Loulou m'a dédicacée le jour de notre première rencontre, le 8 septembre 1945.

Septembre 1947. Les chanteurs des rues vendent le petit format du « Complet gris », mon premier succès.

Ma première tournée à travers toute la France, en 1949.

En haut : Piaf à Marseille, en 1949. « Qu'est-ce que tu fais avec un vieux ? me dit-elle, parlant de Loulou. Laisse-le tomber, je prendrai ta carrière en main. »

Mars 1949. L'académie Charles-Cros me décerne le Grand Prix du disque pour « Ma cabane au Canada ». Maurice Chevalier et Bourvil sont venus me féliciter.

1955
1958

NEW YORK
HOLLYWOOD

« Hollywood me séduisit infiniment. Je fus éblouie par la Californie, ses palmiers, ses fleurs, ses villas somptueuses, les plages de Santa Monica, Sunset Boulevard et Beverly Hills. J'avais vingt-six ans, et voilà que j'étais projetée au cœur même de cet univers qui m'avait tant fait rêver depuis l'enfance. »

Devant le tout-New York,
première de mon tour de chant au Waldorf Astoria.

C'est Bob Hope qui m'ouvre les portes de l'Amérique en 1955. Son «Bob Hope Show» est regardé par quatre-vingts millions d'Américains. Venu m'entendre chanter au Moulin-Rouge, il me signe un contrat sur un bout de nappe.

Je signe chez Capitol et enregistre en duo avec Dean Martin «Relax-Ay-Voo». La chanson fera le tour du monde.

Le champion du monde de boxe Sugar Ray Robinson rêve d'être chanteur. Il me demande des conseils. Entre deux séances de travail, il me fait faire le tour de Harlem dans sa Cadillac couleur framboise écrasée. La foule l'ovationne sur son passage.

Le Cocoanut Grove, à Los Angeles, est l'un des décors du film mythique de George Cukor, *Une étoile est née*, avec Judy Garland. Je suis très fière d'y chanter deux mois lors de mon premier séjour américain.

Loulou et moi avons rencontré Marlon Brando chez Frank Loesser, le compositeur de *Guys and Dolls,* dont Brando sera l'interprète principal à l'écran. Marlon m'invite à la cérémonie des Oscars, le 30 mars 1955. Il obtient l'oscar du meilleur acteur pour son rôle dans *Sur les quais* d'Elia Kazan.

Ingrid Bergman était, elle le reste, mon actrice préférée. C'est une très belle rencontre. Elle est une femme très simple. Le courant passe tout de suite entre nous.

JEAN RICHARD
ROGER PIERRE
DANS UN FILM DE
JEAN BOYER
LA MADELON
Scenario original de JACQUES ROBERT
Adaptation de JEAN BOYER et SERGE VEBER
MARC-GILBERT SAUVAJON
PIERRE LARQUEY
GEORGES CHAMARAT
ANDRE VALMY · ROBERT ROLLIS · ROBERT DALBAN · JEAN MARTINELLI
JACQUES DYNAM · GEORGES BACONNET · GILBERT GIL · PETER WALKER
JEAN CARMET
NOEL ROQUEVERT

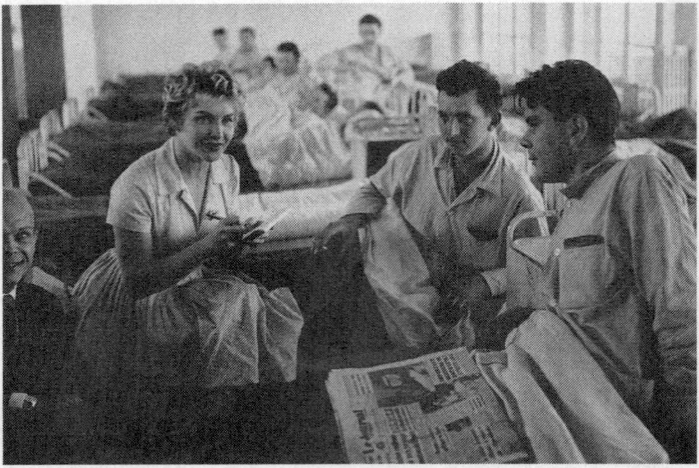

« À mon retour en France, en 1955, je tourne La Madelon*, qui remporte un grand succès populaire. Bain de foule à Namur, lors de la sortie du film, en 1956. Réalité moins souriante, cette même année, la guerre bat son plein en Algérie. Je chante dans les hôpitaux pour les soldats blessés. »*

Chapitre dix

Hôtel Notre-Dame-de-Lorette

Je rentre à Lille, j'essaie avec application de suivre les conseils de Loulou, je chante les nouvelles chansons qu'il m'a confiées. Le public n'accroche pas. Édouard Rombaud tire la sonnette d'alarme : si je ne reviens pas très vite à mon ancien répertoire, il aura beaucoup de mal à me procurer des engagements. Découragée, je capitule. Revoilà « Sainte Madeleine », « Le disque usé », « De l'autre côté de la rue »…

Jamais je n'oserai retourner voir Loulou Gasté.

Pourtant, mon purgatoire lillois n'a pas dû être aussi long ni aussi cruel que je l'imagine. L'émission de Jean Delettre « Première Chance », pour laquelle j'avais été engagée, était diffusée chaque vendredi entre vingt heures quinze et vingt heures quarante. Enregistrée en public et présentée par le populaire Saint-Granier, elle était très suivie. Comme pour la « Nouvelle Star » aujourd'hui, on procédait par éliminatoire, si bien que les candidats qui franchissaient les étapes avec succès – ce qui était mon cas – revenaient d'émission en émission. D'où une popularité appréciable acquise en très peu de temps.

Je retrouve ainsi une coupure de presse extraite du numéro 51 daté du 23 décembre 1945 de *La Semaine radiophonique*, l'ancêtre de *Télérama*. Une double page est consacrée aux « vedettes de la chanson française », au nombre desquelles je m'étonne de figurer, et déjà sous le pseudonyme de Lyne Renaud (pourquoi Lyne et pas Line, c'est un autre mystère). Il est vrai que ce catalogue ne comporte pas moins de vingt-cinq noms, prudemment classés par ordre alphabétique. Bon nombre d'entre eux sont aujourd'hui tout à fait oubliés. Qui se souvient d'Alex Marodon, de Charlotte Dauvia ou d'Ina Lorenzo ? Mais d'autres sont restés célèbres : Bourvil, Yves Montand, Luis Mariano…

Et voici comment l'hebdomadaire me décrit :

Lyne Renaud : 17 ans. Des yeux bleus : c'est une petite fille. Elle était vedette régionale à Radio Lille dans le genre réaliste. Elle vient conquérir Paris et s'oriente vers le charme. Loulou Gasté a écrit pour sa douce voix : « Câlines », « Fleurs d'amour », « Adieu celui que j'aime » et Paul Durand : « Un air d'accordéon ». Elle dit en parlant d'eux : monsieur Loulou Gasté, monsieur Paul Durand. Elle est respectueuse, admirative, candide. Un amour d'enfant !

À quel moment me suis-je finalement décidée, bravant ma fierté, à téléphoner à Loulou Gasté pour obtenir un rendez-vous ? C'est Jean Féraud, le confident, l'ami fidèle, qui m'engagea à faire le premier pas.

« Retourne le voir, me dit-il. C'est ta chance. Mets-toi entre ses mains, écoute-le, suis ses conseils. Ça fait vingt ans qu'il est dans le métier, il connaît tout Paris, tu ne peux pas trouver meilleur guide. »

Il ignorait que pour ce qui était de me mettre entre ses mains, j'avais pris une certaine avance…

À la suite de je ne sais quel pari, René, le guitariste de Paul Collot, m'avait offert une séance d'enregistrement sur disque souple. J'avais choisi, suivant son conseil, la chanson d'Irving Berlin, mille fois reprise par tous les musiciens de jazz « Blue Skies » :

Blue skies
Smiling at me
Nothing but blue skies
Do I see

Ce fut, sous le label Solry – du nom d'un disquaire rue Solferino à Lille –, mon tout premier enregistrement. Je n'étais pas peu fière du résultat. Profitant d'un court séjour à Paris pour l'enregistrement de l'émission « Première Chance », je saisis ce prétexte pour appeler Loulou Gasté.

« Allô, monsieur Gasté, c'est Jacqueline. J'aimerais beaucoup vous faire entendre quelque chose. »

Il me donna rendez-vous pour le lendemain en début d'après-midi. Je prévins Jean Féraud.

« Viens déjeuner avec moi au Fouquet's, me dit Jean. Tu n'auras qu'à traverser les Champs-Élysées pour aller à ton rendez-vous. Je t'attendrai et en sortant, tu viendras me raconter comment ça s'est passé. »

Il avait ce talent merveilleux de savoir se rendre disponible en toute occasion. Comme s'il n'avait rien de mieux à faire que de déjeuner en tête à tête avec une gamine pour lui donner confiance avant un rendez-vous décisif. Et pendant tout le repas, il me répétait :

« Loulou est ton Pygmalion. Tu ne dois pas avoir peur de lui. Il faut lui dire : "Monsieur Gasté, j'ai essayé de chanter ces nouvelles chansons, mais ça ne colle pas. C'est certainement ma faute. Apprenez-moi !" »

Je ne savais pas très bien ce qu'était un Pygmalion, mais je comprenais le sens général. À l'heure dite, je traversai l'avenue, déterminée à obtenir de « monsieur Gasté » qu'il prenne ma carrière en main.

Il m'accueillit avec gentillesse, quoiqu'un peu distraitement. Prenant le disque souple que je lui avais apporté, il passa dans le bureau de son associé, M. Lebleu. Bientôt, par la porte entrouverte, j'entendis ma voix chanter :

Bluebirds
Singing a song
Nothing but bluebirds
All day long

Puis, la chanson achevée, les échos d'une conversation. « La voix de Lucienne Boyer… Un charme fou, une classe naturelle… »

Un quart d'heure se passa, vingt minutes. Je n'entendais plus rien qu'un vague murmure, comme un conciliabule à voix basse. Puis la porte du bureau s'ouvrit et Loulou Gasté réapparut, tenant deux feuilles à la main qu'il posa devant moi.

« C'est un contrat. À partir de maintenant tu feras exactement ce que je te dis. Tu n'accepteras pas le moindre engagement, même verbalement, sans m'en parler. C'est moi qui choisirai tes chansons, tes orchestrations, ta tenue de scène, ta coiffure, ton maquillage, les photos, les affiches, enfin tout. Voilà, signe ici. »

Il dévissa son stylo et me le tendit. Je me dressai d'un bond. Il resta la main en l'air, le stylo pointé, comme un chef qui, levant sa baguette au moment d'attaquer une symphonie, s'apercevrait que l'orchestre a brusquement disparu.

« Que faites-vous, me demanda-t-il, si interloqué qu'il en oublia de me tutoyer.

– Je reviens tout de suite. Mais il faut d'abord que je parle à un monsieur qui me donne des conseils. »

Traversant les Champs-Élysées en toute hâte, je retournai au Fouquet's où Jean m'attendait :

« Lis, c'est un contrat. Je ne l'ai pas signé, j'ai dit que je voulais d'abord te le montrer. Dis-moi ce que je dois faire. »

Jean eut l'air aussi surpris que Loulou quelques instants auparavant. Il repoussa d'un geste indigné les papiers que j'agitais sous ses yeux.

« Loulou Gasté accepte d'être ton directeur artistique et tu voudrais que je lise ton contrat pour savoir ce que ça va te rapporter ? Tu y retournes et tu signes immédiatement ! » dit-il avec une fermeté dont je ne le savais pas capable.

J'obtempérai.

Quelques instants plus tard, à l'issue d'une ultime navette de part et d'autre des Champs-Élysées, je revins me jeter dans les bras de Jean qui nous fit servir deux coupes de champagne.

Cette fois, oui, cette fois enfin, j'étais bien *ailleurs*, cet ailleurs où, depuis mon enfance, je pressentais qu'il y avait *quelque chose de mieux* auquel j'accéderais un jour.

*

Je ne me débrouille pas trop mal, maintenant, avec Internet. Il y a parfois des ratés, je peste, j'envoie tout balader. Puis j'y reviens et, à force d'obstination, me fraie tant bien que mal un chemin dans ce maquis touffu. Cette mémoire au bout des doigts, instantanée, envahissante, me fascine et me trouble.

Je suis devenue experte dans l'utilisation de Google Maps. Que l'on puisse ainsi, sans bouger de son siège, parcourir les rues et, tel Fantômas ou Spider-Man, escalader les façades et scruter la ville du haut des toits, me remplit d'une joie enfantine.

Hier, par curiosité, j'ai tapé ma propre adresse sur mon iPad. Horreur ! À la seconde, j'ai vu apparaître l'image satellite incroyablement précise de ma maison, La Jonchère, ce refuge que je croyais inviolable, ce saint des saints de mon intimité : la terrasse sur laquelle, en ce moment même, je suis installée pour écrire, la roseraie plantée avec Loulou, la piscine offerte en 1960 par M. Varna, le directeur du Casino de Paris.

Comme il est grisant d'espionner en toute impunité ! Comme il est troublant de se savoir espionnée ! Mon enthousiasme de néophyte en prend un coup. Mais comment se passer d'Internet lorsqu'on y a pris goût ? Aujourd'hui, avec un vague sentiment de culpabilité, je retourne sur Google Maps et tape une adresse qui a beaucoup compté pour moi : 36, rue Notre-Dame-de-Lorette, dans le 9e arrondissement de Paris.

Une rue tranquille, une coquette façade d'un hôtel refait à neuf de la chaîne Best Western, une belle entrée en pierre, fenêtres soigneusement insonorisées. Le demi-luxe.

Si l'emplacement n'a pas changé, j'ai du mal à reconnaître l'établissement où j'ai logé durant les six premiers mois de mon arrivée à Paris. Car sous le nom trompeur d'hôtel Notre-Dame-de-Lorette se cachait alors un hôtel de passe. Ce qui ne l'empêchait pas d'accueillir d'autres locataires que les prostituées et leurs clients. Rien à voir avec un boui-boui comme il y en avait à Pigalle ou aux environs des gares, avec ces dames racolant sur le trottoir, poitrine débordante, jupes fendues et clin d'œil aguicheur. Non, il s'agissait, si je puis dire, d'un hôtel de passe respectable et tranquille, bien fréquenté.

Comment avais-je atterri là ?

Le contrat que j'avais signé avec Loulou impliquait une présence continue à Paris. Entre mes émissions de radio – « Première Chance », puis « Chanson grise, chanson rose » –, les séances chaque après-midi aux éditions Micro avec Mme Walter qui me faisait répéter mes nouvelles chansons, les cours de danse de Mme Alexandra Balachova salle Pleyel et l'entraînement intensif auquel me soumettait Loulou, je n'avais pas une minute à moi.

Pour autant, mon contrat ne m'assurait aucun revenu fixe. Les dispositions financières – celles que Jean Féraud m'avait interdit de discuter, et même de lire – concernaient uniquement le pourcentage sur la vente des petits formats, vente dont je ne pouvais pas espérer grand-chose attendu qu'il n'y avait rien à vendre.

Comment vivre ? Où loger ? Il y avait bien les cachets que je touchais de la radio, mais ils étaient maigres et de plus versés d'une façon parfaitement aléatoire. On faisait la queue devant le guichet grillagé de l'agent payeur, rue Christophe-Colomb, on donnait son nom, remplie d'espoir. Le préposé tripotait son registre : « Rien pour vous.

– Mais ça fait trois semaines que j'attends !

– Qu'est-ce que vous voulez que j'y fasse ? Si je pouvais sortir l'argent de ma poche, vous seriez payée tout de suite. Repassez la semaine prochaine ! »

Heureusement, Jean Féraud, par l'intermédiaire d'une société fermière, possédait cet hôtel rue Notre-Dame-de-Lorette. Il offrit de m'y héberger gratuitement le temps nécessaire. Est-ce qu'il m'avertit du genre d'activités qui s'y déroulaient sur quatre étages, à toute heure du jour et de la nuit ? La logique voudrait que je réponde par l'affirmative, ma mémoire me dit le contraire.

Légèreté ou perversité inconsciente de la part de Jean ? Les deux sans doute. C'était un homme distingué et profondément honnête, mais faible et parfois déconcertant. Il entretenait avec moi une relation très intime, très douce, très amoureuse, dont le sexe était absolument exclu. Je crois même que la question n'a jamais été abordée entre nous. Il me rendait visite à l'improviste, parfois en pleine nuit, sortant d'un dîner d'affaires ou débarquant du train, de retour de province. Nous discutions à mi-voix des heures entières, il s'étendait à côté de moi, tout habillé sur la couverture et s'assoupissait parfois au petit matin, sa main serrant la mienne. Comme la fois où il m'avait raccompagnée, à Lille, après m'avoir invitée à dîner au Carlton. Encore ce soir-là m'avait-il embrassée sur les lèvres avant de me quitter, rue de la Grande-Chaussée, liberté qu'il ne s'accorda plus jamais.

Sans doute trouvait-il avantage à me loger dans cet hôtel où nul ne songeait à s'étonner de sa présence dans la chambre d'une très jeune fille ni de ses coups de téléphone quotidiens lorsqu'il s'absentait de Paris. Le réceptionniste venait frapper à ma porte, je passais un peignoir et descendais prendre l'appel à la cabine, dans le hall. Il m'interrogeait longuement – est-ce que je tenais le coup ? Est-ce que je progressais ? –, il m'encourageait à observer scrupuleusement les conseils de Loulou, à supporter sans protester son exigence, son ironie mordante et son apparente indifférence à mon égard. Toutes les semaines, il me faisait envoyer un panier japonais rempli de fleurs et de petits objets raffinés et délicats comme il l'était lui-même. Lorsqu'il me trouvait pâlichonne, il craignait que je ne sois anémiée et vite m'emmenait manger un gros morceau de viande pour me faire du sang, comme on disait alors.

Cher Jean…

Maman avait présidé à mon installation à l'hôtel Notre-Dame-de-Lorette. Elle s'était extasiée sur la chambre qui comportait une salle de bains avec une baignoire, luxe que nous n'avions jamais connu, pas plus à Nieppe qu'à Armentières ou plus tard à Lille. Mais considérant qu'on se lavait parfaitement avec un gant de toilette debout devant le lavabo, surtout lorsqu'on avait dix-sept ans, elle avait préféré transformer la baignoire en garde-manger, entassant à l'intérieur sucre, chocolat, riz, pâtes, petits-beurre, chicorée, etc. De quoi tenir un siège.

Mais ce qui avait encore plus impressionné ma mère, c'était la distinction des gens qu'elle avait croisés dans l'escalier. Des femmes en manteau de fourrure, des messieurs en canadienne, on voyait qu'il s'agissait d'une clientèle aisée avec laquelle je n'aurais aucun souci.

Avant de me quitter pour regagner Lille, maman tira de son portefeuille toutes ses économies.

« Cet argent est pour toi. Fais le durer. Je ne pourrai rien te donner d'autre. »

J'étais terriblement émue. C'était une somme à la fois considérable, que maman avait économisée sou par sou pendant des années, et en même temps je savais qu'elle fondrait très vite à Paris où tout coûtait si cher. Mais, par son geste, je compris que ma mère me faisait confiance, qu'elle misait sur moi. Rien ne m'encouragea autant et cet argent a représenté pour moi, au-delà d'un soutien matériel indispensable, un puissant aiguillon. Je portais les espoirs des miens, je n'avais pas le droit d'échouer.

*

Les premiers malentendus dissipés, j'entretins les rapports les plus amicaux et même les plus affectueux avec mes voisines. Je les connus très vite par leur prénom, Marie, fraîche et rigolote, Victoire, une blonde rondouillarde régulièrement battue par son souteneur, Madeleine, dont la chambre était voisine de la mienne et qui toussait tout le temps. Ses copines se levaient la nuit pour lui faire des grogs.

Elles me prirent sous leur protection et je finis par me trouver plus en sûreté dans ce nid du vice que n'importe où ailleurs à Paris.

Qu'est-ce qu'on a pu se marrer dans cet hôtel !

À l'étage au-dessus du mien, dans une chambre minuscule, vivait Jean-Marc Tennberg. Il avait vingt-deux ans, un visage tout rond et de grands yeux étonnés. C'était un comédien et un poète, il avait déjà tenu quelques petits rôles au cinéma. Son voisin s'appelait Michel. On se fichait de lui parce qu'il tenait un étalage ambulant de crayons et de cartes postales, exactement comme dans la chanson de Bourvil, grand succès de l'année. Olympe, une fille épatante, la gaieté même, résidait encore plus haut, carrément sous les toits. Secrétaire, elle rêvait de devenir comédienne elle aussi. Elle adorait Trenet et, curieusement, grimpait debout sur son lit, au risque de perdre l'équilibre, pour déclamer les paroles de « Boum ! » ou de « Papa pique et maman coud » comme s'il s'agissait de la tirade d'Hernani.

Le soir, lorsque chacun rentrait, il n'était pas rare de se retrouver dans une chambre ou dans l'autre pour rire et bavarder jusqu'à pas d'heure.

Je me souviens d'épisodes cocasses, comme cette fois où, à la suite de coupures d'eau à répétition, nos colocataires prostituées sortirent de leur chambre, leur bidet en émail dans les bras, et descendirent toutes ensemble protester bruyamment auprès du gérant, au prétexte qu'elles étaient empêchées d'exercer leur métier. L'eau fut immédiatement rétablie.

Le jeudi après-midi était un moment très attendu par nous toutes. Jean Marais rendait visite à José, le barman de L'Heure bleue qui habitait l'hôtel et dont c'était le jour de congé. Il arrivait vers les trois heures, serré dans un manteau de cuir, avec son chien colley Moulouk. Et du rez-de-chaussée au dernier étage, on pouvait voir nos têtes penchées sur la rampe, soupirant rêveusement à la vue de cet homme d'une extraordinaire beauté montant souplement les marches, Moulouk sur les talons. Arrivé devant la porte de José, Jean Marais entrait chez son amant et Moulouk se couchait en travers de la porte. Il n'y avait plus qu'à patienter une heure ou deux pour voir Jean Marais, rassasié d'amour, redescendre les marches et quitter l'hôtel, suivi du fidèle Moulouk.

*

Comme il me l'avait annoncé lors de la signature de ce fameux contrat, Loulou m'avait prise en main et exerçait sur moi une autorité tyrannique.

Sa première décision fut, on l'a vu, de me rebaptiser. Jacqueline Ray, ça n'allait pas. Impersonnel, grisâtre, déséquilibré. Un prénom trop long, un nom trop court. Il commença par tronçonner mon prénom : Line au lieu de Jacqueline. Mais Line Ray, c'était encore pire.

« Comment s'appelle ta mère ?

– Simone.

– Son nom de famille, idiote !

– Renard. »

Le qualificatif d'« idiote », dont il usait généreusement à mon égard, était plutôt amical, presque affectueux. C'était une invective à la fois de grand frère à petite sœur et de maître à élève. Dans les deux cas, il soulignait la distance qui nous séparait et contribuait à effacer définitivement le souvenir d'une certaine nuit rue Ruhmkorff.

« Renard, Renard, Renard… », répétait-il en arpentant son bureau. Il tomba brusquement en arrêt :

« On remplace le r par un u, ça fait Renaud ! Line Renaud ! »

Il parcourait la pièce à grandes enjambées, ravi de sa trouvaille.

« Line Renaud ! Ça, c'est bleu et rose ! »

La deuxième étape consista à me faire limer les deux dents de devant.

« Tu as des dents de lapin, affirma-t-il. Et puis tu es beaucoup trop grosse. Les rondeurs de la jeunesse ! Il faut que tu perdes au moins cinq kilos. Dix, ce serait encore mieux. »

Le doute ne semblait jamais l'effleurer. Comment pouvait-il être aussi sûr de lui ? L'envie me démangeait de le remettre à sa place. Mais je gardais en tête les conseils de Jean Féraud : « Fais tout ce qu'il te dit. Il sait. » J'obtempérais. Puisqu'il savait…

Il n'aimait pas ma coiffure, il voulait que mes cheveux soient souples, qu'ils dansent autour de ma tête. La sanction tomba : « Cinquante coups de brosse dans un sens, cinquante coups dans l'autre, matin et soir ! » D'où sortait-il la recette ? Sans doute avait-il dû se renseigner auprès de l'une de ses conquêtes, au sortir de la réserve à charbon.

Il n'aimait pas non plus, et sur ce point je ne peux lui donner tort, les couches de plâtre que j'étendais sur mon visage en guise de maquillage et dont le principal mérite à mes yeux était de dissimuler mes boutons d'acné.

« Ni poudre, ni crème, ni pommade. De l'eau et du savon de Marseille ! » hurlait-il comme si l'excès de maquillage me rendait sourde. J'appliquai la recette. Au bout de quelques semaines, les boutons qui me défiguraient disparurent. Savon de Marseille ou régulation hormonale, il s'en attribua le mérite.

La robe de Nina Ricci dont Josette Daydé m'avait fait cadeau n'obtint pas grâce à ses yeux elle non plus. Trop guindée, pas assez fluide.

« Il te faudrait une robe de chez Germaine Lecomte ! » répétait-il songeur.

Les modèles créés par Germaine Lecomte, grande couturière, étaient réputés pour la simplicité de leur ligne et la beauté des matières utilisées pour leur confection. Inutile de préciser qu'ils étaient hors de prix. Les économies de ma mère n'y auraient pas suffi. Qui allait me payer une telle robe ? Certainement pas Loulou. Il s'abstint même de le proposer.

Finalement, le bon Jean Féraud s'en chargea.

Une robe bleue, assortie à mes yeux. Avec des manches longues, hélas. On sait mon horreur des manches longues, héritée de mémère. À mon avis, il aurait mieux valu découvrir les bras, montrer un peu plus de chair. Mais qui se souciait de mon avis ?

Depuis les Folies-Belleville, Loulou poursuivait obstinément son idée : m'installer sur un créneau qui n'existait pas, un créneau sur lequel je n'aurais aucune concurrence. Lily Fayol, c'était le comique, et même le gros comique, Jacqueline François, le jazz un peu bluezzy, avec des textes plutôt dramatiques, Piaf, la chanson noire. Pour moi, il voulait inventer un style qui correspondrait à mes cheveux blonds, mes yeux bleus, ma joie de vivre et mes fossettes.

Mais tout était à bâtir.

Car si les chansons qu'il m'avait données quand j'étais repartie à Lille n'avaient pas marché, ce n'est pas qu'elles étaient mauvaises, c'est que je ne savais pas comment les chanter, surtout en scène. Je n'avais ni la fantaisie ni la légèreté nécessaires. Croiser les bras sur la poitrine, lever vers le ciel des mains suppliantes, pencher la tête sur le côté dans une attitude repentante, je l'avais fait par instinct, parce que, au fond, c'étaient les attitudes que suggéraient naturellement les paroles de

« Sainte Madeleine ». Mais bouger, danser, virevolter, personne ne me l'avait encore enseigné.

Loulou se mit au travail. Ou il me mit au travail, comme on voudra.

Il me fit marcher des heures entières sur des disques de Duke Ellington, Count Basie ou Benny Goodman.

« Le contretemps ! Le contretemps ! s'égosillait-il. Bon sang, tu n'entends pas ? »

J'étais mortifiée. Malgré toute ma bonne volonté, je n'entendais ni ne ressentais le contretemps.

Il s'emportait.

« Enfin, c'est évident ! D'ailleurs, le contretemps, ça ne s'entend pas, ça se ressent ! Là, dans la poitrine, comme un choc ! *Bang ! Bang ! Bang !* »

Le phonographe était muni d'un dispositif qui permettait de faire varier la vitesse à volonté. Loulou passait d'abord « When the Saints Go Marching In » ou « I Can't Give You Anything But Love » au ralenti, puis de plus en plus rapidement. Et moi, juchée sur des talons hauts, me tordant les chevilles, je claudiquais en accéléré, à la poursuite de l'insaisissable contretemps.

Nos séances de torture avaient lieu le plus souvent rue Washington, ce qui me permettait de passer des mains de Loulou à celles, un peu moins rudes, de Mme Walter, qui me faisait travailler la justesse, le contrôle du vibrato, la prise de respiration et autres subtilités dont l'existence m'avait totalement échappé jusqu'alors. J'étais comme Monsieur Jourdain découvrant la prose, ou le pioupiou dans la cour de la caserne à qui on apprend à mettre un pied devant l'autre, opération qu'il effectue sans difficulté depuis son plus jeune âge.

Parfois, nous nous retrouvions rue Ruhmkorff. Dans ce cas, je recevais un bref coup de téléphone de Loulou vers onze heures du matin.

« Rue Ruhmkorff. On déjeune, puis on travaille. »

Je compris vite que ce changement de dernière minute tombait généralement le lendemain d'une nuit passée en compagnie d'une jeune femme – pas une petite chanteuse en partance pour le Liban, une conquête de plus haute volée qui, elle, avait droit à un lit. Pas seulement à un lit, d'ailleurs. Félicie, la bonne, qui était fort bavarde, m'avait prise en affection. Elle me révéla volontiers le cérémonial immuable auquel obéissaient ces rencontres nocturnes. Loulou l'appelait dans l'après-midi et lui demandait de faire rôtir un poulet et de mettre une bouteille de champagne au frais. Formule lapidaire qui signifiait également qu'il convenait qu'elle aère la chambre, vide les cendriers, change les draps, mette des fleurs dans les vases, bref, qu'il aurait de la visite la nuit prochaine.

Depuis son divorce, Loulou vivait seul avec son père, qui était un homme absolument délicieux, un ancien coureur automobile et un excellent joueur de tennis. Il avait été sacré, en 1905, champion du monde du kilomètre lancé en automobile, en atteignant la vitesse fabuleuse de cent soixante-quinze kilomètres à l'heure. Très vite, je fus parfaitement à l'aise avec lui. Je l'appelais papa Gasté, il m'appelait son rayon de soleil. C'était un charmeur, comme son fils, il adorait les femmes et, faute de mieux, il aimait leur faire la conversation. Il me raconta comment, marié et père de famille, il était tombé follement amoureux de la fille d'un pauvre cordonnier italien d'Antibes et l'avait enlevée. De cette union romanesque étaient nés deux enfants, Gaby et Loulou qui se plaisait à dire qu'il avait été conçu à Amélie-les-Bains. Je suppose que ce nom d'opérette lui paraissait accordé à la destinée d'un compositeur de chansons.

J'adorais cette histoire qui ramenait Loulou, cet homme qui m'attirait et m'impressionnait à la fois, à ses origines et à ses fragilités. Soudain il m'apparaissait tel qu'il était, double, contradictoire, écartelé entre sa famille paternelle, bourgeoise et fortunée, et sa famille maternelle, italienne et fantasque.

L'appartement n'était pas très vaste. Loulou disposait de la plus grande chambre avec son lit dans une alcôve et son piano près de la fenêtre. La chambre de papa Gasté était celle qu'occupait Loulou quand il était enfant. Dans la salle à manger, un gros poêle Godin vert, principale et, dans mon souvenir, unique source de chauffage de l'appartement.

Les repas ne brillaient pas par leur variété. Des pâtes servies sans assaisonnement. Pas de vin, de l'eau du robinet. « Moi, je sers ce qu'on me demande de servir », s'excusait Félicie, bougon.

Tandis que je jacassais avec papa Gasté, Loulou ne desserrait pas les dents. Il avalait son assiette à toute vitesse, puis allait s'asseoir devant le poêle Godin dont il fixait obstinément les flammes à travers la petite lucarne en mica. Décidément, son divorce ne passait pas. J'appris par Félicie que sa femme Simone, durant leurs années de mariage, dépensait au bridge tout l'argent qu'il ramenait de ses tournées avec l'orchestre de Ray Ventura. Ce qui suscitait chez elle un tel sentiment de culpabilité que par un phénomène assez commun, elle reportait sur les autres, et Loulou en particulier, sa haine d'elle-même. Malheureuse de le faire souffrir, elle avait préféré le quitter, ce qui avait provoqué chez lui un état dépressif dont il mit plusieurs années à se débarrasser tout à fait.

La seule chose qui parvenait à le distraire, c'était la musique. Il suffisait qu'il prenne sa guitare ou note un thème sur une partition pour que tout rentre instantanément dans l'ordre. Aussi, dès que je le voyais prostré devant le poêle, je me dépêchais de finir mon repas et me levais en claironnant : « Alors, on travaille ? »

C'était comme si un manteau de plomb avait glissé de ses épaules.

« Pas trop tôt, disait-il en se redressant, soudain revigoré. Sais-tu que tu manges beaucoup trop ? Depuis quand tu ne t'es pas pesée ? »

J'étais rassurée, s'il m'asticotait, c'est que la crise était passée. Il mettait un disque sur le phono, « Flying Home » par Lionel Hampton ou « The Man I Love » par Coleman Hawkins, et la torture recommençait.

« Le contretemps ! Le contretemps ! »

Chapitre onze

Double vie

L'argent de maman fondait à vue d'œil. Ce n'était pourtant pas faute d'économiser. Il était en principe interdit de cuisiner dans sa chambre d'hôtel – comme il était interdit de laver son linge, de repasser, de recevoir quiconque passé dix heures du soir, etc. Mais les célibataires peu fortunés qui peuplaient l'hôtel avaient tous un réchaud à alcool dissimulé, qui sous son lit, qui dans l'armoire et à l'heure des repas, un méli-mélo d'odeurs plus ou moins affriolantes flottait du haut en bas de l'hôtel. Les réserves de pâtes et de riz, les boîtes de petits pois, de lentilles et de haricots à la tomate entassées par ma mère étaient en passe de s'épuiser et je voyais avec angoisse arriver le moment où la baignoire, vidée de ses provisions, allait être rendue à sa destination première.

Maman m'avait bien recommandé : « Il faut absolument qu'une fois par semaine, tu manges de la viande ! » Si je voyais que la semaine s'achevait sans que j'aie absorbé le moindre morceau de viande rouge, je descendais la rue Saint-Georges et j'allais aux Galeries Lafayette où j'avais repéré qu'on pouvait s'offrir un steak et un verre de vin rouge pour une somme raisonnable. Ce n'est pas tant que j'appréciais le vin, mais dans les conceptions de l'époque, on considérait que le vin, consommé en petite quantité, était lui aussi indispensable pour se maintenir en bonne santé. Un médicament, en somme. Je mâchais mon steak avec soin pour qu'il me profite mieux, mangeais tout le pain contenu dans la corbeille, buvais mon verre de vin à petites gorgées et remontais vers la rue Notre-Dame-de-Lorette, mon capital écorné mais la conscience en paix. J'avais mangé mon steak hebdomadaire.

L'argent de la radio rentrait au compte-gouttes, je commençais à m'inquiéter sérieusement : qu'est-ce qui allait se passer lorsque je n'aurais plus un centime ? N'avais-je pas promis à ma mère qu'arrivée au bout de ses économies et en l'absence d'autres ressources, je rentrerais à Lille quoi qu'il arrive ?

Situé au 54, rue Pigalle, le cabaret L'Heure bleue – où officiait José, l'amant de Jean Marais – n'avait pas très bonne réputation. Il servait de quartier général à quelques truands patentés, dont Pierre Loutrel, alias Pierrot le Fou, et Jo Attia, tous deux membres du gang des Tractions Avant. Est-ce sur la recommandation de José ? Le patron de L'Heure bleue me proposa un engagement à un tarif inespéré. Je tenais ma planche de salut. Mais avant d'accepter, j'étais tenue de consulter Loulou. À peine lui en avais-je dit trois mots qu'il refusa net.

« Surtout, tu n'acceptes pas ! Tu ne fais aucun cabaret ! Si tu acceptes, tu seras classée chanteuse de cabaret et tu n'en sortiras plus ! »

Naturellement, j'aurais pu lui répondre : « C'est bien gentil, mais comment je vis, moi, en attendant ? » La fierté m'en empêcha.

La mort dans l'âme, je retournai voir le patron de L'Heure bleue et lui dis qu'après réflexion, je jugeais préférable pour la suite de ma carrière de décliner sa proposition.

Il en fut très surpris et un peu vexé.

« Qu'est-ce que tu es allée t'imaginer ? Je te demande pas de montrer ton cul, je te demande de chanter ! C'est bien ton métier, non ? »

Ça l'était en effet, mais pour des considérations stratégiques dont seul Loulou connaissait les détours et les ruses, je ne pouvais plus l'exercer comme au temps béni où je passais du Strasbourg au Bellevue et du Capitole au Rio sans me poser de questions, toute contente de « faire ma pelote », comme disait mémère.

Un matin où il s'était attardé dans ma chambre, Jean Féraud m'annonça, comme une chose sans réelle importance, que la société fermière dont il était l'un des principaux actionnaires avait décidé de se séparer d'une partie de son patrimoine. L'hôtel Notre-Dame-de-Lorette faisait partie du lot. L'affaire était conclue, les nouveaux propriétaires prendraient possession de leur bien au début du mois suivant.

« Et moi, qu'est-ce que je vais devenir ? fis-je catastrophée.

– Évidemment, dit-il, c'est un peu ennuyeux pour toi. Mais je n'ai rien pu faire. »

Ennuyeux ? Dramatique, oui ! Si l'hôtel était vendu, cela signifiait que je devrais désormais payer ma chambre. En deux mois, le peu qu'il me restait de l'argent de maman serait liquidé. Bonjour Lille, me revoilà !

« Tu pourras toujours loger chez nous quelques semaines, le temps de te retourner », avança Jean.

Je relevai bravement la tête.

« Non, non, dis-je, j'aime mieux rester ici. Je me débrouillerai. »

Il parut soulagé.

« Tu sais que tu peux compter sur moi. »

Je venais surtout de découvrir qu'il valait mieux compter sur moi-même.

Une solution me vint à l'esprit. Je savais Olympe en grande difficulté financière elle aussi. Elle s'était inscrite dans un cours de comédie, l'un des meilleurs mais aussi l'un des plus chers de Paris, et avait le plus grand mal à finir le mois. J'allai lui proposer de partager sa chambre sous les toits, divisant par deux le loyer. Consultée, Olympe bondit de joie. Non seulement elle ferait une économie, mais l'idée de cohabiter avec moi l'enchantait. Nous nous entendions à merveille, je n'étais pas bien compliquée, elle non plus, et elle pourrait continuer à monter sur le lit pour déclamer du Charles Trenet sans que j'y voie le moindre inconvénient.

La fin du mois venue, et les nouveaux propriétaires dans les lieux, je charriai mes petites affaires au dernier étage et nous nous organisâmes du mieux possible, mettant en commun ce qui pouvait l'être et nous débarrassant du superflu.

Hélas, quelques semaines plus tard, une commission d'hygiène vint contrôler l'hôtel et s'avisa que notre chambre n'avait pas le cubage d'air nécessaire pour accueillir deux occupants. Il nous fallut redescendre d'un étage et emménager dans une autre chambre, certes plus grande, mais aussi nettement plus chère.

Olympe, qui devait devenir quelques années plus tard la femme de l'excellent auteur et réalisateur de télévision Claude Santelli, ressemblait d'une façon frappante à Odette Joyeux, actrice très en vogue avec des films comme *Le Mariage de Chiffon*, de Claude Autant-Lara, ou *Les Petites du quai aux fleurs* de Marc Allégret. On l'arrêtait parfois dans la rue pour lui faire signer des autographes, ce dont elle s'acquittait sans se faire prier.

Maman m'ayant écrit que mémère, âgée alors de quatre-vingt-trois ans, n'allait pas bien du tout, je pris le train pour aller la voir. Olympe m'accompagna. Mémère, paralysée, très affaiblie mais qui avait encore toute sa tête, fut très heureuse de me revoir. Mais elle fut surtout particulièrement touchée que j'aie songé à emmener avec moi Odette Joyeux, ce qui ne lui paraissait pas du tout extraordinaire : elle m'entendait à la radio, c'est donc que j'avais accès à ce petit monde privilégié où se côtoyaient les célébrités, pourquoi n'aurais-je pas connu Odette Joyeux ? Je n'osai la détromper. La nouvelle se répandit, un journal d'Armentières publia l'information. Imprimée, elle fit autorité : Odette Joyeux s'était déplacée à Pont-de-Nieppe pour rendre visite à l'arrière-grand-mère souffrante « de notre sympathique jeune vedette Line Renaud ». Cette petite supercherie me pèse encore, car je ne devais plus jamais revoir mémère. Elle mourut le 6 juin 1946. Je n'étais pas présente à son enterrement. Quelle raison m'en empêcha ? Quelle occupation, quel rendez-vous impossible à différer ? Qu'est-ce qui, ce jour-là, pouvait être plus essentiel pour moi que d'assister à l'enterrement de celle qui avait veillé sur mon enfance avec tant de bonté, tant d'ouverture d'esprit, tant de noblesse de cœur ? Je ne parviens pas à m'en souvenir. Me reste le sentiment diffus de n'avoir pas rendu l'hommage qu'elle méritait à cette femme hors du commun.

*

Sans cesse à court d'argent, je me rendais plusieurs fois par semaine à la caisse de la radio, rue Christophe-Colomb, pour essayer de récupérer quelque cachet en retard.

« Je ne fabrique pas de la fausse monnaie ! » s'excusait l'agent payeur dont les caisses étaient aussi vides que mon porte-monnaie. Je rentrais à l'hôtel démoralisée. Olympe me consolait.

« Ne t'en fais pas, j'ai mes petites réserves », disait-elle en tirant de quelque cachette un billet ou deux qui me permettaient de parer au plus pressé.

Parfois, elle s'étonnait :

« Mais enfin ce Loulou dont tu me parles à longueur de journée, il pourrait t'aider, tout de même ? »

Il est vrai que mes problèmes d'intendance le laissaient parfaitement indifférent. Un jour où, timidement, j'avais dû laisser entendre que les temps étaient durs, il s'emporta :

« Tu n'es pas à huit cents francs près, tout de même ! »

Or, bien souvent, j'allais à pied de la rue Notre-Dame-de-Lorette à la rue Washington pour économiser le prix d'un ticket de métro, soit, il me semble, dix ou douze francs. En un sens, il avait raison. Je n'étais pas à huit cents francs près, j'étais à dix francs près. Ce que je me gardai bien de lui rétorquer.

Chaque jour, en métro ou à pied, quelle importance, je me hâtais vers la rue Washington, impatiente de retrouver ce professeur autoritaire, excessif, mais qui d'un sourire, d'un accord effleuré sur sa guitare, me faisait oublier dans la seconde remarques acerbes et larmes refoulées.

Plus qu'amoureuse, j'étais conquise. Mais la seule nuit passée ensemble, loin de nous rapprocher, avait rendu impossible toute intimité. C'était un souvenir un peu honteux, un faux pas, une brève parenthèse à jamais refermée. Pendant tous ces mois où nous nous sommes vus quotidiennement, travaillant côte à côte des heures durant, il n'y eut pas le moindre baiser, la moindre caresse, pas même un frôlement. Je n'avais pas de désir pour lui et je doute qu'il en ait eu pour moi. Pourtant aucun garçon, aucun homme ne m'avait jamais autant bouleversée. Mais nous vivions désormais dans deux mondes distincts et je n'envisageais même pas qu'ils puissent un jour n'en faire qu'un.

Le dimanche, où il n'y avait pas de séance de travail rue Washington, pas de cours de danse de Mme Balachova, pas d'enregistrement à la radio, je traînais comme une âme en peine. Le Chanteur sans nom, ami toujours fidèle, m'avait fait rencontrer un couple charmant, Madeleine et Roger. Ils habitaient rue des Belles-Feuilles. Madeleine se faisait beaucoup de souci pour mon alimentation. Son obsession personnelle n'était pas la viande, mais le lait, pour le calcium. Lorsque j'allais dormir rue des Belles-Feuilles le samedi soir, elle m'en faisait boire jusqu'à l'écœurement.

Roger, son mari, travaillait dans l'import-export. Il traitait ses affaires chez lui, confortablement installé dans son lit, en pyjama de soie, le téléphone à portée de main. Le matin, Madeleine lui apportait, avec son petit-déjeuner, une énorme brassée de journaux qu'elle était allée acheter au kiosque à l'angle de l'avenue Victor-Hugo. Il les dépouillait minutieusement et selon les nouvelles – guerres, révolutions, coups d'État, sécheresses, inondations – décrochait son téléphone pour vendre ou acheter les marchandises les plus diverses, du riz du Suriname au bœuf d'Argentine, de l'or au cacao, du blé au manganèse. Assises au bord du lit, Madeleine et moi causions tranquillement et nos bavardages, loin de le troubler, créaient, selon lui, un climat de joyeuse effervescence qui stimulait sa perspicacité.

Plein de sollicitude à mon égard, le couple s'étonnait qu'à mon âge, je n'aie pas un « petit ami ». Roger fréquentait le milieu de la boxe dont il était grand amateur.

En guise de petit ami, il eut la surprenante idée de me présenter Robert Charron, le rival de Marcel Cerdan, un poids moyen réputé pour sa puissance. Grâce à Internet – où les amateurs pourront suivre l'intégralité du combat qu'il livra contre Cerdan en mai 1946 – j'apprends qu'il était surnommé la Patate, ce qui veut tout dire. Je vois aussi qu'il avait dix ans de plus que moi et je redécouvre avec effarement son visage, dont la régularité n'était pas la caractéristique première.

Le premier rendez-vous se passa à peu près bien. Il m'emmena dîner – j'en profitai pour absorber la ration de viande hebdomadaire prescrite par ma mère –, il m'interrogea sur la chanson, je le questionnai sur la boxe. Sa gentillesse était sans limites, à l'inverse de ses facultés intellectuelles, sans doute altérées par des coups répétés sur la boîte crânienne. Après le repas, il me raccompagna à la porte de l'hôtel et me remercia galamment pour cette bonne soirée. Le moment venu de nous séparer, il garda ma main dans la sienne un temps qui me sembla anormalement long. C'était peu demander en échange de l'excellent dîner qu'il venait de m'offrir.

Il me relança dès le lendemain :

« Alors, quand est-ce qu'on se voit ? »

J'étais devenue bien malgré moi sa légitime. Cédant à son insistance, j'acceptai imprudemment un second rendez-vous. Il m'emmena rue d'Aumale dans un bistrot tenu par un ancien boxeur de ses amis, parla d'abondance et but de même. Après le repas, totalement ivre, il me raccompagna cette fois encore jusqu'à l'hôtel Notre-Dame-de-Lorette, mais ne se contenta pas d'une poignée de main. M'emprisonnant dans ses bras comme dans un étau, il entreprit de m'embrasser goulûment. Je parvins miraculeusement à lui échapper, m'engouffrai dans l'hôtel et piquai un sprint dans les escaliers. Furieux, il se rua à ma suite, malgré les protestations du veilleur de nuit. J'atteignis ma chambre, ouvris fébrilement la porte et tentai de la refermer derrière moi. Mais la Patate, soufflant comme un buffle, avait réussi à mettre son pied dans l'interstice et pesait de toute sa force, bien supérieure à la mienne. Olympe, réveillée en sursaut, vint à ma rescousse. Arc-boutées, nous nous mîmes à hurler : « Au secours ! » Ce qu'entendant, nos amies prostituées sortirent de leur chambre dans des tenues diverses, quelques-unes sans tenue du tout, et se ruèrent à l'assaut de l'intrus qu'elles jetèrent à la rue sans ménagement.

Très jeune, totalement libre de mes décisions, plutôt séduisante – même si alors je me trouvais affreuse et stupide –, j'étais à la merci de n'importe qui et de n'importe quoi.

Un jour, Madeleine et Roger me proposèrent de passer le week-end dans la famille de Madeleine à Sochaux. Au retour, nous prîmes le train de nuit. Il faisait une chaleur étouffante dans le compartiment, je n'arrivais pas à dormir. Je sortis dans le couloir, entrouvris la fenêtre, respirai un peu d'air frais. Puis je me rendis aux toilettes pour me passer de l'eau sur le visage. Quand j'ouvris la porte pour en sortir, Roger était là. Et tout à coup, me barrant le passage, il me repoussa vers l'intérieur et voulut me prendre. Je me débattis, n'osant crier tant j'avais honte et craignant par-dessus tout d'alerter Madeleine.

Je chuchotai : « Roger, tu es fou ! Arrête, Roger ! »

Le train roulait, nous étions agrippés l'un à l'autre, luttant avec acharnement. La porte de séparation qui donnait accès aux soufflets entre les wagons s'ouvrit brusquement, un voyageur ensommeillé apparut. Subitement dégrisé, Roger me relâcha.

« Excuse-moi, Jacqueline. Je sais pas ce qui m'a pris ! » balbutia-t-il, tout pâle.

Nous arrivâmes à Paris vers six heures du matin, je les quittai gare de l'Est. Je ne devais plus jamais les revoir.

Il y a quelques années, au cours d'une émission de télévision où il avait invité ma mère, Michel Drucker s'étonna :

« Mais enfin, Simone, Line n'avait que dix-sept ans. La savoir à Paris, comme ça, toute seule, vous n'aviez pas peur ?

– Michel, je priais, répondit ma mère, je priais tous les jours, j'ai vécu dans la peur tous les jours. Mais j'avais confiance en elle. »

*

J'habite un hôtel de passe, l'argent de maman sera bientôt épuisé, je lave mon linge dans le lavabo et prépare mes repas clandestinement sur un réchaud à alcool. Pourtant, la gamine qui peine à joindre les deux bouts est la même que celle dont la photo style Harcourt apparaît en couverture de *La Semaine radiophonique* le 24 mars 1946. Des images si éloignées l'une de l'autre que je ne parviens pas à les superposer pour n'en faire qu'une dans mon souvenir.

Examinant plus attentivement cette photo pleine page et la comparant avec la petite vignette parue dans le même journal fin 1945, je ne peux m'empêcher d'admirer le travail accompli en si peu de temps par Loulou. Non seulement je passe des pages intérieures à la couverture – promotion inespérée – mais je ne suis manifestement plus la même. Il a entrepris de me façonner selon l'idée qu'il se fait de moi et qu'il travaille à imposer. Le visage est aminci, disparue la mélancolie, place à l'espièglerie, la légèreté, la fantaisie. Ce que reflète l'interview parue dans le même numéro :

Vous parlez avec Line Renaud, et vous pensez : « C'est une enfant. » Vous l'entendez à la radio, et tout change : elle a, pour dire une chanson, une maîtrise incompréhensible, un art spontané, qui laisse surpris. C'est frais, jeune, pur – et ingénument habile.

La maîtrise « incompréhensible » dont s'émerveille la journaliste n'a rien de mystérieux : elle est le fruit d'un travail acharné. D'une extrême prudence, avec un instinct très sûr, Loulou veille à ne pas brûler les étapes. Pour l'heure, la radio et son formidable impact lui suffisent. S'il ne me juge pas encore prête à affronter la scène, il commence à envisager un passage dans un cabaret, qui servira, selon son expression, de laboratoire. Mais pas n'importe quel cabaret et pas tout de suite.

Côté disque, une première tentative échoue. J'auditionne pour Jacques Canetti, pape de la nouvelle chanson française et prestigieux directeur de Polydor.

« Excuse-moi, Loulou, dit Canetti à peine avais-je refermé la bouche, je crois que ta protégée ne fera jamais rien dans la chanson ! »

Plus tard, le succès venu, il me dira : « Vous êtes ma seule erreur. » En réalité, c'était sans doute une erreur de Loulou de s'adresser à Canetti, dont les goûts se situaient à l'opposé de ce créneau rose et bleu sur lequel il cherchait à m'installer.

Un industriel fortuné, M. Mallet, s'était fait plaisir avec une marque de disques qu'il avait baptisée Pacific. N'ayant aucune expérience de la profession, il avait eu l'intelligence d'en confier la direction artistique à Pierre Hiegel, qui était alors interdit d'antenne du fait de sa collaboration à Radio Paris pendant l'Occupation. Pierre, un homme merveilleux que je devais retrouver un peu plus tard chez Pathé-Marconi, accepta de me faire enregistrer mes quatre premiers 78 tours, huit chansons en tout parmi lesquelles figuraient entre autres « Au p'tit bonheur la chance », « Il n'était pas sentimental » et « Le complet gris ».

*

Je me réveille dans la nuit avec en tête la mélodie d'une chanson de Paul Misraki que je chantais dans un film avec Erich von Stroheim et Madeleine Sologne :

Tant que tu m'aimeras
Tant que tu m'es fidèle
Pour moi chaque aube nouvelle
Sera l'aube d'un beau jour...

Comment s'appelait ce film ? Il y avait le mot « chimère » dans le titre. *La Femme aux chimères* ? *Le Gouffre aux chimères* ? Était-ce avant ou après la « Cabane » ? Car pour moi, quand je pense à mes débuts, il y a un avant et un après « Ma cabane au Canada », c'est ainsi que je me repère.

Je réfléchis. J'enregistre la « Cabane » en avril 1948, le disque sort à l'automne… Le film, c'était avant, bien avant.

Je me lève, rallume mon iPad.

Von Stroheim + Madeleine Sologne. Un clic…

La Foire aux chimères !

Metteur en scène, Pierre Chenal, tournage du 5 février au 20 avril 1946 aux studios de Billancourt.

Je m'imagine quittant la petite chambre que nous partageons, Olympe et moi, embrassant au passage mes amies prostituées déjà sur le pied de guerre, prenant le métro place Saint-Georges et me retrouvant, quelques instants plus tard, sur un plateau de cinéma en compagnie de Madeleine Sologne et d'Erich von Stroheim ! Double vie qui me paraissait sans doute naturelle à l'époque et me semble irréelle aujourd'hui.

C'est Loulou qui avait habilement dû « me vendre » à son vieux copain Misraki avec qui il avait vécu l'aventure des Collégiens de Ray Ventura du début des années trente jusqu'à la guerre.

« J'ai une jeune artiste, il faut que tu l'écoutes. Elle chantera ta chanson divinement bien. »

Je revois Paul s'installant au piano dans le bureau de Loulou, rue Washington. Très intimidée, je commençai à chanter :

Je suis là, près de toi
Et ma main a pris la tienne
Tes joies sont les miennes
Et le monde est à moi…

Paul était un merveilleux mélodiste et un accompagnateur incomparable, précis, intuitif, généreux. Il me guidait tout en donnant l'impression qu'il me suivait. Peu à peu, je pris de l'assurance. Et à la fin, Paul dit à Loulou :

« Formidable ! Elle a exactement la voix qui convient. Maintenant, il faut trouver le phrasé. »

Le phrasé, c'était l'affaire de Loulou. Il prit sa guitare et nous travaillâmes tous les trois une partie de l'après-midi. La chanson au point, Misraki s'en alla, ravi, nous donnant rendez-vous sur le plateau quelques jours plus tard.

Aujourd'hui, si je dis que j'ai tourné, même brièvement, avec le grand Erich von Stroheim, le réalisateur de *Folies de femmes* ou des *Rapaces*, le génial interprète de *La Grande Illusion* ou plus tard de *Boulevard du crépuscule*, on me considérera avec le plus grand respect. Mais moi, cruche comme j'étais, Stroheim ne m'impressionnait pas du tout. Je connaissais à peine l'acteur et je ne savais rien de sa prestigieuse carrière de metteur en scène au temps du muet. Pour moi, j'ai honte de le dire, Stroheim était un Boche pareil à ceux qui avaient retenu mon père cinq ans prisonnier dans une ferme de Westphalie. Qu'il soit né à Vienne et non en Allemagne, qu'il soit juif par son père et par sa mère, qu'il ait émigré aux États-Unis en 1909, qu'il soit connu pour être un opposant notoire au régime nazi, tout cela, je l'ignorais.

J'idolâtrais en revanche Madeleine Sologne et j'étais impatiente de la rencontrer. Toutes les filles de ma génération imitaient sa coiffure médiévale dans *L'Éternel Retour*, le film de Jean Delannoy sorti pendant la guerre qui avait remporté un immense succès.

Je ne garde pour ainsi dire aucun souvenir du tournage. Il me semble qu'on m'avait fait une drôle de coiffure, avec les cheveux relevés. Je crois que je portais la robe de chez Germaine Lecomte que m'avait offerte Jean Féraud. Je me rappelle ma déception quand j'ai croisé Madeleine Sologne au maquillage : elle était toute petite. Et je dois à la vérité de dire qu'Erich von Stroheim ne fit rien pour améliorer la mauvaise image que j'avais de lui. À peine étais-je entrée sur le plateau qu'il se mit en chasse. Le reste de la journée se passa à essayer de lui échapper. Ce qui me parut d'autant plus déplaisant que sa compagne assistait au tournage. Elle s'appelait je crois Denise Vernac, c'était une actrice et je la trouvais très belle. Elle me faisait penser à Zarah Leander. À soixante ans passés, qu'avait-il besoin, M. von Stroheim, de faire les yeux doux à une gamine de mon âge ?

« Y en a pas un pour rattraper l'autre », aurait dit ma mère avec un soupir résigné.

Michaël et Jennifer pianotent sur l'iPad avec des mines de conspirateurs.

« Regardez, Line », me disent-ils en me tendant l'appareil. Un titre sur l'écran : « Line Renaud dans son premier rôle en 1946 ».

Se pourrait-il que…

Soudain, mon visage en gros plan :

Je suis là, près de toi
Et ma main a pris la tienne…

Gros plan de von Stroheim, gros plan de Madeleine Sologne. Émerveillée par la beauté des éclairages, l'expressivité des cadrages, le jeu dépouillé de ces deux immenses comédiens, j'oublie que c'est moi qui chante, j'oublie le décor artificiel de boîte de nuit, j'oublie Madeleine Sologne minuscule et Stroheim libidineux.

Bouleversée, je regarde toute la séquence. Puis je la repasse, attentive aux détails, cette fois. Ma coiffure, cheveux relevés, n'est pas très réussie. Je porte effectivement la robe Germaine Lecomte. Elle ne manque pas de classe, dans sa simplicité, mais dissimule à ce point mes formes qu'on se demande quelle disgrâce physique je peux bien avoir à cacher. Fallait-il que Stroheim ait de l'imagination…

*

L'idée, je crois bien, vint d'Olympe.

« Et si on l'invitait à dîner, ton Loulou ? J'aimerais bien le connaître, moi.

– L'inviter ici ? Mais c'est impossible !

– Ah bon, pourquoi ?

– Mais enfin, tu as vu ? m'exclamai-je en englobant la chambre dans un geste qui résumait toute la précarité de notre installation.

– Tu as honte ? »

Je n'avais pas précisément honte, mais je n'avais pas envie que Loulou sache de quelle manière je vivais, puisque, après tout, il ne s'en était jamais préoccupé. Plutôt que la honte, c'était la fierté qui dominait. Tu ne veux pas savoir ? Eh bien tu ne sauras pas.

Mais comment expliquer ça à Olympe ? Je préférai couper court en adoptant sa proposition et lançai l'invitation. Loulou accepta sans faire le moindre commentaire. Il faut dire qu'il traversait une très mauvaise période. Sa neurasthénie prenait des proportions inquiétantes, il était maigre à faire peur, fumait cigarette sur cigarette et pouvait rester des heures sans prononcer la moindre parole. Je crus devoir prévenir Olympe que le déjeuner serait tout sauf marrant. Elle se montra optimiste, confiante dans ses talents de clown pour détendre l'atmosphère.

Nous fîmes le ménage en grand, Olympe acheta une tombée de cretonne au marché Saint-Pierre et cousit une paire de rideaux. Madeleine, mon ancienne voisine de chambre, radieuse à l'idée que l'hôtel allait accueillir une personnalité aussi éminente, nous prêta un dessus-de-lit en dentelle, nous achetâmes des fleurs.

Pour le repas, après mûre réflexion, nous décidâmes de servir en entrée des œufs mimosa – préparation que réussissait très bien Olympe –, ensuite des pâtes, puisque les Gasté ne pouvaient pas faire un seul repas sans en manger, et des steaks, obtenus à grand-peine, car la viande était non seulement chère mais rationnée. Pour le dessert, une crème au caramel.

Selon son habitude, Loulou arriva avec une demi-heure de retard. Nous avions tiré la table contre le lit de telle façon que nous puissions nous asseoir Olympe et moi et laisser l'unique chaise à notre invité. Il avait amené des fleurs, des glaïeuls. Nous n'avions qu'un seul vase, bien trop petit pour ces fleurs immenses. On mit les glaïeuls à rafraîchir dans le lavabo en attendant de trouver un récipient pour les héberger.

Loulou, dès son arrivée, avait jeté un coup d'œil circulaire sur la chambre, sans manifester de réaction. Mais, le connaissant, je savais qu'il avait tout enregistré et que son opinion était faite. Mon amour-propre, un instant assoupi, se réveilla en sursaut et je regrettai d'avoir cédé à Olympe. Mais le mal était fait, plus moyen de reculer.

On passa les œufs mimosa. Loulou refusa poliment. Son foie. Mais bien sûr ! Comment avais-je pu l'oublier ? Il était hépatique, ne buvait pas d'alcool et les œufs comme la mayonnaise lui étaient interdits. Olympe et moi nous partageâmes le plat, d'ailleurs excellent. Loulou nous regardait manger, plus mélancolique que jamais.

« Et vous, mademoiselle ? avait-il poliment demandé à Olympe.

– Je suis secrétaire, mais c'est provisoire. Je prends des cours de comédie, avait répondu Olympe d'une voix assurée.

– Ah, très bien. Vous voulez donc être comédienne ? avait conclu Loulou, perspicace.

– Oui. »

La conversation en était là et aucun de nous trois ne semblait désireux de la poursuivre.

Nous servîmes les pâtes et les steaks, Loulou engouffra les pâtes et laissa le steak. Il refusa la crème au caramel, comme j'aurais dû le prévoir et se contenta d'une tasse de café. Olympe, d'ordinaire si gaie, était au bord du désespoir.

La dernière goutte avalée, il se leva et s'inclina cérémonieusement devant Olympe.

« Merci mademoiselle, ce déjeuner était excellent. »

Vu le fiasco, je ne jugeai pas utile de revendiquer ma part de compliments.

Puis il se tourna vers moi.

« Fais ta valise.

– Ma valise ?

– Oui, ta valise. Tu viens avec moi. Je refuse que tu vives ici une minute de plus.

– Mais pourquoi ?

– Parce que c'est minable. Je t'emmène rue Ruhmkorff, tu prendras l'ancienne chambre de ma sœur. »

J'étais rouge d'indignation. On l'invitait à déjeuner, on se mettait en quatre – et sur la paille – pour lui faire plaisir, il refusait la moitié des plats, n'ouvrait pas la bouche de tout le repas et en partant nous offensait. Je m'apprêtais à lui voler dans les plumes quand Olympe, sous je ne sais quel prétexte, m'entraîna sur le palier.

« Il a raison, me raisonna-t-elle. C'est minable ici. Si tu as mieux ailleurs, il faut pas hésiter.

– Mais toi, le loyer, comment tu vas te débrouiller ?

– T'en fais pas pour moi. Mon tour viendra. »

J'étais effondrée. Tout cela était tellement soudain, tellement brutal. J'essayai de négocier un temps de réflexion. Loulou refusa catégoriquement, il ne partirait pas sans moi.

Dans un état de totale confusion, je pris ma valise sur le haut de l'armoire, fourrai mes affaires dedans – ça ne faisait pas lourd –, fis cadeau à Olympe du réchaud à alcool et autres babioles et, le visage baigné de larmes, je quittai pour toujours l'hôtel Notre-Dame-de-Lorette.

Chapitre douze

Le chouchou de la maîtresse

Earl Wilson était un journaliste très connu aux États-Unis. Sa chronique, « It Happened Last Night », était publiée dans un grand nombre de journaux américains dont le *New Yorker*. Lorsque j'ai été faite citoyenne d'honneur de Miami, il m'a consacré un article dans lequel il écrivait : « Partout où elle arrive, Line Renaud est chez elle. » C'est vrai, où que j'aille, quel que soit le pays, quel que soit le milieu social, du plus loin que je me souvienne, je ne me suis jamais sentie mal à l'aise nulle part. Installée quasiment de force par Loulou dans l'appartement familial, rue Ruhmkorff, j'aurais pu éprouver un sentiment de gêne ou de contrainte. Au contraire, à peine mes larmes séchées, ma valise posée et mes trois vêtements déballés, je me sentis chez moi. Papa Gasté accueillit avec une joie non dissimulée son petit rayon de soleil et Félicie, d'abord méfiante, m'adopta définitivement quand elle constata que Loulou dormait dans un lit et moi dans un autre.

L'appartement était sombre, peu et mal meublé, et aurait eu besoin d'un sérieux coup de peinture. Il paraissait surtout étrangement inhabité, comme assoupi. Ce n'était ni l'appartement du père, relégué dans la chambre du fond, ni l'appartement du fils qui n'y recevait jamais personne hormis ses belles de nuit.

Papa Gasté, soixante-seize ans, avait, vis-à-vis de son fils, le comportement d'un gosse malicieux et désobéissant. Les deux hommes se parlaient peu et s'écoutaient encore moins. Parfois ils s'enfermaient dans la cuisine pour de longs conciliabules ponctués d'éclats de voix. Je remarquai vite que ces querelles à huis clos avaient généralement lieu en fin de semaine et en compris la raison. C'est le samedi que papa Gasté, qui était chargé de faire les courses de la maison, présentait à son fils le cahier où il était tenu de consigner chaque dépense au sou près. À la moindre erreur, au moindre écart, au plus petit dépassement de la somme qui lui était attribuée pour subvenir aux frais du ménage, Loulou rentrait dans une colère épouvantable. Il suspectait son père de le « carotter » et de jouer aux courses l'argent détourné, ce qui était d'ailleurs la stricte vérité.

Papa Gasté supportait stoïquement la dégelée et prenait même un malin plaisir à pousser son fils à bout en jouant les imbéciles. Lorsqu'il ressortait de la cuisine, comme un mauvais élève quittant le bureau du proviseur, il m'adressait un clin d'œil complice, l'air de dire : « Alors, mon petit rayon de soleil, je l'ai bien eu, non, tout Loulou qu'il est ? »

Quand ses pertes aux courses étaient trop importantes ou pour choyer les dames qu'il rencontrait en secret, il lui arrivait de revendre en douce les casseroles en cuivre qui n'étaient pas, il est vrai, d'un usage indispensable pour faire cuire des pâtes.

Il fallait bien que papa Gasté se procure d'une manière ou d'une autre l'argent de poche que son fils ne lui donnait pas.

Loulou était radin. Il l'admettait lui-même et s'en étonnait. Car il n'aimait pas l'argent et a toujours dépensé, en accord avec moi, tout ce qu'il gagnait, sans chercher à amasser des fortunes sur des comptes en Suisse ou aux îles Caïman.

Sa pingrerie avait quelque chose de maniaque et s'exerçait plus volontiers sur les petites sommes que sur les grosses. Il y avait sans doute une part de provocation dans cette attention obsessionnelle aux dépenses insignifiantes, une façon parmi d'autres d'éprouver les nerfs de ses proches en les poussant à bout – petit jeu dont il raffolait. Il m'avoua un jour en riant que sa mère disait de lui qu'il était un « tavan merdassier ».

Je cherche sur Internet si par hasard il y aurait trace de cette expression provençale et je trouve en effet, sur un site très documenté, la définition suivante :

« Le tavan merdassier désigne soit le bousier (*Ateuchus sacer*), soit la mouche à merde (*Lucilia Caesar*) (et au figuré, un emmerdeur). »

On ne saurait mieux dire.

Moi qui venais d'un monde où les relations familiales étaient très simples, où aimer signifiait vivre en harmonie, mettre en commun le peu qu'on possédait et compenser par l'entraide ce que le sort vous refusait, j'étais surprise de découvrir qu'on pouvait tout à la fois éprouver la plus vive admiration pour son père – ce qui était le cas de Loulou – et s'ingénier à le persécuter.

Plus tard, j'osais quelquefois lui dire : « Loulou, tu as mal parlé à ton père.

– Qu'est-ce que j'ai dit ? s'exclamait-il, avec l'air de la plus parfaite bonne foi.

– Tu l'as blessé. »

Il en était très malheureux, ne savait pas comment s'excuser. Et ne sachant pas, il ne s'excusait pas.

Lorsque Papa Gasté, cinq ans plus tard, eut une attaque à Roland-Garros lors d'un tournoi réservé aux vétérans où il disputait un match contre le père du couturier

Jacques Fath, nous étions en tournée à Casablanca. Loulou apprit la nouvelle et décida de partir aussitôt pour Paris. J'étais accompagnée sur scène par un trio, piano, guitare et basse et c'est évidemment Loulou qui était à la guitare. Comment, lui parti, nous nous sommes débrouillés, je me le demande, mais le fait même qu'il laisse tout tomber et prenne le premier avion en partance montre bien, lorsqu'on connaît les habitudes du spectacle – *the show must go on* – à quel point Loulou fut bouleversé par la nouvelle. Papa Gasté mourut rue Ruhmkorff en tenant la main de son fils. De retour à Paris le lendemain, je vis Loulou pleurer devant moi pour la première fois de ma vie.

*

Avant d'aller plus loin, il faut que je m'excuse auprès de Loulou : comment ai-je osé le traiter de radin et de pingre ? Une voix me dit : « Parce que c'est vrai », tandis que l'autre me souffle : « Radin s'oppose à généreux. Or Loulou a été d'une générosité sans égale à ton égard, il s'est effacé pour mieux te mettre en lumière, il a partiellement sacrifié sa propre carrière à la tienne, ne composant plus que pour toi, lui le compositeur de "Battling Joe" et de "Luna Park", chansons qu'Yves Montand a conservées toute sa vie à son répertoire. »

Je repense au cahier d'écolier qui servait de livre de comptes, à Loulou épluchant les dépenses de papa Gasté pour débusquer d'éventuelles malversations et je ne peux qu'en être émue. Ces deux-là ne savaient pas se parler. Leur intimité passait par des calculs d'apothicaire, en tête à tête dans la cuisine. C'était leur seul terrain d'échange.

Quelques mois plus tard, lorsque j'entrai définitivement dans la vie de Loulou, papa Gasté me passa le relais et le petit cahier. C'était moi la maîtresse de maison à présent. À moi de faire les courses et de rendre des comptes.

À la fin de la première semaine, catastrophe. J'avais beau compter et recompter, bottes de radis, demi-livres de beurre, côtelettes d'agneau, il y avait un trou dans la caisse. Je m'affolai. Comment Loulou allait-il réagir ? Lorsqu'il me vit arroser de mes larmes le petit cahier ouvert sur la table de cuisine, Loulou me sourit avec beaucoup de tendresse.

« Referme ça tout de suite. Je n'ai pas envie de te voir pleurer chaque semaine. »

Il ne fut plus jamais question de comptes entre nous.

Loulou ne m'a jamais tyrannisée comme il semblait prendre plaisir à le faire avec son père.

« Bien sûr, il te craint, toi ! » disait maman.

Me craignait-il ? Il m'aimait. Sans doute redoutait-il de me perdre, ce qui l'incitait à refréner sa propension à lancer des piques dont il dosait mal l'effet. Ma mère, en revanche, eut à en souffrir.

Maman et Loulou avaient moins de trois ans de différence, elle née en août 1905, lui en mars 1908. Malgré la notoriété de Loulou, son visage n'était pas très connu du public, si bien que lorsque nous nous rendions tous les trois dans un restaurant ou que nous répondions à une invitation, il n'était pas rare qu'on me dise, croyant me faire plaisir : « Comme nous sommes contents de connaître votre papa et votre maman ! »

C'était le drame assuré.

« Ou bien tu rentres avec moi et ta mère après, ou ta mère d'abord et nous deux après, mais jamais moi avec ta mère ! » sifflait Loulou, exaspéré.

Des bêtises, finalement. Mais qui suffisaient à gâcher une soirée.

Il y avait comme une compétition entre eux, à qui prendrait la meilleure place dans mon cœur. À ce jeu, Loulou partait avec un handicap. Maman bénéficiait de la prime au premier occupant. Du reste, cette rivalité était sans objet et mon cœur bien assez grand pour accueillir l'une et l'autre. Mais c'était ainsi. J'appelais ça : « Qui sera le chouchou de la maîtresse ? »

Et puis, c'est l'évidence, nous n'étions pas du même milieu social. Je n'y attachais quant à moi aucune espèce d'importance et me trouvais, je l'ai dit, partout à mon aise. Ce n'était pas le cas de ma mère qui, toute sa vie, a conservé une pudeur, une certaine réserve, bien qu'elle ait été reçue et honorée partout où elle m'a accompagnée, en France ou ailleurs.

Dire que Loulou faisait sentir à ma mère qu'elle était d'un niveau social inférieur serait profondément injuste. Mais un peu de condescendance pouvait parfois transparaître au travers d'une remarque ou d'une attitude. Ma mère supportait en silence. Du moment que je n'avais pas, moi, à en souffrir, elle acceptait bien volontiers d'endosser ces petits désagréments.

Je n'étais pas toujours témoin des turpitudes de Loulou qui s'arrangeait, comme un gosse sournois, à faire ses coups en douce. Lorsque je le prenais sur le fait et que je lui en faisais le reproche, il jouait les innocents : « Comment peux-tu croire une chose pareille ! Tu sais bien que j'aime beaucoup ta maman ! » Ce qui, par ailleurs, était tout à fait vrai.

Et moi, très en colère, je pensais : « Il faut que je me souvienne de la façon dont il se comporte avec maman. Comme ça, quand je le perdrai, je serai moins malheureuse ! »

Je m'en souviens, mais n'en suis pas moins malheureuse de l'avoir perdu. À distance, je suis attendrie par cette compétition puérile qu'il mena infatigablement pour essayer d'occuper le plus de place possible auprès de moi. Compétition qu'il perdit, en fin de compte. Car il partit quatre ans avant elle, lui cédant le terrain.

La veille de sa mort, dans un moment de conscience, il murmura :

« Et ta maman, elle va bien ?

– Oui, Loulou, elle va très bien.

– Ah. Tant mieux, tant mieux ! » fit-il avec un sourire satisfait.

Il était rassuré de la savoir auprès de moi pour m'aider à supporter la peine de le voir disparaître.

Ce qu'elle fit avec beaucoup de dévouement. Désespérée, incapable de trouver en moi l'énergie nécessaire pour surmonter cette épreuve, je suis redevenue sa petite fille, elle m'a reconstruite.

« Loulou n'aimerait pas te voir comme ça, me disait-elle. Pense à toi maintenant. »

Lorsqu'elle est partie à son tour, me laissant seule, j'ai senti sa force entrer en moi. Elle m'anime encore chaque jour de ma vie. Mon regret, ma défaite est de n'avoir personne à qui la léguer à mon tour.

*

Tant que nos relations s'étaient bornées, pour l'essentiel, à une séance de travail quotidienne rue Washington, j'avais pu, malgré l'attraction qu'il exerçait sur moi, maintenir sans trop de mal Loulou dans une sphère à part et qui m'était inaccessible. Un peu comme on tombe amoureuse, adolescente, d'une vedette de cinéma dont on dissimule la photo sous son oreiller pour la couvrir de baisers, le soir, avant de s'endormir. L'amour est sans conséquence puisqu'on le sait impossible.

Mais à présent, nous partagions le même espace, nous vivions, sinon dans l'intimité l'un de l'autre, du moins dans une constante promiscuité. Son indifférence à mon égard devenait intolérable. Et donnait rétrospectivement une signification particulièrement déplaisante à l'unique nuit que nous avions passée ensemble. Oui, décidément, il m'avait sautée, rien de plus, et de surcroît, j'avais dû me montrer si décevante qu'il se gardait bien de renouveler l'expérience. C'était rageant, dégradant, insupportable.

Mais un autre problème se posait : comment occuper mes soirées ? Rester sagement enfermée dans ma chambre ou écouter la radio dans le salon avec papa Gasté, c'était signifier à Loulou que j'étais totalement disponible, que je n'avais aucune vie en dehors de lui, que personne ne voulait de moi. C'était ajouter l'humiliation au dépit. Je m'astreignis donc à sortir presque chaque soir, dans le but de lui faire croire que ma vie était un perpétuel tourbillon. À cela s'ajoutait le secret espoir de le rendre jaloux. Je me pomponnais, occupais la salle de bains une heure entière, tirais parti au mieux de ma modeste garde-robe et quittais l'appartement en lançant négligemment :

« Je sors ! Au revoir papa Gasté, au revoir Loulou. Ne m'attendez pas pour dîner, je ne sais pas à quelle heure je rentrerai.

– Bonsoir, répondait distraitement Loulou. Amuse-toi bien. » Et parfois il ajoutait : « Ne reviens pas trop tard tout de même. N'oublie pas que tu as un enregistrement à la radio demain matin. »

Arrivée sur le trottoir, j'étais bien en peine de savoir comment occuper les trois ou quatre heures qui suivraient. Parfois j'avais rendez-vous avec Olympe, parfois j'allais dîner chez le Chanteur sans nom, parfois Jean Féraud m'invitait dans un restaurant de la place de la Madeleine, Lucas Carton, où il avait ses habitudes. Mais le plus souvent je n'avais d'autre ressource que d'aller me réfugier dans un cinéma. Heureusement, il y en avait plusieurs dans le quartier qui pratiquaient le double programme, particulièrement le Studio Obligado, porte Maillot, dont les tarifs étaient très bon marché. En sortant, je m'arrêtais au café-tabac boulevard Gouvion-Saint-Cyr et m'enfilais un petit verre de cognac. C'était une ruse que j'avais imaginée pour rentrer rue Ruhmkorff en exhalant des vapeurs synonymes de joyeuse soirée.

Hélas, quelque effort que je fasse pour lui souffler mon haleine dans le nez, Loulou se contentait de me demander machinalement :

« Tu as passé une bonne soirée ?

– Épatante, répondais-je, mimant l'enthousiasme. Ce qu'on a pu se marrer !

– Tant mieux. Eh bien bonsoir. »

Tandis que je regagnais tristement ma chambre, il reprenait sa méditation, les yeux fixés sur le poêle Godin, incapable d'oublier la femme qui l'avait quitté pour un autre et dont il restait éperdument amoureux.

L'astuce de mes folles soirées et du petit verre de cognac s'étant révélée inopérante, j'en imaginai une autre. Depuis que je logeais chez Gasté père et fils, l'état de mes finances s'était un peu redressé. Profitant d'une petite rentrée côté radio, je me fis adresser plusieurs jours de suite par un fleuriste de l'avenue des Ternes de magnifiques bouquets accompagnés de billets enflammés entièrement rédigés de ma main – en déguisant mon écriture :

Avec mes plus tendres pensées...

Aujourd'hui mieux qu'hier et bien moins que demain...

Jacqueline, mon cœur peut-il encore espérer ?...

La difficulté était de choisir des mots dont je connaissais l'orthographe et d'éviter les accords de participe et autres casse-tête grammaticaux. Je terminais toujours par trois petits points, procédé que je trouvais élégant.

Papa Gasté, qui n'avait pas été long à saisir la combine, appuyait mes efforts du mieux qu'il pouvait.

« Ces fleurs sont superbes, tu ne trouves pas, Loulou ? Faut-il que ce garçon soit amoureux de Jacqueline pour lui offrir des fleurs pareilles !

– Oui, oui, répondait Loulou, sans manifester plus d'enthousiasme. Mais la prochaine fois, il faudra lui conseiller d'envoyer une plante en pot, car nous n'aurons bientôt plus de vases. »

Renonçant aux envois de fleurs, ruineux autant qu'inefficaces, je cherchai autre chose. Une idée me vint. Lorsque je me trouvais avec Loulou, j'avais pris l'habitude de lui passer l'écouteur chaque fois que je recevais un coup de téléphone en rapport avec le travail. Il pouvait ainsi me conseiller, soit par signes, soit en griffonnant des petits mots sur un bout de papier : « Dis-lui que tu vas réfléchir », « Qu'il m'adresse le contrat », « Oui, à condition que tu chantes au minimum trois chansons » et autres brèves injonctions auxquelles je m'empressais d'obéir.

Un jour, au cours du déjeuner, le téléphone se mit à sonner. Félicie décrocha :

« Monsieur Delaporte ? Ne quittez pas, je vous passe Mlle Jacqueline. »

Elle me tendit l'appareil que je saisis avec un feint détachement.

« Philippe ? dis-je, jouant la surprise. Je suis si heureuse de t'entendre ! Pardon de ne pas t'avoir rappelé. Je n'ai pas eu une minute à moi ! »

Loulou fronça les sourcils et s'empara d'autorité de l'écouteur sans tenir compte de mes protestations muettes. Il avait mordu à l'hameçon.

À l'autre bout du fil, un complice tenait avec application le rôle d'un prétendant follement épris de moi mais désespérément timide qui, dans un sursaut d'audace, se risquait à demander ma main.

Levant les yeux au ciel, Loulou me rendit l'écouteur et retourna s'asseoir. Un peu inquiète, j'écourtai la conversation et repris ma place à table.

« Il est beau ? m'interrogea Loulou après un court silence.

– Très beau.

– Riche ?

– Très riche.

– Beau, riche, il veut t'épouser ? Accepte ! »

Il termina rapidement son assiette de pâtes, se leva et alla s'enfermer dans sa chambre avec sa guitare, me laissant perplexe.

Avait-il soupçonné la supercherie ? Avais-je enfin réussi à le rendre jaloux ? Ou bien, hypothèse malheureusement la plus probable, se fichait-il complètement de mes affaires de cœur, à condition qu'elles ne perturbent pas notre association ?

*

Quelle circonstance fit qu'un jour je quittai le divan à une place sur lequel je dormais depuis mon arrivée rue Ruhmkorff, pour partager désormais le lit de Loulou ? Je ne saurais dater cet événement considérable ni expliquer comment il se produisit. Sans doute parce qu'il n'eut, justement, rien de considérable, que la chose se fit d'elle-même, non pas comme un début mais comme une suite, sans déclaration préalable ni vertige amoureux.

Est-ce lui qui est venu me rejoindre ? Est-ce moi qui, lassée d'attendre, me suis glissée dans son lit et blottie dans ses bras ? Peut-être ce soir-là n'avons-nous même pas fait l'amour, peut-être n'y a-t-il eu que la tendresse, cette merveilleuse tendresse, cette douce chaleur que Loulou, l'Italien, le charmeur, savait distiller jusqu'à l'ivresse.

Chapitre treize

Maternité

En juillet 1946, pour autant que je m'en souvienne, Loulou décida que le moment était venu pour moi de remonter sur scène. Toujours prudent, il choisit, pour limiter les risques, de me faire débuter en province. Les patrons du Perroquet au nid, une boîte à la mode rue de Ponthieu, possédaient un cabaret à Aix-les-Bains qu'ils avaient baptisé, fidèles à ce volatile, Le Perroquet bleu. Loulou signa pour une semaine.

Le premier soir, Luis Mariano chantait au Casino, situé juste en face. Il fit salle comble, nous, six spectateurs seulement. Nous attribuâmes cette contre-performance à la présence du chanteur de charme, porté par l'énorme succès de « La Belle de Cadix ».

Le lendemain soir, le Casino faisait relâche. Dans la salle du Perroquet, malgré l'absence de concurrence, toujours six spectateurs. Les mêmes.

Au bord des larmes, je retardais le moment d'entrer en scène. Loulou me réconfortait du mieux qu'il pouvait :

« Ce qui serait terrible, c'est d'avoir un grand nom et personne dans la salle. Mais toi, personne ne te connaît ! »

Pour exact qu'il soit, l'argument n'était pas de nature à me réconforter. Il aurait même achevé de me démoraliser. Mais Loulou insistait :

« Pense à ces cinq personnes qui ont eu la gentillesse de venir t'écouter hier et qui sont là de nouveau, ce soir. Tu dois leur donner le meilleur de toi-même, comme s'il y avait mille personnes dans la salle ! »

Cinquante m'auraient suffi.

Cependant, je ravalai mes larmes, et suivant la recommandation de Loulou, fis mon tour de chant avec toute la sincérité dont j'étais capable.

À la fin, on m'apporta une gigantesque corbeille de fleurs. Cadeau de mes six spectateurs, des gens de Mulhouse qui revinrent le jour d'après comme tous les autres soirs, au point que nous finîmes par lier connaissance.

C'était mon premier voyage avec Loulou, la première fois que nous partagions une chambre d'hôtel – qui me parut d'un luxe insolent. Le soir, après mon tour de chant, nous allions danser au night-club du Casino, j'étais heureuse. Seul point noir, Loulou était d'une jalousie féroce, je le découvris à cette occasion.

Ce soir-là, Georges Ulmer – l'auteur-interprète de « Pigalle » – qui avait succédé à Luis Mariano au Casino, buvait un verre avec des amis au dancing. À peine entré, Loulou le repéra. Il se tourna vers moi, menaçant :

« Si Ulmer viens t'inviter à danser, tu refuses.

– Pourquoi veux-tu qu'il m'invite à danser ?

– Ne détourne pas la question. S'il t'invite à danser, je t'interdis d'accepter. »

Exactement ce qu'il ne fallait pas me dire. Ulmer vint m'inviter et j'acceptai. Non pas que je l'aie trouvé attirant ou que j'aie eu particulièrement envie de danser avec lui, mais parce qu'il n'était pas question que Loulou me dicte ce que je devais faire. Je ne marchais pas à la baguette.

Nous dansâmes donc, et Ulmer, qui voyait bien la tête que faisait Loulou, ne devait pas être mécontent de l'embêter un peu. À la fin de la danse, il me raccompagna à notre table.

« Merci, mademoiselle », me dit-il en me gratifiant d'un baisemain. Il salua Loulou d'un signe de tête et rejoignit sa table. Loulou, blême de rage, se leva aussitôt :

« On rentre ! »

À peine sorti, il me balança un aller-retour magistral.

« Je t'avais bien dit de ne pas accepter ! »

Je suffoquai, des larmes jaillirent de mes yeux, je ne savais plus où j'étais. Il m'avait frappée ? Loulou m'avait frappée ? Je ne resterais pas une minute de plus avec un tel homme. Tant pis si je n'avais pas un sou en poche pour rentrer à Paris.

Brusquement, je me mis à courir, traversai l'avenue et m'engouffrai dans notre hôtel situé juste en face. Derrière moi, Loulou s'était mis lui aussi à courir, essayant de m'agripper par le bras.

« Line, je m'excuse ! Line, c'est idiot, voyons ! »

Je pris la clé à la réception, montai dans notre chambre et, attrapant ma valise, je commençai à jeter mes affaires dedans. Mais au fur et à mesure que j'entassai, il déballait, tout en suppliant :

« Pardon, Line ! Pardon ! C'est la première fois que je frappe une femme, je te le jure ! »

Et moi je me disais : « Pour qu'il sorte à ce point de ses gonds, c'est qu'il m'aime vraiment ! » Et ma colère faisait place à l'attendrissement, à voir cet homme, de vingt ans mon aîné, courir dans tous les sens en récupérant robes, chemisiers, petit linge pour le rependre sur un cintre ou le replacer dans les tiroirs, tout en implorant mon pardon.

Lorsque nous en avons eu assez de cette ronde folle, nous sommes tombés dans les bras l'un de l'autre et, mêlant nos vêtements hâtivement défaits à ceux qui jonchaient le sol, nous avons activement entrepris de nous réconcilier.

*

Mon contrat bouclé à Aix-les-Bains, Loulou déclara que nous avions bien mérité quelques jours de vacances. Il brûlait d'envie de me montrer sa Côte d'Azur où il avait passé son enfance. Au volant d'un cabriolet Lancia Belna qu'il pilotait à toute vitesse, il me fit parcourir en un temps record les trois cents kilomètres qui nous séparaient de Juan-les-Pins par la route Napoléon. Seuls nous retardaient les arrêts nécessités par un mal de cœur persistant, dont j'attribuais la cause à l'action combinée d'une conduite exagérément rapide et des nombreux virages. Un flacon d'alcool de menthe acheté à Sisteron n'apporta pas le soulagement attendu et j'arrivai à destination passablement déglinguée.

Bizarrement, les nausées continuèrent les jours suivants, sans que je puisse, cette fois, incriminer les virages ou la conduite sportive de Loulou. Je n'en dis rien à Loulou, tellement heureux de me faire découvrir Antibes, la ville de son enfance.

« Rien n'est aussi beau qu'une enfance dans le Midi », répétait-il, ce à quoi je me gardai bien de répliquer : « … excepté une enfance dans le Nord ». C'est la mémoire de l'enfance qui est belle, bien plus que l'enfance elle-même. Moi, je gardais un souvenir ébloui de la rue de Gand, avec sa succession de corons en briques noircies par la fumée de charbon, lui du terrain de Biot, couvert de mimosas et d'oliviers. À chacun ses émerveillements.

Tout en nous promenant, il évoquait sa mère, Anne-Élisabeth, qu'il chérissait et qui était morte jeune. Il me disait : « Mon Dieu, ma mère t'aurait adorée, quel dommage qu'elle ne t'ait pas connue ! »

Hélas, malgré la tendresse et l'entrain de Loulou, ces vacances, dont je me faisais une joie, ne se déroulaient pas du tout comme prévu. Je me sentais triste et anxieuse, j'avais envie de fondre en larmes pour un oui ou pour un non. Les nausées, loin de s'atténuer, augmentaient en fréquence et en intensité. Dans les restaurants pittoresques en bord de mer où Loulou m'emmenait dîner, je devais ruser pour dissimuler que mon assiette repartait presque pleine.

En réalité, je commençais à deviner ce qui m'arrivait. Mais comme souvent en pareil cas, il peut s'écouler des jours et des semaines avant de pouvoir mettre des mots sur ce que l'on ressent au plus profond de soi et que l'on n'ose s'avouer.

À coup sûr, j'étais enceinte.

Je devais voir un médecin au plus tôt pour en avoir confirmation. Mais à quel médecin m'adresser à Antibes ? Il suffirait que j'appuie sur la sonnette de n'importe lequel d'entre eux pour que Loulou, qui connaissait tout le monde en ville, l'apprenne à l'instant même.

Rongée d'angoisse, je dus attendre d'être de retour à Paris pour consulter un docteur. Trois minutes après être entrée dans son cabinet, je savais à quoi m'en tenir.

Oui, j'étais enceinte. Enceinte à dix-huit ans d'un homme qui ne m'avait jamais clairement dit qu'il m'aimait. Qu'il soit attaché à moi, qu'une profonde complicité existât entre nous, c'était indéniable, et ce pèlerinage sur la Côte d'Azur en témoignait. Mais qu'il soit déterminé à refaire sa vie avec moi, rien n'était moins sûr.

Dans ces conditions, jamais je n'aurai le courage d'avouer à ma mère et à ma grand-mère que j'étais enceinte. Jamais je ne pourrai leur faire cette honte, reproduire ce qui s'était passé quarante ans plus tôt, lorsque ma grand-mère s'était retrouvée fille-mère à dix-sept ans.

Certaine que Loulou n'était pas prêt à m'épouser, obsédée par le récit familial, ai-je jamais envisagé la possibilité de garder mon enfant ? Non, sans doute. Affolée, je devais, tout au contraire, n'avoir qu'une idée en tête : m'en débarrasser.

Mais il fallait d'abord que je trouve la force d'annoncer la nouvelle à Loulou qui ne se doutait de rien, s'étonnant seulement de me voir triste et fatiguée, moi d'ordinaire si gaie.

Dans un précédent bouquin de souvenirs, j'ai écrit ou laissé écrire ce dialogue improbable :

« *Chéri, voilà ce qui m'arrive...*

Il me reprend.

– Comment, ce qui t'arrive ?... Ce qui nous arrive. C'est merveilleux. »

Je peux bien avouer aujourd'hui que les choses ne se sont pas passées ainsi. Loulou n'a pas dit : « C'est merveilleux ! » Il n'a pas pu le dire parce qu'il n'a jamais désiré être père, ni à ce moment ni plus tard. D'une certaine façon, j'étais et je suis longtemps restée l'enfant qu'il n'aurait jamais. C'était bien suffisant pour lui.

En vérité, nous avons tous les deux cédé à la panique. Moi parce que je redoutais l'opprobre familial, lui parce qu'il se sentait incapable d'assumer le poids d'un enfant.

Pourtant, quelques jours après notre retour rue Ruhmkorff, je me souviens avoir surpris à travers la cloison une conversation entre Loulou et Gaby, sa sœur. Gaby – je peux le dire à présent, elle est morte depuis longtemps – était une femme méchante et de plus fort laide, une mauvaise fée comme il en faut dans toutes les histoires d'amour.

Donc Gaby était enfermée avec Loulou, ils parlaient à voix basse, je ne saisissais pas grand-chose de leur conversation, mais à un moment j'ai entendu sa sœur s'exclamer d'une voix aigre :

« L'épouser ? Tu es fou ! Tu sors d'un divorce, ça ne te suffit pas ? Elle a dix-huit ans, tu en as bientôt quarante. Dans dix ans, tu la retrouveras les jambes en l'air avec un type de son âge ! »

D'où j'en conclus que Loulou avait envisagé devant elle, ne serait-ce qu'un instant, la possibilité de m'épouser, me permettant ainsi de garder notre enfant, hypothèse à laquelle sa sœur s'était opposée violemment.

Mais Loulou, indécis, et certainement lâche – quel homme ne l'a pas été en pareille circonstance –, a fini par se rallier à la solution la plus simple : supprimer le problème.

Avorter. Plus exactement : que j'avorte. Car l'avantage de la position masculine, c'est qu'elle offre la possibilité de régler le problème sans aucunement s'impliquer dans la solution.

*

Tout est noir dans mon souvenir, cette rue des Halles où Loulou m'emmène, l'escalier en colimaçon, l'appartement minuscule, la pièce où je m'allonge, la vieille femme penchée sur moi. Elle n'a pas allumé l'électricité, je ne distingue pas son visage. Elle fourrage avec une aiguille à tricoter dans mon ventre dénudé. Ça fait mal, très mal. Je serre les dents pour ne pas hurler. Je ressens un spasme, un autre, je vois passer une serviette tachée de sang.

Au bout d'un instant, la vieille femme se redresse. Elle paraît satisfaite. Il n'y a pas eu d'hémorragie, juste l'écoulement nécessaire pour entraîner le fœtus.

Elle dit :

« Voilà, c'est fini. Il faudra rester allongée pendant un jour ou deux.

– Et s'il y a des complications ? demande Loulou d'une voix mal assurée.

– Ah, ça… », répond la vieille femme. Elle a un geste fataliste. Les complications, ça ne la regarde pas. Les complications, s'il y en a, il faudra se débrouiller par nous-mêmes.

Nous repartons. Au moment de sortir de l'immeuble, un rat s'enfuit sur notre passage. Le quartier des Halles – ce ventre de Paris qui regorge de nourriture – en est infesté. Les gens n'y font plus attention.

Loin de moi l'idée de m'attendrir sur mon sort, mais enfin, j'éprouve une certaine pitié pour cette jeune fille de dix-huit ans que Loulou conduit chez l'avorteuse le cœur serré mais d'un pas ferme. N'y avait-il vraiment pas d'autre moyen de s'y prendre ? Loulou n'était pas sans moyens ni sans relations. Certaines allaient en Suisse, pays qui avait légalisé l'avortement, ou en Afrique du Nord, où il existait, paraît-il, une filière clandestine parfaitement rodée. En France même, il n'y avait pas que des faiseuses d'anges aux ongles sales. Si l'on consentait à y mettre le prix, des médecins peu regardants – on disait des « médecins marrons » – pratiquaient l'intervention dans des conditions de sécurité acceptables.

Loulou a-t-il jamais envisagé une telle solution ? Pourquoi y a-t-il renoncé ? Je suppose que, saisi de panique, il a sauté sur la première occasion qui se présentait. En la circonstance, il n'a pas été héroïque. Ce n'était pas dans sa nature de l'être. Puis-je lui en tenir rigueur ?

À peine rentrée rue Ruhmkorff, j'allai m'étendre, comme me l'avait recommandé la vieille femme des Halles. Où se trouvaient papa Gasté et Félicie ? Avaient-ils été mis dans la confidence ou Loulou les avait-il prudemment éloignés ? Je ne saurais le dire. Je m'endormis d'un sommeil agité. Au bout de quelques heures, je me réveillai, le ventre déchiré par de violentes douleurs. J'étais brûlante, j'avais 41 °C de fièvre. Loulou, affolé, se confia à M. Lebleu, son associé. Celui-ci appela l'une de ses connaissances, le Dr Jacques Salvanet, un grand gynécologue, qui vint aussitôt, m'examina et diagnostiqua un début de septicémie. Il fallait pratiquer immédiatement un curetage.

On me transporta dans la salle à manger, on me coucha sur la table ronde et pour qu'on ne puisse pas entendre mes cris depuis les appartements voisins, on me fourra du coton plein la bouche. Le curetage provoque une douleur atroce. Il était indispensable. Je fus sauvée.

Le Dr Salvanet parti, Loulou, fou d'émotion, me serra dans ses bras. Il avait fumé cigarette sur cigarette, allumant l'une au mégot de la précédente, sa voix était rauque, son visage mangé de barbe, il tremblait. Il me demanda pardon, me dit qu'il m'aimait, qu'il ne pourrait plus jamais se passer de moi. Et moi qui, dans un brouillard, entendais ces mots si longtemps espérés, j'étais tellement heureuse.

Pourtant, comme indépendante de ma volonté, alors même que nous pleurions tous deux, une voix résonnait en moi, déterminée. Elle disait : « Loulou, je ne te donnerai jamais d'enfant ! »

Je n'ai pas eu à en décider, mon corps l'a fait pour moi. Je tombai enceinte une seconde fois alors que nous venions à peine de nous marier. Loulou fit semblant d'être heureux, peut-être l'était-il. Heureux ou pas, il ne se serait jamais opposé à ce que je mette cet enfant au monde.

De mon côté, aurais-je eu le courage – et la cruauté – de respecter le serment que je m'étais fait quelques années plus tôt ? Au bout de six semaines, je fis une fausse couche, conséquence probable de l'avortement pratiqué dans des conditions déplorables en 1946.

À la fin des années soixante-dix, alors que les représentations de ma revue *Paris-Line* venaient à peine de commencer au Casino de Paris, je ressentis de violentes douleurs dans le ventre, comme des crampes qui survenaient brutalement, puis disparaissaient. Le Dr Salvanet, devenu un ami, diagnostiqua un fibrome.

« Il faut t'opérer, me dit-il, tu ne peux pas laisser traîner ça. Parce que ça peut t'arriver à n'importe quel moment, dans ta loge ou sur scène, au beau milieu du spectacle, impossible de prévoir.

– Combien de temps ça prendra ?

– L'opération ? Une heure. Mais après, tu devras observer au moins deux semaines de repos complet, puis te remuscler progressivement avant de pouvoir danser à nouveau.

– Combien en tout ?

– Je dirais cinq semaines.

– Impossible ! »

Je traversais professionnellement, à cette époque, une phase délicate, bien que *Paris-Line* ait connu tout de suite un très grand succès. Mais Thierry Le Luron, mon Thierry, avec qui par ailleurs j'entretenais des rapports merveilleux, avait entrepris de faire de moi sa tête de Turc, pour la plus grande joie du public – le même public qui remplissait chaque soir le Casino de Paris.

Je ne peux revoir certains sketchs de Thierry à la télévision, sans éclater de rire à chaque instant. Pourtant j'éprouve, intact, ce même sentiment d'humiliation qui m'a tant fait souffrir à l'époque. Quelle férocité !

Cette caricature de vieille star, un boa déplumé autour du cou, qui dégringole les marches du Casino de Paris, c'est moi. Et encore moi qui, d'une voix chevrotante, m'adresse au public :

« Je remercie les ouvriers qui m'ont aidée à enfiler ma robe et l'entreprise de maçonnerie qui a créé mon maquillage. »

De temps à autre, Thierry m'appelait :

« Ma Line chérie, je vais encore me moquer de toi dans mon prochain spectacle. Mais c'est gentil, c'est pour rire. Tu ne m'en veux pas, n'est-ce pas ?

– Mais non, Thierry, tu sais bien que je ne t'en veux pas. »

Je ne lui en voulais pas, mais j'étais affreusement blessée.

Voilà pourquoi je ne pouvais absolument pas envisager d'interrompre pendant cinq semaines les représentations de *Paris-Line* pour raison médicale. Le faire aurait été admettre qu'il y avait finalement du vrai derrière les plaisanteries de Thierry et que je ne tenais debout que par miracle.

« Tant pis, dis-je au Dr Salvanet, tant que ça tient, ça tient. On verra bien. »

Ça a tenu, plusieurs mois. J'avais cette épée de Damoclès suspendue au-dessus de ma tête. De temps à autre, sans prévenir, la douleur revenait, insupportable. Mais par chance, cela se produisait souvent la nuit, ou bien, curieusement, le lundi, jour de relâche. Jamais au beau milieu du spectacle.

Et puis un jour, en 1977, un an après le démarrage de la revue, ce fut le drame.

C'était en matinée, un dimanche après-midi. Jusqu'à l'entracte, pas de problème. Je rentre dans ma loge et là, une douleur effroyable. J'en ai le souffle coupé, je suis pliée en deux. Appelé à la rescousse par mon habilleuse, le pompier de service, un gosse de vingt ans peu familier des secrets féminins, se déclare incompétent. Il veut courir appeler une ambulance. Je trouve la force de protester.

« Non, surtout pas. Ça va aller, je veux reprendre le spectacle. »

Je ne ferai pas ce cadeau à Thierry Le Luron. À cinquante ans, je danse, je chante, je mène ma revue sans la moindre défaillance depuis un an, la location affiche complet pour six mois. Il faut que je tienne à tout prix.

Heureusement, M. Bauchet, le directeur du Casino de Paris, joint par téléphone, prend immédiatement la sage décision d'annuler la représentation.

Je suis transportée d'urgence à la clinique du Dr Salvanet, rue Barbette, où je subis une hystérectomie.

Opération ou pas, la possibilité d'avoir un enfant, vu mon âge, était déjà fortement improbable, pour ne pas dire complètement impossible avant cet incident. Mais, symboliquement, l'ablation des organes qui auraient pu faire de moi une mère représenta, en même temps que l'étrange accomplissement d'une prédiction – « Loulou, je ne te donnerai jamais d'enfant ! » –, mon échec total dans la réalisation de la seule chose qui, je l'affirme, aurait pu me détourner de ma carrière : mettre au monde un enfant et l'élever. Non pas en le confiant à des nurses, aussi dévouées et compétentes soient-elles, mais en lui donnant, jour après jour, le meilleur de moi-même.

Les Bauchet possédaient un merveilleux hôtel à Marrakech, l'hôtel Es Saadi. Ils m'y accueillirent et trois semaines après – oui, pas cinq, trois seulement –, j'étais de nouveau sur les planches du Casino de Paris.

Fin du feuilleton *Line et la maternité*. Pas de quoi pavoiser.

Chapitre quatorze

Une cabane au Canada

Malgré le peu d'intérêt soulevé par mon passage à Aix-les-Bains, les patrons du Perroquet bleu ne devaient pas avoir gardé un trop mauvais souvenir de moi puisque c'est au Perroquet au nid, rue de Ponthieu que je fis mes débuts parisiens en novembre 1946. Le fantaisiste O'dett y remportait chaque soir un immense succès avec un numéro de transformisme désopilant. À la fois clown et poète, il enchaînait les sketchs sur un rythme frénétique, incarnant tour à tour une vieille châtelaine, un marquis enrubanné, une Carmen des faubourgs ou une pucelle effarouchée.

Loulou m'avait raconté qu'avant la guerre, son cabaret, Chez O'dett, place Pigalle, était le rendez-vous des célébrités que le maître des lieux invectivait avec férocité pour la plus grande joie des spectateurs – et des victimes, consentantes sinon complices. Début 1940, dans une revue à l'ABC, O'dett, homosexuel déclaré, s'était livré à une parodie délirante d'Hitler en folle. Hélas, ce qui avait fait rire les Français en janvier parut beaucoup moins drôle aux occupants en juin. O'dett se réfugia prudemment dans le Midi où il vécut durant toute la guerre. Revenu à Paris à la Libération, il fit sa rentrée au Perroquet qui devint vite, comme naguère Chez O'dett, le point de ralliement du Tout-Paris.

Le Perroquet comportait un bar au premier étage et, en bas, une salle avec une scène minuscule. La formule était celle du dîner-spectacle, toujours difficile pour les artistes qui doivent surmonter – et si possible faire taire – le brouhaha des conversations et le cliquetis des fourchettes. De ce côté-là, j'avais été à bonne école. La brasserie Strasbourg, sur la Grand-Place à Lille, avec ses quatre cents couverts, vous donnait un certain entraînement. Mais une chose est de chanter pour un public familial, une autre de se produire devant une salle où l'on reconnaît, assis aux meilleures tables, Jean Gabin, Michèle Morgan, Danielle Darrieux ou Fernandel.

Passer avant O'dett était un sérieux handicap. Le public, venu pour lui, s'impatientait vite. Plus d'un artiste, démoralisé, avait dû renoncer.

J'étais morte de trac avant d'entrer en scène.

« Allez, à toi ma poule ! » me lançait O'dett.

Je fonçais et, miracle, le trac s'effaçait. Au bout de quelques soirs, les spectateurs – souvent des habitués – me réclamaient telle ou telle chanson. C'était gagné.

Mon style, ce mélange de tendresse, de simplicité et de fantaisie voulu par Loulou, commençait à se préciser.

Une critique, parue dans *Une semaine de Paris*, montre que nous étions sur la bonne voie :

Avant lui [O'dett]*, on applaudit une jeune chanteuse déjà entendue à la radio ; Line Renaud a une voix agréable, un physique plaisant ; son répertoire oscille entre le charme et la fantaisie, mais elle semble surtout douée pour la fantaisie, genre où nous ne sommes pas riches et où l'on ne saurait trop lui conseiller de s'engager.*

Ce premier succès permit à Loulou de décrocher un engagement pour l'un des cabarets les plus courus de la capitale, le Club, rue Pierre-Charron, tenu par Pierre-Louis Guérin, futur patron du Lido.

Cette fois, je ne passais pas avant O'dett mais avant Bourvil qui triomphait avec sa chanson « Les crayons ».

Elle vendait des cartes postales
Puis aussi des crayons
Car sa destinée fatale,
C'était de vendre des crayons…

Autant dire que l'apparition d'une blondinette potelée de dix-huit ans, avec son répertoire rose et bleu, n'était pas forcément bien accueillie. « Bour-vil ! Bour-vil ! » scandaient les spectateurs. Au bout de quelques mesures, il y avait des « Chut ! » et des « Laissez-la chanter, tout de même ! ». Le silence s'installait peu à peu dans la salle, on m'écoutait. Parvenir à s'imposer dans ces conditions était déjà un tour de force.

Comme Loulou l'avait prévu, le cabaret nous servait de laboratoire. Nous passions au crible le moindre détail. « Tu as un public à ta disposition, il faut en profiter », me répétait-il sans cesse. Il devenait moins péremptoire, disait plus volontiers : « Il me semble que… » ou : « Si j'étais à ta place, je crois que… »

Dire que l'épreuve que nous avions traversée avait été bénéfique ferait bon marché des souffrances endurées. Au moins nous avait-elle solidement liés l'un à l'autre.

*

Septembre 1947. Je sors du métro George-V. Un petit attroupement sur le trottoir, un air d'accordéon et des paroles que je connais bien :

Qu'il était beau le complet gris
Que ce jour-là, il avait mis

Et le temps, justement, pour lui plaire
Avait pris sa couleur la plus claire...

Ma chanson, celle que j'ai enregistrée au printemps pour Pathé ! Le disque vient de sortir, il se vend bien, la chanson passe sur toutes les radios, mais c'est la première fois que je l'entends chanter dans la rue. Je m'approche, achète au chanteur des rues le petit format sur lequel figure ma photo et, dans une petite bulle, la mention : « Le dernier succès de Line Renaud ». Il aurait été plus juste d'écrire : « Le premier succès de Line Renaud ».

Le nez dans la partition, un peu émue, je chante avec les autres :

Nul ne peut prévoir le destin
Elle sut tellement lui plaire
Qu'il alla dès le lendemain
La d'mander à son père...

Personne ne me reconnaît. La télévision n'existe pas et la photo sur la couverture ne me ressemble déjà plus.

Quelques minutes plus tard, très excitée, je suis dans le bureau de Loulou, bredouillant des paroles sans suite. « Loulou... "Le complet gris"... En bas... Ils le chantent ! »

Nous ouvrons la fenêtre, sortons sur le balcon. À l'angle des Champs-Élysées, les badauds reprennent en chœur notre chanson.

Loulou me prend par la taille et me serre contre lui.

« On n'a pas si mal travaillé, non ? » dit-il, et je le sens profondément heureux.

C'est vrai, notre petite entreprise commence à tourner rond. Nous sommes des entrepreneurs enthousiastes et acharnés, chaque minute de notre vie est consacrée au travail. Un travail-plaisir, un travail-loisir, un travailpassion. Il n'y a pas de cloisonnement entre notre vie sentimentale et notre vie professionnelle. Du matin au soir, et jusque tard dans la nuit, nous discutons : qu'allons-nous faire, comment s'y prendre, comment surprendre ?

Ce sont nos mots d'amour, ils en valent d'autres et s'effacent moins vite.

Sans cesse à l'affût d'une opportunité, Loulou avait un flair extraordinaire et un culot monstre. Une porte entrouverte, il glissait le pied. Son charme faisait le reste.

Aujourd'hui, un artiste ne peut pas lever le petit doigt sans l'aval de sa maison de disques, une tournée représente un investissement colossal, les moyens techniques permettent d'obtenir un résultat d'une perfection jamais atteinte, mais sont d'une lourdeur paralysante.

À mes débuts, il était beaucoup plus facile de prendre son destin en main, c'était encore un métier artisanal, à taille humaine. On pouvait presque décider d'enregistrer un disque la veille et être en studio le lendemain matin. L'orchestre jouait en même temps que le chanteur, on faisait trois ou quatre prises que des messieurs en blouse blanche gravaient dans la cire sous nos yeux. Au bout de deux heures, les faces du 78 tours partaient au pressage.

Très souvent, au cours d'émissions de radio ou de télévision, je n'ai pu m'empêcher de dire tout ce que je devais à Loulou et lui exprimer ma gratitude.

Rentrés à La Jonchère, il me reprenait.

« Arrête de me dire merci, sans moi, tu y serais arrivée. Je t'ai fait gagner cinq ans. »

Cinq années qui ont changé ma vie.

*

Ai-je chanté d'abord, comme je le crois, à Bobino rue de la Gaîté, avec Les Compagnons de la Chanson en vedettes, ou au Théâtre de l'Étoile avenue de Wagram, dans le spectacle d'Yves Montand, comme il semblerait ? Malgré ma virtuosité croissante dans le maniement d'Internet, je n'arrive pas à le déterminer avec certitude. Reste qu'en quelques mois, je fis mes débuts sur deux scènes parisiennes de première importance.

Un soir, à Bobino, André Claveau, grande vedette du moment, assista au spectacle.

« Alors, lui demanda Loulou à la sortie, qu'est-ce que tu penses de ma petite merveille ?

– Elle est formidable, dit Claveau, mais je crois qu'elle chante tout trop grave. Tu devrais essayer de lui hausser ses tonalités. »

Loulou se tourna vers moi, triomphant.

« Tu vois ! Tu vois ce que dit André… »

En effet, comme je craignais de ne pouvoir accrocher les notes dans l'aigu, je baissais depuis toujours mes tonalités, pensant ainsi limiter les risques. Du jour au lendemain, Loulou les fit monter de plusieurs tons, sans provoquer la moindre catastrophe dans les aigus. Ma voix, par contre, y gagna en dynamisme et en légèreté. Claveau avait donné à Loulou un sacré coup de main.

En novembre 1947, le doux Jean Féraud m'invita à Lille où il inaugurait, avec son associé Albert Courtine, un nouveau cinéma de plus de sept cents places, le Bellevue, à la place de la brasserie qui me vit débuter. C'est d'ailleurs Freddy Beaufort, l'ancien patron de la brasserie, qui en assurait la direction.

Au programme de cette inauguration, *Le Mariage de Ramuntcho*, qui revendiquait le titre de premier film français en couleurs. André Dassary, Gaby Sylvia et Franck Villard en étaient les interprètes. Dans la salle, ainsi que devait le relater le lendemain *La Voix du Nord*, « un parterre de vedettes », parmi lesquelles Madeleine Robinson et la grande Mistinguett, alors âgée de près de soixante-quinze ans.

Ce fut un véritable feu d'artifice artistique, s'enthousiasmait le journal. *Sur scène défilèrent, André Dassary, Renée Lebas, Line Renaud...*

Après la projection, il y eut un grand dîner et Mistinguett, qui s'était entichée de moi, insista pour que je sois assise à sa table.

« Vous avez beaucoup de talent, vous devriez venir à Paris ! » me dit-elle.

Je n'osai pas répliquer qu'à Paris, j'y étais déjà, qu'on m'entendait souvent à la radio et que j'avais déjà enregistré plusieurs disques dont l'un, ce fameux « Complet gris », marchait pas mal du tout.

À dire la vérité, je connaissais aussi peu Mistinguett qu'elle me connaissait moi. C'était un nom, un mythe, une gloire nationale mais, excepté « Mon homme », j'ignorais à peu près tout de ses succès passés. Telle que je la découvrais ce soir-là, maquillée à l'excès, la voix éraillée, le rire suraigu, j'aurais plutôt eu tendance à considérer que c'était une vieille poupée un peu terrifiante, même si on murmurait qu'elle avait encore les plus belles jambes de Paris.

Mais comme tout le monde semblait lui vouer un véritable culte et s'esclaffait bruyamment dès qu'elle balançait une vacherie – c'est-à-dire à peu près à chaque minute –, je me sentis très honorée quand, pointant son doigt sur moi, elle me dit d'un ton péremptoire :

« Toi, je te vois avec des oiseaux partout. Des faisans, des aigrettes là, là, là ! »

Des années plus tard, lorsque Henri Varna me proposa de mener une revue au Casino de Paris, où Mistinguett avait triomphé au sortir de la guerre de 1914, je repensai à sa prophétie et éprouvai quelque regret de l'avoir un peu dédaignée du haut de mes dix-neuf ans.

La soirée du Bellevue… Comme c'était étrange de se retrouver assise à la table d'honneur dans cette ville que j'avais quittée deux ans plus tôt, avec les économies de ma mère comme seul viatique et l'espoir de convaincre Loulou Gasté comme unique chance de salut.

Je me souviens de Madeleine Robinson, radieuse de beauté, qui avait bu beaucoup de champagne et qui, ôtant ses chaussures, s'était mise à danser entre les tables.

Je me souviens d'André Dassary, balourd, qui s'approcha de Mistinguett et lui demanda de dédicacer le menu. Et Mistinguett, qui avait vu Dassary toute la soirée sur l'écran et sur scène, lui répondit, cruelle : « Bien sûr. Comment vous appelez-vous, monsieur ? »

Je me souviens de Mistinguett quittant le restaurant, un énorme bouquet de fleurs dans les bras, un peu pompette, soutenue par Freddy Beaufort et Albert Courtine. Elle trébucha dans l'escalier, lâcha les fleurs et soudain, s'échappant du bouquet, on vit tomber couteaux, fourchettes et petites cuillères en argent.

Un peu désarçonnée malgré tout son aplomb, la Miss ouvrit de grands yeux innocents :

« Mais qu'est-ce que c'est que tout ça ? Je ne comprends pas ! »

Elle était légèrement kleptomane…

*

Cette même année 1947, des producteurs américains demandèrent à Maurice Chevalier d'animer une série d'émissions de variétés à destination de l'Amérique. Maurice et les Américains auditionnèrent toutes les chanteuses du moment et je fus choisie. Le programme s'appelait *This Is Paris*. Je devais chanter deux chansons différentes chaque semaine. En anglais, naturellement. Des standards : « Confessin' », « I Can't Give You Anything But Love », ou des succès américains plus récents comme « Rum And Coca-Cola ».

Loulou était enthousiaste. Travailler avec Chevalier, c'était, selon lui, une occasion unique d'apprendre mon métier aux côtés d'un immense artiste.

« Rends-toi compte, me disait-il, tu vas faire le Harvard du music-hall ! Chevalier, c'est la précision, l'élégance, la grâce. Il ne laisse rien au hasard, tout est étudié et pourtant, quand il est en scène, on a l'impression qu'il improvise. C'est l'école américaine ! »

Une fois encore, Loulou avait raison.

Chaque semaine, je partais de Paris par *Le Train bleu*, le mythique train de nuit qui reliait Paris à la Côte d'Azur. Les Américains avaient réquisitionné le Carlton à Cannes et l'avaient transformé de la cave au grenier en un gigantesque studio avec un auditorium de deux cent cinquante places où était enregistrée l'émission.

Loulou était du voyage, avec le plus souvent à ses côtés ces merveilleux musiciens qu'étaient Hubert Rostaing, Django Reinhardt ou Aimé Barelli. Avant d'embarquer, chacun de ces messieurs déclarait, la main sur le cœur, qu'il était « absolument crevé » et que cette fois, promis juré, il profiterait du voyage pour récupérer.

Le train lancé sur ses rails, j'achevais d'apprendre par cœur mes textes en anglais, pendant que les trois compères, histoire de s'occuper, faisaient un petit poker tout en éclusant une bouteille de whisky. Passé Dijon, nous nous mettions à répéter consciencieusement les chansons inscrites au programme. Car les producteurs américains, pas plus que Maurice du reste, ne toléraient la moindre approximation. Tout devait être parfait et du premier coup.

Puis, tandis que j'essayais de dormir un peu, Hubert sortait sa clarinette, Django saisissait sa guitare, Loulou la sienne. Le plus sage des quatre, Barelli, finissait par suivre. Valence, Montélimar, Avignon, la jam session battait son plein, suivie, franchi Marseille, d'une nouvelle partie de poker autour d'une seconde bouteille de whisky miraculeusement jaillie d'un sac.

Malgré leurs sages résolutions, tous ces oiseaux de nuit se seraient crus déshonorés s'ils avaient dormi ne serait-ce qu'une minute au cours du trajet.

Loulou me faisait de grandes recommandations :

« Observe bien Chevalier. Pas un poil de trac, il contrôle tout ! Il faut que tu arrives à être exactement comme lui. » En marge des enregistrements de *This Is Paris*, nous devions participer à un gala de charité à l'opéra de Nice, moi chantant trois titres en première partie, Chevalier en grande vedette. Attentive à suivre tous les conseils de Loulou, je ne quittais pas Chevalier du regard. Et qu'est-ce que je vis ? Maurice, derrière le rideau, avant d'entrer en scène, isolé de tout, marchant de long en large. Je m'approchai.

« Ça va, Maurice ? »

Il me regarda, le visage décomposé :

« J'ai le tracsir, môme !

– Merci, Maurice ! »

Je courus voir Loulou, triomphante : « Je te signale que Chevalier a le trac ! »

Il avait quarante ans de carrière derrière lui, il s'était produit sur toutes les plus grandes scènes du monde, son tour de chant était réglé au millimètre, ce gala à Nice n'aurait pu être à ses yeux qu'une simple affaire de routine, et cependant il avait le trac… Le tracsir, comme il disait avec son accent parigot.

La routine n'existe pas dans ce métier. On joue sa peau chaque fois qu'on monte sur scène. Je me souviens de Sinatra chantant au Caesars Palace à Las Vegas. S'il y avait un endroit où Frank était chez lui, c'était bien là. Il aurait pu éternuer que le public lui aurait fait une standing ovation. Un soir, il est prévu que j'assiste à son show. Comme je chante moi-même au Dunes, je veux aller l'embrasser dans sa loge avant le spectacle, car je sais que je n'aurai pas le temps de le faire ensuite. Un garde du corps m'arrête à la porte.

« Un instant, s'il vous plaît, miss Renaud. M. Sinatra répète. »

Sinatra répète ? Mais ça fait dix mille fois qu'il fait à peu de chose près le même tour de chant à Vegas !

Et pourtant c'est vrai. Quelques instants plus tard, Sinatra m'ouvre sa porte, il y a un piano droit dans sa loge, son pianiste est là, il repasse fébrilement son tour de chant avant d'entrer en scène.

*

Rue Ruhmkorff, j'étais restée le petit rayon de soleil de papa Gasté. Il riait de mes gamineries, trouvant extrêmement drôle que je secoue une bouteille de Perrier pour l'en arroser ou que, mettant le couvert ensemble, je lui balance à l'improviste une assiette afin de tester ses réflexes, ce qui achevait de dépareiller le service en porcelaine de Sèvres.

C'était bébête, j'en conviens, mais j'avais besoin de ces récréations, et le gaz qui s'échappait de la bouteille de Perrier était à l'image de ma jeunesse précocement contrainte.

Loulou, dans nos jeux, tenait le rôle du grand méchant loup. Nous nous défoulions d'autant mieux qu'il en était la victime. Ce qui, un soir, faillit mal tourner.

Sachant son retour imminent, j'avais imaginé de me cacher dans l'armoire de sa chambre. Il pénétra dans la pièce, retira son veston, ouvrit la porte de l'armoire pour le pendre sur un cintre. Dissimulée derrière les vêtements, je m'empressai, sitôt la porte refermée, de le faire tomber. Je l'entendis jurer, il rouvrit la porte, remit le cintre en place, referma la porte. Même jeu, nouvelle bordée de jurons, ouverture brutale de la porte. C'est le moment que je choisis pour faire mon apparition, précédée d'un rire satanique.

De ma vie je n'ai vu un tel bond.

Il poussa un hurlement, porta la main à sa poitrine et s'effondra d'un bloc sur le lit. Je hurlai à mon tour, appelai à l'aide, persuadée qu'il était mort de saisissement.

Papa Gasté et Félicie accoururent, on le ranima, on l'étendit sur le lit, il respirait avec difficulté.

« Elle m'a tué… Cette folle m'a tué !… » hoquetait-il.

Il reprit son souffle au bout d'un instant et consentit même à en rire. Nous ouvrîmes une bouteille de champagne pour nous remettre de nos émotions. Ce champagne qu'il réservait à ses conquêtes et dont la provision tardait à s'épuiser depuis que je partageais son lit.

*

Loulou aimait vivre entouré d'un invraisemblable désordre. « C'est comme ça que je m'y retrouve », affirmait-il contre toute logique. À La Jonchère, j'étais parvenue à un accord : je pouvais mettre tout l'ordre que je voulais à condition de lui garantir une zone franche, un périmètre inviolable dont son piano était le centre. Seul problème, ledit piano se trouvait lui-même au milieu du salon. Passe encore lorsque nous étions tous les deux, mais quand venaient des invités ?

Je finis par faire l'acquisition d'un paravent Louis XVI garanti d'époque, hélas usé jusqu'à la trame. Si bien que pour dissimuler complètement ce que Loulou appelait affectueusement « son bordel », je dus superposer un palmier au paravent, occultant ainsi l'ensemble : le paravent, le piano, le monceau de partitions, les trois guitares, les deux magnétophones, un dessus, l'autre dessous, la boîte à rythme, enfin tout.

Rue Ruhmkorff, le piano, un piano droit heureusement, se trouvait dans la chambre de Loulou. Des mètres cubes de dossiers étaient posés dessus : « chansons à composer », « chansons à terminer », « chansons en attente »… Loulou fumait énormément, les mégots s'entassaient dans les cendriers et le clavier était tellement sale qu'on avait du mal à distinguer les touches blanches des touches noires.

Félicie avait interdiction formelle de toucher à quoi que ce soit. Pour elle, qui l'avait connu enfant, Loulou était à la fois le dieu qui fait pleuvoir et la foudre qui risquait à tout moment de s'abattre sur sa tête. Il n'était pas question d'enfreindre ses ordres.

« Que va dire monsieur Loulou ? » s'inquiétait-elle cent fois par jour, le visage tordu d'angoisse.

Aussi, quand un matin elle me vit entrer dans la chambre du maître armée d'un balai, d'une éponge et d'un assortiment de chiffons, elle s'alarma.

« Ne faites pas ça, mademoiselle Jacqueline, je vous en supplie. Si vous touchez à son piano, monsieur Loulou va se mettre dans tous ses états ! »

Je lui fis remarquer que cette chambre était aussi la mienne et que dormir dans une pièce jamais nettoyée n'était pas très agréable. Et passant outre ses sombres prédictions, je me mis au travail avec le même entrain que mémère s'apprêtant à briquer le poêle rue de Gand, le vendredi après-midi.

Au bout d'une heure, la chambre resplendissait. J'aurais dû m'en satisfaire. Mais quand une femme du Nord se met en tête de faire le ménage en grand, c'est précisément au moment où tout reluit que le vrai travail commence : on s'attaque aux détails et comme chacun sait, le diable est dans les détails.

Je n'aurais jamais dû toucher aux partitions sur le piano. Certes, elles étaient en pagaille, les chemises enflées de bouts de texte et de partitions griffonnées à la hâte sur des nappes de restaurant étaient en piteux état et les piles, d'inégales hauteurs, choquaient mon sens de la symétrie. Mais qu'importe ? Un mystérieux ressort maintenait le tout en équilibre.

À peine ai-je frôlé d'un doigt l'échafaudage qu'il s'effondra. Et hop ! dans un indicible désordre, les chansons à composer se mélangèrent avec les chansons à terminer, tandis que les chansons en attente, opportunistes, choisirent le tas qui leur parut le plus favorable.

Aussitôt Félicie accourut.

« Mademoiselle Jacqueline ! » hurla-t-elle, épouvantée mais aussi secrètement satisfaite à la vue du désastre, car ceux qui prédisent les catastrophes sont toujours ravis qu'elles se produisent.

Sans vouloir le montrer, je n'en menais pas large.

Je ramassai des brassées de feuilles et les entassai au hasard sur le piano, bien incapable de distinguer la chanson à composer de la chanson en attente ou à terminer.

Par quel hasard, parmi ces centaines de pages, l'une d'elles attira mon attention ? Comment, dans mon désarroi, ai-je eu la curiosité de la lire ? Pourquoi ai-je immédiatement pensé, alors que j'avais d'autres chats à fouetter : « Quelle jolie chanson ça ferait ! » ?

C'était un poème, il était signé Mireille Brocey. Il s'intitulait « Ma cabane au Canada ». Les vers étaient très simples, presque naïfs, comme une berceuse ou une comptine, mais inexplicablement touchants :

Ma cabane au Canada
Est blottie au fond des bois
On y voit des écureuils
Sur le seuil
Si la porte n'a pas de clé
C'est qu'il n'y a rien à voler
Sous le toit de ma cabane au Canada...

À son retour, Loulou, le grand méchant loup, se mit dans une colère noire lorsqu'il s'aperçut que j'avais « touché à son bordel ». Félicie, agneau apeuré, était allée se cacher dans la cuisine, papa Gasté avait jugé plus prudent de se réfugier dans sa chambre. J'affrontai seule l'orage.

« Comment as-tu osé ! se lamentait Loulou. Toute mon inspiration foutue en l'air ! Je ne serai plus jamais capable d'écrire une note ! »

Il n'était pas italien pour rien. Pour lui, l'excès n'était jamais trop. À ses cris de souffrance, je répondis par des larmes abondantes. Il y vit un signe de repentir et me pardonna, magnanime.

J'en profitai pour lui tendre la feuille que j'avais mise de côté.

« Qu'est-ce que c'est que ça ? dit-il en la parcourant des yeux. Ah oui ! c'est le poème que Mireille Brocey m'a envoyé il y a un bout de temps pour voir si je pouvais en faire une chanson. Je ne savais plus où il était passé. »

Il le lut.

« Ça te plaît ?

– Beaucoup. »

Il se mit au piano. Un quart d'heure plus tard, la mélodie était composée. Tout content, Loulou appela Mireille Brocey, qu'il aimait beaucoup.

« Mireille, ça y est ! Je l'ai faite, votre chanson.

– Ma chanson ? Quelle chanson ?

– Mais enfin, répliqua Loulou, "Ma cabane au Canada", bien sûr ! »

Mireille Brocey ne se doutait pas qu'elle venait subitement de devenir millionnaire.

*

Le chemin du succès est parfois tortueux. Au départ, la « Cabane » ne m'était pas destinée. Loulou et moi avons pensé à Roland Gerbeau, qui s'était fait connaître pendant l'Occupation en créant la chanson de Trenet, « Douce France », avant que Charles, surpris de son succès, ne la reprenne à son compte. Nous savions que Gerbeau partait en tournée au Canada et nous nous nous sommes dit, bien naïvement, que ce serait une bonne idée de roder la chanson là-bas. Mal nous en prit : les Canadiens français n'apprécièrent pas du tout qu'on les imagine vivant dans des cabanes au fond des bois avec pour seul voisin un vieil Indien.

Simultanément, Loulou, qui faisait son métier d'éditeur et cherchait par tous les moyens à imposer la chanson, me demanda de la chanter au cours d'une émission publique de Jean Nohain, « Changeons de décor ». Le succès fut instantané. À peine la chanson terminée, le public lui fit un triomphe. Jean Nohain, de sa voix zézéyante, essayait en vain d'enchaîner sur la suite du programme : « Merci, merci, chère Line Renaud pour cette merveilleuse chanson dont vous avez donné la primeur aux auditeurs de Radio Luxembourg. Et maintenant, mesdames et messieurs… » Peine perdue. Par une mystérieuse alchimie entre la musique, le texte et l'interprète, « Ma cabane au Canada » était devenue d'un seul coup un refrain populaire, de ceux dont le succès ne s'explique pas et qui demeurent dans toutes les mémoires de génération en génération.

J'enregistrai la chanson pour Pathé accompagnée par un grand orchestre et des chœurs sous la direction de Marius Coste, avec Loulou à la guitare. Je lis, sur le bordereau d'enregistrement, que la première prise fut la bonne. Le disque se vendit à des centaines de milliers d'exemplaires, si bien qu'il fallut augmenter les capacités de production de l'usine de pressage de Pathé-Marconi à Chatou pour répondre à la demande.

La radio diffusait la « Cabane » à longueur de journée et je me demande si la chanson ne fut pas l'une des premières à susciter la production d'une vaste gamme de produits dérivés : cartes postales, cendriers, porte-clés, foulards, stylos à l'effigie de la célèbre cabane devant laquelle de gentils écureuils montaient la garde.

J'avais exactement vingt ans.

Quelques mois plus tard, le 4 mars 1949, le téléphone sonna rue Ruhmkorff. J'étais seule dans l'appartement, je décrochai.

« Allô, Line Renaud ?

– C'est moi, oui.

– Il faudrait que vous veniez tout de suite à l'hôtel George-V. L'académie Charles-Cros vient de vous décerner le Grand Prix du disque pour "Ma cabane au Canada". Vous êtes conviée à un déjeuner avec les lauréats.

– Mais je suis encore en robe de chambre !

– Il vous reste trois quarts d'heure. Ça devrait suffire pour vous habiller », répondit la voix, un rien ironique.

J'ignorais complètement ce qu'était cette académie Charles-Cros et si j'étais très contente qu'elle m'ait attribué un prix, j'étais bien loin d'en soupçonner l'importance. Loulou, qui était aux éditions, rue Washington, eut vite fait de m'affranchir :

« Enfile une robe et rapplique, je te rejoins là-bas. Tu ne te rends pas compte ! C'est énorme, ce qui t'arrive ! »

À voir les grands noms du métier réunis dans les salons du George-V, je compris qu'il avait raison. Je partageais le Prix de la chanson, attribué pour la première fois cette année-là, avec Henri Salvador, récompensé pour son interprétation d'une chanson de Mireille et Jean Nohain, « Parce que ça me donne du courage ».

L'après-midi même, Loulou m'offrit, en souvenir, mon premier bijou, un ravissant perroquet de chez Boucheron monté en clip, rappel du Perroquet au nid de mes débuts. Six jours ne s'étaient pas écoulés que je le perdais dans un taxi, comme je devais perdre tous les bijoux qu'il m'offrit par la suite.

*

L'extraordinaire vogue de la « Cabane » avait fait connaître ma voix dans la France entière. Mais pour devenir une grande vedette de la chanson, dans ces temps d'avant la télévision, il était nécessaire que le public vous ait vu, vous ait approché, au besoin vous ait touché, ait échangé un mot, un sourire avec vous.

Loulou sentait qu'il fallait saisir la chance au vol, brûler les étapes.

Étapes ?

Je ne sais si c'est le mot qui lui donna l'idée, mais son sens de l'opportunité lui souffla une intuition absolument géniale. J'allais suivre la manifestation sportive la plus populaire, la plus itinérante, celle qui drainait le plus grand nombre de spectateurs au bord des routes, dans les villages et les villes traversés : le Tour de France. Chaque jour, je remettrais le maillot jaune au vainqueur, chaque soir, je chanterais en plein air dans les villes-étapes devant des milliers de spectateurs et j'animerais une émission en direct sur Radio Luxembourg.

Sur les cinq années que Loulou m'a fait gagner, le Tour de France compte sans doute pour deux. On ne parlait pas encore de « promo », mais c'était de fait un fantastique coup publicitaire qui allait nous permettre, du 30 juin au 24 juillet 1949, de parcourir 4 808 kilomètres à travers la France, avec des incursions en Belgique, en Suisse, en Italie et en Espagne. Vingt et une étapes au sein de la caravane du Tour, une véritable tournée électorale. Debout dans une voiture – et quelle voiture –, je saluais la foule massée sur les bas-côtés.

« Alors c'est elle, Line Renaud ? Bonjour, Line ! Bonjour Linou ! » criait le public, attendri par mon jeune âge.

Dans cette atmosphère de kermesse perpétuelle, on donnait à chacun le sentiment de s'être déplacé tout exprès pour lui rendre visite, dans son village ou sa petite ville, si tranquille et comme oubliée en temps ordinaire.

Rien n'arrêtait Loulou quand son instinct lui disait qu'il était sur la bonne piste. Il mit un acharnement peu commun à monter l'opération, mariant pour l'occasion les laines Sofil, qui patronnaient déjà mon émission hebdomadaire « Si j'avais la chance », et Pathé-Marconi. Mais le camion publicitaire Sofil – un Chenard et Walker dont je retrouve facilement l'image sur Internet – n'étant pas très glamour, il imagina, avec l'aide d'un mécanicien de ses amis, de désosser une Simca, ne conservant que le châssis, le moteur, et les sièges avant et construisant, sur la plateforme dégagée à l'arrière, une cabane en rondins d'un modèle selon lui typiquement canadien. De cette manière, le public ferait immédiatement le rapprochement entre Line Renaud et cette « Cabane au Canada » qu'il entendait du matin au soir à la radio. L'idée était tellement simple qu'elle fonctionna à merveille. Nul besoin de bureau d'études, d'un bataillon de concepteurs et de maquettistes ni d'enquête de marketing, du pur bricolage.

Loulou s'amusait comme un gosse et, très fier de son engin, n'aurait laissé à personne le soin de le conduire sur les routes de France.

Il fit une chaleur accablante durant ce mois de juillet 1949. Nous quittions généralement la ville-étape vers sept heures du matin et à peine avions-nous roulé quelques kilomètres que le soleil nous menait une guerre impitoyable. Pour tenter de lui résister, nous portions des chapeaux de paille à larges bords, que nous enlevions précipitamment dès que s'annonçait une concentration de spectateurs de quelque importance. Nous fîmes l'emplette d'une cuvette en émail que nous remplissions d'une eau régulièrement rafraîchie par deux pains de glace. Assise à l'avant à côté de Loulou, j'y trempais mes pieds avec délices, me levant pour saluer la foule sans que personne puisse deviner ce qui se passait à l'extrémité inférieure de ma personne. De temps à autre, Loulou me tendait une éponge que je trempais dans la bassine et qu'il enfouissait sous son chapeau de paille pour éviter d'attraper une insolation. Il appelait ça « se rafraîchir les idées ».

Vers cinq heures de l'après-midi, c'était l'arrivée de l'étape, la bise au vainqueur et la remise du maillot jaune au premier du classement général. Au fil des jours, vingt et un baisers, du champion suisse Ferdi Kübler à Saint-Malo à Jean Robic à Luchon, de Gino Bartali à Briançon à Raphaël Geminiani, surnommé « le Grand Fusil », à Colmar. C'est Fausto Coppi qui remporta finalement le Tour de France à l'arrivée au Parc des

Princes à Paris. Une vidéo de l'INA immortalise cet ultime baiser. Tout comme le *Campionissimo*, j'ai l'air assez satisfaite d'en avoir fini.

Il faut dire que chaque jour, le maillot jaune à peine sur les épaules du leader, je partais faire la tournée des disquaires de la ville pour y signer mes disques. Puis, après un rapide passage à l'hôtel – au confort parfois très relatif –, c'était le grand concert du soir, sur un podium installé entre le camion Pathé-Marconi et celui des éditeurs Micro, devant des milliers de spectateurs. La soirée se terminait par l'enregistrement d'une émission spéciale en direct du Tour pour Radio Luxembourg. Rentrée à l'hôtel vers onze heures du soir, j'étais trop fatiguée pour m'endormir, dans une chambre la plupart du temps étouffante, colonisée par les moustiques et investie par les échos du bal sur la place où l'orchestre, inlassablement, reprenait de quart d'heure en quart d'heure « Ma cabane au Canada ». C'est seulement aux petites heures de l'aube que je parvenais enfin à trouver le sommeil. Deux heures plus tard, le réveil sonnait et la ronde folle recommençait.

Je m'empresse d'ajouter que je garde un souvenir extraordinaire de ce marathon au parfum d'aventure. Je découvrais la France et ses merveilles, dont je connaissais si peu de choses. Loulou était joyeux, tendre, attentionné, le public m'avait adoptée et le grisant parfum du succès, loin de me faire perdre la tête, me rendait tout simplement heureuse.

Le but était atteint. Désormais, des millions de Français seraient capables de mettre un visage sur ma voix. Nous avions réussi en vingt et un jours ce qui nous aurait pris des mois et des mois si nous étions passés par les circuits traditionnels.

Nous regagnâmes la rue Ruhmkorff, exténués mais radieux. J'avais perdu huit kilos.

Chapitre quinze

Bon marché, proche de Paris

Malgré toute l'affection que je portais à papa Gasté, je commençais à trouver bizarre que Loulou, à bientôt quarante-deux ans, continuât d'habiter chez son père. N'était-il pas temps qu'il dispose d'un lieu bien à lui, bien à nous ? La vie que nous menions était épuisante, je ressentais le besoin d'habiter la campagne, dans une maison vaste, lumineuse, aérée, où nous pourrions recevoir des amis, faire trotter Waddy, mon caniche noir, planter des fleurs et des arbres fruitiers, faire de la musique à n'importe quelle heure sans craindre d'importuner les voisins, dormir toute la matinée, si nous avions travaillé toute la nuit, sans être importunés par le couinement des klaxons boulevard Pershing.

Loulou trouva l'idée excellente. À se demander pourquoi il n'y avait pas pensé plut tôt. Comme d'habitude, à partir du moment où il avait un projet en tête, il n'eut de cesse de l'avoir réalisé. Le lendemain, il téléphona à une agence immobilière de Bougival et expliqua qu'il cherchait un terrain bon marché, proche de Paris, pour y construire une maison.

« Dans l'ouest, très important, précisa-t-il. Car Loulou – réminiscence de western ? – professait qu'il fallait toujours aller vers l'ouest.

– Sans eau et sans électricité, ça vous irait ? demanda le marchand.

– C'est exactement ce que nous cherchons, répondit Loulou.

– Il faudra aussi débroussailler, dessoucher et faire sauter pas mal de rochers.

– Parfait !

– Ah ! j'oubliais de vous dire, on ne peut pas y accéder en voiture.

– Aucune importance. »

Le lendemain, nous partîmes explorer notre futur domaine. Le marchand, un homme d'un certain âge, avait jugé plus prudent de nous attendre dans l'auto que nous avions garée en lisière de forêt.

« Continuez à pied, avait-il dit en désignant un taillis impénétrable. Arrivés au sommet, c'est chez vous. »

Parvenus hors d'haleine à destination, nous pûmes constater que le marchand n'avait menti sur aucun point. Le terrain, un taillis aux limites imprécises, était hérissé d'énormes blocs de roche et nul n'avait dû s'y risquer depuis des lustres. Comme annoncé, ni eau ni électricité, à moins que le réseau n'ait été profondément enterré, ce qui paraissait peu probable.

Loulou fit l'acquisition de haches, de pelles, de pics et de pioches dans un surplus américain et le dimanche suivant, il entreprit de tracer un chemin dans l'axe du terrain.

En classant les papiers de Loulou, j'ai retrouvé un petit texte tapé à la machine intitulé « Ma maison avec toi ». Voici comment il raconte la suite, avec un rien d'emphase méridionale.

Les haches étaient bien affûtées et je n'eus pas trop de mal à me frayer un chemin de cinquante centimètres de large. Les pousses, si elles étaient hautes de quatre ou cinq mètres, n'étaient pas plus épaisses qu'un manche à balai. Après quatre heures d'effort, j'avais avancé d'une cinquantaine de mètres, là où le terrain commençait à descendre en pente douce. La lumière que je distinguais à travers les branchages se faisait de plus en plus précise. Et soudain, je ressentis la même impression que Livingstone avait dû éprouver en découvrant les chutes du Niger. J'entrevoyais sur ma droite la blancheur du Sacré-Cœur, sur ma gauche, le pont de Chatou, et à mes pieds, la vallée de la Seine.

Stupéfait, je me mis à crier :

« Line, viens voir ! »

Elle accourut. Nous échangeâmes un regard. Sans qu'il soit besoin de se consulter, notre décision était prise : c'est là que nous construirions notre maison.

Nous venions de donner le départ de quarante ans de travaux.

Quelques années avant sa disparition, Loulou a dit : « Plus de travaux ! J'en ai assez des travaux ! »

Nous en avions tant fait depuis ces temps lointains où, pour aménager un chemin carrossable, Loulou avait eu l'idée de demander à Pathé-Marconi de venir déverser chez nous les résidus de fabrication des 78 tours de « Ma p'tite folie » dont l'usine de Chatou, tournant jour et nuit, avait tiré des centaines de milliers d'exemplaires.

La maison terminée, nous n'avions jamais cessé de la modifier et de l'embellir.

Usé, malade, Loulou ne supportait plus de vivre dans un éternel chantier.

Dès lors, nous n'avons plus rien entrepris à La Jonchère, ni nouvelle construction, ni aménagement d'aucune sorte, ni même la plus élémentaire réparation.

« Tu feras ça quand je ne serai plus là ! » m'opposait Loulou, inébranlable.

Lorsqu'il est mort, la maison tombait littéralement en morceaux. J'ai effectué les réparations nécessaires, j'ai fait construire une nouvelle chambre sur la terrasse au-dessus du salon, ce poste de pilotage entièrement vitré qui me sert à la fois de chambre et de bureau et d'où je contemple la vue qui a bien changé depuis cette première ascension en 1948. Un quartier gigantesque s'est édifié sous nos yeux, de l'autre côté de la Seine : la Défense, ses tours et ses voies de circulation enchevêtrées. Au début, nous nous sommes lamentés. Comment osait-on massacrer ces douces perspectives peintes par les impressionnistes ? Et puis nous l'avons accepté, c'est le destin des paysages de se modifier au fil du temps, c'est à notre œil d'apprendre à distinguer, dans ce qui naît, une nouvelle beauté.

Quand maman est morte, j'ai dit :

« Non, cette fois, La Jonchère, c'est terminé. Toute seule dans cette grande maison, ça ne rime à rien »

Pourtant, j'y suis toujours. J'ai eu beau changer la disposition des pièces, le mobilier, la décoration, rien n'y fait. Chaque arbre, chaque massif de fleurs me rappelle Loulou. Où mieux qu'ici sentirais-je sa présence protectrice à chaque instant de ma vie ? Et tant qu'à m'adresser à lui dix fois par jour, autant savoir où le trouver. À son piano, désormais en ordre, ou bien encore assis sur la terrasse, sa guitare à la main, effleurant négligemment les cordes à la recherche d'harmonies nouvelles.

Ceux qui vous ont quittés mais qui, pour autant, n'ont jamais cessé de vous accompagner, méritent qu'on leur fasse la vie douce. Inutile de bousculer leurs petites habitudes.

*

Depuis trois ans, Loulou, combinant habilement patience et audace, avait conduit ma carrière de main de maître. Restait à m'imposer sur une scène parisienne. Une fois encore, Loulou déploya ses talents de stratège en décidant d'organiser une grande tournée à travers la France, tournée dont je serais la vedette et dont nous assumerions entièrement la charge financière. C'était un risque énorme et rien ne garantissait que le public qui s'écrasait devant le podium des laines Sofil pour assister à un spectacle gratuit un soir de juillet, consentirait, l'hiver venu, à payer sa place pour m'entendre chanter à Maubeuge, Sète ou Bordeaux. En revanche, en cas de succès, j'aurais gagné définitivement mes galons et aucun music-hall parisien n'oserait refuser de me programmer en tête d'affiche. À nouveau, il s'agissait pour Loulou de bousculer les règles du métier, d'agir en contrebandier, de forcer la chance. Une expression allait devenir notre mot d'ordre : « Hors concours ! » C'était à nous de choisir notre terrain et non pas aux autres de nous l'imposer. C'est ce que nous fîmes à cette occasion, c'est encore ce que je fais, sans omettre de consulter Loulou, au risque de passer pour une dingue.

« Qu'en penses-tu, Loulou ? *Harold et Maude*, j'accepte ou je refuse ? C'est casse-gueule, mais j'ai bien envie d'y aller ! »

Loulou adorait s'occuper de tout. Il avait une mentalité de forain. Cela ne le gênait pas du tout, bien au contraire, de timbrer des enveloppes, d'accrocher des projecteurs ou de s'installer à la caisse pour vendre des billets.

C'est probablement ce trait de caractère qui le rapprocha de Johnny Stark, le futur imprésario de Johnny Hallyday et de Mireille Mathieu.

Il avait fait sa connaissance à Cannes en 1946. Johnny, alors âgé de vingt-quatre ans, était un colosse à la chevelure blond-roux, d'origine franco-américaine. Son arrière-grand-père, un Alsacien de un mètre quatre-vingt-douze, avait émigré au Texas où il avait exercé la profession de maquignon. Durant la guerre, Johnny s'engagea en Afrique du Nord au côté des troupes américaines puis, la paix revenue, vécut un temps à Hong Kong. Installé dans le Midi après son retour en France, il organisa le 15 août 1946 au stade des Hespérides à Cannes le fastueux Gala des étoiles auquel nous avions assisté avec Loulou lors de notre voyage sur la Côte d'Azur. La soirée, qui réunit des noms aussi prestigieux qu'Édith Piaf, Yves Montand, Réda Caire ou Lily Fayol, fut un triomphe public en même temps qu'un désastre financier.

« C'est comme ça qu'on apprend le métier », conclut Johnny Stark avec philosophie.

Son flegme et sa témérité séduisirent Loulou.

Un détail lui était allé droit au cœur : Stark, pour assurer la publicité du Gala des étoiles, avait acheté un triporteur et sillonnait la ville et ses environs, collant lui-même les affiches avec l'aide d'un ancien boxeur et d'un camarade de régiment.

Aussi ne fus-je pas du tout surprise lorsqu'un matin, alors que nous nous trouvions à Liège où je chantais, Loulou me dit : « C'est le petit du Gala des étoiles qu'il nous faut pour la tournée. Johnny Stark. » Petit s'appliquant à son âge et non à sa taille.

Stark n'avait pas le téléphone, juste une adresse. Loulou lui expédia un télégramme : « Voulez-vous organiser la première tournée Line Renaud ? Réponse rapide souhaitée. » Elle arriva dans la journée. C'était oui.

Le lendemain, Stark débarquait à Paris avec son épouse, Nanou Taddéi, qui devint ma secrétaire et reste aujourd'hui ma très grande amie. Tous deux se mirent aussitôt au travail. Nous avions transformé en bureau la chambre que j'avais occupée quelques mois lors de mon installation rue Ruhmkorff.

Loulou, en choisissant de s'en remettre à Stark, faisait un pari osé. Il ne manquait pas de tourneurs expérimentés connaissant les théâtres de province comme leur poche, appelant les directeurs par leurs prénoms, comblant leurs épouses de petits cadeaux quand ils n'étaient pas parrains de leurs enfants.

Mais Loulou tenait à conserver la haute main sur la tournée et, quitte à en assumer tous les risques, il voulait, en cas de succès, en recueillir les bénéfices. Ce serait toujours un rocher dynamité et trois murs de construits à La Jonchère.

Stark était arrivé à Paris avec dans sa musette une liste impressionnante où étaient recensés plusieurs centaines de comités des fêtes en tout genre à travers la France entière. Il entreprit d'envoyer à tous une circulaire pour leur présenter mon spectacle et les inciter à l'acheter. Environ deux semaines après ce premier courrier, s'il n'avait pas reçu de réponse, lui ou Nanou téléphoneraient pour travailler au corps les indécis ou les négligents.

C'était un travail faramineux auquel Loulou et moi prêtions activement la main, inscrivant les adresses sur les enveloppes et dépouillant fiévreusement les piles de courrier. L'informatique n'existait pas, tout se faisait à la main, en prenant des notes au crayon sur des petites fiches. Quant au téléphone, il fallait souvent attendre des demi-heures entières avant d'avoir une petite chance d'entrer en contact avec le numéro demandé. Par quel tour de force Johnny et Nanou sont-ils parvenus à mettre sur pied en quelques semaines une tournée qui durerait plus d'un an, sillonnerait la France entière, puis la Belgique, la Suisse, l'Afrique du Nord et connaîtrait partout un immense succès ? Je serais incapable de le dire. Ce que je sais, c'est que, grâce à ces fameux comités des fêtes, les contrats ont commencé très vite à affluer et qu'une fois la pompe amorcée, il n'y eut plus moyen d'endiguer le flot ininterrompu de demandes qui nous parvenaient quotidiennement.

Dresser un itinéraire fut un véritable casse-tête. Chaque jour nous parcourions des distances ahurissantes pour honorer nos engagements. Par crainte d'affronter seule le public, j'avais tenu à partager l'affiche avec des numéros de premier ordre. Le spectacle, exagérément copieux, se terminait rarement avant minuit. Après quoi nous dînions, puis il fallait remballer le matériel et reprendre la route pour atteindre notre prochaine destination au petit matin.

La troupe voyageait à bord d'un autocar où s'entassaient, outre nos bagages, les instruments de musique, les accessoires, les costumes et, au hasard des antiquaires et des brocantes, tout un bric-à-brac dont chacun jugeait bon de faire l'emplette au passage.

Johnny Stark avait exactement les qualités que Loulou avait pressenties en lui. Organisateur hors pair, à la fois plein d'autorité et d'un calme imperturbable, il se révéla précieux en toutes circonstances.

Mais dans une tournée, c'est la vedette principale qui donne le ton. Le véritable chef d'équipe, c'est elle. Qu'elle soit grincheuse, égocentrique, de mauvaise foi, la troupe le sera tout autant. J'étais joyeuse, remplie d'enthousiasme, à la fois éberluée et ravie de voir les foules qui se pressaient pour m'entendre. La troupe se mit au diapason. Cette tournée reste un merveilleux souvenir de rires, d'échanges et de bonne entente.

Elle n'avait pourtant pas si bien commencé.

Il nous avait semblé judicieux d'entamer notre périple par le Nord qui, pensions-nous, m'était tout acquis. Loulou et moi avions déjà dépensé beaucoup d'argent et nous attendions avec impatience les premières recettes pour financer la suite de la tournée.

Hélas, nous avions gravement sous-estimé les difficultés dans lesquelles se débattait la population depuis les grandes grèves qui avaient secoué le bassin minier en

1947. Les réserves étaient épuisées, des rues entières à Denain ou Jeumont étaient à vendre. L'argent était trop rare pour que les gens le dépensent à venir entendre une petite chanteuse – fût-elle enfant du pays – vanter le confort rustique d'une cabane au Canada ou faire le pitre en singeant ce nigaud de Basile sur son grand cheval monté. Ils se contentaient de m'écouter sur leur vieille TSF – lorsqu'ils ne l'avaient pas gagée pour en tirer quelques sous.

Nous donnions notre spectacle devant des salles à demi vides, le moral était au plus bas.

Pourtant, ma grand-mère m'avait avertie : « Tu sais, ça va pas fort par ici. Les gens claquent du bec ! » J'avais mis son pessimisme sur le compte de la grave dépression dont elle souffrait depuis la mort de mémère. Et les débats politiques, pas plus que les conflits sociaux n'étaient alors, je le reconnais, au centre de mes préoccupations.

Je quittai le Nord le cœur serré mais soulagée. Heureusement, passée cette étape difficile, la situation se rétablit et, dès lors, le succès ne fit qu'augmenter. La location à peine ouverte, les places s'arrachaient, les billets se vendaient au marché noir. À Sète, des spectateurs, mécontents d'avoir été refoulés, cassèrent les vitrines du vénérable Théâtre Molière.

Notre autocar, de plus en plus chargé, roulait de ville en ville, engagé dans une course sans fin car Johnny Stark, impassible, ne cessait d'ajouter des dates à un calendrier déjà surchargé.

En janvier 1950, je fis un saut à Paris pour enregistrer à la demande expresse de Pierre Hiegel, mon directeur artistique chez Pathé, une chanson qui ne me plaisait pas du tout. Elle s'appelait « Étoile des neiges ». C'était l'adaptation d'une chanson américaine, « Forever And Ever » du compositeur Franz Winkler. Jacques Plante en avait écrit les paroles françaises. Malgré tout son talent – il était l'auteur de très jolies chansons, comme « Marjolaine » que chantait André Claveau –, je trouvais son texte niais et les tribulations sentimentales de ce petit Savoyard devenu ramoneur me laissaient de marbre. Pierre Hiegel s'était montré inflexible. Il croyait en cette chanson, j'étais selon lui l'interprète idéale, il la lui fallait à tout prix. Comme j'avais beaucoup de respect pour lui, je finis par céder, à une condition toutefois : je voulais bien l'enregistrer, mais jamais je ne la chanterais en public. Il accepta. C'est ainsi qu'entrée en studio le 5 janvier à onze heures, j'en ressortis à midi avec le sentiment de m'être débarrassée d'une pénible corvée.

À peine diffusée par la radio, quelques semaines plus tard, « Étoile des neiges » connut un succès prodigieux. Plus qu'une chanson, ce fut un hymne, entonné avec ferveur à la fin des repas de famille, aux veillées, baptêmes, premières communions, mariages et je crois bien enterrements, bref, en toute occasion où les gens, en reprenant en chœur ces paroles que j'avais jugées naïves, éprouvaient le sentiment d'appartenir à la même communauté, qu'ils soient savoyards, gascons ou provençaux.

Obstinée, je refusais pourtant de la reprendre dans mon tour de chant, jusqu'à ce qu'un soir, à l'Alcazar de Marseille, salle prestigieuse entre toutes – et ô combien périlleuse –, Mado, l'égérie des prostituées phocéennes, qui trônait à la corbeille d'avant-scène, me la réclame bruyamment, suivie par toute la salle.

« "Étoile des neiges" !… "Étoile des neiges" !… »

Je tins bon, le rideau se referma et je regagnai ma loge. Bientôt j'entendis tambouriner à ma porte. C'était le directeur de l'Alcazar, Robert Trébor, aux cent coups.

« Que fais-tu, malheureuse ?

– Je me change !

– Aïe ! Sois brave, petite, chante-la leur, cette étoile ! Écoute-les, ils vont tout me casser !

– Mais je la connais pas !

– Comment tu la connais pas ? J'ai le disque !

– Je lisais les paroles. »

Je passai une robe de chambre et entrouvrit la porte. Un sourd grondement montait de la salle. Le chahut était indescriptible. Guillermin, Loulou et mes autres musiciens n'en menaient pas large. On parlait de les jeter dans le Vieux-Port, nous n'étions qu'en mars et la mer était froide.

Johnny Stark, parfaitement calme comme à son habitude, me désigna la scène de la tête.

« En piste ! Tu n'as pas le choix. »

Nanou, sa femme, disposait par chance d'un petit format de la chanson. Je m'avançai en peignoir devant le rideau baissé. Le public, croyant à une subtile mise en scène, rugit de joie.

L'orchestre joua les quelques notes d'introduction et j'attaquai d'une voix mal assurée, l'oreille collée au rideau derrière lequel Nanou, partition en main, me soufflait les paroles :

Dans un coin perdu de montagne
Un tout petit Savoyard...

Au bout de la première strophe, je n'eus plus à me soucier des paroles. Le public chantait à ma place.

*

La tournée s'acheva en septembre 1950. À peine rentrés à Paris, le téléphone sonna. Loulou décrocha. C'était Mitty Goldin, le directeur de l'ABC.

« Allô Gasté ? On m'a dit que votre femme n'avait pas trop mal marché en province ?

– On peut même dire qu'elle a fait un malheur, monsieur Goldin.

– Oh, oh ! pas d'emballement. La province et Paris, ça n'a rien à voir, vous le savez bien. » Il poussa un gros soupir, et comme si on lui arrachait les entrailles, lâcha :

« Enfin, j'ai tout de même décidé de lui donner sa chance à l'ABC.

– Line sera très heureuse de l'apprendre. Faire ses débuts en tête d'affiche chez vous, elle ne peut pas espérer mieux.

– Tête d'affiche ? s'étrangla Goldin, vous êtes devenu fou ! En américaine, et c'est déjà un beau cadeau.

– Dans ce cas, monsieur Goldin, je n'ose même pas le lui proposer. Je connais d'avance la réponse. »

La discussion en resta là.

Mitty Goldin, roumain d'origine, avait ouvert l'ABC en 1934 au numéro 11 du boulevard Poissonnière, rebaptisant des trois premières lettres de l'alphabet l'ancien Théâtre Plaza afin d'être assuré de figurer en tête dans les programmes de spectacles. Très vite, il fit de cette salle l'un des music-halls les plus réputés de la capitale. Charles Trenet, Jean Sablon, Édith Piaf, Tino Rossi, Maurice Chevalier et bien d'autres s'y étaient produits. Goldin, très autoritaire, ne supportait pas la contradiction. Aussi, avais-je fait mentalement une croix sur mon passage à l'ABC.

Pourtant, quelques jours plus tard, Mitty Goldin rappelait Loulou.

« Dites à cette demoiselle qui se prend pour une vedette qu'elle peut venir signer son contrat ! »

Début novembre, je m'installai à l'ABC pour un mois et fis salle comble tous les soirs, avec un programme qui comportait également Les Frères Jacques et Robert

Lamoureux. Les recettes furent astronomiques, si bien qu'à la fin de mon contrat, Mitty Goldin, de sa voix rogue, me fit une remarque qui, dans sa bouche, valait un compliment :

« Grâce à vous, je vais enfin pouvoir m'offrir un rideau de fer ! »

La stratégie de Loulou s'était révélée payante sur toute la ligne. Après cinq ans d'efforts, il avait fait de moi la débutante la plus célèbre de France.

*

Vers la mi-décembre, Loulou me dit : « Surtout ne prends aucun rendez-vous le 18. Tu m'entends ? Le 18 !

– Tiens, pourquoi ?

– Comment pourquoi ? Parce que ! J'ai accepté un gala à la mairie du 17e. C'est pour une œuvre de charité. Tu chanteras juste trois ou quatre chansons. »

Sur le coup, je trouvai ça un peu étonnant, mais notai la date et n'y pensai plus.

Le 18, nous partîmes en voiture pour la mairie. J'avais mis ma robe plissée bleu marine avec un col blanc de chez Germaine Lecomte. Loulou tenait sa guitare à la main.

« Tu as prévenu les musiciens, bien sûr ? lui demandai-je.

– Inutile. Je t'accompagnerai, c'est bien suffisant. »

Nous arrivâmes. Nanou nous attendait sur le parvis en compagnie de M. Lebleu. Cela me parut de plus en plus bizarre, M. Lebleu n'ayant jamais mis les pieds à l'un de mes concerts.

Loulou, fébrile, nous poussa en avant :

« Allez, allez ! Dépêchons, nous allons être en retard. »

Nous galopâmes dans les couloirs déserts. Je me dis que ce gala de charité, vu le peu d'affluence, n'allait pas rapporter grand-chose.

Loulou poussa une porte, nous pénétrâmes dans une salle couverte de dorures avec cinquante chaises vides et un monsieur ceint d'une écharpe tricolore qui nous invita à nous asseoir.

« À présent, nous allons procéder au mariage de monsieur Louis Gasté avec mademoiselle Jacqueline, Simone, Albert Ente… »

Je n'ai pas très bien entendu la suite. Nanou était mon témoin, M. Lebleu celui de Loulou. Sans doute ai-je dû, le moment venu, répondre « Oui » et Loulou de même, puisque nous sommes ressortis de la mairie quelques instants plus tard avec en poche un certificat de mariage et un livret de famille.

Il n'y a pas eu de famille mais il y a eu un couple et quarante-cinq ans de vie commune, presque cinquante si l'on y ajoute les années qui avaient précédé.

Peut-être avons-nous déjeuné avec nos témoins, je n'en suis même pas certaine. Il est fort probable que M. Lebleu ait regagné son bureau tout de suite après, tandis que Nanou rentrait chez elle et Loulou et moi rue Ruhmkorff.

Personne ne fut averti hormis nos témoins, ce qui du reste n'avait aucune importance puisque tout le monde nous croyait déjà mariés depuis longtemps.

Pourtant ce mariage à la va-vite reste dans mon souvenir la chose la plus merveilleuse qui me soit jamais arrivée et le plus beau cadeau que Loulou m'ait fait. Le seul que je n'ai jamais perdu.

Deuxième partie
L'AMÉRIQUE

Chapitre premier

Cabale

1954. Tout ce que Paris compte de célébrités se presse dans la salle du cinéma Normandie, sur les Champs-Élysées. L'industrie du spectacle remet ses oscars. J'en reçois quatre : plus grande vente de disques, plus grand nombre d'entrées au music-hall, émission de variétés la plus écoutée, meilleure performance télévisée.

Mes quatre statuettes serrées sur la poitrine, je rejoins très émue les coulisses, sous les applaudissements de la salle. Piaf est là. Je m'approche pour l'embrasser, elle se laisse faire, distante. Plus tard, je la vois aller d'un groupe à l'autre en chuchotant. Je surprends des regards hostiles, on se tait lorsque j'approche. Est-ce une illusion ? Vite, je la chasse et n'en parle même pas à Loulou.

Le lendemain, Pierre Hiegel demande à nous voir d'urgence, Loulou et moi. Quoi de plus normal ? Après ce beau succès, il veut sans doute envisager l'avenir, renforcer encore notre collaboration. L'arrivée du microsillon a complètement bouleversé l'industrie phonographique. Désormais ce ne sont plus les deux faces d'un 78-tours qu'il faut graver, ce sont les douze titres qui composent un album. Le 33-tours est un grand dévoreur de chansons. On doit sans cesse trouver de nouveaux compositeurs, de nouveaux auteurs, adapter des succès venus d'ailleurs. Hiegel écoute chaque mois des centaines de disques qui lui sont envoyés des États-Unis, de Grande-Bretagne, d'Espagne ou d'Italie. Il n'a pas son pareil pour flairer la chanson qui pourra s'acclimater en France et choisir, dans sa riche écurie, l'interprète idéal. « Étoile des neiges », on s'en souvient, c'est lui. Deux ans plus tard « Ma p'tite folie », adaptation par le même Jacques Plante de la chanson « My Truly, Truly Fair » du compositeur américain Bob Merrill, c'est encore l'une de ses trouvailles et la chanson est devenue, en quelques mois, ma plus grande vente de disques avec « Ma cabane au Canada ».

C'est donc sans la moindre appréhension que j'entre avec Loulou dans le bureau de Pierre chez Pathé-Marconi.

« Je n'ai pas une bonne nouvelle pour vous, assène Pierre d'emblée en tirant furieusement sur sa pipe. Line doit cesser d'enregistrer pendant au moins un an. »

Loulou et moi le regardons sans comprendre.

« Mais enfin, Pierre, qu'est-ce que tu racontes ? dit Loulou. Line fait salle comble chaque soir au Moulin-Rouge, “Ma p'tite folie”, “Pam-Pou-Dé”, “Le chien dans la vitrine” marchent du tonnerre, pourquoi voudrais-tu qu'elle arrête ? »

Hiegel, plus mort que vif, nous raconte alors cette chose incroyable : Piaf a monté une cabale contre nous. Ralliant à sa croisade les principaux artistes de la firme, elle les a convaincus de résilier leur contrat avec Pathé-Marconi si je n'arrêtais pas d'enregistrer.

Pour quelle raison ? Encore aujourd'hui, je serais incapable de l'expliquer rationnellement. Pierre Hiegel, qui avait été choisi pour nous signifier la sentence d'exclusion, était l'un des êtres dont nous nous sentions le plus proche. Et Piaf, à l'origine de notre disgrâce, était une artiste pour laquelle nous éprouvions tous deux la plus vive admiration.

J'étais comme anesthésiée, incapable de réagir. Alors que Pierre Hiegel, très embarrassé, tentait de justifier l'injustifiable, je me souvins tout à coup d'une rencontre avec Piaf à Marseille, en 1949, lors de ma première tournée. Le hasard avait voulu que Piaf et moi chantions le même soir de part et d'autre de la Canebière. Mais tandis que le public se pressait aux Variétés pour voir en chair et en os celle qui triomphait sur les ondes avec la « Cabane au Canada », la grande Édith Piaf se produisait au Gymnase devant une assistance clairsemée. Vers minuit, comme Loulou et moi rentrions nous coucher, nous croisâmes Piaf et Louiguy, son accompagnateur dans le hall de l'hôtel Noailles. Elle nous invita à prendre un verre au bar avec eux.

À peine assise, Piaf se mit à dénigrer la terre entière, ponctuant chaque coup de griffe d'éclats de rire forcés. Louiguy et Loulou lui emboîtèrent complaisamment le pas.

Gênée par le tour que prenait la conversation, je me levai pour aller me remaquiller aux toilettes. Tout juste avais-je sorti mon rouge à lèvres que la porte s'ouvrit. C'était Piaf. Elle se planta devant la glace, souriante, un peu aguicheuse.

« Tu es belle comme tout, qu'est-ce que tu fais avec un vieux ? dit-elle en parlant de Loulou. Laisse-le tomber, je prendrai ta carrière en main. »

Je ne sus que répondre. Elle m'intimidait beaucoup, je me sentais insignifiante et stupide en sa présence. Finalement, je parvins à bredouiller : « Je l'aime », comme pour m'excuser.

Elle ricana, méprisante.

« Tu as raison, ça change tout ! Ben si tu es satisfaite comme ça, garde-le, ton Loulou ! »

Elle sortit aussi brutalement qu'elle était entrée.

Laissant mes pensées vagabonder, j'entendais Loulou épiloguer en vain face à un Pierre Hiegel à la torture. Sans logique apparente, me revint à l'esprit mon second passage à l'ABC, en février 1952, engagement que Loulou m'avait vainement dissuadée d'accepter.

« Tu n'as aucune nouvelle chanson, Mitty Goldin a passé la main, l'ABC ne marche pas fort, tu vas faire un bide. »

Mais à vingt-quatre ans, je pensais qu'il était temps que j'impose mon point de vue. Je n'avais pas chanté à Paris depuis deux ans, je craignais que le public ne m'oublie. Je passai outre. Et me ramassai en beauté. Meurtrie, je vins faire repentance dans les bras de Loulou.

« Même les meilleurs ont des passages à vide », me consola-t-il.

À l'appui de sa démonstration, il m'emmena au Drap d'or, un établissement à la mode, rue de Bassano, où Édith Piaf était programmée ce soir-là. Il y avait douze personnes dans la salle, y compris nous deux. Nous nous fîmes tout petits, Loulou et moi, de crainte que Piaf ne nous repère dans la pénombre. Elle chanta une demi-heure puis disparut, applaudie du bout des doigts par la maigre assemblée. Loin de me faire oublier mon propre échec à l'ABC, j'en fus malheureuse et regrettai d'avoir été le témoin involontaire de cette triste exhibition.

Peu de temps après, alors qu'en compagnie d'autres invités nous dînions, Loulou et moi, chez Pierre Bourgeois, le grand patron de Pathé-Marconi, celui-ci nous fit part incidemment de son intention de se séparer d'Édith Piaf.

« Je suis en renouvellement de contrat avec elle, nous n'allons pas la resigner. Elle ne vend pas de disques et ses exigences nous coûtent une fortune.

– Mais vous êtes fou ! réagit Loulou avec indignation. On ne se sépare pas d'Édith Piaf ! C'est le prestige ! Et puis vous connaissez bien ce métier, demain elle peut faire un grand succès et vous aurez l'air malin ! »

Généreux conseil que Pierre Bourgeois observa à la lettre et qui nous valait aujourd'hui d'être mis à la porte !

*

Nous ressortîmes du bureau de Pierre Hiegel anéantis. Qui aurait pu prévoir pareil cataclysme ?

Depuis cinq ans, j'allais de succès en succès, la scène, la radio, le disque, tout semblait me réussir.

Une tournée triomphale m'avait consacrée grande vedette en Italie, « Le bal aux Baléares » battait des records de vente en Espagne. Nous étions allés, Loulou et moi, en Afrique où nous avions reçu un accueil inoubliable. Abidjan, Brazzaville, Douala, Léopoldville : une ferveur indescriptible, des foules impressionnantes guettant mon arrivée, entourant ma voiture et la poussant jusqu'à l'hôtel. La plupart de ces gens disposaient de très peu d'argent, ils n'avaient pas de pick-up, mais ils achetaient pourtant le disque de « Ma p'tite folie », comme s'ils voulaient capter et conserver quelque chose de moi après mon départ.

Plus surprenant encore, j'étais devenue la coqueluche du public anglais et cette popularité permettait d'augurer une carrière américaine, dont je rêvais sans oser y croire.

Ma campagne d'Angleterre avait débuté au Society, l'un des clubs les plus réputés de Londres, dont les patrons, un couple charmant, étaient venus me voir chanter trois soirs de suite à l'ABC.

Présentée partout comme la vraie « Mademoiselle from Armentières », jouant sur mon épouvantable accent, je m'attirai la sympathie du public qui adorait m'entendre batailler avec mes trois mots d'anglais. La BBC me confia une émission hebdomadaire, « In Love with Line » pour laquelle je dus apprendre par cœur, en anglais, des dizaines et des dizaines de standards, comme je l'avais fait pour *This Is Paris* avec Maurice Chevalier.

Suprême honneur, je fus invitée à chanter devant le couple royal au Drury Lane, au cours d'un gala annuel auquel participaient les plus grands artistes anglais. Après deux chansons, je m'apprêtais à quitter la scène quand l'un des organisateurs me pria d'interpréter « Lavender Blue », une *nursery rhyme* connue de tous que je m'étais amusée à chanter au cours d'un show télévisé. J'acceptai bien volontiers et la salle entière, souverains compris, reprit les paroles avec moi :

Lavender blue, Dilly, Dilly
Lavender green…

*

Dès le début des années cinquante, avec l'apparition des premières grandes émissions de variétés, la télévision devint le passage obligé de toute carrière. La plus importante d'entre elles, « 36 chandelles » de Jean Nohain et André Leclerc, suscita immédiatement un engouement prodigieux.

Pour un chanteur, une seule apparition dans cette émission était plus décisive qu'un an de tournée car la télévision, avec sa chaîne unique, pénétrait déjà dans plus d'un million de foyers, touchant un public qui ne se serait jamais déplacé pour assister à un concert. Sans oublier que dans les premiers temps, famille, amis et voisins qui n'étaient pas encore équipés d'un récepteur étaient conviés à la regarder chez ceux qui, plus fortunés ou plus audacieux, en bénéficiaient déjà. Si bien que souvent quinze ou vingt personnes étaient réunies devant le même poste.

Je devins une habituée de ce genre d'émissions. Ma bonne humeur et mon sens de l'improvisation, acquis très jeune sur les estrades, faisaient de moi une invitée appréciée. Et je n'étais pas le moins du monde impressionnée par les énormes caméras et l'éclairage à faire fondre un bloc de marbre.

Jean Nohain, dont la faconde était inépuisable et les idées parfois saugrenues, me demanda de réciter, au cours de l'une de ses premières émissions, la fameuse tirade « Régner ! » extraite de *L'Aiglon*.

Peuple qui de ton sang écrivis la Légende,
Voici le fils de l'Empereur !
Oh ! toute cette gloire il faut qu'il te la rende,
Et qu'il te la rende en bonheur !

C'était Pierre Hiegel qui me l'avait fait répéter des après-midi entiers, rue Ruhmkorff. À la fin, lorsque tout fut à peu près au point, il pleurait d'émotion.

« Ta vraie nature, c'est comédienne. Tu es une actrice-née, une tragédienne ! Retiens bien ce que je te dis ! » prédisait-il.

D'après Pierre, j'étais l'Aiglon idéal, bien meilleure que Jean Weber qui s'était approprié le rôle du duc de Reichstadt depuis qu'il l'avait interprété au cinéma au début des années trente.

Malgré tous mes efforts, je n'ai pas trouvé trace de *L'Aiglon* dans les archives de l'INA. En revanche, je suis tombée sur une autre émission de Jean Nohain, en février 1957, où j'interprète cette fois les imprécations de Camille dans *Horace* de Corneille, face à Bernard

Noël. Une fois encore, c'est Pierre Hiegel qui me prépara à cet exercice difficile, à La Jonchère, devant un bon feu de bois.

Rome, l'unique objet de mon ressentiment !
Rome à qui vient ton bras d'immoler mon amant !...

Devant ces images en noir et blanc un peu fantomatiques, j'écoute moins les vers que je n'observe la jeune femme – presque une étrangère à mes yeux – qui, avec fougue et sincérité à défaut de technique, maudit l'assassin de son amant.

Est-ce ainsi que j'étais, professionnelle jusqu'au bout des ongles, cadrée au millimètre ? Avais-je seulement trouvé le temps d'être jeune ? Où était-elle, mon adolescence, insouciante, excessive, folle ? Devant moi, mais je l'ignorais encore.

*

Le soir même de notre entrevue dramatique avec Pierre Hiegel, Loulou et moi étions arrivés un peu en retard au Moulin-Rouge où je chantais. Loulou me déposa et tourna pendant vingt minutes autour de la place Blanche avant de pouvoir se garer. Au moment où il pénétrait dans le hall du Moulin-Rouge, il croisa un groupe d'une douzaine d'Américains qui en ressortaient, faute d'avoir trouvé des places. Parmi eux, Loulou, stupéfait, reconnut Bob Hope, acteur, fantaisiste et animateur de télévision immensément populaire aux États-Unis.

Avec ce sens extraordinaire de l'opportunité qui le caractérisait – la chance passe, on s'en saisit – Loulou s'approcha.

« Mister Hope, pourquoi partez-vous ? demanda-t-il.

– C'est complet, il n'y a plus de place, répondit Bob Hope.

– Attendez-moi, je reviens. »

Chaque soir, l'ambassade du Venezuela réservait une table où elle accueillait des personnalités en visite à Paris. Par chance, ce soir-là, la table était restée vide. Quelques minutes plus tard, Loulou put revenir dans le hall où l'attendait Bob Hope :

« Votre table est prête », annonça Loulou qui, sitôt la petite troupe installée, courut prendre sa place à la guitare parmi mes musiciens.

À la fin du spectacle, Bob Hope vint me rendre visite dans ma loge. Après les félicitations d'usage, il me demanda à brûle-pourpoint :

« *Would you like to go to America ?* »

J'écarquillai les yeux.

« *It's my dream !* »

Il sortit son stylo, griffonna quelques mots sur un coin de la nappe en papier qui recouvrait la table de maquillage, signa, déchira le morceau et me le tendit.

« Vous êtes engagée pour cinq émissions du "Bob Hope Show", produites par NBC. Le tournage commence dans un mois aux studios de Burbank, Californie. »

Je demeurai sans voix. À peine me resta-t-il la force de gémir faiblement :

« Je ne peux pas !

– *Why ?* s'exclama Bob Hope stupéfait.

– Je ne pars pas sans Loulou… »

Bob Hope fit mine de réfléchir.

« Je pense que la ville de Los Angeles est assez grande pour vous accueillir tous les deux », conclut-il, pince-sans-rire.

Le lendemain matin, Loulou était dans le bureau de Pierre Hiegel.

« Voilà, Pierre, ton problème est réglé. Tu peux dire à Piaf qu'elle ne se fasse plus de souci. Line part chanter aux États-Unis. »

*

Quelques semaines plus tard, nous recevions de la NBC la transcription en langue juridique des quelques mots hâtivement tracés par Bob Hope sur la nappe en papier, soit l'équivalent d'un tome du dictionnaire Larousse en six volumes. Loulou comme moi étions incapables de nous repérer dans ce labyrinthe. Des amis nous adressèrent à un avocat très compétent – et très onéreux –, Me Rivière, avenue de Villiers. Nous lui fîmes porter le volumineux contrat et prîmes rendez-vous une semaine plus tard.

Le jour dit, nous sonnons à la porte de son cabinet. Un maître d'hôtel en gants blancs nous ouvre, nous fait asseoir dans un vaste salon et nous propose une coupe de champagne. Nous échangeons un regard entendu avec Loulou. Pas étonnant que cet avocat coûte si cher…

Loulou sort un morceau de papier et un crayon de sa poche et travaille à une nouvelle chanson dont il vient d'avoir l'idée.

Tandis qu'il écrit, le salon se remplit progressivement. Des Américains pour la plupart, qui commencent à causer tranquillement, tout en buvant coupe sur coupe. Nous en concluons avec Loulou qu'il s'agit en fait d'un cocktail et que les invités patientent en attendant que le maître de maison – Me Rivière, notre avocat – ait achevé ses rendez-vous. Loulou se replonge dans son travail. Lorsqu'il compose, un ours polaire pourrait s'asseoir sur ses genoux sans qu'il lui prête la moindre attention.

Un nouveau venu, un homme d'une soixantaine d'années, les tempes grisonnantes, s'installe au piano, un magnifique Steinway demi-queue. Il joue « On The Sunny Side of the Street », un thème que tous les musiciens de jazz ont interprété, d'Armstrong à Erroll Garner, d'Ellington à Lionel Hampton.

Loulou, charmé, s'approche du pianiste et lui explique que lui-même est compositeur et qu'il a écrit – pour sa femme Line Renaud, qui est chanteuse –, une adaptation française de cette chanson, sous le titre « Les plus jolies choses de la vie » :

Laissez donc tous vos soucis
Vos chagrins de toutes sortes...

« *By the way, my name is Loulou Gasté*, ajoute-t-il en lui tendant la main.

– *Jimmy McHugh. Nice to meet you*, répond l'homme aux tempes grisonnantes.

– Jimmy McHugh ! » s'étrangle Loulou, à peu près aussi ému que si le type avait dit : « Ludwig van Beethoven ». Jimmy McHugh ! Le compositeur de « On the Sunny Side of the Street » ! Mais également celui de « I Can't Give You Anything But Love », « Don't Blame Me », « I'm in the Mood for Love » et autres thèmes sublimes devenus des standards de jazz. Autant dire que Loulou, resté au plus profond de lui-même un jazzman, lui voue un véritable culte.

C'est Jimmy McHugh qui nous révèle le fin mot de l'histoire : nous ne sommes pas chez notre avocat – son cabinet, vérification faite, est situé à l'étage au-dessous –, mais dans les appartements privés du président de la TWA !

Piaf qui monte une cabale contre moi, Loulou qui ne trouve pas de place pour se garer et croise Bob Hope au moment où il s'apprête à quitter le Moulin-Rouge, un contrat aux États-Unis signé sur un bout de nappe en papier, Loulou et moi qui nous trompons d'étage, la rencontre avec Jimmy McHugh, une telle suite de coïncidences ne peut être le fruit du hasard. Elle porte un nom : le destin.

Quelques semaines après avoir subi une humiliation dont je pensais ne jamais pouvoir me relever, je m'envolai pour les États-Unis, certaine que ce voyage allait marquer un tournant décisif dans ma carrière. Et si je n'allai pas jusqu'à adresser un mot de remerciement à Édith, je n'étais pas loin de lui avoir pardonné.

Elle reste assurément la plus grande chanteuse française de tous les temps, celle dont la plupart des enregistrements n'ont pas pris une seule ride avec les années, mais c'était une personnalité difficile, dévorée de jalousie, profondément malheureuse, « désaxée », comme on disait à l'époque.

Elle n'aimait pas les femmes, surtout si elles étaient plus jeunes qu'elle, pas trop moches et un tant soit peu talentueuses.

Qui était la plus malheureuse des deux, elle ou moi ?

Chapitre deux

Le rêve américain

Ce premier voyage aux États-Unis demeure comme un rêve dans mon souvenir. Nous avons été si heureux là-bas, Loulou et moi, qu'il s'en est fallu de peu que nous renoncions à rentrer en France.

Vu d'Amérique, le petit monde français du spectacle, avec ses intrigues tortueuses, sa hiérarchie pesante, son système de valeurs désuet, nous semblait étroit et mesquin. La simplicité des Américains nous enchantait, leur sens de l'hospitalité, leur gentillesse étaient de perpétuels sujets d'émerveillement. Il y avait un peu de naïveté dans notre attitude, j'en conviens, mais après ce que nous venions d'endurer, on peut comprendre que nous ayons profité sans retenue de cet intermède inespéré.

Ma participation aux émissions de Bob Hope à peine annoncée, mes agents reçurent des propositions alléchantes. C'est ainsi que je débutai par un contrat de trois semaines au Waldorf Astoria, le célèbre palace new-yorkais.

Dans l'Empire Room, je devais succéder à la grande chanteuse Dinah Shore, dont j'avais appris qu'enfant, elle adorait chanter en public. À tel point que son père, qui tenait une épicerie à Winchester dans le Tennessee, l'emmenait avec lui au magasin pour attirer la clientèle. J'y voyais une certaine similitude avec une gosse du Nord surnommée

« Gazouillis » qui, juchée sur une table dans un estaminet enfumé, chantait « Prosper yop la boum ! » pour la plus grande joie des clients, tandis qu'au comptoir, son père contait fleurette à la patronne.

La comparaison s'arrêtait là, je m'en aperçus dès mon premier soir à New York, quand Loulou, mon pianiste Pierre Guillermain et moi, bravant le décalage horaire, nous précipitâmes au spectacle de Dinah Shore.

Jamais je n'avais vu et entendu une chose pareille. L'aisance avec laquelle Dinah Shore tenait la scène était stupéfiante. Elle avait un talent incomparable pour établir un lien intime avec chaque spectateur, comme si la vaste Empire Room était son propre salon dans lequel elle aurait reçu sans façon quelques amis proches. Elle dialoguait avec le public, le faisait rire, semblant improviser – alors que, bien sûr, tout était écrit et minutieusement répété – puis soudain enchaînait sur un blues aux accents bouleversants, avant de danser divinement, entourée de ses boys.

J'étais à la fois éblouie et catastrophée. Comment oserais-je prendre la suite d'une pareille pointure ? Mon propre tour de chant me paraissait, par comparaison, vieilli, sans invention, solennel, « européen » en un mot. L'Ancien Monde confronté au Nouveau, au net désavantage du premier.

Il fallait rompre immédiatement le contrat et fuir.

« Pourquoi penses-tu qu'ils t'engagent ? m'opposa Loulou sans perdre son sang-froid. Dinah Shore, ils l'ont chez eux. On attend autre chose de toi. De la fraîcheur, de la simplicité, de la gentillesse. Ce côté européen, justement. »

Il me rappela que, dans la même salle, Les Compagnons de la chanson avaient obtenu par deux fois un beau succès. Oui mais Les Compagnons étaient neuf, moi j'étais toute seule.

Pour achever de me décourager, l'agence William Morris me mit entre les pattes d'un directeur artistique censé guider mes premiers pas et m'initier aux mystères du show à l'américaine.

C'était une femme. Du moins en avait-elle l'apparence. Elle s'appelait Muriel Abbott. Nous nous détestâmes dès notre première rencontre, qui eut lieu fort tôt le matin dans la suite que nous occupions avec Loulou au trente-neuvième étage du Waldorf, où elle débarqua sans crier gare.

« Allez-y, dit-elle en prenant place sur le canapé, je vous écoute !

– Comme ça ? Maintenant ? répondis-je, ahurie.

– Mais oui. Nous n'avons pas de temps à perdre ! »

Loulou, en robe de chambre, me fit signe de faire preuve de patience. Il alla chercher sa guitare et s'installa sur le bras d'un fauteuil.

Nous commençâmes à égrener mes chansons devant une Muriel Abbott impassible. C'était atroce, à tout point de vue.

À un moment le téléphone sonna dans le vestibule. Loulou alla décrocher. C'était pour elle. Nous tendîmes l'oreille. Elle parlait à voix basse à son interlocuteur.

« *She is nothing ! And she does not even shave herself under arms !* »

Elle n'est rien. Et elle ne se rase même pas sous les bras…

Ce qui était partiellement vrai, le voyage et mes diverses occupations depuis mon arrivée à New York ne m'ayant pas laissé le temps de pratiquer l'épilation minutieuse à laquelle je me livrais ordinairement.

Muriel Abbott, de retour dans le salon, jugeant qu'elle en avait assez entendu pour se faire une opinion – très négative, comme nous avions pu nous en rendre compte – passa à l'épineuse question de ma garde-robe. Elle me demanda de lui montrer ma tenue de scène. C'était une robe plissée noire à col montant. Elle poussa les hauts cris. Les Françaises, selon elle, se devaient de porter des robes érotiques, sensuelles, au décolleté généreux. Car si elles n'étaient pas même sexy, à quoi bon s'embarrasser de pareilles nullités ?

Décidément, nous la décevions énormément. D'autant qu'aux questions suivantes : « Qui a conçu votre spectacle ? Qui l'a écrit ? Qui en a fait la chorégraphie ? », Loulou, sentant la moutarde lui monter au nez, répondit sèchement :

« C'est un spectacle conçu par Line Renaud et Loulou Gasté, écrit par Line Renaud et Loulou Gasté, chorégraphié par Line Renaud et Loulou Gasté ! »

Elle quitta notre suite, dégoûtée.

Toutefois, malgré la tranquille assurance de Loulou, je sentais qu'il fallait agir. Mon tour de chant était trop sage, trop corseté. Je devais trouver le moyen de lui donner ce caractère intime et décontracté qui, je le sentais, correspondait à l'attente des Américains.

J'eus alors l'idée de téléphoner à notre ami Art Buchwald qui vivait à Paris depuis 1948 où il était le correspondant de *Variety* et du *New York Herald Tribune*. Ses chroniques, pétillantes d'esprit, étaient consacrées à la vie mondaine et à l'actualité artistique à Paris.

« Art, je t'en prie, lui dis-je au bord du désespoir, donne-moi de l'humour américain !

– Je vais voir ce que je peux faire pour toi, Line ! » répondit Art que j'imaginais les yeux plissés de rire derrière ses grosses lunettes d'écaille.

Il rédigea pour moi des *lines*, ces phrases brèves ponctuées d'une chute comique dont raffolait le public américain et qui émaillaient les shows des grands artistes de variétés. Chacun avait son rédacteur attitré, payé au bon mot. Dean Martin, par exemple, entrait en scène et disait :

« Pardonnez-moi, je ne chanterai pas longtemps ce soir, c'est l'anniversaire de ma femme. Je ne vous dirai pas son âge. Tout ce que je peux vous affirmer, c'est que les bougies coûtent plus cher que le gâteau ! »

J'utilisai quelques-unes des suggestions d'Art Buchwald, repris ce qui m'avait si bien réussi en Angleterre, un mélange de français et d'anglais maladroit qui me permettait tout à la fois de me faire comprendre du public et de le mettre dans mon jeu et, pour le reste, fis confiance à ma bonne étoile. J'étais comme j'étais, inutile de tricher.

Le trac qui m'étreignait depuis le début de l'après-midi disparut comme par miracle à peine entrée en scène, les spectateurs me trouvèrent *so cute*, ils reprirent en chœur « Mademoiselle from Armentières », firent *Ouah ! ouah !* en mesure sur « Doggy in the Window » et s'attendrirent lorsque je dédiai « Le soir » à mon mari Loulou Gasté qui m'accompagnait à la guitare.

J'étais sans doute loin d'égaler la sophistication du show de Dinah Shore, mais j'avais réussi mon examen de passage et je savais à présent dans quelle direction progresser.

Au dîner qui suivit le spectacle, je fus placée à la table de l'ambassadeur de France, de la duchesse et du duc de Windsor, chez qui j'avais chanté un soir à Paris, et du général MacArthur, dont le fils connaissait par cœur « Ma Cabane au Canada ». Notre ami Art Buchwald, spécialement venu de France, était lui aussi présent.

Soudain, je vis s'approcher l'horrible Muriel Abbott, la bouche pleine de compliments. Tranquillement, je levai mon bras :

« *See, I've shaved !* »

Vous voyez, je me suis rasée…

Je n'entendis plus jamais parler d'elle.

*

New York m'avait impressionnée, Hollywood me séduisit infiniment. Je fus éblouie par la Californie, ses palmiers, ses fleurs, ses villas somptueuses, les plages de Santa Monica, Sunset Boulevard et Beverly Hills. J'avais vingt-sept ans et voilà que j'étais projetée au cœur même de cet univers qui m'avait tant fait rêver depuis l'enfance. En ce printemps 1955, j'étais encore bien plus ailleurs qu'ailleurs et je ne songeais nullement à dissimuler mon ravissement. Cendrillon candide, je savourais sans retenue le privilège de côtoyer, au hasard des nombreuses *parties* auxquelles nous étions invités, Rita Hayworth et Ali Khan, William Holden, Alfred Hitchcock, Frank Sinatra, Cary Grant, Marlon Brando et tant d'autres.

Loulou, qui par le biais de la musique s'était fabriqué une Amérique mythique, peuplée de divinités inaccessibles, était fasciné de découvrir ses idoles en chair et en os et de papoter sans façon avec elles comme il l'aurait fait à Paris avec Misraki, Aimé Barelli ou Hubert Rostaing.

Dans l'avion qui nous menait à Hollywood, nous avions rencontré Véronique Passani, une jeune et jolie journaliste française venue rejoindre Gregory Peck, qu'elle avait rencontré deux ans plus tôt. Sur le point d'aller interviewer le Dr Schweitzer à Lambaréné, Pierre

Lazareff, son patron à *France-Soir* avait brusquement changé d'avis et l'avait expédiée à Rome sur le tournage de *Vacances romaines* de William Wyler, film où Gregory Peck donnait la réplique à Audrey Hepburn.

Véronique et Gregory – qui se marièrent quelques mois plus tard – devinrent nos meilleurs amis.

Loulou découvrit en Gregory Peck un amateur de jazz enragé. Ensemble, ils passaient des heures à se poser des colles : qui joue du sax ténor au côté de Duke Ellington dans l'enregistrement de « Cotton Tail » en mai 1940 ? Qui accompagne au piano Billie Holiday dans « All of Me » en mars 1941 ?

Un soir, dans un restaurant, Loulou et Gregory entamèrent une controverse au sujet de Red Nichols and His Five Pennies. Peck était certain que Loulou n'avait jamais entendu parler de cette formation qui avait connu son heure de gloire à la fin des années 1920.

« Tu rigoles ! Écoute ça... », répliqua Loulou, piqué au vif. Il se mit à siffler un air.

« The Japanese Sandman ! » réagit aussitôt Gregory. C'était le titre de l'un des plus grands succès de Red Nichols.

Ils évoquèrent avec nostalgie ce grand chef d'orchestre, égrenant le nom de tous les musiciens qui avaient joué avec lui : Tommy Dorsey, Benny Goodman, Gene Krupa...

« Je me demande bien ce qu'il est devenu, remarqua Loulou en soupirant.

– Aucune idée », répliqua Gregory.

Nous avions fini de dîner, il s'éclipsa discrètement pour régler la note, revint peu après et nous proposa de finir la soirée dans une boîte de jazz.

Quelques instants plus tard, nous nous retrouvions devant le Sirocco sur Sunset Boulevard. Au moment précis où nous franchissions le seuil de l'établissement, le chef d'orchestre, se tournant vers le public, annonça :

« *And now, ladies and gentlemen, for the French composer Loulou Gasté, "The Japanese Sandman".*

– Tu voulais savoir ce qu'était devenu Red Nichols ? glissa malicieusement Gregory Peck à Loulou. Le voilà ! »

Profitant du court instant où il s'était absenté, à la fin du repas, il avait téléphoné au Sirocco pour vérifier que Red Nichols dirigeait bien l'orchestre ce soir-là et avait organisé cette petite mise en scène pour le plus grand bonheur de son ami Loulou.

*

Vedette française parfaitement inconnue du grand public aux États-Unis, j'aurais pu être accueillie avec un certain dédain par l'énorme équipe qui travaillait sur la préparation et l'enregistrement des émissions de Bob Hope, aux studios de Burbank. Il n'en fut rien, bien au contraire. Tout le monde se montra d'une extraordinaire prévenance avec moi. J'étais le choix de Bob Hope, c'est donc qu'il me trouvait des qualités, personne ne se serait permis d'exprimer un avis contraire. J'espère que je fus à la hauteur de cette confiance immédiate autant qu'imprévue.

On travaillait beaucoup à Burbank. Les équipes se relayaient, Bob Hope, grand angoissé, n'était jamais satisfait. Non point qu'il fût tyrannique, mais il lui semblait toujours qu'il y avait mieux à faire, plus drôle à trouver, plus inattendu. Il était entouré d'un bataillon d'auteurs extrêmement spécialisés, celui-ci pour les *lines*, cet autre pour les scènes sentimentales, ce troisième pour les gags visuels. On ne rencontrait pas chez eux cette vanité qui, en France, obligeait à mille contorsions pour ménager les susceptibilités. C'était bon ou ça ne l'était pas. Et si ça ne l'était pas, l'auteur déchirait son texte et retournait sans discuter derrière sa machine à écrire – ce qui ne l'empêchait pas, j'imagine, de regretter parfois telle ou telle de ses idées, mais il n'en laissait rien paraître et subordonnait son ego au travail d'équipe. J'ai beaucoup appris de cette manière de travailler et l'ai reprise à mon compte en maintes occasions.

Lorsque le show semblait au point, on le rodait en public, équivalent des *screening tests* couramment pratiqués pour les films à Hollywood. Après quoi, Bob Hope et son staff revoyaient chaque sketch à la virgule près, coupaient impitoyablement ce qui n'avait pas fonctionné, ajoutaient de nouveaux gags, retravaillaient les *lines* et les enchaînements.

Quant à moi, je répétais – je devrais dire : je m'entraînais – jusqu'à la dernière minute avec Lester Brown, le chef d'orchestre, et Kevin Carlisle, un jeune chorégraphe bourré de talent. Les interminables séances où j'arpentais le bureau de Loulou rue Washington – « Le contretemps ! Le contretemps ! » – n'avaient pas été inutiles. Pour la première fois, on m'enseigna à danser avec des boys, oui, des boys, comme Dinah Shore. En somme, j'étais payée pour apprendre. Sans m'en rendre compte, je me préparais à aborder la deuxième partie de ma carrière. Les chorégraphies du « Bob Hope Show » préfiguraient ma première revue au Casino de Paris, quatre ans plus tard.

Alors que je chantais à New York, Gus Lampe, le directeur artistique du prestigieux Cocoanut Grove, la salle de spectacle de l'hôtel Ambassador sur Wilshire Boulevard à Los Angeles, était venu m'entendre et m'avait engagée pour trois semaines. Une fois encore je me trouvais confrontée à une légende. Judy Garland, Cab Calloway, Tommy Dorsey, Duke Ellington s'étaient produits dans cette salle au plafond bleu orné d'étoiles scintillantes, où les tables des dîneurs entouraient une piste de danse aux dimensions gigantesques. En surplomb, deux galeries superposées, soit au total plus de neuf cents couverts chaque soir. On prétendait que les célèbres palmiers qui décoraient la salle provenaient du film de Rudolph Valentino, *Le Cheik*, tourné en 1921.

Après Dinah Shore à New York, j'héritais du redoutable privilège de succéder à Sammy Davis Junior. Le soir de la première, outre nos amis Gregory Peck et Véronique Passani, étaient venus Doris Day, Cary Grant, Alfred Hitchcock, Vivien Leigh et Laurence Olivier, Cyd Charisse, Otto Preminger ainsi que Jimmy McHugh, le compositeur que nous avions rencontré par le plus grand des hasards à Paris, quelques mois plus tôt.

Je chantai « Doggy in the Window », « Mademoiselle from Armentières », « Le soir » devenu « I'd Love to Fall Asleep ». Puis je descendis dans la salle, micro en main. Le pinceau d'un projecteur isola la table où était assis Jimmy McHugh. Je m'approchai, lui pris la main.

« Et maintenant, dis-je, je voudrais rendre hommage à un très grand compositeur. Il s'appelle Jimmy McHugh. Jimmy a écrit une merveilleuse chanson, "On the Sunny Side of the Street". Je vais vous la chanter dans la langue de mon pays. »

La salle, touchée par cet hommage qui, au travers de l'un de ses plus brillants artistes, s'adressait à toute la musique américaine, éclata en applaudissements.

C'était gagné. Plus encore que je ne le croyais, car assise à côté de Jimmy McHugh, il y avait sa grande amie et ex-amour Louella Parsons, la féroce commère d'Hollywood qui, de même que sa consœur Elsa Maxwell, pouvait d'une phrase vous projeter vers les sommets ou vous précipiter en enfer. Si bien que celle qui aurait pu me déchirer à belles dents devint une alliée fidèle qui ne manqua jamais, tout au long de mon séjour, de dire tout le bien qu'elle pensait de moi.

Comme au Waldorf à New York, mon contrat fut prolongé et je chantai finalement deux mois au Cocoanut Grove.

Le dernier soir, Gus Lampe s'adressa ainsi au public :

« Depuis vingt ans que je dirige cette salle, c'est la première fois que je monte sur scène. Je ne suis pas sentimental, mais je voulais dire au revoir à mon amie Line et lui offrir un petit cadeau. »

Il me remit un superbe sac à main et m'embrassa sur les deux joues, tandis que l'orchestre, suivi par la salle entière, reprenait « Mademoiselle from Armentières ».

Dernière chance, dernier cadeau de ce séjour, Lee Gillette, le directeur artistique des disques Capitol, me proposa d'enregistrer deux chansons en duo avec Dean Martin.

Après avoir cru à un canular, j'acceptai de grand cœur. On me fit porter les partitions à l'hôtel, je les travaillai avec l'aide de Loulou. L'une de ces chansons, « Relax-Ay-Voo », fera le tour de la terre.

À l'origine, Dean Martin devait la chanter dans un film avec Jerry Lewis, mais les deux complices s'étaient fâchés peu avant le tournage et le film ne s'était pas fait. Curieusement – mais je n'allais pas m'en plaindre –, Capitol avait pensé à moi pour remplacer Jerry Lewis.

Le matin de l'enregistrement, le vice-président de Capitol, Alan Livingston, me conduisit au studio. Dean Martin n'était pas encore là. Nous fîmes quelques essais de voix et une première mise en place avec l'orchestre de Nelson Riddle. Pas de Dean Martin à l'horizon.

Il arriva finalement d'extrême justesse, un sac de golf sur l'épaule, parfaitement décontracté.

« *Hey, honey !* » fit-il en m'embrassant comme si j'étais une vieille connaissance. Puis se tournant vers les techniciens :

« *Ready to go ?* »

Un rapide essai pour le son et nous enregistrâmes.

Première prise, Alan Livingston et Lee Gillette se déclarèrent très satisfaits, « Relax-ay-Voo » était dans la boîte. Graver la deuxième chanson, « Two Sleepy People » fut une simple formalité. Dean Martin put repartir jouer au golf l'esprit en paix.

C'était sa façon de travailler. Il pensait qu'il n'était jamais meilleur que dans les premières prises et lorsqu'il produisit, dans les années soixante, son hilarant « Dean Martin Show », il poussa l'exercice jusqu'à faire intervenir un invité surprise qu'il découvrait en même temps que le public en ouvrant une porte, s'obligeant à un exercice d'improvisation dont il se tirait avec un brio stupéfiant.

Lorsque je me suis installée à Las Vegas, quelques années plus tard, Dean Martin devint l'un de mes grands amis.

Il faut dire que ma maison était située en bordure du terrain de golf que Dean arpentait chaque matin quatre heures durant, avec juste une petite pause pour venir chiper un jus de fruits dans mon réfrigérateur.

*

Oui, nous fûmes à deux doigts de larguer les amarres et de nous installer à Hollywood. Les propositions affluaient, nous étions accueillis partout, fêtés, choyés. C'était la grande époque des films musicaux. Jack Warner me proposait un contrat de sept ans, Warner Bros voulait faire de moi le nouveau Maurice Chevalier, en jupe et sans canotier.

Hélas – ou par bonheur –, trois ans plus tôt, en vacances à l'Alpe-d'Huez, nous avions rencontré le journaliste et écrivain Jacques Robert, avec qui nous avions sympathisé. Un matin où je lui avais proposé une descente en luge, moi devant, lui à l'arrière, notre engin, lancé comme un bolide sur la piste gelée, avait failli se fracasser sur le mur de l'hôtel. Tremblant de frayeur, Jacques Robert s'était relevé, transformé en bonhomme de neige, et furieux m'avait lancé : « Tu es la Madelon ! Voilà le rôle qui te conviendrait : la Madelon ! »

Dans son esprit, “la Madelon” était, je suppose, une effrontée prête à toutes les espiègleries. Ce qui n'était pas très éloigné de la réalité.

Je l'avais pris au mot.

« Écris-moi “la Madelon” et je tournerai le film. »

Jacques Robert avait écrit le scénario, mais il s'était écoulé trois ans avant que les producteurs, Georges Lourau et Alexandre Mnouchkine, parviennent à monter l'affaire. Tout était enfin prêt, le réalisateur choisi, mes partenaires engagés, la date de tournage fixée. Je recevais télégramme sur télégramme, on m'attendait à Paris pour essayer les costumes, il fallait à tout prix que je rentre.

Il m'arrive quelquefois de me poser la question : ai-je bien fait de revenir ? Si j'avais dit oui à Jack Warner, je serais peut-être devenue une vedette mondiale de cinéma. Mais, aujourd'hui, serais-je autre chose qu'une vieille star depuis longtemps oubliée ? Et le couple que je formais avec Loulou aurait-il résisté aussi longtemps ?

Les studios ne s'accommodaient pas des ménages sans histoires. Il fallait jeter en pâture à la presse des amours tumultueuses, des scandales, des dépressions, des tentatives de suicide, des divorces mouvementés. Ni

Loulou ni moi n'étions faits pour jouer ce jeu-là. Et si, par la suite, nous sommes passés bien près de la rupture, au moins s'agissait-il de notre propre histoire, non de celle concoctée par les services de publicité d'un studio.

Acte manqué, preuve de notre indécision, une semaine avant de prendre l'avion, Loulou, distrait, brûlait un feu rouge et percutait un autobus en plein Hollywood. Nous nous en tirâmes avec quelques égratignures, sans bien savoir quel signe le destin avait voulu nous adresser : rester coûte que coûte ou filer dare-dare ?

La veille de notre départ, Bob Hope donna pour nous une *farewell party*. Au cours de la soirée, il fit un petit discours dans lequel il expliqua :

« J'aurais pu accompagner Line pendant tout son séjour et l'aider en tout. Mais je savais qu'elle n'avait pas besoin de patronage. Son succès est à elle toute seule et j'en suis très fier. »

C'était un homme de cœur. Je lui garde une grande reconnaissance pour sa générosité et la confiance qu'il m'a spontanément accordée, un soir, au Moulin Rouge, en signant sur un coin de table un contrat qui devait changer tant de choses dans ma vie.

En montant dans l'avion, machinalement, je mis les mains dans les poches de mon manteau. J'y trouvai un petit paquet enveloppé de papier de soie. À l'intérieur, Bob avait placé le bateau qui se trouvait au sommet du gâteau qu'il avait découpé en mon honneur.

Comme un dernier clin d'œil.

Chapitre trois

La Madelon

Le lundi 2 mai 1955, nous étions de retour à Paris.

Un document de l'INA que je visionne avec un petit pincement au cœur nous montre, Loulou et moi, descendant du Super Constellation d'Air France.

Maman et grand-mère se précipitent vers moi et m'étreignent, grand-mère pleure. Il y a un gros plan fugitif de maman. Elle a cinquante ans, elle est rayonnante de beauté.

Beaucoup de gens sont venus nous accueillir à l'aéroport, des amis, des admirateurs. Une petite fille me remet un bouquet : « Bonne fête, Line, de tous les amis de la radio du club ! », récite-t-elle. Quelle fête ? Quel club ? Je ne m'en souviens plus.

Un petit homme chauve s'approche.

« Je suis venu pour t'embrasser », dit-il, joignant le geste à la parole. Je le présente aux journalistes. C'est Jean Boyer, le metteur en scène de *La Madelon* dont le tournage commence une semaine plus tard.

Jean Boyer était un homme plein d'esprit, qualité qui, hélas, ne transparaissait pas toujours dans ses films. Peu de gens se souviennent qu'il avait composé avant la guerre, avec Georges Van Parys, de très jolies chansons, parmi lesquelles « Comme de bien entendu », « Ça c'est passé un dimanche » ou « Y a toujours un passage à niveau ». Bon faiseur, il réalisa consciencieusement

La Madelon, qui devait être ou peu s'en faut son cinquantième film, s'entourant de techniciens confirmés et d'acteurs solides : Jean Richard, Jean Carmet, Roger Pierre, Noël Roquevert, Pierre Larquey.

Sorti en novembre 1955, le film obtint un très grand succès. Ce n'était certes pas un chef-d'œuvre, mais sauvé par sa bonne humeur et l'entrain des comédiens, il plut beaucoup au public dont il titillait à la fois l'humeur gaillarde et les sentiments cocardiers. J'y avais mis tout mon cœur, puisant largement dans mes souvenirs pour composer mon personnage. Entre mémère, grand-mère et maman, les modèles ne manquaient pas et nous savions d'expérience, dans la famille, ce que servir à boire à des soldats signifiait.

La première à Lille fut grandiose. Le maire Augustin Laurent, le préfet, le général commandant la place m'accueillirent en grande pompe. La fanfare du 51e régiment d'infanterie interpréta « La Madelon » à mon arrivée dans la salle du cinéma Capitole – là où dix ans plus tôt je chantais à l'entracte dans ma robe de scène cousue par ma grand-mère.

C'était le 9 novembre 1955. Le 15, mon père se tuait presque arrivé chez lui, à Pont-de-Nieppe, en percutant un camion-citerne à l'arrêt. Il rentrait de Lille où il venait de voir pour la sixième fois *La Madelon*, dans lequel sa fille triomphait. Il était seulement âgé de quarante-neuf ans.

*

Durant les cinq mois passés aux États-Unis, Loulou avait été un merveilleux compagnon de voyage, à la fois discret et présent, restant volontairement dans l'ombre mais toujours prêt à m'éclairer d'un avis. Pourtant, je pressentais qu'un changement était en train de se produire dans notre relation. Tout en restant profondément complices, nous étions moins proches. Et s'il continuait à guider ma carrière, il n'était plus seul à décider de mes choix.

J'étais soucieuse pour l'avenir. Loulou composait moins, les chansons originales qu'il m'avait données pendant toutes ces années laissaient de plus en plus souvent la place à des adaptations, ce qu'on appelle des *covers*, des chansons déjà chantées par d'autres : « Buona sera », « Mambo italiano », « Vaya con Dios ». Par là même, je courrais le risque de me banaliser.

Pourtant, tout marchait bien pour moi, mieux encore peut-être qu'avant mon séjour en Amérique. Mes nouvelles chansons, « Pam pou dé », « Mister Banjo », battaient des records de vente, je multipliais les apparitions à la télévision dans les grandes émissions de variétés, « 36 chandelles », « L'école des vedettes » d'Aimée Mortimer. Le journal *France-Soir*, de mes amis Pierre Lazareff et Sam Cohen, qui tire à 1,5 million d'exemplaires m'avait choisie comme mascotte, ma popularité était intacte.

Dans ces conditions, Loulou ne voyait pas très bien pourquoi ne pas poursuivre sur la même trajectoire.

Mais une autre génération de chanteurs était apparue, souvent des chanteurs-compositeurs : Jacques Brel, Georges Brassens, Gilbert Bécaud, Charles Aznavour.

« Ce qu'ils font, tu peux le faire ! » me répétait Loulou. Vocalement, sans doute, je n'aurais eu aucune difficulté particulière à chanter du Bécaud. Mais Bécaud, en février 1955, avait attiré à l'Olympia un public de teenagers qui, sous le coup de l'enthousiasme, avaient brisé les sièges en mille morceaux. Il y avait un phénomène Bécaud, le phénomène Line Renaud s'était produit dix ans plus tôt. Il fallait inventer autre chose.

L'exemple laissait Loulou dubitatif. Était-il besoin que le public ravage une salle pour prouver qu'on avait du succès ?

Non, sans doute, et mes galas, en France, en Italie, en Scandinavie, en Espagne, affichaient toujours complet. Mais je savais d'instinct que c'est lorsqu'on est en plein succès qu'il convient de se poser des questions, non pas lorsque, par manque de vigilance ou par routine, on se retrouve au fond du trou.

Il aurait fallu solliciter de nouveaux auteurs, plus jeunes, des auteurs de mon âge, somme toute. Mais cela, Loulou, par pure jalousie, le refusait absolument. Aucun compositeur, hormis s'il était très vieux et de préférence établi dans un pays lointain, ne trouvait grâce à ses yeux. Sauf Trenet peut-être. Mais Trenet lui-même approchait de la cinquantaine et sa carrière marquait le pas.

J'avais vu, aux États-Unis une comédie musicale intitulée : *New Wave, New Faces*. Nouvelle vague, nouveaux visages. La formule m'avait frappée. Je sentais cette vague nouvelle rouler sous mes pieds et je n'avais aucunement l'intention de rester sur le sable. Du côté du Golf Drouot, des gamins de quatorze ou quinze ans, fascinés par Bill Haley, Elvis Presley ou Little Richard, s'apprêtaient à déclencher une révolution sans précédent. Ils étaient là, les nouveaux visages, ils s'appelaient encore Jean-Philippe Smet ou Claude Moine. Trois ans plus tard, ce sont eux qui s'installeraient aux commandes, renvoyant d'un seul coup une bonne partie de la chanson française dans les étages inférieurs des hit-parades.

*

Ces mornes réflexions n'occupaient pas, loin s'en faut, tout mon esprit, et mon énergie ne s'en trouvait en rien diminuée. La BBC m'avait demandé d'animer une émission hebdomadaire de télévision, le « Paris-Piccadilly Show », où je chantais, dansais et recevais des invités. Mes allers-retours à Londres étaient si nombreux que les douaniers m'appelaient familièrement Line et que je leur donnais du John, Edward ou Peter.

Même si j'avais de plus en plus tendance à prendre mes décisions seule et parfois contre l'avis de Loulou, la relation de confiance que j'entretenais avec lui était toujours aussi profonde. M'opposer à son avis était une chose, me passer de son avis une autre. Un événement vint d'ailleurs tempérer mes velléités d'indépendance.

En 1957, Jean Bauchet et sa femme, les nouveaux propriétaires du prestigieux Moulin-Rouge, me proposèrent de faire ma rentrée dans la salle qu'ils venaient de racheter. J'acceptai et décidai de monter mon tour de chant à ma manière. Loulou, de temps à autre, essayait bien de donner son avis, mais le moindre de ses conseils m'agaçait.

« Tu vas te casser le nez, écoute-moi, disait-il. Ton tour de chant est mal construit.

– Je sais où je vais. Fais-moi confiance. »

Alors il se tut. Mais c'était encore trop. À son regard, je voyais ses réticences. Au fond de moi, je savais qu'il avait raison, mais je m'obstinai.

Une grande amie, Éliane Cohen, la femme de Sam, le codirecteur de *France-Soir*, assista à l'un des derniers filages. Le lendemain matin, j'étais dans ma chambre à La Jonchère, le téléphone sonna. Je décrochai. Un déclic, en bas, dans le salon, Loulou avait pris la communication avant moi.

C'était Éliane au bout du fil.

« Tu sais, Loulou, j'ai assisté à la répétition de Line, hier. Tu devrais lui dire, ça ne va pas du tout. Il faut faire quelque chose.

– Qu'est-ce que tu veux que je fasse, répondit Loulou, malheureux. C'est l'ordre de ses chansons qui ne va pas. Mais elle ne m'écoute plus, elle n'en fait qu'à sa tête. »

Sitôt qu'Éliane eut raccroché, je dégringolai les escaliers et me précipitai dans les bras de Loulou.

« Pardon, Loulou ! J'ai été stupide, je t'ai fait de la peine. Est-ce que tu veux bien qu'on travaille ensemble ? »

Nous avons procédé comme nous l'avions toujours fait, découpant des petits bouts de papier, inscrivant dessus le titre des chansons, les alignant fiévreusement dans un sens, dans un autre, imaginant de nouveaux enchaînements.

En quelques heures, mon tour de chant était entièrement rebâti, il me restait encore trois jours pour le roder. Avec Loulou dans la salle et mon regard interrogateur posé sur lui.

La première eut lieu le mardi 19 mars 1957.

Le lendemain, Paul Giannoli écrivait dans *Paris-Presse* :

Un choc ! Lorsqu'elle entre en scène, on croit que Marilyn Monroe est miraculeusement tombée du ciel sur le Moulin-Rouge.

Elle regarde Loulou Gasté qui est à la guitare. Il lui cligne de l'œil. Elle a un petit mouvement espiègle des épaules et elle commence à chanter. En une dizaine de chansons, elle montre qu'elle a encore élargi l'éventail de ses possibilités.

Chacun de ses gestes est à lui seul un numéro. Ce qu'elle ne sait pas encore faire en scène, ce n'est pas la peine de l'apprendre. Il n'y a pas de chanteuse en

France qui soit comme elle : autant de chanteuses en une seule.

Qu'on me pardonne de laper sans retenue le miel des compliments. Des mots blessants, de mauvaises critiques, j'en ai eu largement ma part, merci bien. Ces éloges décernés par un journaliste estimable m'ont grandement réconfortée. J'y trouvais la reconnaissance du travail accompli depuis mon retour d'Amérique. Mais là où Giannoli se trompait, c'est lorsqu'il affirmait que ce n'était pas la peine que j'apprenne ce que je ne savais pas encore faire en scène. Car c'est justement en travaillant encore et encore, et au prix de quels sacrifices, que ma carrière a pris un tournant décisif.

Nous étions en 1957. Le 11 décembre 1959, je débutai au Casino de Paris. Entre-temps, j'avais appris un nouveau métier : celui de meneuse de revue.

*

C'est au Moulin-Rouge qu'Henri Varna vint me voir dans ma loge et me proposa pour la première fois de monter une revue dont je serais la vedette au Casino de Paris.

En vérité, je n'avais jamais mis les pieds au Casino de Paris et je n'avais aucune idée de ce à quoi pouvait ressembler une revue montée dans ce temple mythique où avaient officié Mistinguett et Joséphine Baker. Lorsqu'il en parlait, le regard de Loulou se nimbait d'un voile de nostalgie : Ah ! Varna… Ah ! le Casino… Il était dans la fosse d'orchestre avec Ray Ventura et Les Collégiens en 1933, dans la revue *Vive Paris* avec Cécile Sorel et en gardait un souvenir ému.

« Vous êtes jeune, vous êtes belle, vous avez de l'autorité, vous savez chanter, vous savez danser, vous êtes faite pour mener la revue ! » me dit Varna.

J'étais flattée, impressionnée, mais pas du tout prête à accepter.

« Je ne suis pas prête, monsieur Varna. J'ai des engagements en France et à l'étranger, je pars en tournée pendant plus d'un an. Quand je me sentirai sûre de moi, je vous promets d'y repenser. »

M. Varna quitta ma loge, bien décidé à revenir à la charge.

Les travaux de notre maison à La Jonchère engloutissaient des sommes folles, nous avions des soucis d'argent, travaillant sans cesse pour renflouer les caisses. En même temps, comme je l'avais dit à Henri Varna, je cherchais à internationaliser ma carrière et, les deux nécessités se combinant, nous courions d'un pays à l'autre, si ce n'est d'un continent à l'autre, ayant à peine le temps de défaire nos valises entre deux voyages. Autrement dit, nous étions en train de nous ruiner pour une maison que nous n'habitions pas la plupart du temps. Marcelle et Fernand, heureusement fidèles au poste, récoltaient fruits et légumes, et cueillaient les fleurs dont ils faisaient des bouquets qui ne profitaient à personne. Nous arrivions après les cerises, juste avant que les abricots soient mûrs et les poires étaient blettes à force d'avoir espéré notre retour.

Et pourtant, où que nous soyons, Lisbonne, Milan, Copenhague ou Montréal, c'est cette maison qui nous donnait nos plus grandes joies. Savoir qu'elle nous attendait était un bonheur qui nous payait largement de cette course incessante autour du monde.

Au Canada, je fis un show en langue française pour promouvoir la Buick 58, tandis que Bob Hope enregistrait la même émission en langue anglaise. General Motors se félicita du résultat et me demanda de rééditer l'expérience trois semaines plus tard, pour la Chevrolet, cette fois. Que faire au Canada pendant ces trois semaines ? Il fallait que l'argent rentre, mes cachets étaient bien inférieurs à ce qu'empocherait aujourd'hui un chanteur ou un compositeur de niveau équivalent.

Grâce au premier show pour General Motors qui avait remporté un grand succès, nous avons décroché, en dernière minute, un engagement à Québec, dans le cabaret historique de la francophonie, Chez Gérard, à l'angle de la rue Saint-Nicolas et de la rue Saint-Paul, où s'étaient produits avant moi Trenet, Piaf, Aznavour et bien d'autres.

Gérard Thibault, le patron des lieux, un type merveilleux, dit à Loulou : « Elle est formidable. Il faut absolument qu'elle chante à Montréal. Ils vont l'adorer, là-bas ! » Mais toutes les salles étaient réservées depuis longtemps. Grâce à son aide, nous finîmes par dénicher une boîte assez moche en rase campagne, à plusieurs kilomètres de la ville, Le Faisan bleu. La clientèle était essentiellement anglophone, les affaires ne marchaient pas très bien, le patron, certain de notre échec, avait refusé de s'associer avec nous. Il le regretta amèrement. En douze jours, nous battîmes tous les records de recettes de l'établissement. Ce que voyant, le directeur voulut prolonger notre contrat, en tant qu'associé cette fois. Mais cela n'était pas possible. Nous étions attendus à New York pour le « Ed Sullivan Show ». La course continuait.

*

Diffusé sur CBS chaque dimanche à vingt heures depuis 1948, le « Ed Sullivan Show » était l'une des émissions les plus populaires d'Amérique. Si nous avions accepté ce nouveau contrat, c'était essentiellement dans l'espoir de vendre aux États-Unis les droits de la comédie musicale *Irma la Douce* dont Loulou était l'éditeur en France. Car je comptais bien obtenir d'Ed Sullivan qu'il me laisse chanter « Ah ! dis donc, dis donc » au cours de l'émission. Je savais que tous les producteurs de Broadway regardaient le « Ed Sullivan Show » et que si la chanson accrochait, ils prendraient tous le premier avion pour l'Angleterre afin de voir la comédie musicale qui se jouait au même moment à Londres.

À l'origine d'*Irma la Douce*, il y avait une courte pièce d'Alexandre Breffort qui s'appelait *Les Harengs terribles*. L'histoire d'un jeune étudiant fauché qui s'éprend d'une prostituée. Un jour, en 1954, Marguerite Monnot, qui avait composé tant d'admirables chansons pour Piaf, dont « L'hymne à l'amour » ou « La goualante du pauvre Jean », vint voir Loulou aux éditions Micro. Elle lui donna le texte de Breffort.

« Tiens, dis-moi ce que tu en penses. On veut en faire une comédie musicale », dit-elle.

Loulou avait une immense admiration pour Marguerite Monnot, pianiste remarquable et mélodiste de génie.

« Tu mettras combien de chansons là-dedans ? demanda Loulou.

– Vingt-cinq.

– Très bien. Alors je n'ai pas besoin de lire. Je la prends, ta comédie musicale. Mais il faudra changer le titre. »

C'est ainsi que *Les Harengs terribles* devint *Irma la Douce*.

Breffort, Monnot et Loulou mirent un temps fou à trouver une salle. Faute de mieux, ils se rabattirent sur le théâtre Gramont, dirigé par René Dupuy, qui n'avait connu aucun succès depuis des années.

Restait à distribuer le rôle d'Irma. J'aurais adoré le jouer moi-même, mais j'étais coincée par mes engagements. Il me semble que c'est Loulou qui eut l'idée de faire des essais avec Colette Renard, l'amie de Raymond Legrand avec lequel il était très lié. Le choix se révéla parfait. Colette, qui était violoniste, n'avait jamais chanté. Elle possédait cette naïveté et cette espèce de pudeur de la première fois qui collait pile poil au rôle.

Le succès fut inimaginable. La pièce se joua pendant quatre ans au théâtre Gramont. Près de mille représentations.

J'étais enthousiasmée par le spectacle. *Irma la Douce* avait, selon moi, tous les atouts pour devenir un succès mondial. L'histoire, touchante et drôle, avait une portée universelle, les chansons de Marguerite Monnot n'étaient qu'une suite ininterrompue de tubes potentiels. Par jeu, par défi, pour tester mes capacités dans un domaine nouveau pour moi, je mis un acharnement particulier à imposer la pièce en Grande-Bretagne d'abord, en Amérique ensuite.

Je dis à Loulou : « Vous tenez un chef-d'œuvre, il faut monter la pièce en anglais, avec un grand metteur en scène !

– Tu connais un grand metteur en scène anglais, toi ? me demanda Loulou.

– Oui. Peter Brook. »

Pourquoi ce nom m'était-il venu spontanément à l'esprit ? Lors de mes séjours à Londres, je ne m'étais pas précipitée, je le confesse – coupable inculture, toujours –, pour voir ses grandes mises en scène de *La Tempête* ou d'*Hamlet*, mais je savais qu'il avait monté au théâtre Antoine *La Chatte sur un toit brûlant* avec Jeanne Moreau et surtout *Vu du pont* avec Raf Vallone, qui avait été un événement mémorable.

J'obtins le téléphone de Peter Brook par Jacqueline Cartier, une amie journaliste de *France-Soir*. Restait à l'appeler. Comment allait-il réagir ? Nous n'étions manifestement pas dans le même couloir, moi chanteuse populaire, lui metteur en scène très estimé dans les milieux intellectuels.

Je tentai le coup néanmoins.

« *Mister Brook, my name is Line Renaud.* »

Une voix froide me répondit.

« *What can I do for you ?* »

Je ne me démontai pas.

« *It's me who can do something for you.*

– *What ?*

– *Irma la Douce !* »

J'entendis un hoquet à l'autre bout du fil.

« *Irma la Douce ?* s'exclama Peter Brook, passant brusquement au français qu'il parlait à la perfection. Ça fait des semaines que je cherche à qui m'adresser pour avoir les droits ! s'exclama Peter Brook.

– À moi ! » répondis-je sobrement.

Peter Brook et les adaptateurs firent un travail sensationnel. La pièce, créée à Londres au Lyric Theatre en juillet 1958, fut jouée mille cinq cent douze fois, avec Elizabeth Seal dans le rôle d'Irma.

L'Angleterre était conquise, restait l'Amérique. Je mis autant d'acharnement à imposer *Irma la Douce* outre-Atlantique que j'en avais déployé pour lui faire traverser le Channel.

J'avais gardé d'excellents rapports avec Arthur Lewis, le producteur de *Can-Can* pour qui j'avais auditionné à Londres quelques années plus tôt. Nous l'invitâmes à La Jonchère et il vit *Irma la Douce* trois soirs de suite au Théâtre Gramont tant il avait ri.

« Les Américains vont adorer ! » hurlait-il en se tapant sur les cuisses. Il rentra aux États-Unis gonflé à bloc, la pièce sous le bras. Ses associés n'avaient sans doute pas le même sens de l'humour que lui. Ils trouvèrent *Irma la Douce* profondément immorale et lui opposèrent les réactions de la censure, qui, selon eux, n'accepterait jamais d'accorder son visa. À son grand regret, Arthur Lewis dut renoncer.

J'appelai alors Bob Hope.

« Bob, j'ai un projet fantastique pour toi !

– Ah bon ? Raconte ! »

Je lui résumai le sujet dans ses grandes lignes, insistant sur le rôle de Nestor le Fripé qui, selon moi, aurait été parfait pour lui.

« Envoie-moi tout de suite la pièce ! » réagit-il, alléché.

Quelques jours plus tard, je reçus la réponse par l'intermédiaire de sa secrétaire.

« Bob pense que la censure n'acceptera jamais. »

Troisième tentative, Gene Kelly. Je me trompe dans le décalage horaire et le réveille en pleine nuit.

« Gene, j'ai une pièce extraordinaire pour vous. Vous allez adorer ! Il y a de la comédie, du sentiment, des chansons merveilleuses, vous pourrez ajouter des numéros de danse fantastiques…

– *Send it to me !* »

Réponse trois jours plus tard : inutile de s'exposer à un refus de la censure.

J'arrêtai là provisoirement mes démarches, me jurant bien de revenir à la charge dès que possible. Le « Ed Sullivan Show » m'en fournit l'occasion.

Ed avait décidé que je passerais en tête de son programme, ce qui, contrairement aux habitudes françaises, était une marque de considération. Car les Américains, qui disposaient déjà d'un grand nombre de chaînes, avaient découvert bien avant nous le phénomène du zapping. Si l'émission démarrait mal, les téléspectateurs changeaient immédiatement de chaîne. On plaçait donc en tête les invités les plus capables de capter l'attention du public.

Mais comme il y avait de très nombreux invités, chacun n'interprétait qu'une seule chanson ou qu'un seul sketch. Ed Sullivan tenait à ce que je chante « Le soir », qui, sous le titre « I'd Love to Fall Asleep », était devenu un standard en Amérique.

« Bien sûr, lui dis-je, je chanterai "I'd Love to Fall Asleep", mais Ed, je vous en prie, laissez-moi chanter une deuxième chanson. Il y a une comédie musicale qui casse tout en France. Un jour ou l'autre elle viendra en Amérique, ce serait formidable que ce soit dans votre émission qu'on entende pour la première fois une chanson tirée d'*Irma la Douce*. »

Il refusa, j'insistai, il s'obstina, je m'acharnai. Lassé, il finit par céder. Je choisis de chanter « Ah ! dis donc ! » et pour présenter la chanson, Ed Sullivan et moi avions mis au point un petit numéro qui fit beaucoup rire et contribua à fixer ce *gimmick* dans l'esprit des spectateurs.

« Dites-moi, Line, qu'est-ce que ça signifie exactement en français "Ah ! dis donc ?" »

Je faisais semblant de réfléchir.

« *It depends, if I have a bad news : "Ah ! dis donc…". If you tell me you love me : "Ah ! dis donc…"* »

Puis je chantai la chanson, environnée de boys.

Le lendemain matin, le téléphone sonna dans notre chambre d'hôtel. Louis Dreyfus, le grand patron des éditions Chappell, demandait à nous voir. Nous le rencontrâmes au Waldorf où il signa *Irma la Douce*, trop content d'emporter l'affaire avant que ses confrères n'aient eu le temps de faire monter les enchères.

L'histoire ne s'arrête pas là.

Quelques mois plus tard, nous séjournions aux Baléares, dont Loulou et moi étions citoyens d'honneur depuis que « Le bal aux Baléares » avait donné un sérieux coup de fouet au tourisme local. Le soir, je chantais au Tito's, un endroit divin dans la baie de Majorque. Des gens de cinéma, en tournage dans le coin, y venaient dîner. Nous liâmes connaissance avec le producteur Eddy Alperson. De passage à Paris, nous l'emmenâmes, c'était devenu une tradition, voir *Irma la Douce*. Le spectacle l'enchanta.

« Il faut absolument que j'achète les droits cinématographiques avant que la pièce soit montée à Broadway ! Car je suis sûr que ce sera un triomphe et on m'en demandera des sommes folles. »

Nous fîmes le nécessaire et il obtint les droits pour un prix raisonnable. Il m'appela de New York, éperdu de reconnaissance. « Merci, Line, oh, merci ! Je te changerai ta Cadillac tous les ans ! »

S'il me l'a expédiée par la poste, il n'a pas dû mettre la bonne adresse sur l'enveloppe. Je n'ai jamais reçu la Cadillac promise, pas plus cette année-là que les suivantes.

C'est Billy Wilder qui tourna le film en 1962, avec Shirley MacLane et Jack Lemmon dans les rôles principaux. Wilder supprima toutes les chansons de Marguerite Monnot, considérant que la comédie musicale n'était pas son domaine. On dit aussi qu'il trouvait les chansons mauvaises. Par respect pour ce grand metteur en scène, je refuse d'accorder le moindre crédit à cette rumeur.

Qu'on me pardonne d'avoir raconté longuement, trop peut-être, l'histoire d'*Irma la Douce*. Elle illustre assez bien mon état d'esprit de l'époque. Sans doute avais-je besoin de me prouver de quoi j'étais capable. Refaire ce que j'avais déjà fait – et pas trop mal réussi – ne m'intéressait pas. Dès qu'une chose paraissait inaccessible, elle me semblait éminemment désirable. Et il n'y avait pas meilleur moyen de me stimuler que de me dire que c'était impossible.

Impossible ? Je pensais à mémère travaillant dès l'âge de sept ans en usine, se nourrissant de figues sèches et d'une tartine de pain.

Impossible ? J'évoquais grand-mère, enceinte à dix-sept ans, fille-mère, montrée du doigt, méprisée de tous.

Impossible ? Je me souvenais de maman, levée à cinq heures, pédalant dans le froid pour aller travailler à la filature Hacot Frères et, le soir venu, coiffant les femmes du voisinage pour gagner quelques sous supplémentaires.

Non, décidément, avec ce sang qui coulait dans mes veines, peu de choses me paraissaient impossibles.

La célébrité ne m'était pas indifférente, loin de là. M'était-elle indispensable ? Certainement pas. Et s'il fallait repartir de zéro, j'y étais prête.

C'est exactement ce que je fis lorsque, à bout d'arguments, j'acceptai finalement la proposition d'Henri Varna venu spécialement à Barcelone me proposer une fois encore d'animer une revue au Casino de Paris. Apprendre à descendre le grand escalier comme l'avaient fait avant moi Mistinguett et Joséphine, c'était risquer de dégringoler toutes les marches d'un seul coup. Mais c'était aussi occuper un terrain que nul ne songerait à me disputer.

« Hors concours ! » avions-nous proclamé avec un peu d'insolence, Loulou et moi, avant notre départ aux États-Unis quatre ans plus tôt. Il m'arriva souvent, pendant ces mois de répétitions harassantes, du 25 juillet jusqu'au jour de la première, le 15 décembre 1959, de me demander si je ne m'étais pas tout bêtement mise hors jeu.

Line

PARIS
LAS VEGAS

1959
1963

Paris

« Vous êtes jeune, vous êtes belle, vous avez de l'autorité, vous savez chanter, vous savez danser, me dit Henri Varna, vous êtes faite pour mener la revue comme Joséphine et Mistinguett. C'est avec vous que je veux reprendre la tradition de la revue à grand spectacle telle qu'on la pratiquait avant guerre. »

Cette affiche de Brenot a fait le tour de la planète.

Joséphine assiste aux répétitions avec le Golden Gate Quartet.
Debout, à côté d'elle, Henri Varna.

À gauche : Décembre 1959, à quelques jours de la première de la revue *Plaisirs*. Je travaille la descente des marches avec la grande Joséphine Baker.

Avec Fernando et Freddy,
mes grands amis, les deux étoiles du ballet argentin d'Alfredo Alaria.

Loulou a composé toutes les chansons de la revue. Ensemble, nous fêtons le succès du spectacle.

1964
1971

Las Vegas

« Elvis Presley, militaire en Allemagne, était venu me voir au Casino de Paris. Il assiste à la première de ma nouvelle revue au Dunes Hotel à Las Vegas, en 1968. »

Cary Grant est le vice-président du Dunes Hotel, qui accueille ma revue *Casino de Paris* à Las Vegas.

Avec Louis Armstrong, nous fêtons les quatre-vingts ans de Maurice Chevalier.

La maison de disques Capitol me demande d'aider Nat King Cole à travailler sa prononciation sur l'album qu'il doit chanter dans notre langue. J'admire l'artiste et l'homme. Ce sera son dernier enregistrement.

Le final d'une des revues que j'ai menées au Dunes deux fois par jour, sept jours sur sept, pendant deux ans. *En bas :* Avec Frank Sinatra. Il m'appelle *my pal*, « mon pote ».

J'invite ma grand-mère à Las Vegas pour ses quatre-vingts ans. La fête a lieu au Sultan's Table, le célèbre restaurant du Dunes. Je suis entre ma mère et ma grand-mère. Derrière nous, Loulou et le producteur Frédéric Apcar.

Je participe à la création du Caesars Palace, premier casino à thème de Las Vegas, révolutionnaire par son luxe et sa démesure.

Nate Jacobson est avec Jay Sarno le véritable concepteur du Caesars Palace, qui ouvre ses portes le 5 août 1966. Il en sera le président.

En 1969, Nate Jacobson rachète le Bonanza, un petit casino de style western qui ne marchait pas du tout. À la demande de Nate, je conçois et produis un show, *Flesh*, qui tient l'affiche pendant deux ans.

« Aux portes de Las Vegas, le désert s'étend à perte de vue. Pour une émission de la télévision française, "Line à Las Vegas", je chante une chanson dans l'impressionnant décor de la Vallée de la Mort. »

1972
1995

France

« Paris-Line, au Casino de Paris, est sans doute mon plus beau souvenir de revue.
Au terme de ces années, à l'issue de la dernière représentation en décembre 1979, j'annonce au tout-Paris, dans la salle, et au public, que j'ai décidé d'arrêter définitivement ma carrière au music-hall. J'ai d'autres cartes à jouer. Je veux me donner le temps.
J'ai cinquante ans. »

Mon engagement pour la lutte contre le sida a commencé il y a trente ans. Liz Taylor et Madonna m'apportent leur soutien, Jacques Chirac nous appuie. Nous mobilisons les artistes pour récolter des fonds au profit de la recherche médicale et de l'aide aux malades.

Création de l'Association des artistes contre le sida. À mes côtés, le professeur Jean-Claude Chermann, Francis Huster, Dalida, Marthe Mercadier, Thierry Le Luron, Marie-Hélène de Rothschild.

Soirée au profit de la lutte contre le sida. Frank Sinatra nous prête son concours. On reconnaît Jacques, Bernadette et Claude Chirac ainsi que Gregory Peck, sa femme et, à gauche, Barbara, l'épouse de Sinatra.

À New York, avec Loulou, le 11 juillet 1987. Nous sortons du tribunal après trois semaines d'audience. Au terme d'un procès qui dure depuis dix ans, Loulou est définitivement reconnu comme le véritable compositeur de la chanson « Feelings ».

De retour en France,
nous fêtons l'événement avec maman.

Le film *J'ai pas sommeil*, de Claire Denis, sort en 1994. J'y incarne le rôle d'un professeur de *self defense* pour personnes du troisième âge.

Au théâtre Antoine, en 1991, je joue *Pleins feux*, de Didier Kaminka, inspiré du célèbre film de Joseph Mankiewicz *All about Eve*. J'interprète le rôle de Margo Channing, que tenait Bette Davis à l'écran.

« Inauguration à Paris, en 2001, de la place Loulou-Gasté, située près du boulevard Pershing et de cette fameuse rue Ruhmkorff où Loulou a passé son enfance. Auprès de moi, mes amis fidèles, Dany, Jean-Jacques, Yvette, Laetitia, Jean-Claude, Bernadette, Françoise, Jacques, Charles, Johnny, Michèle, Bertrand, Patrick, Catherine, Anne, Liane et Muriel (ma Mumu). »

Chapitre quatre

Plaisirs

Henri Varna, comme Mitty Goldin à l'ABC ou Paul Derval aux Folies-Bergère, ne supportait pas qu'on lui résiste. Autoritaire jusqu'à la tyrannie, il régnait sans partage sur le Casino de Paris depuis 1929. L'empire s'effritait, les recettes baissaient dangereusement, il tenait bon, cherchant désespérément la formule magique qui pourrait ramener rue de Clichy le public qui s'était évaporé au fil des années.

À soixante-dix ans passés, à demi aveugle, de santé précaire, il prétendait encore décider de tout. Son administrateur, le doux, le charmant Noël Marcellin, le suivait comme son ombre, une serviette de cuir à la main, affairé et anxieux, parfait souffre-douleur. Il était tout spécialement chargé de verrouiller les dépenses – ce qui, les années passant, était devenu l'obsession du maître des lieux.

Rien jusqu'au moindre détail n'échappait au patron, c'était le dogme maison que Varna entretenait au prix de ruses puériles. Ainsi, malgré sa cécité, il pouvait, depuis la scène, désigner une ampoule défaillante au deuxième balcon – d'autant mieux qu'il avait demandé à son chauffeur de la dévisser quelques instants auparavant. Des habilleuses aux machinistes, des ouvreuses aux musiciens, la prouesse faisait aussitôt le tour du théâtre. « On a beau dire qu'il y voit pas, il a encore l'œil, le patron ! » s'extasiait le personnel qui reprenait confiance dans les destinées d'un théâtre où tout allait à vau-l'eau.

Le mal dont souffrait le Casino, Varna le connaissait : faute de meneuse de revue, il n'avait pu renouer avec la tradition d'avant-guerre, lorsque Joséphine Baker, la « Vénus noire », remplissait la salle pendant des mois en chantant et dansant « J'ai deux amours », devant un public pâmé. Les spectacles qu'il montait n'étaient plus qu'une suite anonyme de numéros où manquaient le prestige et l'allant d'une vedette de premier plan.

Varna s'était persuadé que je pouvais être celle qui ferait revivre une tradition dont il avait été sinon l'initiateur, du moins le continuateur inspiré et chanceux. La résistance que je lui opposais depuis deux ans n'avait fait qu'aviver sa détermination.

Il ne ratait aucune de mes prestations. Deux émissions de télévision m'avaient fourni l'occasion, début 1959, de montrer des choses que je n'avais encore jamais faites, ni sur scène ni ailleurs. Henri Varna m'en parla longuement.

On peut, grâce à Internet, les visionner intégralement sur le site de l'INA et c'est un bonheur de retrouver tour à tour Fernand Raynaud, Poiret et Serrault, Darras, Noiret et bien d'autres. Je constate au passage qu'à cette époque, on pouvait, dans des émissions très populaires, très *prime time*, comme on dirait maintenant, telles que « 36 chandelles » ou « L'école des vedettes », mélanger variétés, théâtre classique, opéra, numéros de cabaret, avec simplicité, naïveté parfois, mais avec le souci évident d'élever le goût du public, de lui montrer ce qu'il y avait de mieux dans des domaines auxquels il n'avait pas toujours accès. Pourquoi cette exigence a-t-elle disparu ? Le spectateur type auquel se réfèrent les annonceurs est-il plus inculte qu'autrefois ? Est-ce que ce sont les publicitaires qui se mettent au niveau du public, ou le public qu'ils rabaissent à leur niveau ?

Pour « 36 chandelles », l'émission de Jean Nohain, j'interprète le personnage d'Yvonne dans *Feu la mère de Madame* de Feydeau. J'y mets une certaine fougue – entre nous, j'en fais un paquet – mais je ne suis pas non plus tout à fait ridicule aux côtés, excusez du peu, de Claude Dauphin, Robert Manuel et Denise Gence.

Dans la deuxième émission, « L'école des vedettes » d'Aimée Mortimer, je chante et danse avec deux boys en tee-shirt marin rayé bleu et blanc « Dis ! Oh Dis ! » adaptation par Loulou d'une chanson américaine interprétée par Doris Day dans le film *Pillow Talk*.

Varna était aux anges : « C'est épatant ! On a l'impression que vous avez fait ça toute votre vie ! »

Je ne l'avais pas fait toute ma vie, mais je n'avais rien oublié des longues séances d'entraînement qui avaient précédé les enregistrements des « Bob Hope Show ». Il y avait, dans ce numéro sans prétention, un dynamisme qui rompait avec ce qui se faisait à l'époque. En m'engageant, Henri Varna espérait amener au Casino cette touche de modernité qui manquait cruellement à ses productions récentes.

Avant de se lancer à corps perdu dans l'aventure, Loulou s'était pourtant montré très réservé. Ou, pour mieux dire, ambigu. Adversaire résolu quand je semblais décidée, chaud partisan lorsque j'étais sur le point de tout envoyer promener

« Tu n'as jamais assisté à une revue du Casino de Paris. C'est la première chose à faire. Après, tu décideras », m'avait-il dit à la suite du voyage éclair de Varna à Barcelone.

À peine rentrés à Paris, nous nous précipitâmes rue de Clichy. Je fus catastrophée. La salle était dans un état lamentable, tout respirait la poussière, le laisser-aller, l'abandon. Le spectacle était miteux, les costumes désuets, l'orchestre à peine digne d'un kiosque à musique dans une ville d'eau, de troisième catégorie. Les danseuses se trémoussaient mécaniquement sur une chorégraphie inexistante, en poussant hors de propos des cris d'extase.

S'il n'avait tenu qu'à moi, je me serais précipitée dès la fin de la représentation dans le bureau de M. Varna pour lui signifier que jamais je ne mettrais les pieds dans son théâtre. Loulou m'en dissuada.

« Varna a décidé de fermer le Casino tout l'été. La salle sera flambant neuve.

– La salle peut-être. Mais le ballet ? L'orchestre ? Tous ces gens sont là depuis des années, on ne va quand même pas les virer ?

– Le père Varna nous donne carte blanche. »

Un peu tranquillisée, je repris espoir. Aussitôt, il adopta le point de vue inverse.

« Je connais Varna. C'est un grippe-sou terrible. Il tondrait un œuf. Et il ment comme il respire. Ça va être une lutte au couteau !

– Eh bien dans ce cas, on laisse tomber.

– C'est idiot. Après tout, on ne sait pas. Peut-être a-t-il changé. C'est une occasion unique, ce serait bête de la laisser échapper.

– Alors on y va !

– Tu risques d'y laisser ta santé. Rends-toi compte, les plumes, les perruques, la chaleur, tous les soirs, pas un seul jour de relâche du 1er janvier au 31 décembre ! Et le strass, c'est très mauvais le strass, c'est du silicoborate de plomb, ça ronge les poumons ! »

Loulou avait sur les sujets les plus variés des connaissances encyclopédiques. Il pouvait expliquer avec une extrême précision aussi bien le fonctionnement du moteur à explosion que le cycle des marées ou la composition des pigments utilisés par Léonard de Vinci pour peindre la Joconde.

L'argument du silicoborate rongeur de poumons me laissa sans voix. J'ignorais que cette imitation de pierres précieuses dont étaient constellés les costumes pouvait vous conduire tout droit au cimetière.

En y réfléchissant, je pense que les hésitations de Loulou étaient en grande partie motivées par la crainte de perdre définitivement ce rapport privilégié qu'il entretenait avec moi depuis quinze ans. Quinze années pendant lesquelles nous ne nous étions pratiquement jamais quittés. Au Casino de Paris, la musique écrite et les répétitions achevées, son rôle prendrait fin. Pendant un an, deux ans, le temps que durerait la revue, il ne serait plus sur scène avec moi, nos vies professionnelles seraient distinctes et nos vies personnelles en grande partie décalées, moi la nuit, lui le jour. Il lui faudrait trouver d'autres activités, écrire de nouveau pour d'autres interprètes, s'occuper du studio d'enregistrement qu'il projetait d'installer dans l'immeuble que nous venions d'acheter, rue du Bois-de-Boulogne. Bref, ce serait, qu'on le veuille ou non, une certaine forme de séparation, une rupture dans notre vie.

La revue *Plaisirs*, énorme succès, allait durer, non pas un an, non pas deux mais quatre. Il avait cinquante ans, moi trente. Commençait pour nous ce que j'appelle « la période intermédiaire », la plus délicate à négocier pour un couple.

*

Plaisirs fut à tout point de vue révolutionnaire. Nous avions décidé, pour éviter la monotonie, de marier trois styles de danse différents. D'Angleterre, nous fîmes venir les Charley's, une ligne de danseuses incomparables, même taille, même longueur de jambes, une discipline parfaite, un sens du rythme inné. D'Amérique latine, nous eûmes deux étoiles du ballet argentin d'Alfredo Alaria : Fernando Rego et Freddy Condé. Enfin, des États-Unis nous arriva une troupe de danseurs acrobatiques, les Rudas Dancers. C'est Jerry Jackson, lui aussi américain, qui régla mes chorégraphies.

Loulou eut la très belle idée d'adjoindre à la troupe le célèbre groupe vocal The Golden Gate Quartet, connu partout dans le monde pour ses superbes interprétations du répertoire afro-américain de negro spirituals et de gospel. Ce mariage insolite donna au spectacle un fini, une modernité et, comment dire ? une sorte d'élégance tout à fait inusitée dans le monde de la revue à la française, plus volontiers porté sur le clin d'œil égrillard et la plaisanterie facile.

Je passerai sur les centaines d'heures de répétitions, les muscles douloureux, les pieds en sang – car je dus apprendre à maîtriser parfaitement les trois styles de danse que nous avions intentionnellement combinés. Je passerai sur l'apprentissage, très nouveau pour moi, de l'art de se déshabiller tout en courant dans le couloir qui mène à sa loge, de changer en hâte de perruque et de maquillage et d'enfiler un nouveau costume en fonçant vers la scène moins d'une minute trente après en être sortie. Je passerai sur la chaleur étouffante, les repas sur le pouce et les moments de désespoir. Car en fin de compte, quelles que soient les difficultés, le plaisir et l'excitation l'emportaient largement. Je retrouvais le sentiment de jubilation que j'éprouvais, enfant, lorsque la société de gymnastique de Pont-de-Nieppe se produisait dans les villes alentour, le dimanche, et que je grimpais tout en haut de la pyramide humaine : exploit physique, peur vertigineuse, apothéose finale. La danse, le cirque et la chanson étroitement mêlés. Et cet esprit de troupe que j'aime par-dessus tout.

*

« L'ai-je bien descendu ? » demandait en 1933 Cécile Sorel au pied du fameux escalier. Un escalier qui devint ma hantise pendant les répétitions. Comment être sûre de ne pas rater l'une de ces marches courtes et irrégulières avec un costume de quinze kilos sur le dos, des talons hauts et des projecteurs dans les yeux ?

Henri Varna avait tenté de m'enseigner les rudiments techniques indispensables.

« Vous allez voir, c'est extrêmement simple ! » m'avait-il dit. Il avait grimpé tout en haut de l'escalier et commençait à descendre les marches d'un pas majestueux, le regard rivé sur la salle, un sourire crispé aux lèvres.

Au début, tout s'était très bien passé. L'atterrissage fut moins glorieux. Il s'était relevé en s'époussetant.

« Je vous ai montré le principe, avait-il conclu, l'air pincé. À vous de travailler les détails. »

Heureusement, quelques jours plus tard, alors que nous répétions, le régisseur me fit signe. On m'appelait au téléphone depuis Copenhague. C'était Joséphine Baker.

Je ne l'avais jamais rencontrée, je ne lui avais jamais parlé. Surprise – et très intimidée –, je pris la communication. Sa voix chaude et amicale me rassura tout de suite.

« Ça va, Line ?

– L'escalier ! J'ai tellement peur…

– Ne t'inquiète pas. Je rentre à Paris dans une semaine, je te montrerai quelques petits trucs. »

Elle prononçait trouc. « Je vais te montrer quelques petits troucs… »

Huit jours plus tard, nous étions toutes les deux seules sur le plateau. Joséphine avait exigé que tout le monde aille prendre un verre ou fumer une cigarette. M. Varna – qui vouait à Joséphine une véritable dévotion – avait fait boucler les issues.

« Tu dois assurer ton pied sur la marche. Ton autre pied doit tâter la prochaine et s'appuyer du talon sur la contremarche. Dans ta tête, il faut que tu comptes. Jusqu'à la dixième marche, tout va bien. Mais la onzième est terrible. C'est là que l'escalier se replie pour remonter dans les cintres, tu risques de trébucher. »

Tout en parlant, elle glissait de marche en marche, superbe, aérienne, on voyait à peine son corps bouger, comme si elle était suspendue à un fil invisible.

Je m'exerçais, elle corrigeait sans se lasser.

Ça y est, je n'avais plus peur. Les représentations pouvaient commencer.

Le 15 décembre 1959, début triomphal de *Plaisirs* au Casino de Paris.

Le 14 mars 1960, sortie du premier 45 tours de Johnny Hallyday, avec la chanson « T'aimer follement ».

Le 18 avril 1960, je présente ce jeune homme de dix-sept ans à l'émission « L'école des vedettes ». Il chante « Laisse tomber les filles ». Je suis sa marraine, il est mon filleul. À vie.

La déferlante yéyé submerge la chanson française. Ouf ! je l'ai échappé belle.

Hors concours !

*

J'ai eu mes seize ans à trente ans. Je ne m'étais pas amusée, je n'avais pas eu d'aventures à l'âge où il est normal d'en avoir. Depuis septembre 1944 et mon engagement à Radio Lille, j'avais travaillé sans cesse, enchaînant sur un rythme frénétique la scène, les enregistrements, la radio, la télévision, perpétuellement en transit, obsédée par une seule idée : et après ?

Comment expliquer l'étrange sensation qui m'envahit, passé l'angoisse des premières représentations au Casino de Paris ? Je ressentis une sorte de soulagement, j'avais enfin posé mon sac. Le spectacle était physiquement très éprouvant, il n'était pas question de mener de front d'autres activités. Pour la première fois de ma vie, je menais une existence si l'on peut dire régulière : chaque soir, à la même heure, j'arrivais rue de Clichy, je retrouvais la troupe, des visages amis, une équipe formidable. Le spectacle démarrait à vingt et une heures, peu après minuit nous quittions le théâtre et dînions à La Cloche d'or, rue Fontaine, ou dans un autre restaurant de nuit. Ensuite, avec Fernando, Freddy, Michel mon coiffeur, et d'autres, nous allions danser à l'Élysée-Matignon ou chez Castel, rue Princesse. Je rentrais à La Jonchère vers quatre heures du matin, dormais jusqu'à trois heures de l'après-midi, me prélassais ensuite, profitant enfin de ma maison, de mes chiens, du magnifique jardin, des fleurs, des arbres fruitiers. Puis venait l'heure de partir travailler, comme une honnête employée de bureau qui veille à ne pas arriver en retard au boulot.

Cette régularité, cette routine me faisait un bien fou. Je renaissais. J'éprouvais le sentiment bienfaisant de récupérer des moments de vie, sans doute futiles mais pourtant essentiels, dont j'avais été privée à l'âge où j'aurais dû les vivre. Comme un voyageur trop pressé qui revient, quelques années plus tard, dans un pays qu'il croyait connaître et découvre, émerveillé, ce qui lui avait précédemment échappé.

Loulou passait plusieurs fois par semaine au Casino, gardait un œil sur le spectacle, suggérait des améliorations, signalait les petits décalages qui se produisent inévitablement et doivent être régulièrement corrigés si l'on veut maintenir la même qualité d'un bout à l'autre des représentations. Parfois, il dînait en notre compagnie, puis s'éclipsait, prétextant ses activités matinales. En réalité, il nous laissait entre nous. Il ne faisait pas partie de la troupe, il se sentait en marge. Et puis, sans qu'il soit besoin d'en parler, il savait que j'avais besoin de vivre ma jeunesse et m'en laissait la liberté, avec tact et générosité.

Comme s'il avait toujours su que ce moment viendrait et qu'il s'y était préparé, non sans tristesse mais avec détermination. Lui qui avait été si jaloux refusait à présent de s'en donner le ridicule. Il y avait dans son attitude autant de noblesse que d'intuition. En homme de cœur et en fin stratège, il me laissait dériver, sachant qu'à trop tirer sur le fil, il risquait de se casser.

J'étais tombée très amoureuse de Fernando, mon partenaire argentin qui, de son côté, brûlait d'une ardente passion pour moi. Amour-passion condamné à rester purement platonique, Fernando étant un homosexuel aussi déterminé qu'exclusif, à la différence de Freddy, son amant en titre, qui avait femme et enfant en Argentine.

Fernando et Freddy étaient d'une telle beauté, l'un blond, l'autre très brun, que lorsque nous entrions tous les trois dans un restaurant ou une discothèque, les gens s'arrêtaient de parler. Sans doute n'étais-je pas trop moche non plus, mais comme je l'ai dit, je me trouvais parfaitement quelconque à l'époque et attribuais à mes seuls partenaires le murmure admiratif qui accompagnait notre apparition.

Fernando et moi nous tenions tendrement par la main, échangions de longs regards, chuchotions tête contre tête, éclations de rire sans raison, nous frôlions sans vraiment nous toucher, exactement comme deux adolescents émerveillés de se découvrir et persuadés d'être les premiers au monde à éprouver des sensations aussi bouleversantes.

Les seuls moments de volupté un peu plus précis que nous connûmes ensemble – moi, du moins – furent de nature toute professionnelle. L'un de nos numéros était inspiré de « La valse renversante » qui, en 1912, aux Folies-Bergère, avait grandement favorisé le rapprochement de Mistinguett, trente-sept ans, avec un beau jeune homme de vingt-quatre ans nommé Maurice Chevalier. Au cours de cette danse, le couple tournoyait, puis glissait au sol sur un tapis dans lequel il s'enveloppait avant de rouler, étroitement enlacé, jusqu'à l'avant-scène. Chevalier, dans ses mémoires, raconte la chose ainsi :

Un beau jour, au cours d'une répétition de notre danse, lorsque Miss, collée à moi nous nous enroulâmes dans le tapis, nous nous trouvâmes, tout naturellement et sans parler, nous avouer l'un à l'autre de la manière la plus précise qu'il n'y avait pas besoin de chercher l'amour ailleurs.

Du fait des préférences sexuelles de mon partenaire, les symptômes physiques ne furent jamais aussi évidents, mais la sensualité était chaque soir au rendez-vous et ma foi, je dois avouer que j'appréciais énormément ce moment d'intimité vécu en direct devant les mille cinq cents spectateurs du Casino de Paris.

Loulou, pas fou, s'était vite rendu compte qu'il y avait une attirance réciproque entre Fernando et moi, mais il fermait les yeux, sachant bien qu'il n'avait rien à craindre. Et puis c'était comme un amour de vacances, un petit béguin qui prendrait fin tout naturellement au lendemain de la dernière représentation. Lorsqu'on donne soir après soir, pendant une longue période, le même spectacle, on a besoin de ce genre d'incitation, de ce quelque chose en plus qui vous pousse, chaque fois, à venir jouer avec le même appétit. Et je ne sais comment Gaby Morlay et André Luguet ont pu faire pour interpréter mille six cent cinquante fois *Lorsque l'enfant paraît* d'André Roussin en se haïssant cordialement.

Après dix-huit mois de représentations quotidiennes sans le moindre jour de repos, j'étais si épuisée que je demandai à Henri Varna la permission de prendre quelques jours de vacances au mois d'août. Il poussa les hauts cris :

« Vous n'y pensez pas ! C'est au mois d'août que le Casino fait ses meilleures recettes. Les touristes arrivent par cars entiers, presque toutes les places sont déjà louées ! Et vous me demandez de fermer pour prendre des vacances ? »

Il suffoquait d'indignation.

« D'abord ça ne sert à rien, les vacances. On s'y ennuie affreusement. Dites-moi un peu ce que vous pensez faire, pendant ces vacances ?

– Rien. Absolument rien. M'étendre au bord de l'eau, lire, rêver, dormir… »

Changeant de tactique, il se fit enjôleur.

« Écoutez, ma chère, je vous déconseille de vous arrêter : plus vous travaillez, plus vous êtes belle. D'ailleurs vous n'avez absolument pas besoin de partir à l'autre bout de la terre. Je vais amener l'eau chez vous. »

Il fit creuser en un temps record une piscine à La Jonchère et, dès la mi-juillet, nous pûmes nous y baigner. Naturellement, je n'eus rien de plus pressé que d'inviter toute ma petite famille du Casino de Paris à en profiter.

C'est ainsi que chaque jour de l'été, vers deux heures de l'après-midi, débarqua à La Jonchère une joyeuse troupe venue pique-niquer, rire, bronzer et accessoirement nager dans cette piscine dont les aménagements étaient à peine achevés.

Sans doute Loulou a-t-il bien plus souffert de me voir faire la fête avec des jeunes gens de mon âge, que de m'imaginer flirtant avec l'inoffensif Fernando.

Lequel Fernando, comme dans toute histoire d'amour adolescente, se rendit coupable d'une perfide trahison. Venu des ballets Alaria, il rêvait d'avoir sa propre troupe. Et voilà qu'il reçoit d'Allemagne une proposition pour monter un ballet. Nous sommes tous très contents pour Fernando, cette beauté de Fernando, que tout le monde adore, avec sa grosse voix de basse et son accent à couper au couteau. M. Varna accepte qu'Enrique, un danseur de la troupe, le remplace pendant son absence, je lui prête un peu d'argent et le voilà parti faire son ballet en Allemagne.

Mais Fernando tarde à revenir. Que se passe-t-il ?

Freddy se morfond, il est le premier à deviner la vérité : Fernando s'est épris d'un jeune danseur allemand. Moi, ce n'est pas très grave, ça ne change rien à notre relation, fatalement innocente. Mais Freddy !

Indignée, je prends fait et cause pour lui et lorsque Fernando, largué par son amant germanique, reprend sa place parmi nous, nous refusons de lui adresser la parole. Du coup, à l'entracte, c'est Freddy qui vient rire et bavarder dans ma loge, tandis que Fernando se morfond tout seul dans la sienne !

Je me suis régalée de ces chassés-croisés amoureux, de ces bouderies et de ces réconciliations. Car naturellement, nous nous sommes réconciliés, avec Fernando. Comment aurait-il pu en être autrement, puisque rien de tout cela n'était sérieux ?

Le soir de la dernière représentation, au Casino de Paris, pendant que nous roulions, enlacés dans notre tapis, Fernando pleurait à chaudes larmes : « Pardon, ma Line, ma Linette ! Pardon ! »

Quelques instants plus tard ce fut le final, on savait qu'on venait de jouer pour la dernière fois, que nous allions nous séparer, que c'était irrémédiable. Tout le monde descendait l'escalier, et tout le monde pleurait.

Et là, quand le rideau ne s'est plus relevé, alors qu'on débouchait les bouteilles de champagne, Fernando et moi, serrés dans les bras l'un de l'autre, nous sanglotions de plus belle…

Fernando est mort du sida, parmi les premiers. En 1985.

Chapitre cinq

« *She is fabulous !* »

Frédéric Apcar avait commencé à travailler à douze ans. À seize, il était boy aux Folies-Bergère. Quand Loulou le rencontra, il en avait vingt-quatre et, pour améliorer l'ordinaire, faisait danser des dames mûrissantes au Mimi Pinson, un salon de thé des Champs-Élysées élégamment surnommé le « bal des boniches ». Ray Ventura et ses collégiens y jouaient à l'occasion et c'est ainsi que Frédéric et Loulou devinrent amis. Très beau garçon, grand séducteur, Apcar multipliait les conquêtes. À voir briller les yeux de Loulou lorsqu'il évoquait cette époque, je suppose que Frédéric était généreux en amitié et que mon Loulou dégustait volontiers le gibier que l'autre chassait.

Lorsque Frédéric rencontra Florence, il s'assagit. Tous deux montèrent un numéro de danse qui fit les beaux soirs du Lido, juste après la guerre. Puis ils créèrent le ballet Florence et Frédéric, une troupe de quatorze danseurs et danseuses qui sillonna le monde pendant des années. Nos routes se croisèrent en 1958 à Göteborg où je chantais au Tivoli. Loulou et Frédéric furent ravis de se retrouver, je sympathisai avec Florence, nous devînmes amis tous les quatre.

L'année suivante, le ballet Florence et Frédéric partit pour l'Amérique. Remarqué lors d'un passage dans le « Ed Sullivan Show », la troupe décrocha un engagement à Las Vegas dans la revue des Folies-Bergère qui se montait à l'hôtel-casino Tropicana.

Lorsqu'en 1961 Frédéric Apcar vint voir *Plaisirs* au Casino de Paris, il n'était plus danseur. Établi à Las Vegas, il était devenu producteur. À la demande de Major Riddle, le directeur du Dunes, il avait monté dans le lounge – la petite salle – de l'hôtel, une revue intitulée *Vive les girls* qui emportait un vif succès. Du coup, Major Riddle avait mis à sa disposition un budget de deux millions de dollars pour produire, cette fois dans la grande salle de neuf cents places, une revue d'inspiration française.

Apcar venait donc à Paris faire son marché et commença sa tournée par le Casino de Paris. Ce qui écourta considérablement son séjour. Emballé par le spectacle, il ne jeta qu'un coup d'œil distrait à ce qui se faisait ailleurs et rentra aux États-Unis bien décidé à revenir le plus tôt possible avec Major Riddle pour conclure l'affaire.

Bien que flattée, je n'étais que modérément tentée par la perspective d'un séjour d'une durée indéterminée à Las Vegas. Car le contrat qui m'était proposé stipulait qu'au-delà d'une période d'essai de trois mois, mon engagement serait automatiquement prolongé « pour la durée du spectacle », *run of the show*, autrement dit aussi longtemps que le spectacle aurait du succès. Ce qui signifiait des mois, des années peut-être, loin de la France, loin de La Jonchère, loin de maman qui venait de perdre son mari, Marcel, l'homme que malgré tous mes efforts, je n'étais jamais arrivée à aimer, et qui pourtant l'avait rendue heureuse.

De plus, Las Vegas évoquait pour moi l'image d'une ville artificielle, criarde, vulgaire. Autant j'avais découvert, lors de mon premier séjour, une Amérique proche et amicale, autant cette Amérique-là me paraissait distante et hostile. Étrangère en un mot.

Mais surtout, alors que je venais à peine de réussir une périlleuse mutation, on me demandait, une fois encore, de tout reprendre de zéro. Car je ne me faisais aucune illusion : les Américains n'importeraient jamais chez eux le spectacle du Casino tel quel. Ce qui les intéressait, c'était la meneuse de revue. Une fois sa collaboration acquise, ils monteraient autour d'elle un spectacle entièrement nouveau, avec leur metteur en scène, leur chorégraphe, leur décorateur, selon leur goût et leurs méthodes. J'allais mener une revue française à l'américaine dans le pays même où ce genre était parvenu à son plus haut point de perfection. À peu près aussi risqué que si on m'avait proposé d'aller montrer à des pingouins comment marcher sur la banquise. J'avais beau aimer les défis, je n'avais pas envie de risquer ma peau sur un coup de dés.

Pendant quelque temps, je n'entendis plus parler de Frédéric Apcar ni de Las Vegas et je me berçais de l'espoir que le projet était abandonné.

Pourtant, trois semaines plus tard, Frédéric Apcar, comme il l'avait promis, était de retour, flanqué cette fois-ci de Major Riddle. Celui-ci partagea sans réserve l'enthousiasme de Frédéric. S'il n'avait tenu qu'à lui, le contrat aurait été signé le soir même, comme Bob Hope m'avait engagée en griffonnant trois mots sur un bout de nappe en papier. Mais j'hésitais encore à m'engager.

Frédéric Apcar, rusé, se rendit vite compte que son vieux copain Loulou, loin de partager mes préventions, mourait d'aller voir à quoi ressemblait Las Vegas où il n'avait jamais mis les pieds. Il l'invita à partir en éclaireur, espérant s'en faire un allié.

C'est exactement ce qui se produisit. Loulou resta absent deux semaines et rentra emballé.

« Multiplie tout par cinquante ou par cent et tu n'auras encore qu'une faible idée de la démesure qui règne dans cette ville ! » répétait-il.

Sans être joueur, Loulou était fasciné par le jeu. Déjà, adolescent, il avait obtenu de son cousin Charles Guillaumont, maire d'Antibes, qu'il lui procure une dérogation pour pouvoir entrer au casino de Juan-les-Pins dont l'accès était en principe interdit aux mineurs. À Vegas, ville entièrement dédiée au jeu, il pouvait rester des heures entières à traîner de salle en salle, observant avec un égal intérêt les touristes assis à califourchon devant les *slot machines* – les machines à sous, rebaptisées chez nous « bandits manchots » –, ou les milliardaires confortablement installés aux tables de black-jack ou de baccara.

Mais avant tout, c'était le foisonnement et la qualité des spectacles offerts dans les hôtels-casinos qui l'avaient impressionné. Le même soir, tout le long du Strip, au Sands, au Desert Inn, au Flamingo ou au Frontier, on pouvait entendre aussi bien Frank Sinatra que Louis Armstrong, Dean Martin, Danny Kaye ou Ella Fitzgerald. Ces grands noms du music-hall, payés une fortune par les casinos, étaient offerts gratuitement ou presque à la clientèle, qu'on appâtait ainsi pour mieux lui vider les poches.

Des produits d'appel, en quelque sorte.

Pour Loulou, aucun doute possible, je ne devais pas laisser passer une telle chance. Je finis par me rendre à ses arguments et du moment où ma décision fut prise, je n'eus plus qu'une idée en tête : gagner ce nouveau pari.

Restait à convaincre Henri Varna de m'accorder mon billet de sortie alors que *Plaisirs* continuait à triompher chaque soir devant des salles pleines. Pour y parvenir,

Frédéric Apcar réutilisa la tactique qui avait donné de si bons résultats avec Loulou. Il invita Henri Varna à Las Vegas.

La légende veut qu'à peine descendu de l'avion, Apcar et Major Riddle, venus l'accueillir à l'aéroport McCarran, le conduisirent directement au Dunes où ils l'installèrent devant une *slot machine*. Major Riddle lui donna un *nickel* – cinq *cents*. Varna joua et fit un jackpot. Major Riddle lui tendit alors un *dime* – dix *cents*. Varna les introduisit dans la machine : jackpot ! Major Riddle sortit de sa poche un quarter – vingt-cinq *cents*. Varna les joua et remporta sans coup férir son troisième jackpot. Fou de joie, il empocha la mise, déclarant qu'il n'avait jamais vécu un moment plus excitant dans sa vie et qu'il adorait Las Vegas.

Il accepta de me laisser partir, à condition qu'avant mon départ je signe une nouvelle revue pour mars 1966. Imprudemment, j'y consentis.

J'avais suggéré que le show à Las Vegas pourrait s'appeler *Casino de Paris* et Frédéric Apcar avait aussitôt adopté l'idée. Encore fallait-il que Varna accepte. Pour lui, le Casino de Paris était comme un trésor national, à l'égal du musée du Louvre ou de la tour Eiffel. L'exporter constituait une sorte de sacrilège. Je suppose que le montant des royalties avancé par Major Riddle l'amena à une vision moins restrictive des échanges culturels. À mon arrivée à Las Vegas, en octobre 1963, l'enseigne du Dunes portait en lettres de feu l'inscription *Casino de Paris* associée à mon nom.

*

La dernière de *Plaisirs* eut lieu en mai 1963, après plus de mille deux cents représentations.

Plusieurs semaines auparavant, j'avais senti ressurgir en moi ce vieux sentiment d'angoisse oublié depuis quatre ans : « Et après ? »

Certes, je savais qu'en octobre débuteraient, sans doute en Europe, les répétitions de la revue *Casino de Paris* dont la première était prévue pour la fin du mois de décembre à Las Vegas. Mais qu'allais-je faire d'ici là ? Il fallait travailler, on ne restait pas sans rien faire, c'est de cette façon que trois générations de femmes m'avaient élevée et l'aurais-je voulu qu'il m'aurait été impossible de réagir différemment.

Heureusement, on me proposa une série de six émissions pour la télévision italienne intitulée « Rendez-vous avec Line Renaud ». Le programme était diffusé en direct chaque jeudi soir. J'animais l'émission, je chantais, je dansais, je faisais ce que les Italiens appellent des *barzellette*, des blagues, à peu près l'équivalent des *lines* américaines. Ma connaissance de l'italien étant plus qu'approximative, je devais tout apprendre phonétiquement et le plateau était environné de tableaux noirs sur lesquels étaient inscrits à la craie les paroles des chansons et le texte de mes interventions.

J'ai longtemps cherché à retrouver le générique de l'émission, une très jolie bossa nova composée par Loulou, « A Pasapoga », que je chantais et dansais entourée de six boys sur une chorégraphie de George Reich. Aujourd'hui, on peut visionner sans difficulté ce document sur YouTube.

À peine avions-nous commencé à répéter et à tourner ces émissions dans les studios de la RAI à Milan que déjà je pensais : « Et après ? »

Avec six de mes danseurs du Casino de Paris, j'eus alors l'idée de monter un spectacle qui mélangerait des numéros tirés de la revue *Plaisirs* et des chansons anciennes. En un rien de temps, nous avons improvisé une tournée européenne : la Scandinavie, où j'avais un public fidèle, la Hollande, la Belgique… Comme il l'avait fait pendant des années, Loulou était chaque soir en scène avec moi, m'accompagnant à la guitare ou au banjo, et c'était infiniment doux de le retrouver à mes côtés. Notre petite troupe s'entendait à merveille, j'étais heureuse de chanter à nouveau, tout simplement, sans la lourdeur du dispositif imposé par une revue. Comme un chauffeur de poids lourd qui prendrait le volant d'une Smart, j'éprouvais une agréable sensation de facilité, je conduisais d'une main, peut-être même d'un seul doigt. Ce qui m'évitait de penser que dans moins de six mois – terrifiante perspective –, je serais sur la scène du Dunes en plein désert du Nevada avec sur mes épaules la responsabilité d'un spectacle à deux millions de dollars.

*

Ainsi que je l'avais prévu, rien, dans la version Las Vegas, n'avait été conservé du spectacle que j'avais joué chaque soir pendant quatre ans au Casino de Paris. Pour régler les nouvelles chorégraphies, Frédéric Apcar avait fait appel à Ron Lewis – un génie, disait-on –, qui avait monté de nombreux spectacles, à Broadway et Las Vegas. Frédéric avait jugé bon de me mettre en garde :

« Il a un caractère un peu difficile, mais avec toi, je n'ai aucun souci. Il se tiendra à carreau. »

La suite démontra le contraire.

Retenu aux États-Unis, Ron Lewis n'avait pas pu assister à ma revue au Casino de Paris. Il profita de mon passage à l'Ancienne Belgique à Bruxelles pour venir me voir. Après le spectacle, qui avait été très applaudi, Loulou et moi l'emmenâmes dîner, impatients de connaître sa réaction.

Ce repas fut un supplice. Sans être véritablement antipathique, l'homme n'était pas chaleureux. Il parlait peu, souriait rarement, et semblait s'ennuyer ferme en notre compagnie. L'heure tournait, la table était desservie, la conversation languissait et il n'avait toujours pas fait le moindre commentaire sur ma prestation.

« Vous avez aimé le spectacle ? finit par demander timidement Loulou.

– Oui, oui », répondit distraitement Ron Lewis.

Il s'en tint là.

Nous rentrâmes à l'hôtel, déconcertés.

Heureusement, sa chambre était voisine de la nôtre. Loulou connaissait un truc dont il m'avait démontré l'efficacité. Grâce à un verre collé à la paroi mitoyenne, il pouvait surprendre, amplifiée, la conversation qui se déroulait dans la pièce voisine.

Résolus à y passer la nuit s'il le fallait, nous prîmes chacun une chaise et nous installâmes côte à côte, notre verre plaqué contre la cloison. Nous n'eûmes pas longtemps à attendre. Bientôt Ron demanda une communication longue distance pour Las Vegas. Le nom de son correspondant : Frédéric Apcar.

Quelques minutes plus tard, la communication fut établie et nous pûmes enfin connaître son verdict. Il tenait en trois mots : « *She is fabulous !* »

Nous n'en demandions pas plus.

Loulou déboucha une demi-bouteille de champagne que nous bûmes dans les verres rendus à leur usage premier. Je pensais avoir réussi haut la main mon examen de passage. Ce n'était que le début d'un long bras de fer.

*

Tandis que se poursuivait ma tournée, Frédéric Apcar sélectionnait partout en Europe chanteurs, danseurs et numéros de toutes sortes.

La plupart des girls venaient de Grande-Bretagne, certaines de Hollande ou d'Allemagne, quelques-unes étaient françaises comme Jacqueline Douguet (qui était avec moi au Casino de Paris et avait failli ne pas entrer en scène le soir de la première de *Plaisirs*, prise d'un tardif accès de pudeur à l'idée de danser les seins nus).

Apcar avait eu l'idée de réunir deux chanteurs, l'un natif de Bruxelles, Tony Sandler, l'autre de New York, Ralph Young. Ces deux-là s'entendirent si bien qu'à l'issue de la revue, à Las Vegas, ils décidèrent de continuer à chanter ensemble. Le duo Sandler and Young connut un grand succès aux États-Unis et partout dans le monde jusqu'au milieu des années 1980 où Ralph Young, plus âgé de quinze ans que son partenaire, se retira pour finir tranquillement sa vie dans sa maison de Palm Springs. Quant à Tony Sandler, il continue à sillonner l'Amérique avec un show intitulé *Chevalier, Maurice & Me*, consacré à notre Momo national.

Début octobre, tout ce petit monde convergea vers Milan, ville finalement choisie comme point de ralliement. La scène du Dunes avait été tracée au centimètre près dans le studio où nous répétions. Ne manquait que l'escalier. Il faudrait attendre d'être à Vegas pour le découvrir, de même qu'une machine compliquée, une sorte de pieuvre avec des bras articulés, construite à Glasgow.

Toute la garde-robe, les plumes, les bijoux, les accessoires étaient également fabriqués à Milan par Lucia Boetti sous la direction d'un merveilleux créateur de costumes, José-Luis Viñas, qui devint pour moi un ami et un collaborateur précieux.

Je dois dire que, pendant toute la période milanaise, je n'eus pas de conflit majeur avec Ron Lewis. Certes, il était maladivement susceptible, peu communicatif, absolument dénué d'humour, mais son talent était incontestable et j'apprenais beaucoup à son contact. À vrai dire, je ne me savais pas capable d'exécuter ce qu'il me demandait et son mérite a été de me prouver que je pouvais le faire. Le rythme, la syncope, le contretemps – toujours ce fameux contretemps, mais comment dirais-je ? modernisé, mis au goût actuel. Comme d'autres chorégraphes de sa génération – Bob Fosse, Jerome Robbins –, il avait compris qu'il y avait une façon de bouger, une pulsation qui était celle du monde actuel et il en faisait la matière même de ses créations. Je lui sais gré de ce qu'il m'a appris. Sans lui, ma carrière aux États-Unis n'aurait pas été la même.

Le jour vint où il fallut quitter Milan pour rejoindre Las Vegas. À la troupe qui répétait depuis plusieurs semaines s'étaient jointes les attractions retenues de longue date par Frédéric Apcar. Ne manquaient que Tania, l'éléphante, et son dompteur qu'on n'avait pas jugé utile de faire venir en Italie.

L'équipe et le matériel voyageaient dans un avion de la Lufthansa qui portait inscrite sur ses flancs l'inscription *Casino de Paris*. Après une courte escale à Francfort, l'appareil devait se poser à Orly où m'attendaient Loulou, maman, grand-mère, des amis, des fans venus me dire au revoir. Mais arrivés au-dessus de Paris, le brouillard était tel que l'avion dut continuer sa route sans se poser.

Je ne devais pas revoir la France avant deux ans.

Chapitre six

Jackpot et Nounouche

Las Vegas ressemble exactement à l'image qu'on s'en fait. À une exception près : le désert. On réalise mal avant de l'avoir constaté de ses yeux que Las Vegas est une ville plantée au beau milieu d'un désert, un vrai désert de rocaille et de sable rouge, le désert de Mojave.

Autrement dit, pour imaginer précisément Las Vegas sans bouger de son fauteuil, il faudrait superposer *Casino* de Martin Scorcese et *La Prisonnière du désert* de John Ford et les faire défiler ensemble.

Aujourd'hui, la ville a repoussé le désert hors de ses murs, opposant un puissant rempart de béton à la solitude brûlante qui l'environne. Lorsque j'y suis arrivée, en 1963, le désert était encore dans la ville, à chaque coin de rue, et lorsque le vent soufflait, il fallait calfeutrer soigneusement portes et fenêtres pour se protéger du sable. Las Vegas comptait alors à peine plus de cent mille habitants. Il y en a près de trois millions actuellement. Elle accueillait treize millions de touristes par an dans les années soixante, elle en attire trente-cinq millions aujourd'hui.

Las Vegas ne m'a ni ébahie ni conquise. Je m'y suis lentement accoutumée et, un jour, je me suis surprise à l'aimer.

Logée dans une suite luxueuse au Dunes, travaillant au Dunes, prenant mes repas dans les multiples restaurants du Dunes, faisant mes achats au Dunes, allant au salon de coiffure du Dunes, à la piscine du Dunes, j'ai vécu pendant les premières semaines de mon séjour dans un univers clos, à la seule lumière électrique, perdant complètement la notion du monde extérieur. Il n'y a pas d'horloge dans un casino, le temps est aboli, la nuit succède au jour en grand secret. Privé de tout repère, le joueur est plongé à dessein dans un état de rêve artificiel et, par force le personnel – croupiers ou barmans, musiciens, danseurs – l'accompagne dans sa lente dérive.

J'aurais dû réagir immédiatement et m'empresser de quitter le Dunes pour échapper à cet enfermement débilitant. Mais, durant ce mois de novembre 1963, déménager n'était pas ma priorité. Loulou m'avait rejoint et sa présence atténuait le sentiment d'étouffement qui me gagnait. Mais surtout, j'avais d'autres soucis en tête. Le premier d'entre eux portait un nom : Ron Lewis.

*

Dès le début des répétitions à Las Vegas, Ron Lewis avait adopté une curieuse attitude à mon égard : il faisait comme si je n'existais pas. À peine bonjour, jamais au revoir, il ne m'adressait plus la parole, sans hostilité particulière, sans dédain marqué, mais en sachant parfaitement à quel point son indifférence à mon égard me fragilisait. En agissant ainsi, il allait évidemment contre son intérêt. Car la réussite du spectacle – et donc la sienne – dépendait en grande partie de moi. Me déstabiliser n'était pas la meilleure façon de me rendre plus performante, à quelques jours de la première. Mais c'est le propre de ce genre de personnalité tourmentée de céder à ses démons, quelles qu'en soient les conséquences. Ron Lewis était à lui-même son pire ennemi.

Depuis plus d'une semaine, nous répétions le final. Ron Lewis réglait avec un soin maniaque la partie qui précédait mon apparition. Il était prévu que la fameuse pieuvre construite en Écosse viendrait me chercher en haut de l'escalier et me conduirait jusqu'à une plateforme inférieure, puis qu'un second bras se déplierait et me transporterait plus bas encore où un dernier bras me déposerait finalement sur la scène, au milieu de mes boys. La partie mécanique de l'opération avait été testée avec une doublure, tout fonctionnait parfaitement, restait à mettre au point le final proprement dit dont je ne savais rien puisque nous ne l'avions encore jamais répété.

Chaque jour, docilement, je grimpais dans les cintres et attendais, au sommet de l'escalier, que Ron veuille bien s'intéresser à moi. J'étais fin prête, la répétition démarrait, mais au moment précis où la pieuvre se mettait en mouvement pour venir me cueillir, on entendait la voix de Ron Lewis :

« Coupez ! On reprend ! »

Me laissant poireauter sur la plateforme supérieure, il recommençait du début, s'acharnant sur les hors-d'œuvres pour mieux couper au plat de résistance. La fin de la répétition arrivait, vite il quittait le plateau, de crainte de me croiser. Quant à moi, je redescendais de mon perchoir, au bord de la crise de nerfs.

Les dernières répétions étaient prévues en costume. Le mien si lourd que Cindy, mon habilleuse, devait monter avec moi, la robe dans les bras et m'aider à la passer là-haut, tandis que Michel Trigon, mon coiffeur, posait perruque et aigrettes.

J'avertis Frédéric Apcar :

« Frédéric, va prévenir ce type qu'aujourd'hui, s'il coupe avant mon final, je le tue. Et dis-lui bien que je suis capable de le faire. »

Frédéric, qui détestait les conflits, ne dut pas transmettre l'intégralité de mon message. À moins que Ron Lewis, plus pervers encore que je ne l'imaginais, n'ait pris un malin plaisir à me défier. Car une fois encore, dès le prélude du final, tandis que j'attendais mon tour, pleine d'espoir, dans une chaleur d'enfer, avec ma robe de trente kilos sur le dos, je l'entendis crier :

« Stop ! I don't like this step. Let's do it again. »

Je ne saurai jamais comment j'ai pu me déshabiller tout en descendant l'escalier, semant sur ma route robe, chaussures et accessoires. Michel m'attendait en bas, un peignoir de bain à la main. Je le lui arrachai et fonçai vers Ron qui s'enfuit en glapissant vers les salles de jeu. Je m'élançai à sa poursuite.

« Je t'avais dit que je le ferais ! hurlai-je au passage à Frédéric.

– Line ! Line ! je t'en supplie, sois raisonnable ! » implora-t-il, épouvanté.

J'étais déjà loin.

Notre irruption autour des tables de craps fit sensation. Les *security men*, redoutables masses humaines qui auraient dû normalement me ceinturer, m'encourageaient en riant.

« *Go on, Line ! Get him !* »

Car eux non plus ne pouvaient pas souffrir Ron Lewis qui, par sa prétention et ses sautes d'humeur, s'était rapidement mis à dos tout le personnel du Dunes.

Les joueurs, d'abord surpris, puis amusés, prenaient des paris sur l'issue du combat. Eux ne connaissaient pas Ron Lewis, mais une femme contre un homme, ça leur plaisait beaucoup. Zigzaguant autour des tables, Ron inversait sans cesse le sens de la course, m'obligeant à d'épuisantes volte-face. Soudain, changeant de tactique, il fonça vers les toilettes situées juste derrière les caisses. Je le suivis.

Il s'était enfermé dans une cabine et je l'entendais reprendre difficilement son souffle, éreinté sans doute autant par la peur que par la galopade éperdue à laquelle il venait de se livrer.

« OK, Ron, lui dis-je, pour cette fois, tu as gagné. Mais je t'aurai un jour ou l'autre ! »

J'ouvris la porte et la claquai violemment, je fis semblant de sortir tout en restant à l'intérieur. Puis, me dissimulant dans un renfoncement, j'attendis. Au bout d'un instant, j'entendis le verrou tourner et je vis s'entrouvrir la cabine où s'était enfermé Ron. Il passa prudemment la tête, inspecta les environs, pesa le pour et le contre et finit par s'aventurer au-dehors.

Aussitôt, sortant de ma cachette, je lui bondis dessus, le secouai, lui déchirai sa chemise, le bourrai de coups. Terrorisé, il hurlait :

« Elle va me tuer !

– Bien sûr que je vais te tuer. Je t'avais prévenu, *son of a bitch* ! »

Frédéric survint sur ces entrefaites et nous sépara. Ron se tenait le cou, simulant une intense douleur.

« Lâche-le, me dit-il. Nous sommes en Amérique, s'il ne peut plus bouger sa tête ou son bras, il n'hésitera pas à te faire un procès et tu devras payer toute ta vie ! »

Notre sortie des toilettes fut mémorable, Ron en piteux état, larmoyant, ses vêtements en lambeaux, et moi triomphante, applaudie par les joueurs et les *security men*.

« Et maintenant, dis-je à Frédéric, qu'est-ce qu'on fait ? La première est dans deux jours et mon final n'est toujours pas réglé. »

Il n'avait pas la réponse. Moi si.

Je retournai vers la *Main Room* où les danseurs, assis sur la scène, attendaient sans s'émouvoir l'issue du pugilat. Me voyant revenir seule, ils conclurent que j'en étais sortie victorieuse et se rangèrent sous ma bannière.

« Écoutez, voilà ce qu'on va faire, leur dis-je après m'être excusée. Les filles vont se balancer en rythme sur la musique, et les garçons vont me suivre en tendant le bras vers moi, sans me quitter du regard. Très vite, j'irai serrer des mains dans le public et, pendant ce temps, vous reprendrez ce que Ron a mis au point avec vous pendant que je me morfondais, là-haut, sur ma plateforme. »

Ce qui était important, dans ce genre de salle où les gens, finalement, n'ont qu'une hâte : retourner jouer, c'était de créer le contact avec le public, lui donner le sentiment qu'il avait passé un moment de détente amical et chaleureux. Et donc, pendant que les boys et les girls dansaient derrière moi, j'allais dans la salle, je serrais des mains et je remerciais les spectateurs :

« *Good bye, it was a pleasure to be with you... Thank you so much... God bless you...* »

Le lendemain, dans le *Las Vegas Sun*, l'interview de Cary Grant, qui, de même que Bob Hope, Jerry Lewis, Edward G. Robinson ou Elvis Presley, avait assisté à la soirée, sonna comme une consécration :

Quand Line est sur scène, au bout de deux minutes, tout le monde, de table en table, a envie de se serrer la main et de se dire : « Comment vas-tu, mon vieux ? » même si personne ne s'est jamais vu avant. C'est ça, le phénomène Line Renaud.

Loin de se réjouir de ce succès – dont une part lui revenait de toute évidence – Ron Lewis entra dans une grande fureur.

« Elle a acheté toute la salle ! » prétendit-il.

Non, je n'avais pas acheté la salle. Mais une chose m'avait beaucoup aidée : pour la première fois de ma carrière, je me moquais totalement que le spectacle marche ou ne marche pas. Mieux encore, pendant que les bras de la pieuvre m'emmenaient d'une plateforme à l'autre, je priais : « Mon Dieu, faites que ce soit un bide ! Faites que je puisse rentrer en France ! »

Dieu, ce soir-là, devait être occupé ailleurs ou mal disposé à mon égard. Ma prière resta sans effet.

Merci mon Dieu.

*

Bien des mois plus tard, juste avant le spectacle, Michel, mon coiffeur, entra dans ma loge et me dit : « Le bruit court que les parents de Ron Lewis sont dans la salle.

– Alors il est certainement là lui aussi ! »

Je réfléchis.

« Qu'est-ce que je fais ? Ron va vouloir me présenter à ses parents.

– Penses-tu, me répondit Michel, il n'osera jamais.

– Je te parie le contraire. Ses parents auront certainement envie de rencontrer la vedette du show. Il ne va tout de même pas leur dire qu'il ne la connaît pas. »

Je n'avais pas fini ma phrase que la porte s'ouvrait. C'était Ron Lewis.

Il se jeta à genoux et, dans un grand élan, parcourut en glissade toute la loge jusqu'à moi.

« Pardonne-moi, Line ! Je suis tellement désolé ! »

J'étais assise, il posa sa tête sur mes genoux, s'empara de ma main qu'il embrassa en pleurant :

« Je t'aime ! Dis-moi que tu m'aimes aussi ! »

Je récupérai ma main mouillée de larmes.

« Écoute, Ron, je ne peux pas te dire que je t'aime, mais je peux te dire que je te pardonne. Parce que tu es profondément malade. »

Il s'en contenta.

Ses parents virent le spectacle, l'aimèrent beaucoup et Ron les emmena comme prévu dans ma loge. C'étaient des gens modestes, ils venaient d'une petite ville d'Amérique. Je les reçus du mieux possible, leur offrit du champagne. Ils repartirent comblés, au bras de leur fils chéri.

En 2009, j'assistai à un récital de Liza Minnelli au Palais des Congrès à Paris. Arrivée à la dernière minute, je gagnai ma place dans la pénombre. Au bout d'un instant, je me rendis compte que le spectateur assis à ma droite me regardait avec insistance. Il semblait bien vieux et j'avais du mal à distinguer s'il s'agissait d'un homme ou d'une femme. Finalement, il se pencha vers moi et m'adressa timidement la parole :

« *Hi Line. Do you recognize me ? I'm Ron Lewis…* »

Il était le chorégraphe attitré de Liza. Son caractère, m'assura-t-elle, s'était beaucoup amélioré avec l'âge. Je fis semblant de la croire.

Son of a bitch…

*

Même si elle se termina à mon avantage, cette lutte féroce et parfaitement stérile avec Ron Lewis m'avait épuisée nerveusement. Lorsqu'il devint évident que j'étais bloquée à Las Vegas pour une durée indéterminée, *run of the show*, aussi longtemps que le spectacle aurait du succès, je fus anéantie. Heureusement, Loulou n'était pas encore reparti pour Paris. Les longs moments que nous passions ensemble, sa sollicitude, sa tendresse, son charme extrême, son intelligence me faisaient un bien fou et m'aidaient à conserver le minimum d'énergie nécessaire pour tenir la scène deux fois par soirée sept jours sur sept et donner le meilleur de moi-même.

Las Vegas plaisait toujours énormément à Loulou. Il y était parfaitement à l'aise, s'inventant pour l'occasion, lui le Piémontais, des origines siciliennes qui le posaient dans une ville où l'essentiel des activités, le jeu en particulier, était directement contrôlé par la Mafia. Le mouvement ininterrompu de la ville à toute heure du jour et de la nuit exerçait sur lui une véritable fascination. Chaque soir, comme un gosse devant la vitrine du pâtissier, il hésitait entre les différents spectacles qui se donnaient au Sands, au Tropicana ou au Desert Inn et rentrait ébloui. Je m'en serais voulu de ternir sa joie en exposant trop ouvertement mes états d'âme. Attentive à faire bonne figure, je refoulais du même coup la tristesse et le découragement que je sentais monter en moi.

Mais Loulou était déjà resté trop longtemps éloigné de France. Il devait impérativement rentrer à Paris s'occuper de ses affaires et particulièrement du studio de la rue du Bois-de-Boulogne qui avait nécessité de gros investissements et tournait au ralenti en son absence. J'appréhendais ce départ déjà plusieurs fois remis, craignant de m'effondrer aussitôt que nous serions éloignés l'un de l'autre.

En prévision de cette séparation inévitable, il devenait urgent de quitter le Dunes où j'étais restée cloîtrée trop longtemps. Loulou trouva à louer un petit appartement sur Koval Lane et nous nous y installâmes. Le balcon donnait sur le terrain de golf du Tropicana, je contemplais l'herbe verte en pensant à ma pelouse, à La Jonchère.

Pour me tenir compagnie en son absence, Loulou eut l'idée de m'acheter un merle des Indes, oiseau paraît-il doué pour la conversation. On le baptisa Jackpot. Hélas, Jackpot détestait la guitare. À peine Loulou saisissait-il son instrument qu'il se mettait à pousser des cris abominables.

« Ta gueule ! lui lançait Loulou, exaspéré.

– Ta gueule ! » répétait l'oiseau.

Dialogue sans issue.

Combien de temps avons-nous habité cet appartement ? Quelques jours, quelques semaines ? J'ai l'impression d'avoir traversé toute cette période à tâtons, perdue dans un épais brouillard.

Ce dont je me souviens, c'est qu'un soir, entre mes deux spectacles au Dunes, un régisseur vint m'avertir : l'immeuble de Koval Lane était en train de brûler.

« Et Loulou ! hurlai-je affolée.

– Loulou va très bien. Il t'attend là-bas. »

Je sautai dans une voiture et rejoignis Loulou qui faisait preuve d'un calme impressionnant au milieu du désastre. L'appartement était réduit en cendres, vêtements, papiers, lettres, photos, tout avait été dévoré par les flammes.

Soudain, je repensai au merle des Indes.

« Jackpot !

– Ta gueule ! » me répondit une voix un peu fripée.

Les pompiers l'avaient généreusement douché, il n'était pas au mieux de sa forme. Mais quand on vient d'échapper miraculeusement à un incendie, on ne se plaint pas d'être un peu décoiffé.

Loulou m'avait souvent vue admirer, depuis notre balcon, une belle maison située de l'autre côté du golf, avec une terrasse ensoleillée et une somptueuse piscine. Dès le lendemain, il courut se renseigner. La maison était libre, il la loua sur-le-champ. Elle était entièrement meublée et le déménagement ne nous posa aucun problème : nous n'avions plus rien.

Dès midi, le lendemain de l'incendie, Loulou, Jackpot et moi étions installés au 174, Tropicana Avenue.

La maison était en effet magnifique et je pus croire un instant qu'elle me guérirait de la dépression qui, irrésistiblement, gagnait du terrain. Mais le départ de Loulou, impossible à différer plus longtemps, réduisit à néant cette timide embellie. Comme je le redoutais, Loulou envolé, les digues cédèrent une à une.

Sans doute aurais-je dû me précipiter chez un psychiatre qui, à coups de petites pilules bleues, roses ou vert pâle, m'aurait sinon guérie, du moins soulagée. Ce n'était pas dans ma nature. Chez moi, à Pont-de-Nieppe, « on ne s'écoutait pas ». La gamberge, c'était pour les désœuvrés, les fainéants. Un luxe, en quelque sorte.

J'appelais deux fois par jour La Jonchère, une fois maman, une fois Loulou, leur posant à tous deux les mêmes questions insignifiantes : « Et les fleurs ? Et les chiens ? » Maman, qui ne parvenait pas à se faire à l'idée de téléphoner de part et d'autre de l'Atlantique comme on appelle en plein Paris, tentait d'abréger la conversation : « Tout va bien, ma chérie. Ne t'inquiète pas. » Je ne m'inquiétais pas, j'avais besoin d'entendre sa voix, comme j'avais besoin d'entendre celle de Loulou, j'avais soif de quotidien, de banal, de familier, je me raccrochais au moindre détail, j'y puisais un peu de force, c'étaient les seuls moments où je me sentais délivrée du poids qui m'oppressait.

« Allez ma chérie, le compteur tourne. Je raccroche, tu vas te ruiner », disait ma mère. Je raccrochais et fondais en larmes.

À ma demande, Florence Apcar avait accepté de venir habiter avec moi sur Tropicana Avenue. Mais elle-même, qui avait pourtant divorcé de Frédéric plusieurs années auparavant, souffrait encore de cette séparation, si bien que loin de nous soutenir, nous avions plutôt tendance à nous démoraliser mutuellement.

Il me sembla qu'un chien pourrait m'aider à sortir de mon marasme. Je dénichai une adorable petite chienne de trois mois, un berger allemand que je baptisai Nounouche. Elle me suivait partout, me témoignait une affection tumultueuse, faisait preuve d'une bonne humeur inépuisable, je n'aurais pu rêver d'une plus charmante compagne, mais hélas elle ne calma en rien les crises d'angoisse dont j'étais de plus en plus fréquemment victime.

Combien de fois, prenant ma voiture pour me rendre au Dunes, en fin d'après-midi, je dus me garer en catastrophe sur le bord de la route, les mains moites, la vue trouble, la respiration oppressée, incapable de faire un mètre de plus ? Assise sur le siège passager, Nounouche m'observait l'air consternée, comme si elle se désolait de se sentir impuissante.

Souvent, sans oser l'avouer à Florence Apcar, je me rendais à l'aéroport McCarran, celui par lequel nous étions arrivés à Las Vegas, celui par lequel Loulou était reparti. Une piste au milieu du désert avec une maison rose en guise d'aérogare. Et là, je m'asseyais et, mélancolique, je regardais décoller les avions pour Los Angeles ou Reno.

J'avais entrepris d'apprendre « La Marseillaise » à Jackpot. Il m'observait d'un œil stupide tandis que je sifflais en boucle les premières notes de notre hymne national, qui ne semblaient pas du tout l'inspirer. En dehors de « Ta gueule ! », cet oiseau, contrairement à sa réputation, ne semblait avoir aucun don pour l'imitation.

Et puis, un matin, je fus réveillée par des sifflements stridents :

Allons enfants de la patrie…

Émue aux larmes, je sortis Jackpot de sa cage et l'embrassai. Ce qui prouve, mieux que n'importe quel bulletin médical, à quel degré de délabrement j'étais parvenue.

*

Un jour, l'inévitable se produisit : pour la première et à ce jour la seule fois de ma carrière je m'évanouis sur scène. Heureusement, le rideau venait juste de tomber et les spectateurs ne se rendirent compte de rien. Michel, mieux qu'un ami, un frère pour moi, me conduisit d'urgence à l'hôpital. Il arrêta la voiture devant le bâtiment, courut à l'intérieur chercher une chaise roulante et m'installa dedans. À l'accueil, on refusa de m'admettre : il fallait au préalable régler deux cents dollars et ni Michel ni moi n'avions le moindre sou en poche. Michel repartit précipitamment pour le Dunes chercher l'argent, me laissant à demi inconsciente sur ma chaise roulante dans le hall de l'hôpital.

Les formalités accomplies, on m'examina enfin. Les médecins diagnostiquèrent une anémie. Je manquais de fer ? Le vrai problème était ailleurs et j'avais beau m'efforcer de donner le change, plus personne n'était dupe autour de moi.

Frédéric Apcar prit la situation en main.

« Arrête une semaine ou deux, le temps qu'il faudra. Pars te reposer. Tu reprendras le spectacle quand tu seras de nouveau d'aplomb.

– Mais c'est impossible ! Qui va me remplacer ?

– On trouvera une solution. »

Je détestais l'idée de laisser tomber le show, ça ne cadrait pas du tout avec l'idée un peu militaire que je me faisais de mon boulot : on n'abandonne pas son poste, on ne capitule pas, etc. Mais je savais que Frédéric avait raison : je n'étais absolument pas en état de travailler, il fallait que je me soigne.

Stanley Himeno, un homme d'affaires d'origine chinoise, était l'un des gros joueurs du Dunes où il perdait chaque soir des sommes colossales sans se départir d'un sourire épanoui. Signe d'un heureux caractère ou d'une immense fortune.

Je ne sais comment sa femme et lui apprirent que j'avais besoin d'un repos complet, à l'écart du monde. Ils me proposèrent spontanément de séjourner dans leur maison située sur l'île de Kauai – l'île des ananas – dans l'archipel d'Hawaii. Je lui demandai la permission d'emmener Michel avec moi. Il accepta immédiatement.

Après une brève escale à Honolulu, nous fîmes en sa compagnie le trajet jusqu'à Kauai dans un petit avion que le vent semblait à tout instant vouloir précipiter dans les vagues. Mais cette épreuve surmontée, je dois reconnaître que la maison de Stanley Himeno, en bord de plage, valait le voyage. C'était un véritable paradis et j'éprouvai, à peine installée, un merveilleux sentiment de détente. Comme si le corset de fer qui m'étouffait depuis des semaines s'était brusquement desserré d'un cran.

Seul désagrément, M. Himeno, profitant de l'absence de sa femme restée à Las Vegas, vint frapper à ma porte le soir même.

Fugitivement, la phrase favorite de ma mère me revint à l'esprit : « Les hommes ! Pas un pour racheter l'autre… »

Je répondis d'une voix intentionnellement pâteuse : « Il est tard. On se voit demain, Stanley. Bonne nuit. »

Aurais-je éprouvé de l'attirance pour lui que j'aurais été bien incapable de fournir l'effort que requiert ce genre de divertissement.

Il n'insista pas.

Le lendemain, après le petit-déjeuner, Stanley nous proposa une promenade sur la plage. Je n'avais pas encore trouvé l'occasion de mettre Michel au courant de l'incident survenu pendant la nuit. Nous cheminions depuis quelques instants, Michel et moi marchant côte à côte,

Stanley un peu en arrière, quand soudain, m'appuyant sur Michel, je lui soufflai à voix basse :

« Michel, s'il te plaît, embrasse-moi sur la bouche. »

Michel sursauta.

« Ça va pas, non ! »

J'ai omis de dire qu'il était homosexuel.

« Michel, je t'en supplie, embrasse-moi sur la bouche. Je t'expliquerai après. »

Et d'un seul coup, pour la première fois de sa vie et par amitié pour moi, Michel embrassa une femme.

« Plus fort, Michel !

– Tu es folle !

– Embrasse-moi plus fort, je t'en prie ! »

Il me roula une pelle tout à fait convaincante. Si bien que Stanley, au retour de la promenade, vint vers moi, tout penaud.

« Excusez-moi, Line, je ne savais pas que Michel était votre petit ami.

– Bien plus qu'un petit ami, lui répondis-je d'une voix grave. Nous vivons un grand amour. Alors s'il vous plaît, Stanley, ne venez plus frapper à ma porte, la nuit.

– OK, OK, Line ! » acquiesça-t-il précipitamment.

Grâce à ce stratagème, j'eus la paix tout le reste du séjour.

Au retour, nous fîmes de nouveau escale à Honolulu. Michel, en manque depuis une semaine, espérait en profiter pour aller explorer les boîtes de garçons dont on lui avait dit grand bien. Mais Stanley, hôte prévenant, ne nous quittait pas d'une semelle et Michel dut jouer jusqu'au bout son rôle de *boyfriend* attentionné, main dans la main et baisers dans le cou.

Plus tard, à Las Vegas, nous devînmes très copains avec Stanley, si bien qu'un soir, nous finîmes par tout lui raconter, le faux baiser sur la plage, la frustration de Michel à Honolulu, etc.

L'histoire le fit beaucoup rire.

« Quel dommage, dit-il à Michel. Tu ne sais pas ce que tu as raté. Mon cousin tient la meilleure boîte gay d'Honolulu ! »

Chapitre sept

Mafia

Au Dunes comme dans la plupart des casinos, le premier show – accompagné d'un dîner – avait lieu à huit heures du soir et prenait fin vers neuf heures et demie. Le second débutait à minuit pour se terminer aux alentours d'une heure trente. Le samedi, on donnait une troisième représentation entre deux heures et demie et quatre du matin. Il n'y avait aucun jour de repos, le casino tournait jour et nuit chaque jour de l'année. Une tradition de Las Vegas voulait qu'à l'inauguration d'un nouvel hôtel-casino, on allât jeter la clé de l'établissement dans le lac Mead, pour bien montrer qu'une fois les portes ouvertes, il n'était plus question qu'elles se referment, pour quelque raison que ce soit.

À mon retour d'Hawaii, je repris ma place et le tourbillon recommença, tout aussi éprouvant qu'auparavant.

Où que ce soit dans le monde, les métiers du spectacle imposent une discipline beaucoup plus rigoureuse qu'on ne l'imagine généralement. Mais en Amérique, cette discipline s'exerce avec une sévérité toute particulière. De la plus modeste habilleuse à la prestigieuse tête d'affiche, chacun y est soumis sans passe-droit ni accommodement. Paradoxe des États-Unis, où règnent les inégalités les plus flagrantes mais où l'égalitarisme le plus strict régit les rapports sociaux. J'étais une employée comme une autre, un rouage parmi d'autres dans une gigantesque organisation dont les ramifications s'étendaient bien au-delà des limites du casino.

La Mafia, nul ne l'ignorait, contrôlait Las Vegas. Avec ses énormes transferts d'argent en liquide, le jeu offrait la possibilité idéale d'investir, de recycler – et au passage, de faire fructifier – les millions de dollars générés par le vol, le racket, les détournements de fonds et autres trafics auxquels elle s'adonnait. Dans la plupart des États américains, les jeux de hasard étaient interdits ou sévèrement encadrés. Le Nevada, au contraire, faisait preuve d'une grande tolérance en la matière et les joueurs y étaient accueillis à bras ouverts. Dès 1943, l'un des grands noms du crime organisé de la côte Est, Bugsy Siegel, avec l'accord de Meyer Lansky et de Frank Costello, les hommes de confiance de Lucky Luciano, avait investi l'argent de la Mafia dans la construction du Flamingo. Par son luxe et ses dimensions, ce nouvel hôtel-casino préfigurait les palaces extravagants qui allaient fleurir sur le Strip au cours des années cinquante.

Le Flamingo ouvrit ses portes pour le réveillon de 1946. Quelques mois plus tard, Bugsy Siegel était assassiné dans sa villa de Beverly Hills. Entre-temps, Lansky et Costello avaient découvert que la maîtresse de Bugsy Siegel avait détourné une partie des sommes investies par la Mafia vers des comptes personnels en Suisse.

Coupable imprudence.

Malgré ce faux pas, la voie était ouverte. Après des débuts difficiles, le Flamingo devint rapidement rentable, entraînant dans son sillage la construction du Desert Inn, du Sahara, du Sands, du Riviera, tous financés de la même manière – la Mafia ou d'autres organisations criminelles associées aux fonds de pension de syndicats noyautés par la pègre.

C'est également sur ce modèle que le Dunes vit le jour en 1955. L'un des propriétaires, un avocat, Morris

Shenker, était lié à la Mafia de Saint Louis, tandis que Major Riddle, son associé – et directeur en titre du casino –, avait des attaches avec l'Outfit de Chicago, autrement dit le puissant syndicat du crime de cette ville. Ray Patriarca, patron de la Mafia de Rhode Island, avait également mis la main à la poche, tandis que les Teamsters, le tout-puissant syndicat des camionneurs dirigé par Jimmy Hoffa, apportaient le complément par l'intermédiaire de leurs fonds de pension.

Les uns comme les autres étaient somme toute nos patrons. Nous avions surtout affaire à Major Riddle, à Syd Wyman ou Charly « Kewpie » Rich, des gens affables, que j'appelais par leur prénom et à la table desquels j'étais conviée lorsqu'ils recevaient d'importantes personnalités – par exemple les nombreux politiciens qu'ils arrosaient en échange de leur complaisance. Ce travail de représentation faisait partie de mon boulot et il n'était pas question de m'y soustraire. De même, Frank Sinatra était tenu par contrat de passer une demi-heure par soirée au blackjack, ou Nat King Cole de jouer les croupiers pour la plus grande joie des flambeurs – et le plus grand profit du casino.

Le terme de « Mafia » recouvrait pour moi une réalité imprécise et menaçante sur laquelle il valait mieux ne pas s'appesantir. Entre nous, employés de rangs divers, nous n'en parlions guère, sinon à voix basse. Nous savions que, de temps à autre, les pontes venus de Chicago, du New Jersey, de Saint Louis ou de Philadelphie, tenaient des réunions à huis-clos. À peine débarqués, ils s'enfermaient dans une suite et n'en sortaient plus jusqu'à leur départ. Liliane, la cigarette-girl, une française, était, je ne sais pourquoi, au courant de leurs moindres faits et gestes – les repas qu'ils avaient commandés, les filles qu'ils avaient fait monter – et nous tenaient informés.

Nous nous hâtions de tout oublier.

*

J'ai cité le nom de Nat King Cole, fervent militant des droits civiques, mort à quarante-cinq ans, en 1965, d'un cancer de la gorge. Il eut la joie, avant sa disparition, de constater les premiers effets de l'abolition progressive de la ségrégation raciale aux États-Unis. J'en fus témoin moi-même, au cours de mon premier séjour à Las Vegas et je ne peux songer sans émotion au soir où, pour la première fois, Loulou et moi vîmes un couple de noirs – d'Afro-Américains, comme l'habitude s'est prise de le dire là-bas – pénétrer dans la Main Room du Dunes. Ils étaient jeunes, très beaux, lui vêtu d'un smoking impeccablement coupé, elle portant une fourrure de chinchilla. Un silence crispé les accueillit. Jamais un noir n'avait été admis dans cette salle. Neuf cents paires d'yeux les observaient tandis qu'ils se dirigeaient vers Murray, le maître d'hôtel. Loulou et moi savions ce qui allait se passer : Murray se fichait bien de la loi. Voir un couple de nègres dans cette salle était pour lui contre-nature et il ne le tolèrerait pas. Déjà, il se préparait à les éconduire, prétextant que toutes les tables étaient occupées, lorsque l'homme sortit un billet de cent dollars et le lui glissa dans la main. Sidéré, Murray s'inclina et guida le couple vers une table libre.

Ceci se passait dans la plus grande démocratie du monde, il y a seulement cinquante ans. Pour la première fois, Louis Armstrong fut autorisé à voir le show de son ami Frank Sinatra. Pour la première fois, Sammy Davis Junior vint assister au mien.

J'avais organisé une petite fête en coulisses, il y avait du champagne, Sammy, très à l'aise, drôle, rayonnait. Nous avions tous le sentiment de vivre un moment rare.

Le lendemain, j'étais convoquée par Major Riddle qui me réprimanda sévèrement.

« Les nègres dans la salle, d'accord. En coulisses, pas encore ! » me dit-il, glacial.

Si une étape avait été franchie, un long chemin restait à parcourir.

*

En tapant « mafia + Las Vegas » sur mon iPad pour vérifier un nom, je suis tombée ce matin sur un site intitulé : *Qui contrôlait Las Vegas ?* On y trouve un trombinoscope rassemblant les portraits façon Photomaton de tous ceux qui ont fait Las Vegas. J'y relève bon nombre d'inexactitudes et d'informations douteuses. Ainsi, je trouve, au-dessus du nom de Nate Jacobson – un homme dont j'ai toutes les raisons de me souvenir –, la photo d'un parfait inconnu. Pourtant, en contemplant ces photographies qui, pour la plupart, sont celles de maffieux patentés, j'éprouve l'étrange impression de feuilleter un album de famille. La mauvaise qualité des clichés renforce encore ce sentiment de proximité. Tous ces hommes, objectivement criminels, je les ai rencontrés, fréquentés, ils m'ont invitée chez eux, je les ai reçus chez moi, au cours de ces multiples *parties* qui font l'ordinaire de la vie à Las Vegas. Naïveté ou inconscience ? Prudence ou lâcheté ? Certains – peut-être les plus nuisibles, qui sait ? – me laissent un bon souvenir, d'autres – pas forcément les pires – m'inspirent encore méfiance et aversion. Comment réagirais-je aujourd'hui ?

À la réflexion, j'imagine que mon indifférence s'explique avant tout par le besoin d'intégration que j'ai éprouvé alors. Être conforme, semblable. Sentir et réagir comme un Américain, adopter les mœurs et l'état d'esprit des Américains : ma survie était à ce prix. Car si j'étais revenue d'Hawaii en meilleure santé physique et mentale, j'étais loin d'être tirée d'affaire.

Rentrant chez moi à l'aube, je m'endormais en pensant à Loulou, à maman, à La Jonchère, à mes chiens, à mes fleurs, déchirée par un affreux sentiment de vide et d'abandon. Quelle erreur, cet exil ! Qui m'y obligeait ? Si jamais un jour je rentrais en France, le public m'aurait oubliée, tout serait à recommencer.

Et puis un matin, j'ai pensé : « Si plus personne ne se souvient de moi, eh bien tant pis, je me remettrai au travail. Mes roses, le jardin, les arbres fruitiers ? Ils m'attendront bien, Marcelle et Fernand s'en occupent à merveille. Loulou continuera à voler d'un continent à l'autre. Quant à maman, à grand-mère, elles seront enchantées de découvrir Las Vegas. Dès que possible, je les ferai venir. » Il y eut des rechutes, des crises, de grands moments de désespoir. Jusqu'au jour où un minuscule indice m'apporta la preuve que j'étais définitivement guérie.

C'était dans ma maison de Tropicana Avenue, j'avais des invités, nous bavardions autour de la piscine. Quelqu'un est venu me demander s'il pouvait prendre un Coca dans le frigo et je me suis entendue lui répondre : « *Help yourself !* »

Auparavant, en bonne maîtresse de maison – telle, du moins, qu'on la conçoit en France –, je l'aurais devancé, j'aurais ouvert le réfrigérateur, pris la bouteille, j'aurais sorti un verre du placard, versé le Coca dans le verre… Et là, sans même une hésitation, je lui avais dit de se servir lui-même. Mieux encore, tandis que je voyais mon invité décapsuler la bouteille et la porter à ses lèvres, je me suis dit : « Après tout, s'il préfère boire directement à la bouteille, ça le regarde ! Laisse-le faire. »

Miracle. J'étais devenue une Américaine. Adieu dépression !

*

Je n'ai jamais rencontré autant de monde que dans les mois qui suivirent. Dîners, *parties*, fêtes en tout genre, je n'étais jamais seule. Et pourtant, à trente-six ans, je n'avais jamais vécu dans une telle solitude. Même si je parlais quotidiennement à Loulou au téléphone, même si je le consultais sans cesse comme je l'avais toujours fait, nos deux vies n'étaient plus liées aussi étroitement. Notre environnement était devenu si différent, nos références si éloignées qu'il lui était souvent difficile de formuler un avis ou même un simple conseil. « À toi de voir. Je ne me rends pas bien compte. Fie-toi à ton instinct », me répondait-il, embarrassé.

Pour autant, il n'y avait de ma part aucune remise en question, aucune lassitude, aucun doute sur notre relation. Loulou était l'unique amour de ma vie, il le serait pour toujours, qu'il se trouve près de moi ou que dix mille kilomètres nous séparent. Mais après vingt ans d'absolue fusion, chacun de nous suivait désormais sa propre route. C'était un fait, je m'étais résignée à l'admettre, mettant ainsi fin à plusieurs mois de détresse et de confusion. Pourtant, contrairement au sentiment de libération que j'avais ressenti lors des quatre années passées sur la scène du Casino de Paris, je n'éprouvais aucune satisfaction particulière à me sentir ainsi livrée à moi-même. Je m'en accommodais par nécessité, n'ayant pas d'autre choix.

D'expatriée neurasthénique, j'étais devenue de propos délibéré une expatriée épanouie, parfaitement à l'aise en terre étrangère, curieuse des autres, menant au quotidien cette existence entre parenthèses de ceux qui savent qu'ils ne sont là qu'à titre provisoire. J'en ai gardé une certaine tendresse pour ces jeunes Françaises et ces jeunes

Français – serveurs de restaurant, moniteurs de tennis ou de plongée – que je croise parfois ici ou là, ailleurs dans le monde, heureux, décomplexés, repoussant le plus longtemps possible les soucis et les responsabilités de l'âge adulte. Un peu à leur façon, j'ai vécu ces années-là dans l'insouciance, au jour le jour, sans perspective ni calcul. Aussi longtemps que le spectacle marcherait, j'étais bloquée là, sans aucune possibilité d'envisager quoi que ce soit d'autre. Avec cependant un terme : la nouvelle revue du Casino de Paris que j'avais signée avec Henri Varna pour 1966.

Au fur et à mesure que le temps s'écoulait, je n'envisageais plus cette échéance comme une libération impatiemment attendue, mais comme une contrainte à laquelle je m'étais soumise inconsidérément.

Dans un document de la télévision française datant de 1964 – et intitulé ingénument *Ma cabane à Las Vegas* –, je me revois en train de faire visiter la ville à un journaliste venu spécialement me voir, Jacques Ertaud. Je porte un chemisier à manches courtes, un pantalon moulant, des bottines. J'ai l'air d'une Parisienne en vacances, détendue, en pleine forme, faisant les honneurs de son petit village à un ami de passage. On voit de grands espaces ponctués de rares bâtiments, des avenues paisibles où s'écoule sans difficulté une circulation encore modeste. Je parais très à l'aise et je le suis.

Il est vrai que Las Vegas gardait encore une dimension humaine. On me reconnaissait dans la rue, les gens m'abordaient, je bavardais avec eux :

« *Hi, Line*, vous n'avez plus votre Thunderbird ?

– Je l'ai revendue, elle tombait tout le temps en panne. J'ai envie d'acheter une Mark III. Qu'est-ce que vous en pensez ?

– Ça, c'est une bonne voiture ! Vous pouvez y aller, Line. »

La ville se transformait peu à peu. On inaugura le premier feu de circulation, à l'angle de Charleston et de Las Vegas Boulevard. J'en fus la marraine. Loulou ne figure pas sur la photo qui immortalise l'événement, comme il n'est pas sur celle avec Maurice Chevalier et Ella Fitzgerald venus dîner chez moi. Comme je ne le vois pas non plus sur les photos avec Jean-Claude Brialy que j'ai emmené en balade sur le lac Mead à bord du petit bateau que j'avais acheté – et qui, de même que ma Thunderbird, tombait tout le temps en panne. Ce qui ne m'avait pas empêchée de le baptiser pompeusement *Le France*.

Loulou venait passer deux semaines, repartait deux mois. J'apprenais à vivre sans lui. Je prenais mes décisions. Pas toujours les bonnes.

Le prix des terrains augmentait, on disait que c'était le moment d'acheter. Un ami, Jerry Angel, me conseilla vivement d'acquérir deux acres et demi de sable sur Flamingo pour cinq mille dollars. J'éclatai de rire. Un terrain ! Pour quoi faire ? Je suis de passage, un oiseau en liberté.

Je dépensais tout ce que je gagnais, à la différence d'Annie, qui coiffait les perruques du show et investissait sagement dans l'immobilier. Elle est aujourd'hui multimilliardaire. Rien d'étonnant à cela : un acre de terrain sur le Strip – soit moins d'un demi-hectare – vaut actuellement onze millions de dollars…

*

Je ne sais si l'arrivée au pouvoir de Fidel Castro a été une bonne ou une mauvaise chose pour les Cubains, mais je suis sûre qu'elle a été une excellente affaire pour Las Vegas. Grâce aux relations privilégiées – et mutuellement profitables – qu'entretenaient Meyer Lansky puis Lucky Luciano avec le dictateur Fulgencio Batista, la Mafia italo-américaine s'était solidement implantée dans l'île dès les années 1930, investissant massivement dans le jeu et la prostitution. La révolution de 1959 mit fin brutalement à l'une et l'autre activité. Dans les années qui suivirent, la Mafia, prêtant main-forte à la CIA, tenta vainement de renverser le régime castriste. Attentats contre Fidel Castro, débarquement d'exilés cubains, rien n'y fit. La Mafia dut se rendre à l'évidence : les portes de Cuba lui étaient fermées pour longtemps. Avec le pragmatisme et la faculté d'adaptation qui la caractérisent, elle reporta tous ses espoirs sur Las Vegas et en fit son nouvel Eldorado.

De là date le formidable développement de la ville, métamorphose dont j'ai été le témoin.

La transformation du Dunes, opérée en quelques mois, en est le symbole. Lorsque je suis arrivée à Las Vegas, en octobre 1963, le Dunes était un hôtel certes moderne et luxueux, mais somme toute encore très proche des motels à l'américaine. L'espace ne coûtait pas cher, on s'étendait en largeur, les constructions dépassaient rarement deux étages. Au cours de l'année 1964, Major Riddle décida la construction du Diamond of the Dunes, une tour de vingt-quatre étages comprenant cinq cents chambres, ce qui doublait du même coup la capacité de l'hôtel. Le terrain prenait de la valeur, plus question de gaspiller l'espace, on bâtissait désormais en hauteur. La tour fut achevée en huit mois, sans interrompre ou gêner aucune des activités de l'hôtel, y compris mon show. Outre les chambres, elle comprenait un restaurant de prestige, le Dome of the sea, ainsi qu'un night-club géant, le Top O'the Strip.

Simultanément fut érigé la nouvelle enseigne du casino, haut de cinquante-cinq mètres, large de vingt-cinq et comprenant des centaines de mètres de tubes néon, véritables gouffres à énergie – mais qui se souciait alors du réchauffement climatique et de l'impact carbone ? On affirmait que l'électricité consommée par ce mastodonte aurait suffi à éclairer une ville de cinq mille habitants. Deux employés se relayaient en permanence pour assurer son entretien. L'ensemble, vaguement orientalisant, était censé évoquer *Les Mille et Une Nuits*. Vite surnommé l'oignon, il fut la première enseigne de cette envergure sur le Strip et inaugura la surenchère dans le gigantisme qui devait marquer la fin des années soixante et ne plus s'arrêter.

Le casino tournait à plein régime. *Vive les girls !* dans la Parisian Room, *Casino de Paris* dans la Main Room étaient des succès extraordinaires. Une clientèle nouvelle envahissait la ville : celle des congrès et des conventions. Les marchands de chaussures du Wyoming, les notaires de l'Idaho et les employés des pompes funèbres de l'Arizona débarquaient en rangs serrés, bien décidés à prendre du bon temps au frais de leur entreprise, de leur syndicat ou de leur association professionnelle. À ma demande, le chargé de relations publiques du Dunes, Lee Fisher, venait me voir chaque soir dans ma loge, avant le spectacle, et me donnait le plan de la salle avec la liste et la localisation des congressistes présents ce soir-là. Telle branche, telle société, telle région, le nom du président, du directeur ou des principaux responsables – si possible assorti d'une photographie –, leurs surnoms, leurs manies. À la fin du spectacle, comme j'en avais l'habitude, je descendais dans la salle et allais de table en table, interpellant familièrement les uns et les autres.

« Mais, je vous reconnais, vous ! Vous n'êtes pas M. Seymour ? C'est bien vous qui êtes tellement distrait que vous êtes venu travailler un jour en veste de pyjama ? »

D'abord sidéré, l'intéressé, mis en confiance, réagissait avec ce sens de la repartie dont est dotée la majorité des Américains. Les plaisanteries s'enchaînaient, la salle croulait sous les rires, chacun repartait avec le sentiment que le show avait été conçu spécialement pour lui. Ce n'était pas toujours d'une grande finesse, je l'admets, mais c'était joyeux, bon enfant et je retrouvais curieusement dans l'extrême gentillesse de ce public un peu de la chaleur et de la simplicité des gens du Nord, lorsque adolescente je chantais à Douai, à Béthune ou Charleroi.

Après le dernier spectacle, vers deux heures du matin, les artistes se retrouvaient au lounge du Sands Hotel. Il y avait là Sinatra, Dean Martin, son copain Sonny King, italo-américain comme lui, qui était marrant comme tout, Louis Prima, Mitzy Gaynor et bien d'autres, au hasard des engagements. On bavardait, on riait beaucoup, on buvait un peu trop. Certains beaucoup trop. Nous étions entre nous, le monde pouvait s'écrouler, nous aurions été les derniers avertis. Las Vegas occupait une autre planète. La Jonchère, infinitésimale, était à des années-lumière.

*

L'un des sujets qui agitaient notre petite société était la construction, sans cesse annoncée, sans cesse retardée, d'un nouvel hôtel-casino sur le Strip, le premier depuis neuf ans. D'abord dénommé Cabana Palace, puis Desert Palace, il devait, aux dernières nouvelles, s'appeler finalement Caesars Palace. Caesars et non Caesar's, car, argumentait son promoteur Jay Sarno, les clients de l'hôtel ne seraient pas invités chez César, ils seraient appelés à devenir eux-mêmes des Césars et traités comme tels.

Jay Sarno était à la fois un homme d'affaires et un décorateur. Issu de l'industrie du tourisme, il avait connu une belle réussite avec une chaîne de motels, les Cabanas, implantés à Atlanta, Dallas et Palo Alto. Autant dire qu'il n'était pas du sérail, d'où la méfiance qu'il inspirait.

Jusqu'alors, ceux qui avaient fait Las Vegas n'avaient jamais été des professionnels du tourisme. Représentants directs de la Mafia, ils avaient eu avant tout le souci d'implanter un casino et d'en assurer la rentabilité maximale, l'hôtellerie et la restauration n'étant qu'un aspect annexe et purement pratique de l'opération. Il fallait bien que les joueurs dorment et se nourrissent.

Séjournant à Las Vegas pour tenter sa chance autour des tables de baccara – car il était lui-même joueur –, Jay Sarno fut frappé par la banalité des hôtels, leur décoration vaguement déclinée du style western, leur aspect provincial et vieillot. L'idée lui vint alors de concevoir un établissement d'un genre entièrement nouveau où le jeu, tout en conservant une place centrale, ne serait plus l'unique raison pour laquelle on viendrait dépenser son argent à Las Vegas.

Il inventa de toutes pièces le concept d'hôtel à thème et jeta son dévolu sur la Rome antique. Le faste, la démesure, associée à une vague réminiscence d'orgies, d'esclaves court-vêtu(e)s, de délices de Capoue. La Rome baroque et décadente plus que la Rome impériale.

Même lointaines, mêmes revisitées à la sauce hollywoodienne – le cinéma américain venait de produire coup sur coup trois péplums monumentaux, *Spartacus* de Kubrick, *Cléopâtre* de Mankiewicz et *La Chute de l'Empire romain* d'Anthony Mann –, ces références européennes étaient du plus mauvais effet dans le microcosme de Las Vegas où un bon vieux saloon vaudrait toujours mieux qu'un temple antique et où une solide cowgirl s'imposerait sans difficulté face à la plus délicate des esclaves numides.

Personne ne croyait au projet, on s'attendait à voir ses promoteurs jeter l'éponge d'un jour à l'autre, on fustigeait leur témérité et leur arrogance. D'autant que Jay Sarno avait choisi un célèbre architecte de Miami, Melville Grossmann, pour tracer les contours du futur mastodonte. Ceux qui avaient eu accès à ses plans n'en revenaient pas. Mégalomanie, extravagance, excès, la construction du futur établissement était estimée à plus de vingt millions de dollars. De l'avis général, un tel investissement était impossible à amortir.

Pourtant, contre vents et marées, Jay Sarno traça sa route. Le site fut choisi, un terrain acheté en leasing au milliardaire Kirk Kerkorian. Il était situé côté façade ouest du Dunes, là où se terminait la ville et où commençait le désert. Quant au financement, il était à peu près bouclé, associant Jimmy Hoffa et ses Teamsters à un groupe d'assurances de Baltimore représenté par un certain Nate Jacobson, appelé à devenir le président du futur Caesars Palace.

J'entendais son nom revenir sans cesse dans les conversations – Nate *who* ? ironisait-on – sans imaginer que l'homme qui le portait aller jouer un tel rôle dans ma vie.

Chapitre huit

Nate

Sur Tropicana Avenue, j'ai pour voisine de gauche Betty Grable, la célèbre pin-up dont la photo en maillot de bain avait adouci les jours, et surtout les nuits, des GI's durant la guerre. Celle dont on disait que la 20 th Century Fox avait assuré les jambes pour un million de dollars chacune. À droite, mon voisin est nettement moins sexy. Il s'appelle Jerry Zarovitch. C'est un pion que la Mafia a placé au Sands où il occupe des fonctions mal définies. Un matin, il m'aborde.

« Tu sais, Line, me dit-il, nous allons faire le Caesars Palace, c'est absolument certain maintenant. »

Je m'étonne.

« Nous ? Pourquoi, tu es dans le coup, Jerry ? Je croyais que tu travaillais au Sands.

– Moi, je vais où on me dit d'aller, me répond-il d'un air entendu.

– Très bien, Jerry, je suis contente pour toi. Bonne chance. »

Il se tortille, embarrassé. Visiblement, il a autre chose à me dire, mais ne sait pas comment s'y prendre. Je comprendrai plus tard pourquoi.

« Il va y avoir une salle de spectacle de mille deux cents places, se hasarde-t-il, ça pose des tas de problèmes, pour la scène, les éclairages, enfin tout ça. Si tu pouvais donner des conseils… Tu connais bien la question. »

Et de m'expliquer qu'une réunion à ce propos est prévue le soir même. Ma présence serait appréciée.

Je trouve sa requête surprenante. Quand on s'apprête à dépenser vingt millions de dollars pour bâtir un casino, on n'éprouve aucune difficulté à engager les meilleurs spécialistes dans chaque domaine – y compris l'implantation de la grande salle de spectacle. Pourquoi faire appel à moi ? Mais tant de choses surprenantes se sont produites depuis mon arrivée à Las Vegas que j'ai fini par accueillir les sollicitations les plus imprévues avec une tranquille insouciance. Après tout, lorsque le candidat démocrate au poste de sénateur du Nevada, Howard Cannon, m'a demandé, en novembre 1964, de soutenir activement sa campagne, je ne me suis pas posé la question de savoir si j'étais légitime ou non dans ce rôle. Howard Cannon l'a finalement emporté de quarante-huit voix sur son adversaire Paul Laxalt, un avocat d'origine basque, qui sera élu gouverneur du Nevada trois ans plus tard.

Je dois aussi admettre que je suis particulièrement curieuse d'approcher les gens qui travaillent à ce fameux projet du Caesars Palace dont les aléas nourrissent nos conversations depuis des mois.

La réunion, m'indique Jerry, se tiendra dans une suite, au quinzième étage du Dunes, dont il me donne le numéro. Je promets d'y faire une brève apparition entre mes deux spectacles.

Le temps de me changer, de me démaquiller partiellement, de me recoiffer, il est près de dix heures du soir lorsque je me présente à la porte. Jerry guette manifestement mon arrivée. Son visage s'illumine lorsqu'il me voit entrer. La pièce est si enfumée que j'ai beaucoup de mal à distinguer autre chose qu'une masse bruyante agglutinée autour d'une longue table. La réunion bat son plein, le brouhaha est intense. Jerry, penché à mon oreille, me chuchote le nom des participants, une vingtaine en tout. Ahurie, j'ai beaucoup de mal à les associer aux silhouettes qu'il me désigne discrètement et qui se confondent entre elles.

Je remarque vite qu'il n'est absolument pas question de la Main Room et de ses aménagements, mais essentiellement des *culinaries* – tout ce qui concerne les cuisines, leur implantation, leur équipement, leur approvisionnement. Une discussion dont les enjeux m'échappent, mais qui paraissent susciter une controverse aussi passionnée que s'il s'était agi d'envahir l'URSS dans le quart d'heure suivant. En toute logique, je devrais faire un signe à Jerry et m'éclipser. Tout juste capable de casser un œuf dans une poêle, je n'ai aucune opinion sur la place des chambres froides et la disposition des plaques de cuisson. Or je n'en fais rien. Au contraire, plus le temps passe, plus je suis les échanges avec passion, comme si j'assistais à un match dont j'ignore les règles, mais qui, par ce fait même, prend une intensité dramatique extraordinaire.

Peu à peu mon attention se concentre sur un homme qui occupe le centre de la table et semble mener les débats. Petit, son physique n'a rien de particulièrement attrayant, hormis ses yeux bleus et son sourire. Mais dès qu'il parle, une force et une autorité absolument stupéfiantes émanent de lui. Jouant sur tous les registres, de l'humour à la colère, réelle ou simulée, du charme à la fermeté, du désir de convaincre à la volonté d'avoir le dernier mot quoi qu'il arrive, il brille par son intelligence et son sens stratégique. Lorsqu'il est en difficulté, il laisse parler ses contradicteurs, la mine humble, l'air résigné, approuvant parfois d'un hochement de tête, comme s'il s'avouait vaincu. Puis soudain, leur prudence endormie, il les foudroie d'une phrase et renverse la situation.

Le temps passe, la fumée s'épaissit encore, je me sens légèrement étourdie, cotonneuse, flottante. Comme envoûtée. À un moment, Jerry pose sa main sur mon épaule.

« Line, c'est l'heure.

– L'heure ?

– L'heure de ton second show. Il faut aller te préparer. »

Je sursaute. Il est plus de minuit. Deux heures viennent de s'écouler sans que je m'en sois rendu compte. Vite, je me lève. Jerry me raccompagne, se confondant en excuses : la discussion sur les *culinaries* a duré plus longtemps que prévu, du coup, il n'a pas été question de la Main Room de mille deux cents places, ce sera pour une autre fois. Accepterais-je de revenir ? On compte vraiment sur mon avis. Je dis oui sans réfléchir et regagne ma loge, éprouvant le sentiment qu'on ressent, au réveil, lorsqu'on ne parvient pas à se souvenir d'un rêve dont on reste pourtant imprégné.

*

Début juillet, Loulou arrive de France pour fêter mes trente-sept ans. Car jamais, depuis 1946, nous n'avons passé un seul de nos anniversaires respectifs – 18 mars pour lui, 2 juillet pour moi – éloignés l'un de l'autre. Durant son séjour, nous allons déjeuner au Monte Carlo, qui est le restaurant gastronomique du Desert Inn. Georges Laforge, le maître d'hôtel, est notre ami. Tandis qu'il nous conduit à notre table, nous passons devant un couple qui nous salue.

« C'est Nate Jacobson et sa femme Sylvia, nous souffle Georges. Nate va être le président du Caesars Palace. »

Nate Jacobson ? Soudain, je fais le rapprochement. Le petit homme assez quelconque assis sur la banquette à côté de sa femme est celui qui m'a époustouflée le soir où Jerry m'a entraînée dans cette suite au Dunes.

Époustouflée… Je relis ce mot et m'étonne de l'avoir écrit. Je dois être à peu près la seule en France à l'utiliser encore. Que dirait-on aujourd'hui ? *Bluffée* ? Pourtant, il exprime bien le sentiment que m'a inspiré Nate durant les dix-huit années qu'a duré notre liaison. Il m'a *époustouflée*. Mais chaque fois que je l'ai retrouvé, à Las Vegas, New York, Paris, Venise ou ailleurs, ma réaction a été la même : « Ce n'est pas un bel homme, il est autoritaire, colérique. Loulou le vaut cent mille fois. Je dois rompre immédiatement. » Et puis Nate se mettait à parler. Et plus il parlait, plus mes bonnes résolutions fondaient.

Ce jour-là, au Monte Carlo, Nate n'a rien dit. Il s'est juste contenté d'incliner la tête dans ma direction. Et j'ai pensé : « Il n'a vraiment rien d'extraordinaire, ce Nate Jacobson. Qu'est-ce que tu lui as trouvé, l'autre soir ? »

Deux semaines plus tard, Loulou et moi retournons déjeuner au Monte Carlo. Tandis que Loulou bavarde avec le barman, qui est un Français, Georges, le maître d'hôtel me dit : « Comme c'est curieux, Nate Jacobson vient de partir. Et tu sais quoi ? » Il baisse la voix. « Il m'a demandé ce que tu avais mangé la dernière fois que tu es venue et il a voulu manger exactement la même chose.

– Tu t'es souvenu de ce que j'avais mangé il y a une semaine ?

– Parfaitement. Et je le lui ai servi. »

Je commence à comprendre.

C'était à la demande de Nate Jacobson que Jerry Zarovitch m'avait demandé d'assister à cette fameuse réunion. « Débrouille-toi pour qu'elle soit là, trouve un prétexte, j'ai envie de la rencontrer », avait dû lui dire Nate Jacobson. Mais la discussion s'était éternisée et

Nate, bataillant pied à pied pour imposer son point de vue, ne m'avait pas même adressé un regard.

Quelques jours se passent et nous sommes invités à un cocktail que donne Mitzi Gaynor au Sands. Au moment où nous arrivons, Nate et Sylvia, sa femme, en sortent. Sylvia marche derrière Nate, Loulou devant moi. Tandis qu'il passe à ma hauteur, Nate me dit rapidement :

« Je vais à Baltimore demain. Puis-je vous téléphoner à mon retour ?

– Bien sûr. »

J'ai répliqué sans même réfléchir et ma réponse précipitée ne signifie pas seulement que je l'autorise à me téléphoner, mais que je souhaite qu'il me téléphone.

Il poursuit son chemin, je rejoins Loulou et passe mon bras autour du sien. Je n'ai aucune expérience des relations extraconjugales, je ne m'y suis pas préparée, je n'ai pas souhaité qu'un tel événement se produise. Et pourtant, je viens de franchir avec aisance et comme naturellement un pas qui, j'en suis parfaitement consciente, me conduira tôt ou tard à tromper l'homme que j'aime le plus au monde. Je n'en conçois ni remords ni sentiment de culpabilité. Aujourd'hui, à cinquante ans de distance, je m'en étonne, tandis que pour la première fois je me risque à parler de Nate et de la passion que j'ai éprouvée pour lui, attentive à ne pas abîmer, ternir, amoindrir, offenser en quoi que ce soit l'immense amour que Loulou et moi nous nous sommes porté l'un à l'autre.

*

Loulou a regagné la France. Je n'ai aucune nouvelle de Nate Jacobson. Est-il rentré de Baltimore ? Pourquoi ne m'appelle-t-il pas. Je sais qu'il habite une suite au quinzième étage du Dunes. Un soir, croisant Charles Gustin, le directeur général de l'hôtel, je me risque :

« Savez-vous si M. Jacobson est en ville ?

– Je n'en ai pas la moindre idée. Pourquoi ?

– Il était à Baltimore, il devait me téléphoner en rentrant.

– Je vais me renseigner. »

Quelques instants plus tard, je suis dans ma loge, Michel me coiffe pour le premier show. Le téléphone sonne.

« Bonjour, mademoiselle Renaud. C'est Nate Jacobson.

– Ah ! Vous avez rencontré Charles Gustin ?

– Pourquoi, j'aurais dû ? » Et sans attendre la réponse : « Est-ce que je peux vous voir ?

– Si vous voulez. »

Je l'entends s'exclamer : « *You bet I want !* »

Ce qu'on pourrait traduire par : « Et comment que je veux ! »

Nous allons boire un verre entre mes deux shows. Je l'observe. Il est extrêmement drôle, imprévisible, animé d'une incroyable énergie. Il parle, parle, parle. Le Caesars Palace, ses rapports avec Jay Sarno, un génie créateur mais aussi un fou, dénué de tout sens pratique, les Teamsters, redoutables, qu'il faut tenir à distance tout en les ménageant, Melville Grossmann, l'architecte, dont les exigences font grimper chaque jour le montant du devis. Parti de vingt millions de dollars, ce qui était déjà excessif, on dépasse aujourd'hui les vingt-cinq millions de dollars, alors que le premier mètre cube de béton n'a pas encore été coulé. Du coup, les investisseurs de Baltimore, dont il est, lui Nate, le représentant, prennent peur et menacent de se retirer du projet.

De temps à autre, il s'inquiète.

« *Am I boring you ?* Je vous ennuie ? »

Je fais non de la tête.

Ou bien encore : « *Do you understand what I'm saying ?* Vous comprenez ce que je dis ? »

Oui, je comprends. Bizarrement, je comprends tout et ça me passionne. Non pas le détail, bien sûr. Mais les enjeux. Nate est un homme d'action. La spéculation ne l'intéresse pas. Il expose chaque problème en vue d'une décision à prendre, d'un choix à faire, d'une stratégie à adopter.

Il m'interroge :

« *What do you think ?* Qu'est-ce que vous en pensez ? »

Ou encore, plus surprenant : « Qu'est-ce que vous feriez à ma place ? »

Je m'en étonne à peine. Il y a seulement une heure que je le connais et j'ai l'impression de faire partie de sa vie autant qu'il fait partie de la mienne. Pas encore amants – je n'y songe même pas, à ce moment de la soirée – mais déjà complices.

Il me demande si je veux dîner avec lui après le deuxième show. Je me retiens pour ne pas répondre, comme lui tout à l'heure : « *You bet I want !* »

C'est au Top O'the Strip que nous nous retrouvons, peu après deux heures du matin. Entre-temps, j'ai donné mon deuxième show et Nate, qui est un très gros joueur, est allé s'installer à une table de baccara et n'en a pas bougé. Sauf pour suivre les quarante minutes de mon tour de chant que, m'assure-t-il, il ne rate jamais lorsqu'il se trouve à Las Vegas. Murray, le maître d'hôtel, est spécialement chargé de le prévenir de mon passage.

« *Miss Renaud in two minutes !* »

Qu'il gagne ou qu'il perde, Nate pose alors ses cartes, se rend dans la Main Room, assiste à mon acte, puis revient s'asseoir à la table de baccara.

Le Top O'the Strip, au sommet de la nouvelle tour du Dunes, est un endroit très romantique. Des cascades d'eau ruissellent des murs, la vue sur la ville est extraordinaire, un orchestre de vingt violons distille une musique qui, si elle n'est pas d'une particulière originalité, incite aux confidences.

Nate me dit que, lorsqu'il m'a croisée en quittant le cocktail de Mitzi Gaynor, « j'étais déjà dans sa tête », et qu'à la façon dont je lui ai répondu, il a compris qu'il était aussi dans la mienne.

Je pense à la chanson de Billie Holiday, « You Go to My Head » :

Tu es venue dans ma tête
Et tu y restes comme un refrain qui me hante
Tu tournes dans mon cerveau
Comme une bulle dans un verre de champagne...

Il me demande pourquoi je lui ai parlé de Charles Gustin lorsqu'il m'a appelée dans ma loge, au début de la soirée.

« Je venais de lui demander si vous étiez rentré de Baltimore.

– Pourquoi ?

– Parce que vous m'aviez dit que vous me téléphoneriez à votre retour et je m'étonnais que vous ne l'ayez pas fait.

– Donc, vous espériez que je vous appellerais ?

– Est-ce bien nécessaire que je réponde à cette question ?

– Très nécessaire.

– Oui, j'espérais que vous m'appelleriez. »

Vers quatre heures du matin, nous nous sommes retrouvés dans sa suite, au quinzième étage de la tour.

Pour boire un dernier verre.

Hypocrisie de ma part ? Non. Faire l'amour, *to have sex*, comme disent les Américains d'une façon plus directe – et me semble-t-il plus juste –, n'est pas dans mon programme, même si je ne peux ignorer qu'il est indubitablement dans celui de Nate. Moi, je souhaite une seule chose : qu'il continue à me parler.

Chacun sa méthode pour séduire les femmes. Je me souviens d'un film, de Jean Renoir il me semble, où l'un des personnages disait : « Les femmes, pour les avoir, pour les garder ou pour les quitter, il faut les faire rigoler ! » Je ne déteste pas rire, mais apparemment, pour me séduire, les mots sont un moyen bien plus efficace. Et Nate m'a eue et cent fois récupérée par la parole.

Depuis la fenêtre du salon, dans la suite au quinzième étage, Nate me montre un bout de désert adossé aux montagnes.

« Regardez le Caesars Palace ! »

Il n'y a rien, rien que du sable rougeâtre et les montagnes que la lune découpe en arêtes vives sur le ciel bleu émeraude. C'est le terrain où peut-être un jour s'édifiera le casino qui doit révolutionner l'industrie des loisirs à Las Vegas.

Je me risque :

« Mais vous savez bien que la ville entière dit que le Caesars Palace ne se fera jamais. »

Il part d'un formidable éclat de rire.

« Certains vont avoir des surprises ! »

Il me raconte son enfance. Ses parents, des juifs lituaniens. Il est le mouton noir de la famille, celui dont on pense qu'il ne fera jamais rien de bon. L'essentiel de son temps passe à traîner avec les gosses du voisinage, des Noirs en majorité, car il habite un quartier pauvre. Il apprend à se défendre et à se battre. L'école de la rue, la meilleure selon lui. Puis la vraie, l'université, à laquelle il accède à la surprise de tous, et où il progresse rapidement.

« Beaucoup moins intéressante que la rue, juge-t-il. À l'université, on triche tout le temps. Dans la rue, c'est impossible, ou on se fait descendre en moins de deux. Mais si on a connu les deux, l'université plus la rue, alors là, on est imbattable ! »

C'est un dur, *a tough guy*. Il est fier de sa réussite. Il se fie à son instinct, n'écoute personne, suit sa route. Elle le conduira à la réussite, puis à la chute.

Six heures du matin. Le jour commence à éclairer les montagnes, le terrain de Kirk Kerkorian paraît plus désertique que jamais et destiné à le rester.

Nate me suggère qu'il serait temps de se comporter en adultes normalement constitués. Je lui dis :

« Nate, le casino est rempli de belles filles. Vous pouvez faire ça avec n'importe laquelle. Pourquoi avec moi ?

– Parce que c'est avec vous que je suis bien.

– Ce n'est pas une raison suffisante. Si nous faisons l'amour, ce sera sérieux pour moi. Réfléchissez à ça avant.

– J'ai réfléchi. Ce sera aussi sérieux pour moi que pour vous. »

Donc, nous avons fait l'amour. *We had sex*...

*

En envisageant d'écrire ce livre, je savais que je serais, à un moment ou un autre, placée devant un choix : dissimuler, atténuer, travestir, ou bien dire sans faux-fuyant ni périphrase ce que j'ai vécu et ressenti au cours de ma vie. Parler de moi, c'est parler de Loulou. Nos deux existences sont inséparables. Admettrait-il, comprendrait-il que je mette ainsi le plus intime de notre vie sur la place publique ?

Je pensais alors, un peu lâchement : « Avançons. On verra plus tard. »

Maintenant j'y suis. Que faire ?

Comment cacher qu'au bout de cette nuit, à trente-sept ans, dans une chambre d'hôtel à Las Vegas, j'ai découvert ce qu'était l'amour physique avec un homme que je connaissais à peine ?

Ai-je raison, ai-je tort de raconter cela ? À bientôt quatre-vingt-cinq ans, est-il bien convenable de parler de son corps, de son corps au passé ? De vie intime, de plaisir et d'orgasme ?

Tout est affaire d'alchimie, de circonstances et finalement de hasard. Ce n'était pas l'attraction physique qui nous avait rapprochés, Loulou et moi, c'était le travail, l'acharnement qu'il avait mis à me façonner, à me projeter sur le devant de la scène, à bâtir patiemment ma carrière. Il aimait celle que j'étais devenue, j'aimais celui qui m'avait faite. Nos cœurs avaient conclu un partenariat pour la vie, une solide alliance.

Hormis la grande différence d'âge qui existait entre nous, sans doute le souvenir de cette première nuit, rue Ruhmkorff, lorsque, encore adolescente Loulou m'avait ramenée sur sa moto et mise dans son lit sans précaution ni égard particulier, avait-il brisé un ressort essentiel à tout élan charnel, la curiosité, sinon le désir lui-même. Et l'avortement subi à dix-huit ans dans les pires conditions n'avait pas contribué à guérir une plaie mal refermée.

Notre relation physique, tant qu'elle s'est poursuivie, a été fondée sur la tendresse, le charme, l'harmonie plus que sur l'exultation des sens. C'était une relation douce et confortable. Une belle relation. Lorsque est apparue de la gêne entre nous, lorsque cette relation est devenue moins plaisante, moins spontanée, un peu contrainte, elle a tout simplement cessé.

Vers la fin de sa vie, Loulou, très affaibli, avait à peine la force de parler. Nous passions de longs moments, main dans la main, assis sur un vieux canapé donné par nos amis Cohen, dans cette maison de La Jonchère qui se délabrait de plus en plus, car Loulou ne voulait plus entendre parler de travaux. Il portait un survêtement havane dans lequel il se sentait à l'aise, j'appelais ça son bibendum. C'était un vieil homme, c'était mon enfant. Chaque instant supplémentaire, chaque minute arrachée dans cet affreux compte à rebours qu'est une fin de vie, représentait pour moi un extraordinaire cadeau.

De temps à autre, je lui disais : « On a bien fait, hein, mon Loulou ? » Il levait les yeux, remuait lentement la tête.

« Oh oui, on a bien fait ! »

Bien fait de quoi ?

De ne pas s'arrêter au premier obstacle, de continuer coûte que coûte. De parcourir cette longue route ensemble.

Je n'ai, est-il besoin de le préciser, rien contre le divorce, et surtout aucune prévention morale. Il est, dans bien des cas, l'unique recours. Oserais-je dire qu'il m'apparaît quelquefois comme une démission ?

Fastoche, disent les enfants. Trop fastoche.

Refaire sa vie, tout reprendre de zéro, c'est une idée séduisante. Parfois ça marche. Parfois on ne fait que reproduire, d'échec en échec, les mêmes erreurs.

Au moment où commençait ma liaison avec Nate, je savais que je ne quitterais jamais Loulou. Ce que j'avais vécu, ce que je vivais, ce que je vivrais encore avec lui était d'une tout autre nature et méritait d'être préservé.

Oui, nous avons bien fait. N'est-ce pas, Loulou ?

Chapitre neuf

« Like a Jew »

J'ai de nouveaux amis, Jillian et Mitch. Ils habitent non loin de chez moi. Nous nous sommes rencontrés par l'intermédiaire de Nounouche qui nourrit de tendres sentiments pour leur chien, auquel personnellement je ne trouve aucun charme. Mais je ne suis qu'indirectement concernée.

Jillian est née en Afrique du Sud, Mitch, son mari, est d'origine ukrainienne. Tous deux sont danseurs au Tropicana. Mitch est superbe, il a la gueule d'Yves Montand. Jillian aussi est très belle, elle a de grands yeux noirs, c'est magnifique de les voir danser ensemble. Hélas, Mitch est tombé amoureux de Liliane Montevecchi, une Française qui joue dans le spectacle des Folies-Bergère. Jill le sait. Elle en est très malheureuse. Elle vient chez moi et me confie ses peines. Je la conseille. C'est si facile d'y voir clair quand il s'agit des autres.

Un jour, je me débrouille pour me retrouver seule en tête à tête avec Mitch et j'en profite pour le raisonner. En pure perte. Il tient à Jill, il adore Liliane Montevecchi. « Qu'est-ce que je peux faire ? » me demande-t-il, désespéré, en écartant les bras dans un geste d'impuissance.

Je ne suis pas la mieux placée pour lui répondre.

Henri Varna est venu à Las Vegas « humer l'air », ou encore, comme il le dit, « sentir sa nouvelle revue ». Il déborde d'enthousiasme.

« Vous allez voir, ma petite Line, me dit-il. J'ai cent mille idées en tête. Nous allons faire quelque chose de grandiose ! »

Le Ciel l'entende.

En attendant, je lui demande d'engager José-Luis Viñas, le merveilleux créateur de costumes qui a habillé ma revue à Las Vegas. José-Luis est demandé aux quatre coins du monde, il faut le bloquer longtemps à l'avance. Henri Varna fait la moue.

« À quoi bon, ma petite Line ? Il va me coûter une fortune pour rien du tout. J'ai beaucoup mieux à vous proposer. »

D'un vieux dossier, il tire quelques esquisses. Des robes créées cinquante ans plus tôt pour Cécile Sorel et Mistinguett.

« Regardez-moi ces beautés ! Ça n'a pas pris une ride ! »

Il est bien le seul à le penser. Effondrée, je téléphone à Loulou.

« Ne t'inquiète pas, me rassure-t-il. Je parlerai à Varna dès son retour. Je sais comment le prendre, ça va s'arranger. »

Il lui parle, mais rien ne s'arrange. M. Varna est devenu incroyablement têtu, sa pingrerie légendaire atteint des sommets, il vit dans la crainte perpétuelle qu'on le vole et suspecte tout le monde – y compris lui-même, je crois bien.

Je n'aurais jamais dû signer ce contrat.

*

Les fondations du Caesars Palace sont enfin creusées. Jay Sarno et Nate Jacobson, inflexibles, affirment que l'ouverture se fera en août 1966, soit dans moins d'un an. Ce qui met une nouvelle fois notre communauté en ébullition. Avant, on doutait que le Caesars se fasse, maintenant on doute qu'il soit terminé dans les délais. Nate adore les défis. Il ne déteste pas non plus la provocation. Savoir qu'il a tout le monde contre lui le stimule. Sa vitalité m'étourdit, ses accès de colère m'effraient. Il m'entraîne dans un monde dont j'ignore tout, à la fois dangereux et terriblement excitant.

Chaque nuit, il m'explique, sans omettre aucun détail, ce qu'il a fait dans la journée, ce qu'il fera le lendemain, les décisions qu'il a prises, les conflits qu'il a tranchés, les complots qu'il a déjoués. Je devrais bâiller d'ennui, je l'écoute, fascinée.

Sans cesse il me questionne, comme il l'a fait dès notre première rencontre : « Qu'est-ce que tu en penses ? Qu'est-ce que tu ferais à ma place ? » Il faut rester sur le qui-vive, répondre du tac au tac. Tout se mêle, la couleur des moquettes, un conflit avec le syndicat des femmes de chambre, les costumes des serveurs. Pour les filles, pas de problème, une tunique pseudo-antique fera l'affaire et offrira l'avantage de dénuder agréablement les jambes jusqu'aux limites de la décence. Mais il sera plus délicat de demander aux garçons d'assurer leur service en sandales et en jupette.

« Alors, qu'est-ce que tu en penses ? » s'impatiente Nate.

Lorsque le problème posé dépasse de beaucoup mes compétences, je triche, fais semblant de ne pas avoir très bien compris – après tout, mon anglais n'est pas sensationnel – et lui demande de répéter lentement la question. Ce qui me laisse le temps de réfléchir à la réponse.

Je me risque. Il bondit : « *Stupid !* » Et il m'explique mon erreur : « Si je fais ce que tu dis, voilà ce qui va se passer. » Car la vie, pour lui, est une perpétuelle partie d'échecs. Il a toujours plusieurs coups d'avance et ne bouge jamais un pion sans anticiper les conséquences.

Souvent, mon bon sens me dicte la solution. Alors son visage s'éclaire :

« *Good ! You think like a Jew !* »

Nate est juif et d'après lui, seuls les juifs raisonnent bien. Être qualifiée de juive est un immense compliment.

Je souris modestement.

Et puis il y a les jours et les nuits où je n'entends plus parler de Nate. Je ne sais pas ce qu'il est devenu, où il se cache. Il a perdu au jeu. Beaucoup d'argent. Il se déteste, il a honte, il n'ose plus se regarder dans la glace. Il décide de se faire interdire. Plus jamais il ne s'assoira à une table de baccara.

Quelques jours plus tard, il refait surface. Timide, penaud, petit garçon – ce qui ne lui ressemble guère. Il jure qu'il est guéri, vacciné à jamais.

Encore une semaine, il trouve le moyen de se faire « désinterdire » – je ne sais si le mot existe, je ne sais comment il s'y prend. Il entre dans la salle de jeu, reprend sa place, humble, l'air de ne pas y toucher, comme par mégarde.

Il mise petit pour commencer. Et gagne.

Le cycle infernal est relancé.

*

Maman est venue me rejoindre à Las Vegas. C'est la première fois qu'elle se rend aux États-Unis. La voilà installée avec moi sur Tropicana Avenue.

Nous sommes très heureuses de nous retrouver. Elle sait tout de ma vie. Et ce qu'elle ignore, elle le devine. Parfois, j'ai pu différer telle ou telle confidence, inopportune ou embarrassante. Mais lorsque enfin j'ai trouvé le courage de lui parler, il n'est pas rare qu'elle m'ait dit : « Tu sais, je m'en doutais. C'était vraiment pas la peine de t'en faire une montagne. »

Je lui présente Nate. Le courant passe tout de suite. Il est carré, direct, parfois avec excès. À tout prendre, je devine qu'elle préfère son côté abrupt aux ruses florentines de Loulou. Non pas qu'elle choisisse Nate contre Loulou, elle connaît mes sentiments profonds et les respecte. Mais ses rapports avec Loulou sont empreints d'une certaine gêne – que Loulou entretient à plaisir. Entre eux persiste une sourde rivalité dont je suis l'enjeu. *Qui sera le chouchou de la maîtresse ?*

Ce genre de questionnement n'effleure pas Nate un seul instant. En toutes circonstances, il sait parfaitement la place qu'il occupe : celle qu'il a conquise et dont il ne se laissera pas déposséder. Ainsi, tout est clair et maman s'en accommode fort bien.

Le casque sur la tête, nous visitons le chantier du Caesars Palace. Plusieurs centaines d'ouvriers s'activent, les grues, les bétonnières, les excavatrices tournoient et s'entremêlent, le vacarme est assourdissant. Les murs commencent à peine à sortir de terre. Pourtant Nate se repère sans difficulté dans ce dédale et décrit minutieusement les lieux à maman, comme un guide faisant visiter la Maison Blanche ou le château de Versailles à un groupe de touristes.

Maman est en admiration devant ce qu'elle voit. Soit elle a beaucoup d'imagination, soit Nate est un sacré bonimenteur.

Nate me conseille de prendre des parts dans le Caesars Palace. Une part coûte cent mille dollars. Mais les employés et les collaborateurs peuvent acquérir des *working points* pour la moitié de cette somme. En récompense de mes conseils, j'aurai moi aussi la possibilité de bénéficier de ce tarif de faveur.

De même que lorsqu'il s'était agi d'acheter un acre et demi de désert sur Flamingo pour cinq mille dollars, je consulte Loulou, que j'ai chaque jour au téléphone.

« Interroge Frédéric Apcar, me répond-il, méfiant. Qui sont ces gens ? Est-ce qu'on peut leur faire confiance ? »

Frédéric, comme tous ceux qui gravitent autour du jeu et du spectacle à Las Vegas, est sceptique. Le Caesars Palace est loin d'être construit, ouvrira-t-il un jour ses portes ? Et sera-t-il rentable ? Vu les sommes investies, il faudrait que ce soit un prodigieux succès pour que ses actionnaires et ses contributeurs puissent récupérer leur mise. De là à faire des bénéfices…

Je n'ai donc pas acheté de parts. Lorsque le Caesars Palace sera revendu, deux ans plus tard, la valeur du point aura septuplé.

*

Nous sommes en octobre 1965. Mon show se termine dans quelques jours. Je vais regagner la France, après deux ans d'absence. En janvier débuteront les répétitions de la revue *Désirs* au Casino de Paris. Il n'y a en principe aucune raison pour que je retourne en Amérique, du moins dans un avenir prévisible.

Mon aventure avec Nate va prendre fin. Étrangement, je n'en ressens aucun chagrin. Pourtant je suis passionnément attachée à cet homme. Sensuellement, émotionnellement, j'ai adoré ce que j'ai vécu avec lui. Mais je ne lui appartiendrai pas. Non par abnégation ou par devoir. Ma vie est ailleurs, voilà tout.

On se quitte, on est quittes.

Je le lui dis. Il n'y a pas de cris, pas de larmes, pas d'emportements. Il m'écoute sans marquer de réaction particulière. M'a-t-il entendue, au moins ? J'insiste :

« Nate, on ne se reverra plus. C'est fini. »

Il me regarde avec un petit sourire.

« Le Caesars Palace ouvrira le 5 août 1966. Tu seras là pour l'inauguration », répond-il tranquillement.

J'ironise. « À quelle heure ?

– Dix heures du matin. »

Loulou est venu me chercher. Nous rentrerons ensemble à Paris en passant quelques jours à New York. Je suis en attente de ma *green card*, la carte verte qui me permettra de retravailler aux États-Unis si je le désire. Il y a deux ans que j'en ai fait la demande. Elle devrait arriver d'un moment à l'autre. Notre ami Jerry Engel a juré que je l'aurais avant mon départ.

« J'ai eu l'immigration. Elle va arriver.

– Jerry, je m'en vais. Je n'en ai plus besoin, je repars travailler en France.

– Prends-la. On ne sait jamais.

– Mais Jerry, je m'en fous maintenant ! La page est tournée, c'est fini. »

À bout d'arguments, il supplie :

« *Do me a favour, wait one week in New York.* »

Et Loulou dit : « Tu sais que c'est pas une mauvaise idée d'attendre une semaine à New York ? J'en profiterai pour aller acheter tous mes trucs de guitare. C'est à New York qu'on trouve les meilleurs magasins. »

Je finis par céder.

« D'accord. Mais je te préviens, je ne quitterai pas notre chambre d'hôtel. Je n'aime pas New York. J'étouffe dans cette ville. Elle me fait peur. »

*

Nous voilà donc installés au Plaza, à New York. Chaque jour, Loulou quitte l'hôtel de bon matin. Il passe des heures dans un magasin, Sam Ash, qui est, paraît-il, le paradis des guitaristes, engageant la conversation avec des fondus dans son genre et dissertant interminablement sur les mérites comparés de tel ou tel instrument. Car Loulou, malgré ses succès en tant que compositeur, est resté fondamentalement un instrumentiste, un musicien d'orchestre. Rien ne le rend plus heureux que de discuter boutique entre collègues. Il envisage d'acheter une guitare électrique à corps plein, *solid body*, et balance entre la Stratocaster de Leo Fender et la Gibson de Les Paul. C'est le genre de décision qu'on ne prend pas à la légère. L'hésitation fait partie du plaisir. Il rentre le soir fourbu à l'hôtel.

« Ça y est, Loulou, tu l'as achetée, cette guitare ?

– Presque. J'y retourne demain. »

Même scénario le jour suivant. Et toujours pas de carte verte. Après tous ces mois de travail ininterrompu, je paresse avec délectation, m'accorde de longues matinées de sommeil, regarde des shows à la télévision, déjeune à n'importe quelle heure, téléphone longuement en France. Bref, je me laisse vivre. J'ai rendu les clés de ma maison sur Tropicana Avenue, Las Vegas me semble très loin, la parenthèse américaine est refermée. Je vais revoir La Jonchère, ma mère, ma grand-mère, mes amis, mes chiens, mes fleurs. Un rude travail m'attend, le public français m'a sûrement oubliée. Je vais tout faire pour le conquérir à nouveau. Je me sens pleine de force, optimiste, légère.

Ma *green card* me parvient enfin. Loulou s'est décidé pour une Gibson, il exhibe fièrement son acquisition et la photo que Les Paul lui a dédicacée.

Cette fois ça y est, nous pouvons rentrer en France.

La veille de notre départ, alors que Loulou vient de partir se balader une dernière fois dans ce New York qu'il aime tant, je suis tranquillement installée dans mon lit, hésitant entre commander mon petit déjeuner et me rendormir. Soudain on frappe à la porte de ma chambre. Loulou aurait-il oublié d'accrocher le petit écriteau *Don't disturb* ?

« *Who is it ?*

– *The maid* », la femme de chambre, me répond une voix suraigüe.

Je vais ouvrir. C'est Nate. Il est à New York depuis la veille au soir, a loué la chambre voisine et patiemment attendu son heure.

« *One more time !* » me dit-il en souriant.

Encore une fois…

Ce sera le leitmotiv de nos rencontres pendant toutes les années qui vont suivre. Encore une fois, malgré les disputes, les ruptures, ma décision cent fois affirmée de mettre un terme définitif à cette liaison qui m'épuise autant qu'elle me nourrit.

Je devrais lui fermer ma porte, lui dire : « Nate, tu es fou, qu'est-ce que tu fais ici ? Je rentre en France, c'est fini nous deux. » Je devrais surtout l'empêcher de parler. S'il parle, c'est fichu. Mais Nate est un malin. Il sait parfaitement comment me récupérer.

« J'ai besoin de tes conseils.

– Nate, je t'en prie. Sors de ma chambre.

– Écoute-moi, d'abord. »

Il a une grève sur les bras, les politiciens sur le dos, des soucis par-dessus la tête.

« Qu'est-ce que tu ferais à ma place ? »

Pieds nus, en peignoir sur le pas de la porte, j'improvise une réponse.

« *Stupid !* »

J'en risque une autre.

« *Good, baby ! You think like a Jew.* »

Il entre. C'est reparti pour un tour.

Résumée ainsi, ma conduite semblera – et me semble à moi-même, aujourd'hui – parfaitement déplaisante. Les apparences sont contre moi et je comprendrais qu'on me condamne. Me croira-t-on si je dis que je n'ai pas l'impression de tromper Loulou ? Tout est clair dans ma tête, du moins je m'en persuade. J'ai mis un point final à mon histoire avec Nate, j'ai fait mon choix, je ne laisse aucune part de moi-même en Amérique, cette brusque passion n'est déjà plus qu'un souvenir. Un beau souvenir.

Nate veut jouer les prolongations ? Je trouve ça touchant et pour tout dire un peu puéril. Alors qu'il assume la responsabilité d'un chantier de plusieurs millions de dollars, il a tout laissé tomber pour venir me retrouver. J'y vois une manifestation supplémentaire de sa volonté de puissance, son désir de forcer le destin coûte que coûte. L'idée ne me vient pas que cet homme m'aime et qu'il est désespéré de me perdre.

Je répète à Nate ce que je lui ai dit avant de quitter Las Vegas : nous avons passé de merveilleux moments ensemble, il restera toujours pour moi un ami cher, mais notre relation s'arrête là. Il m'écoute comme il l'a fait quelques jours plus tôt, sans réaction apparente. J'aurais préféré une rupture en bonne et due forme, attestée par des cris et des gémissements. Son calme imperturbable m'inquiète. Comme un type à qui on dirait « Dans un quart d'heure, vous serez mort » et qui répondrait sans s'émouvoir : « D'accord, merci de me prévenir. » Preuve qu'il n'y croit pas vraiment.

Nous nous quittons sur un malentendu. Moi pensant : « Il m'oubliera. ». Lui persuadé que, si cette séparation marque la fin d'un acte, la pièce est loin d'être jouée.

Il s'est trompé sur bien des points dans sa vie. Pourtant, à cet instant, il y voit clair.

Chapitre dix

« *One more time* »

La vie reprend à La Jonchère, magnifiquement normale. Je retrouve cette relation de tous les instants avec Loulou, cette intimité qui fait de nous des partenaires indissociables, cette amitié profonde si rare en amour, cette infinie tendresse qui m'est bien plus indispensable que le déchaînement des sens.

Nous avons un rude travail devant nous. Les répétitions de la revue *Désirs* au Casino de Paris ont démarré début janvier 1966. Rien ne marche comme je le voudrais. Henri Varna, vieilli, despotique, nous assourdit de discours nostalgiques et désabusés, tout en nous enjoignant de faire « moderne ». Il se mêle de tout, rogne sur tout.

Devant mon insistance, il a tout de même renoncé à confier les costumes à Raymond Fost – homme de grand talent mais dont les heures de gloire remontent aux années trente –, et engagé Michel Fresnay que j'avais remarqué lors du tournage de mes émissions pour la RAI à Milan.

Pour l'un des tableaux, je dois porter un fourreau constellé de paillettes. M. Varna, qui prétend avoir l'œil sur tout, mais qui hélas n'y voit plus grand-chose, regarde les maquettes à la loupe.

« Oui, c'est bien, c'est très très bien. Mais dites-moi, comment vous faites ça ? demande-t-il à Michel.

– On prend une paillette, on fait un trou et on coud les paillettes les unes derrière les autres, répond Michel.

– Et ce qui tombe des trous, qu'est-ce que ça devient ? »

Silence.

« Ramassez-moi tout ce qui tombe, j'en ferai un escalier en diamants ! »

Moi qui lui porte un grand respect et ne l'appelle jamais autrement que « Monsieur Varna », je finis par le prendre en grippe.

Tout me semble petit, étriqué, mesquin, sans ambition. J'éprouve le sentiment d'être sous-utilisée, que tout ce que j'ai appris en Amérique ne sert à rien. Car j'ai beaucoup travaillé pendant les deux années passées là-bas. J'ai pris des cours de claquettes, de canne, de chapeau, toutes ces techniques du music-hall traditionnel si difficiles à maîtriser. J'ai fait énormément de danse, de gymnastique, je me suis musclée, bref, j'ai acquis une réelle compétence dans l'art de mener la revue et j'en suis très fière. Encore faut-il qu'on me donne l'occasion de le prouver. Cette revue manque d'invention, de folie. Elle me déçoit.

J'en porte une part de responsabilité.

On se souvient que Florence Apcar était venue habiter chez moi à Las Vegas après le départ de Loulou, lorsque au fin fond de la dépression, j'en étais réduite à enseigner « La Marseillaise » à un merle des Indes – lequel merle des Indes, entre parenthèses, se plaît beaucoup à La Jonchère, de même que Nounouche qui a fait copain-copine avec mes chiens.

Florence Apcar est devenue une amie intime. C'est une femme de goût, une artiste dont j'apprécie beaucoup le jugement. La voyant très malheureuse de me voir partir, j'ai soudain eu l'idée de lui proposer de venir en France avec moi et d'être la directrice artistique de la revue. Elle a accepté avec enthousiasme et je suis parvenue, au terme d'âpres négociations, à la faire engager par M. Varna.

Très satisfaisante sur le plan amical, cette collaboration laisse apparaître rapidement d'importantes différences de conception entre nous. Je ne peux en tenir Florence pour responsable : nous ne sommes pas sur la même longueur d'onde, ce n'est ni sa faute ni la mienne.

Loulou a composé pour la revue une musique très tonique, exubérante, colorée. Pour écrire les arrangements, Florence propose un compositeur en vogue, Jean Leccia, dont elle est tombée un peu amoureuse. Loulou n'est pas chaud du tout. Selon lui, Leccia est certes un excellent musicien, mais son style ne s'accorde pas à l'esprit d'une revue. Je prends parti pour Florence contre Loulou et Jean Leccia est engagé. Lorsqu'il remet son travail, je me rends compte avec consternation que les craintes de Loulou étaient justifiées. Techniquement irréprochables, parfois même brillants, ses arrangements, trop sophistiqués, manquent de naturel et de spontanéité.

Loulou n'aime pas les drames, il répugne à provoquer une crise. Sans doute aurait-il dû se montrer plus ferme et moi aussi. Mais le temps manque autant que l'argent. Nous laissons filer et finissons même par trouver des vertus cachées aux arrangements de Leccia. Grave erreur. Comme disait Henri Jeanson, la première impression est toujours la bonne, surtout quand elle est mauvaise.

Second choix artistique discutable, celui du chorégraphe. Danseuse classique de formation, Florence, bien qu'elle ait fait une très jolie carrière avec Frédéric du temps des ballets Florence et Frédéric, garde secrètement en elle le regret de n'avoir pas dansé le *Lac des cygnes*, *Casse-Noisette* et *La Belle au bois dormant* à Covent Garden ou au Palais Garnier. Elle insiste pour qu'on engage Gino Landi, un grand chorégraphe qu'elle a connu autrefois en Italie et qu'elle admire. M. Varna pousse les hauts cris. Il est cher, il va falloir payer ses voyages, ses défraiements, pourquoi diable aller chercher cet Italien qui, de surcroît, n'a pas grande expérience dans le domaine de la revue ? Exaspérée par ses jérémiades, je soutiens Florence et nous emportons la décision. Hélas, toute considération financière mise à part, Varna n'avait pas tort. Gino Landi, malgré sa compétence artistique, n'est pas l'homme de la situation. À le voir travailler, je me demande parfois s'il a vu *West Side Story* tant ses conceptions sont démodées. Encouragé par Florence, il parsème le spectacle de ballets trop longs, trop statiques, qui ralentissent dangereusement le rythme de la revue.

Ceux qui, par contre, ont toutes les raisons de se réjouir, ce sont Jill et Mitch, que j'ai embarqués dans cette aventure – espérant aider leur couple à se ressouder. Gino Landi s'est entiché d'eux. Il a imaginé à leur intention des pas de deux légèrement soporifiques mais qui mettent en valeur leur exceptionnel talent.

Qui va régler mes propres numéros ? Inquiète, j'affronte encore une fois M. Varna et obtiens de faire venir des États-Unis Roger Minami, qui a été l'assistant de Ron Lewis, ainsi que Dick Humphreys, spécialiste de claquettes. « Les mots d'amour » ou « Mon beau boa » seront des réussites et « Side by Side » où je danse avec canne et chapeau fera sensation. Le résultat global est loin d'être déshonorant, quoi qu'en pensent les critiques qui, dans leur majorité, ne seront pas tendres avec moi. Il faut bien me faire payer mon succès américain…

Lorsqu'il m'arrive aujourd'hui de penser à cette revue, je constate en souriant que mon seul regret est de ne pas être parvenue, dans la chanson « Hurra Nevada », à dégainer mes pistolets correctement façon western. Ce n'est pas faute de m'y être prise à l'avance. Alors que j'étais encore à Las Vegas, j'avais téléphoné au shérif, Ralph Lamb.

« J'ai besoin de savoir dégainer, pouvez-vous me dire où on apprend ça ? »

Le genre de renseignement qu'il ne me serait pas venu à l'idée de demander au commissaire de police de Rueil-Malmaison. Un quart d'heure plus tard, deux de ses hommes sonnaient à ma porte. J'ai travaillé sous leur direction pendant plus de six mois, mais c'est sans doute un an qu'il m'aurait fallu pour, comme eux, savoir en un clin d'œil, dégainer, faire tournoyer mes pistolets en avant puis en arrière, viser et tirer. Ces satanés revolvers voulaient bien tourner vers l'avant, mais se refusaient obstinément à effectuer le mouvement inverse. Je n'ai pas eu l'occasion, depuis, de parfaire mon entraînement. Qui sait ce que l'avenir me réserve ? Arrivé à mon âge, on a le choix entre l'inconscience et la résignation. J'ai choisi l'inconscience.

*

Je n'oublierai jamais la première de *Désirs*. Comme toujours, nous répétons encore l'après-midi de la première, mille détails clochent, ça va être une catastrophe. Mais je sais, parce qu'il en va toujours ainsi, que ce soir tout rentrera dans l'ordre. Un peu de rodage, quelques rectifications par-ci, par-là et tout ira bien. Pourtant, à peine le rideau vient-il de se lever que se produit un incident aussi imprévisible que déconcertant – déconcertant pour moi seule, car ni le public ni personne dans la troupe ne s'en rend compte.

Le spectacle s'ouvre sur le thème de mon retour à Paris, après deux ans d'absence. Un groupe de très jeunes Américains chante « Ma cabane au Canada ». Ils s'appellent les What's New. Nous les avons découverts,

Loulou et moi, à Disneyland, le vrai, le premier parc, celui qu'a conçu Disney lui-même à trente kilomètres de Los Angeles. Ils tiennent un peu le rôle qu'avait joué, dans la première revue, le Golden Gate Quartet. Certes en moins prestigieux, mais ils sont sympathiques, leur voix est agréable, ils ont du rythme et nous nous entendons bien. Les amateurs de curiosités iront sur YouTube et pourront m'entendre et me voir chanter « Les mots d'amour » entourée de ces quatre garçons. Pourquoi ce document a-t-il été conservé ? Qui a eu l'idée de le mettre en ligne ? Tout cela reste un mystère qui ajoute à mon plaisir. Je tape en désordre sur mon iPad les combinaisons les plus disparates et m'extasie de voir ressurgir comme par enchantement les bribes de mon passé.

Après la « Cabane », les What's New enchaînent avec un bref couplet qui annonce mon entrée :

Bonjour Line de Paris
Heureux de te revoir ici,
Parmi tous tes amis
Bonjour, bonjour, Line de Paris !

C'est alors que j'apparais en haut du grand escalier :

Vous revoir là
Tous devant moi
Pour vous dire toute ma joie
Quelle chance ! Quelle chance ! Quelle chance !

Une passerelle relie la scène à la salle. Je la descends, pénètre dans le public, serre des mains comme j'ai pris l'habitude de le faire aux États-Unis. Je reconnais au passage les nombreux amis venus m'encourager.

Il y a si longtemps
Que j'attendais cet instant
Je tremblais je vous le jure
Mais tous ces yeux-là me rassurent...

Soudain je tremble pour de vrai. Là, un visage, une main qui se tend et qui retient la mienne.

Nate.

Nate Jacobson venu spécialement de Las Vegas pour ma première. Assis à côté de lui, David Victorson, le directeur artistique du futur Caesars Palace. Nate me sourit, rayonnant. Je vois ses lèvres remuer :

« *One more time !* »

Et moi, pendant ce temps, je chante avec un entrain factice ces paroles qui, d'un seul coup – pardon, André Hornez –, me semblent parfaitement stupides :

Du bonheur, il y en a partout
Oui, mais le mien, il est chez nous
Quelle chance d'être en France
Quelle chance !

À l'entracte, je me précipite dans ma loge et appelle Jill et Mitch.

« Nate est dans la salle ! »

Ils ouvrent de grands yeux.

« *Where ?*

– Première rangée au centre.

– *Oh my God ! What a shock, Line !* se désole Jill.

– *Bloody bastard !* » ponctue Mitch avec une pointe d'admiration.

La représentation terminée, comme à chaque première, c'est la longue file d'attente des amis chers et des proches ou moins proches connaissances venus me saluer. Nate, flanqué de David Victorson, attend patiemment son tour. Dès qu'il l'aperçoit, Loulou s'exclame :

« Nate ! Qu'est-ce que tu fais là ? »

Il paraît sincèrement heureux de le revoir. En réalité, je suis absolument incapable de dire si Loulou, à ce moment, se doute ou non de notre liaison. Il est intuitif, très jaloux de nature, j'aurais tendance à penser qu'il n'a jamais été dupe. Je n'en ai pas la preuve. Il répète souvent : « Celui qui prend une femme plus jeune que lui de vingt ans doit savoir à quoi s'attendre. » Mais il sait aussi que je ne le quitterai jamais. À la fois lucide et confiant, n'a-t-il pas souffert pour autant ? Ce serait rassurant de le penser. Je ne m'autorise pas cette commodité.

Nate est lui aussi d'une jalousie obsessionnelle. Quels sentiments peut-il éprouver en cet instant à l'égard de Loulou ? À Las Vegas, il suffisait que je bavarde avec un homme pour qu'il s'approche, soupçonneux.

« *It's enough, now !* »

Et il m'entraînait.

« Mais Nate, voyons, il est homosexuel !

– C'est curieux, avec toi, tous les hommes sont homosexuels. »

« *One more time !* » Nate est à Paris pour deux jours. Après quoi, il doit se rendre en Italie avec David Victorson pour choisir les statues qui orneront l'allée triomphale menant au Caesars Palace. Durant ces deux jours, nous passons de longues heures ensemble dans un hôtel proche de l'Étoile. En venant par surprise assister à ma première, Nate m'a persuadée de la réalité des sentiments qu'il éprouve à mon égard. Ce déplacement éclair à Paris n'est pas seulement un coup de poker, l'habile manœuvre d'un fin stratège. Il traduit la folle audace d'un homme passionnément amoureux.

Après sa mort, bien des années plus tard, au cours d'une réception à laquelle j'assiste à Las Vegas, je rencontre le maire de la ville Oscar Goodman – accessoirement ex-avocat de la Mafia. Il me présente sa femme, Carole, qui lui succédera plus tard à la mairie. Son visage ne m'est pas inconnu.

« Vous vous souvenez de moi, Line ? me dit-elle. J'ai été la secrétaire de Nate Jacobson au Caesars Palace pendant des années. »

Et, se penchant vers moi, dans le brouhaha des conversations et des rires, elle ajoute, visiblement émue :

« Vous ne pouvez pas imaginer comme cet homme vous a aimée. »

*

De quelque façon qu'on le baptise ou qu'on le déguise, l'adultère a ses figures imposées. Dissimulation, mensonge, instants volés, aussi délicieux qu'atroces. Au cours de ce printemps de 1966, alors qu'il travaillait avec acharnement afin de gagner le défi qu'il s'était fixé, Nate s'arrangea pour venir plusieurs fois en Europe. Le prétexte était toujours le même : choisir des rideaux, du linge de table, des couvre-lits, de la vaisselle. Choix pour lequel ma présence s'avérait, selon lui, indispensable. Comme il lui semblait essentiel que je donne mon avis sur l'uniforme des liftiers, la couleur des serviettes de bain, le motif du papier à lettres dont il m'envoyait différents modèles en me sommant d'indiquer mes préférences par retour.

Contrairement à ce qui s'était passé lors de ma première revue, j'avais exigé de M. Varna qu'il me laisse un jour de repos, le lundi, comme dans la majorité des salles de spectacle parisiennes. J'étais donc libre du dimanche après la matinée jusqu'à la soirée du mardi. Presque deux jours pleins. Profitant de ces longs week-ends, nous fîmes avec Nate deux escapades, l'une à Venise, l'autre au Portugal. Souvenirs d'élans passionnés, de fous rires homériques et de violentes disputes. S'aimer, rire et s'engueuler, c'était ça, nos rencontres. Nous nous heurtions à tout propos. Oui, mais quelles réconciliations !

Venise, je n'y avais jamais mis les pieds. Qu'allions-nous y faire – je veux dire, qu'est-ce qui justifiait officiellement ce voyage –, je ne m'en souviens pas. Il faisait un temps épouvantable, l'avion avait eu des difficultés à se poser, la nuit était tombée depuis longtemps lorsque nous débarquâmes, moi passablement mal en point après ce voyage agité, lui furieux de ne pas trouver de taxi pour nous conduire au Danieli où il avait retenu une suite. Nous dûmes nous rabattre sur une gondole pour traverser la lagune. À peine installés, notre bateau se frayant un passage dans la nuit d'encre, battu par des rafales de pluie, l'humour de la situation m'apparut et j'éclatai de rire.

« Il faudrait que le gondolier chante, tout de même », dis-je à Nate.

Il me regarda comme si j'étais devenue folle.

J'insistai.

« On ne peut pas se trouver pour la première fois dans une gondole, toi et moi, et que le gondolier ne chante pas ! »

Il se tourna vers le gondolier qui, stoïque, maniait sa rame à l'arrière.

« *Can you sing ?* » lui demanda-t-il.

Je me crus obligée de traduire.

« *Cantare ?*

– *O sole mio* », précisa Nate.

Le gondolier n'était pas contre le principe, mais fit comprendre, par un geste expressif du pouce frotté contre l'index, que tout travail mérite salaire. Nate sortit cinquante dollars de sa poche et les lui tendit. Instantanément, comme s'il avait introduit une pièce dans un juke-box, le gondolier se mit à chanter avec enthousiasme.

C'est ainsi que nous arrivâmes à Venise, sous la pluie, dans l'obscurité la plus complète, des paquets de brouillard venant à notre rencontre, avec à la proue un gondolier chantant à tue-tête « O sole mio » et nous, riant à en perdre le souffle.

Nate comme Jay Sarno, le concepteur du Caesars Palace, avait de l'Italie une vision aussi vague qu'extensive. Nous nous retrouvâmes tous les trois, quelques semaines plus tard, au Portugal pour choisir des faïences – les célèbres *azulejos* – destinées aux salles de bains de l'hôtel.

Maman, à qui j'avais proposé de nous accompagner, avait accepté avec joie. Elle adorait voyager et comme je l'ai dit, elle s'entendait à merveille avec Nate qui multipliait les attentions à son égard. Non seulement j'étais heureuse de lui faire plaisir, mais encore sa présence imposait une certaine réserve à Nate, contribuant à pacifier nos rapports, car avec lui, la mèche allumée n'était jamais bien loin de l'explosif.

Pas de pluie, cette fois, un merveilleux printemps et la gentillesse des Portugais qui me saluaient dans les rues de Lisbonne et s'arrêtaient pour me demander des autographes. Grâce au « Bal aux Baléares » ainsi qu'à « Mon cœur au Portugal », j'étais très connue là-bas. Ce qui exaspérait Nate, car naturellement, parmi ces sympathiques Portugais, il y avait des mâles, en chacun desquels, du garçonnet au vieillard, il voyait un rival animé des plus noirs desseins.

Comme nous déambulions, Jay et Nate en tête, maman et moi traînassant en faisant du lèche-vitrines, mon attention fut soudain attirée, à l'étalage d'un bijoutier, par un très joli bracelet incrusté d'une émeraude. Je n'aime pas particulièrement les bijoux et, comme tous les gens du spectacle, je me méfie du vert par superstition. C'est donc sans aucune intention de l'acheter – et encore moins de me le faire offrir – que je dis à ma mère : « Regarde ce bijou, comme c'est beau ! Regarde ce travail… »

Nous voyant arrêtés, Nate revint sur ses pas.

« Qu'est-ce que vous faites ?

– Rien. Nous regardions les bijoux. On y va ? »

Nous reprîmes notre marche.

Le soir, nous dînâmes sur la terrasse de l'hôtel. Il faisait une température délicieuse, les fleurs embaumaient, la nourriture était exquise, maman épanouie, nous passions un très bon moment. Jay Sarno était assis à ma gauche, Nate à ma droite. Soudain, Nate mit sous mes yeux un petit paquet enveloppé de papier de soie. Je dénouai le fil doré qui l'entourait, ouvris un écrin. À l'intérieur, le bijou que j'avais admiré dans l'après-midi. Une pièce magnifique, en or ciselé. L'émeraude pivotait sur elle-même, découvrant une montre minuscule. J'étais à la fois émue et un peu gênée.

« Nate, tu es fou ! C'est beaucoup trop beau.

– Ce sera un souvenir du Portugal », me dit-il en attachant le bracelet autour de mon poignet gauche.

Il était heureux, fier, très amoureux.

La soirée se poursuivit. À un certain moment, le bracelet se détacha et tomba sur la table, du côté de Jay Sarno qui le ramassa et me le tendit. Et moi, tout naturellement, comme le fermoir était un peu difficile à manipuler, je demandai à Jay de m'aider :

« *Jesse, can you put it back please ?* »

Bang ! La mèche allumée avait touché l'explosif. Ce fut une déflagration aussi soudaine que terrifiante. Nate, furieux, m'insulta : comment avais-je pu oser demander à un autre homme que lui de m'aider à rattacher le bijou qu'il venait de m'offrir ? C'était une offense insupportable ! Il était blanc de rage, il bredouillait, incapable de se maîtriser. Jay Sarno, éberlué, ne savait plus où se mettre. Je me levai et quittai la table, suivie de maman aux cent coups. Nous regagnâmes notre chambre.

Quelques minutes plus tard, nous avions bouclé nos bagages et quitté l'hôtel. Au passage, je laissai à la réception, à l'attention de Nate, le bracelet accompagné d'un petit mot.

Après une courte nuit passée dans un hôtel de hasard, nous regagnâmes Paris par le premier avion le lendemain matin. Ma mère, d'abord affolée, avait fini par sourire, assez fière de moi.

Ne jamais dépendre d'un homme : n'était-ce pas elle qui me l'avait enseigné ?

Nate n'était pas habitué à ce qu'on lui résiste. Surtout pas une femme. Finalement, c'est ce qu'il aimait chez moi : que je m'oppose. Cent fois, au cours des années qu'a duré notre liaison, il m'a supplié – ou ordonné – de divorcer. Cent fois j'ai dit non.

Il entretenait des rapports compliqués avec Sylvia, la mère de ses deux fils, Eddy et Sandy. Elle était maladivement jalouse et le surveillait sans cesse, se dissimulant derrière les colonnes pour observer ses faits et gestes. En réalité, leur mariage n'avait pas marché depuis le début, ils en souffraient tous les deux mais s'obstinaient, par orgueil ou lâcheté.

Un jour, il me téléphona à Paris.

« Line, je t'annonce que je divorce.

– Tu divorces parce que tu ne veux plus vivre avec ta femme ou pour moi ? Si c'est pour moi, ne le fais pas, parce que moi, je ne divorcerai jamais. »

Il a divorcé. Sans doute pensait-il : quand elle me saura libre, elle flanchera.

J'ai tenu bon.

À plusieurs reprises, j'ai essayé de mettre fin à notre liaison. Je prenais les décisions les plus fermes, je me récitais toutes les raisons que j'avais de ne plus le voir. Mais comme un alcoolique mal sevré qui cède à la première gorgée, il suffisait que je l'aperçoive et qu'il me parle, pour oublier mes bonnes résolutions.

Si c'était à refaire, est-ce que je gommerais cette part de ma vie ? Non, je ne voudrais pas la vivre autrement. Je n'y changerais pas une virgule.

Pourtant, comme ma mère qui, sincèrement amoureuse de Marcel, son second mari, ne rêvait jamais de lui, je ne rêve jamais de Nate et ne pense presque jamais à lui. Sauf lorsque je reviens à Las Vegas où tout a commencé, dans cette suite au quinzième étage du Dunes d'où il me montrait un coin de désert en rêvant au fabuleux palace qu'il ferait surgir des sables.

Chapitre onze

Ouverture

Au mois de juillet 1966 arrivèrent à La Jonchère deux billets d'Air France à destination de Las Vegas. Nate avait gagné son pari. Le Caesars Palace ouvrirait ses portes le 5 août à dix heures du matin comme il l'avait annoncé. Restait à accomplir la deuxième partie de sa prédiction : « Tu seras à l'ouverture. »

Je lui téléphonai aussitôt.

« Nate, c'est impossible ! Je ne peux pas lâcher le Casino de Paris.

– Si tu n'es pas là pour l'ouverture, je n'y serai pas non plus. »

« *If you are not at the opening, I will not be at the opening.* »

Ce n'était pas une menace en l'air. Il l'aurait fait.

Je me résolus à parler à M. Varna.

« Mais ma petite Line, vous n'y pensez pas ! En pleine saison touristique ! »

Il réfléchit. Puis soudain, magnanime :

« Enfin, si vous trouvez quelqu'un pour vous remplacer, pourquoi pas ? »

Il avait dû réfléchir entre-temps à l'économie qu'il pourrait réaliser sur mon cachet et s'en pourléchait d'avance.

Restait à trouver ma remplaçante. Restait surtout à lui faire répéter en quelques jours le spectacle que nous avions mis des semaines à mettre au point. La difficulté me semblait insurmontable. J'en parlai à Mitch.

« Laisse-moi faire, j'ai peut-être une idée », me dit-il.

Le lendemain, après le spectacle, une petite troupe se réunissait au Colibri, un bistrot voisin que nous appelions familièrement l'« annexe ». Il y avait là, entourant Mitch, Colette Bousquet, ma doublure, ainsi que quatre danseuses, Nicky, Christiane, Dominique, Éliane, très fières du stratagème qu'elles avaient imaginé. Avec des mines de conspiratrices, elles m'exposèrent leur idée. À elles cinq, qui connaissaient parfaitement le spectacle, elles se partageraient mes numéros qu'elles chanteraient en play-back. Avec mon aide et en multipliant les répétitions, tout serait prêt à temps.

Mis au courant, M. Varna, supputant une économie encore plus appréciable que celle qu'il imaginait, trouva la proposition absolument géniale.

Je n'étais, quant à moi, qu'à demi tranquillisée. Certes, je ne doutais pas du talent de mes camarades et j'appréciais leur gentillesse. Mais j'avais en moi, hérité de ma mère, le respect du travail – elle qui n'avait pas manqué un seul jour durant les dix-huit ans passés chez Hacot Frères. De sorte que je me sentais coupable de laisser tomber mon boulot sans motif valable. Mentalité ancienne, un peu étroite sans doute, mais dont je reste encore profondément imprégnée.

Un événement imprévu survint et je me crus sauvée : les pilotes d'Air France se mirent en grève. Aussitôt, j'envoyai un télégramme à Nate :

Voyage impossible – Air France en grève

Le lendemain, Loulou et moi recevions deux fois cinq billets d'avion à destination de Las Vegas sur toutes les compagnies possibles, Lufthansa, Panam, Swissair…

Plus moyen de reculer.

Une fois encore, Nate avait réussi à imposer sa volonté.

Il est difficile, sauf à se replacer dans le contexte de l'époque, de traduire le saisissement qui fut le nôtre et celui des centaines d'invités et de journalistes présents en découvrant enfin ce fameux Caesars Palace qui avait fait l'objet de tant de supputations. Un tel étalage de luxe, réel ou simulé, un tel gigantisme, une telle profusion, qui font aujourd'hui partie de l'offre de base du tourisme de masse à travers le monde, étaient encore inédits à l'époque. Le moindre détail était calculé pour frapper l'imagination et donner le sentiment à chacun qu'il pouvait consommer sans limite et satisfaire pleinement son instinct de jouissance. La norme était le trop. Au restaurant Bacchanal, mollement étendus sur des coussins, les hommes pouvaient consommer champagne et caviar, tandis que de jolies jeunes filles leur massaient la nuque. Tout était multiplié par deux, trois ou quatre : la taille des accès – avec la grande avenue proprement mussolinienne, agrémentée de fontaines géantes et d'un alignement de statues monumentales, la taille des salons, des bars et des restaurants, la taille des chambres, la taille des buffets « à volonté », la taille des salles de jeu.

J'hésite à dire que le mauvais goût régnait en maître car dès mon arrivée, je reconnus dans le moindre objet les choix que j'avais faits à la demande de Nate : literies, rideaux, carpettes, bibelots, objets d'art, linge de table, vaisselles, couverts et jusqu'aux dessins et à la typographie des menus dans les multiples restaurants de l'hôtel. L'entassement du tout, dans une approximation Bas-Empire romain, était pour le moins surprenant. Terriblement kitsch ou monstrueusement laid. Mais qu'importe ? L'effet produit était stupéfiant et c'est bien ce que pensèrent Doris Day, Frank Sinatra, Dean Martin, Cassius Clay, Elizabeth Taylor, Woody Allen et tant d'autres accourus de tous les États-Unis pour fêter l'événement. Chaque invité, à son arrivée, était doté d'un gros médaillon doré qui lui permettait d'accéder et d'être servi partout gratuitement. Attention qui prédispose toujours favorablement le bénéficiaire, fût-il fortuné, et le rend indulgent. De l'avis général, jamais Las Vegas n'avait connu plus gigantesque *casino opening*.

Loulou était à l'aise comme un poisson dans l'eau au milieu de tout ce bruissement. Il avait un charme fou, parlait couramment anglais, était curieux de tout. Il aimait rencontrer les gens et bavarder avec eux interminablement.

J'étais beaucoup moins satisfaite. Arrivée le 4 en fin de matinée, je n'avais toujours pas eu, vingt-quatre heures plus tard, le moindre mot de bienvenue, le moindre appel, le moindre signe de Nate. Exaspérée, je finis par coincer son assistant, Harry Wall, et lui dis :

« Harry, allez expliquer à M. Jacobson que, si je ne le vois pas dans le quart d'heure, il pourra me rattraper à l'aéroport. »

C'était, je m'en rends compte, parfaitement stupide de ma part. Il y avait mille quatre cents invités triés sur le volet dans l'hôtel, des vedettes et des personnalités en veux-tu en voilà, toute la presse américaine *coast to coast*, et je demandais à Nate de s'occuper en priorité de ma petite personne. Mais il faut bien croire que j'étais amoureuse et que l'amour vous inspire parfois d'étranges réactions. Quoi qu'il en soit, mon message eut l'effet escompté. Dans les cinq minutes qui suivirent, je vis apparaître Nate. Il avait l'air épuisé.

« Excuse-moi, *baby*. Si tu savais, j'ai tellement d'ennuis… »

Il semblait bizarrement déstabilisé, comme animé d'un mauvais pressentiment. J'eus soudain honte de mon impatience. On le réclamait de toute part, je le laissai se débattre entre ses problèmes de cuisine et les répétitions du chanteur vedette Andy Williams.

Le soir venu, Nate et Jay Sarno, à ma grande surprise, me demandèrent de me joindre à eux pour accueillir les invités au sommet de l'escalier monumental revêtu d'un tapis rouge. Un aboyeur criait le nom des invités. Soudain on annonça Jimmy Hoffa, le patron des Teamsters, le syndicat des camionneurs, entièrement contrôlé par la Mafia. Surprise, Hoffa ressemblait trait pour trait à mon père camionneur : petit, trapu, presque pas de cou, de larges épaules, une belle tête, une main à réduire en miettes une poignée de noix d'une simple pression.

Impressionnée, je lui dis la première banalité qui me vint à l'esprit.

« Monsieur Hoffa, je pense que cet endroit va connaître un immense succès. »

Il me regarda et hocha gravement la tête.

« Il vaudrait mieux. Parce que entre le Dunes et ici, j'ai investi un sacré paquet d'argent ! »

Puis, après un petit temps de réflexion, il ajouta :

« Un de ces jours, je construirai un pont pour relier les deux. »

Ce pont existe aujourd'hui. Je ne sais si Jimmy Hoffa eut jamais l'occasion de l'emprunter. Le patron du syndicat des camionneurs disparut mystérieusement en juillet 1975, liquidé semble-t-il par la Mafia avec qui il avait fini par se brouiller après l'avoir fidèlement servie pendant un demi-siècle. On dit que son cadavre a été enfermé dans un tonneau, balancé dans le coffre d'une Toyota elle-même passée au broyeur et recyclée. Toujours est-il que le corps n'a jamais été retrouvé.

Pendant le dîner qui suivit, Loulou et moi nous retrouvâmes assis à la table d'honneur avec Grant Sawyer, le gouverneur du Nevada. J'étais assise à la gauche de Nate, Sylvia, sa femme, à sa droite.

Grant Sawyer fut le premier à monter sur scène pour prononcer un discours. Jay Sarno lui succéda. Puis vint le tour de Nate qui s'exprima sans notes, avec délicatesse et humour. Il remercia tous ceux qui avaient soutenu le projet, et termina en disant :

« Il y a une personne à qui je souhaiterais exprimer tout particulièrement ma gratitude. Elle est arrivée de Paris, vous la connaissez, elle s'appelle Line Renaud. Sans elle, le Caesars Palace n'existerait pas. »

Sa voix, d'ordinaire si ferme, était voilée par l'émotion.

Confuse, je me levai, saluée par un tonnerre d'applaudissements.

Andy Williams devait chanter tout de suite après le dîner. Mais auparavant, présenté par Andy lui-même, se produisirent cinq gosses, cinq frères que personne ne connaissait encore. Ils s'appelaient les Osmonds Brothers. Ils interprétèrent deux chansons seulement, pourtant je fus à ce point enthousiasmée que je me précipitai en coulisses pour les rencontrer. J'expliquai à leur mère, la respectable Olive Osmond, que je souhaitais les faire venir en France et les prendre dans mon spectacle. Nullement impressionnée, elle me répondit tranquillement : « *Let's try America first.* »

Essayons d'abord l'Amérique…

Cinq ans plus tard, alors que les cinq frères déclenchaient des scènes d'hystérie à chacune de leurs apparitions avec des succès comme « One Bad Apple » ou « Down by The Lazy River », je reçus un coup de téléphone de Mme Osmond :

« Maintenant, ils sont à vous, Line », me dit-elle.

Le 26 février 1972, ils chantèrent depuis le Greek Theatre de Los Angeles dans mon émission « Line Direct ».

La soirée se poursuivit, Nate avait disparu. Lorsque je le croisai à nouveau, deux heures plus tard, il s'apprêtait à quitter le casino.

« Où vas-tu ? lui demandai-je.

– En ville. »

Je m'étonnai. Qu'allait-il faire en ville ?

« *No more cash* », me répondit-il laconiquement.

Plus de cash. Par un hasard malheureux, le casino ne cessait de perdre et allait bientôt se trouver dans l'impossibilité de payer leurs gains aux joueurs. La réglementation stipulait qu'un établissement de jeu devait disposer en permanence d'une réserve en cash d'un million de dollars. Nate avait dû négocier une avance auprès de Parry Thomas, le président de la Bank of Las Vegas, qui se trouvait parmi les invités.

Il se rendait en ville afin de retirer l'argent qu'il rapporterait dans des sacs et déverserait dans les caisses du casino pour le renflouer.

Plus tard dans la nuit, la situation s'inversa et le casino se mit à gagner. À l'aube, je reçus un message de Nate. Il désirait me parler. Je le rejoignis près des ascenseurs. Il était pâle, défait, un événement grave venait à coup sûr de se produire.

« Le Caesars Palace, c'est fini pour moi, me dit-il d'une voix sourde.

– Que se passe-t-il ?

– Je n'ai pas le temps de t'expliquer. J'ai rendez-vous avec mes associés », répondit-il tandis que les portes de l'ascenseur se refermaient.

Le lendemain, il me rapporta l'incident qui l'avait tant bouleversé.

Une salle de jeu à Las Vegas est divisée en plusieurs ensembles de tables appelés des *pits*. Chaque pit est supervisé par un *pit boss*, chargé de surveiller le travail des croupiers. Et les *pit boss* eux-mêmes sont contrôlés par un *super pit boss*, chargé également de surveiller les transferts d'argent entre les différentes caisses et la caisse principale.

Le *super pit boss* du Caesars Palace s'appelait Charlie « Ash » Resnick, ses liens avec la Mafia étaient bien connus. Ash avait une carrure assez impressionnante et une réputation conforme à sa carrure. À un moment de la nuit, Nate s'était rendu dans les salles de jeu, comme un patron fait le tour de son entreprise pour vérifier que tout va bien. Soudain, il avait senti une main – un fer à repasser, plutôt – s'abattre sur son épaule. Il s'était retourné, stupéfait. C'était Ash Resnick.

« *Get out of the pits !* lui avait aboyé Ash au visage. Hors de mes *pits* !

– Mais enfin, Ash, je suis le président du Caesars Palace, avait répliqué Nate, interloqué.

– *Not in the pits !* »

On ne pouvait être plus clair. L'autorité de Nate s'arrêtait où commençait celle de la Mafia. Les jeux, les profits qu'ils généraient, les trafics auxquels ils donnaient lieu, c'était le domaine exclusif de la Mafia. Nul n'avait le droit d'y mettre son nez, pas même le président du Caesars Palace.

Nate en avait immédiatement tiré les conclusions. Il avait monté toute l'affaire, le casino avait ouvert ses portes, son rôle était achevé. Le soir même de l'inauguration, il avait perdu tout pouvoir.

Je mesure, tandis que j'évoque cette étrange nuit, ce qu'elle révèle de brutalité, de violence et de cruauté. En avais-je à ce point conscience au moment où je vivais ces événements ? Probablement pas. Témoin, durant toute cette période américaine, de certains faits dont le moindre, en France, m'aurait horrifiée, je les ai admis comme on admet, au cinéma, une réalité dont on sait qu'elle est fabriquée pour les besoins du spectacle et qu'elle prendra fin avec lui. Moi qui, enfant, soupirais après un *ailleurs*, j'étais au-delà de l'ailleurs, je me dédoublais, me voyais agir, comme dans un rêve où l'on est simultanément acteur et spectateur, un autre et soi-même.

Ainsi, au cours de cette même journée d'inauguration, je me souviens d'avoir été abordée par un homme et si je retranscris ses propos et les miens, j'ai le sentiment d'un dialogue de film plus que de paroles réellement échangées.

« Mademoiselle Renaud, me dit-il, vous avez passé un bon moment à Palm Springs, l'année dernière. Sylvia Jacobson est-elle au courant ? »

En effet, après la fin de ma première revue à Las Vegas, juste avant que Loulou vienne me chercher pour rentrer en France, nous avions fait Nate et moi un bref séjour à Palm Springs, passant nos soirées dans l'atmosphère chaleureuse du Vallauris, le restaurant de mon ami Paul Burggemans. Visiblement, cet homme dont j'ignorais tout nous avait rencontrés là-bas et envisageait d'en tirer profit.

« J'ignore qui vous êtes, lui répondis-je. Mais je vous confirme que j'ai passé un merveilleux moment à Palm Springs. Quant à votre question, je vous suggère de la poser directement à Mme Jacobson. »

Je lui tournai le dos, le laissant interloqué au milieu de la foule des invités. Il avait l'allure d'un crabe abandonné en plein soleil sur une aire d'autoroute.

Croisant Nate quelques instants plus tard, je le mis au courant de l'incident.

« Décris-moi le type », me dit Nate.

Une demi-heure après, il revint me voir.

« J'ai fichu ton gars dehors avec ses bagages. »

*

Tandis que nous séjournions à Las Vegas, Frédéric Apcar était venu nous retrouver dans la somptueuse et nettement surdimensionnée Roman Suite où Nate nous avait accueillis, Loulou et moi. La revue qui avait suivi la mienne au Dunes s'achèverait dix-huit mois plus tard. Apcar me proposait de lui succéder avec un autre spectacle.

« Rien ne presse, me dit-il. Pensez-y et donnez-moi votre réponse d'ici un mois. »

Nous en discutâmes avec Loulou dans l'avion qui nous ramenait en France. La revue *Désirs*, dont le succès ne se démentait pas, me laissait pourtant un certain sentiment de frustration, et côté chanson, une nouvelle génération pointait déjà le nez tandis que les yéyés tenaient encore solidement les manettes.

Bien sûr, je pouvais encore gérer prudemment ma boutique, multiplier les tournées à l'étranger, enregistrer dans toutes les langues du monde des chansons apprises phonétiquement, apparaître à la télévision en France, en Italie ou en Allemagne. Mais s'en contenter, c'était un peu vivre de mes rentes. J'avais besoin de nouveaux défis, je voulais bouger, entreprendre, conquérir.

Dans cette délicate « période intermédiaire » où nous nous trouvions avec Loulou, les doutes que j'éprouvais vis-à-vis de mon métier contribuaient insidieusement à nous éloigner l'un de l'autre. Loulou était totalement, exclusivement, un homme de musique. C'était un artiste, un créateur, on ne pouvait l'imaginer (et lui-même était incapable de se projeter) dans une autre activité que la sienne. Ce n'était absolument pas mon cas. Loulou le savait. Il tremblait à l'idée que je pourrais, un peu plus tôt, un peu plus tard, claquer une bonne fois la porte de cet univers du spectacle qui était toute sa vie.

En définitive, cette nouvelle proposition américaine nous arrangeait autant l'un que l'autre. Elle reculait les échéances, elle nous permettait de gagner du temps.

Elle était aussi pour moi, quelque précaution que je mette à le formuler, l'occasion de poursuivre ma relation avec Nate. Et elle donnait à Loulou, mais de cela, je ne savais rien encore, la possibilité, alors qu'il abordait la soixantaine de… J'allais écrire : « de se donner du bon temps. » L'expression est horrible, elle évoque la gaudriole, un univers de coucheries et de parties fines. Mais au fond, si on la prend au premier degré, est-elle aussi vulgaire qu'elle en a l'air ? Se donner du bon temps, quand le temps presse, est-ce déraisonnable ?

À peine rentrés à Paris, M. Varna demanda à nous voir. Les recettes étaient excellentes, la location marchait à merveille, la revue était d'ores et déjà amortie, il souhaitait la prolonger d'un an. Mon contrat était prêt, il n'y avait plus qu'à le signer.

Nous échangeâmes un regard, Loulou et moi. La proposition de M. Varna nous avait paradoxalement épargné de vaines hésitations. Sans même avoir besoin de nous consulter, notre décision était prise : ce serait Las Vegas.

« Voyez-vous, cher Henri, Line aurait adoré poursuivre avec vous, commença diplomatiquement Loulou, mais il se trouve qu'elle s'est déjà engagée pour une nouvelle revue à Las… »

Il n'eut pas le temps d'aller plus loin. M. Varna entra dans une colère noire.

« C'est honteux ! Contraire à toutes les règles du métier. Vous auriez dû m'en parler avant ! trépigna-t-il. Eh bien puisqu'elle ne veut pas faire un an de plus, elle fera six mois de moins ! »

Nous étions ébahis.

« Six mois de moins ? s'étrangla Loulou.

– Parfaitement. J'arrêterai la revue six mois plus tôt que prévu.

– Seriez-vous prêt à nous le signer ? demanda Loulou qui ne perdait pas le nord.

– Et comment ! » hurla M. Varna.

Malgré les tentatives de médiation du bon M. Marcellin, M. Varna s'obstina. Il signa, avec tant de rage que la plume troua le papier. Loulou lui fit un procès pour rupture abusive de contrat, procès que Varna perdit. La revue s'arrêta fin 1967, après six cents représentations.

En avril 1968, M. Varna tomba gravement malade. Il me fit dire, par l'intermédiaire de Marcellin, qu'il souhaitait me voir. Je lui rendis visite avenue Montaigne, dans son hôtel particulier qui regorgeait de meubles et d'objets précieux. Il était couché dans sa chambre, la tête posée sur un tas d'oreillers en dentelles. Un coin de la pièce était occupé par une sorte de bassin rempli de nénuphars, la chaleur était étouffante.

Il pleurait.

« Pardonnez-moi, Line. Vous m'avez donné tant de joie. »

Il est mort un an plus tard, le 2 avril 1969, à quatre-vingt-deux ans.

Chapitre douze

Comme une Américaine

Je consacrai les premiers mois de l'année 1968 à enregistrer pour Vogue des albums en japonais, en espagnol, en italien, en arabe et Dieu sait quelle autre langue, et à répéter minutieusement, dans nos studios de la rue du Bois-de-Boulogne, ma nouvelle revue à Las Vegas. L'intégralité du spectacle, musique, chansons, textes, a été préenregistrée sur bandes, il n'y aura plus, arrivé là-bas, qu'à mettre au point le *staging* – la mise en place. Comme pour *Désirs*, Roger Minami, l'ancien assistant de Ron Lewis, réglera les chorégraphies.

Il est prévu que je rejoindrai Vegas en mai, la revue démarrant fin juin, après cinq semaines de répétitions. On s'en souvient, le mois de mai 1968 fut relativement agité en France. Dire que je passais à côté des événements serait encore trop peu. Retranchée à La Jonchère, les rumeurs de la révolte étudiante m'arrivaient assourdies et ne m'inspiraient pas, non plus qu'à Loulou, une forte sympathie. Étais-je « de droite » ? Je ne me posais pas la question. Je me définissais comme gaulliste, républicaine dans l'âme, fondamentalement tolérante et attachée de naissance à l'idée de justice sociale. Mais en vérité, j'étais surtout indifférente, enfermée dans ma bulle, entièrement absorbée par mon métier. J'ai vécu toutes ces années dans un monde parallèle, en grande partie coupée de la réalité. Il a fallu les années 1980 et mon engagement dans la lutte contre le sida pour m'ouvrir à d'autres préoccupations. Sans doute aussi, devenue comédienne, j'ai connu, sur les scènes de théâtre et les plateaux de cinéma et de télévision, une atmosphère bien différente de celle qui règne dans le show-business. Moins névrotique, moins égocentrique, plus collective et généreuse.

Et je n'ai pas vécu ma profonde et indéfectible amitié pour Jacques Chirac, le respect que je porte à Bernadette, l'immense affection que j'ai pour Claude comme contradictoires avec ces pensées nouvelles.

En mai 1968, dans un pays paralysé par les grèves, entre fièvre rouge et trouille bleue, notre départ pour les États-Unis prit des allures de fuite à Varennes. Nous dûmes aller à Bruxelles prendre un avion de la Sabena pour Londres, puis un jet de la BOAC pour Las Vegas.

Arrivés là-bas, nous fûmes l'objet de toute la sollicitude de nos amis et connaissances, aux yeux de qui nous apparûmes comme de courageux dissidents ayant échappé par miracle aux griffes des communistes. Car vus de l'étranger, et de l'Amérique en particulier, les événements qui se déroulaient en France prenaient des allures d'apocalypse.

Les répétitions commencèrent aussitôt. Tout me sembla incroyablement facile, comparé aux angoisses et aux drames de ma première revue. Roger Minami n'avait sans doute pas le génie de Ron Lewis, mais il n'en avait pas non plus le comportement hystérique et je ne m'en plaignais pas. Grâce au travail fait à Paris, nous pûmes progresser rapidement et le spectacle – qui s'intitulait *Casino de Paris* comme le précédent – débuta le jour prévu et connut tout de suite un considérable succès.

J'étais à l'aise, heureuse de retrouver ce public chaleureux et la vie insouciante qui était la mienne dans cette ville qui m'était devenue familière.

Loulou resta avec moi quelques semaines. Nate et lui continuaient à entretenir les meilleures relations du monde, l'un feignant d'oublier que le second était mon mari, l'autre faisant comme s'il ignorait que le premier était mon amant. Loulou courait les spectacles et restait des heures à contempler, fasciné, les tables de roulette et de baccara, misant de toutes petites sommes, comme si l'excitation fiévreuse des flambeurs suffisait à assouvir sa passion du jeu. Après mon show, nous allions dîner, parfois en bande, parfois en tête à tête, toujours aussi proches, mais différemment.

Un soir où nous nous trouvions tous deux au restaurant gourmet du Sands, nous fîmes la connaissance de Robert Maheu qui dînait là en compagnie d'Yvette, sa charmante épouse. Né dans le Maine, d'origine canadienne, Bob était un curieux personnage. Recruté par le FBI au début des années quarante, il avait fait la guerre en Europe comme officier des renseignements. La paix revenue, il avait repris du service auprès de l'organisme dirigé par le célèbre Edgar Hoover, avant de faire carrière dans les affaires – ce qui ne l'avait pas empêché de conserver ses entrées et certaines activités dans le milieu de l'espionnage et des coups tordus en tout genre. Proche confident de Robert Kennedy, il avait prêté la main aux tentatives infructueuses d'assassinat et de déstabilisation échafaudées contre Fidel Castro, y compris la malheureuse opération de la baie des Cochons en avril 1961.

De tout cela, il parlait volontiers et le plus naturellement du monde. Mon Loulou, les yeux brillants, buvait ses paroles, passionné comme un gosse dévorant un roman d'aventures.

Dans les années cinquante, Bob fut approché par le milliardaire Howard Hughes. L'entretien d'embauche fut le seul et unique moment où les deux hommes se rencontrèrent. Par la suite, ils ne communiquèrent plus que par téléphone ou mémos.

On a beaucoup écrit sur Howard Hughes et son étrange personnalité. Producteur de films, dont le célèbre *Scarface*, concepteur et constructeur d'avions, homme d'affaires, il était atteint de phobies et de troubles mentaux qui l'amenèrent peu à peu à vivre en reclus.

En 1966, après une période de déclin, il avait brusquement jeté son dévolu sur Las Vegas. Arrivé en ville par train spécial, il avait fait stopper le convoi en plein désert, bien avant l'entrée en gare. Une ambulance l'avait conduit, étendu sur une civière, au Desert Inn où tout un étage lui avait été réservé. La fin de l'année arrivant, la direction le pria de bien vouloir libérer les appartements qu'il occupait, de nombreuses réservations ayant été effectuées pour les fêtes.

« Très bien, avait-il rétorqué. J'achète l'hôtel. »

Ce fut sa première acquisition. Ce fut aussi, pour Las Vegas, le signal de profonds changements. Désormais le jeu servait à rabattre une foule toujours plus considérable de touristes vers l'hôtellerie, la restauration, les loisirs, autrefois très bon marché sinon gratuits, à présent sources d'énormes profits. Quant à la Mafia, si son implication restait déterminante, sa présence se faisait plus discrète. J'avais connu les dernières années où ses représentants occupaient directement les postes à responsabilité, où nous les côtoyions quotidiennement et entretenions des relations familières avec eux. Remplacés par des avocats et des gestionnaires, ils se tenaient désormais prudemment dans l'ombre, à l'abri d'un système opaque d'intermédiaires et de sociétés-écrans.

C'est ainsi qu'Howard Hugues monta une incroyable entreprise de harcèlement et de corruption pour s'emparer de Las Vegas, depuis sa suite du Desert Inn où il vivait environné d'infirmiers mormons qui ne le quittaient ni le jour ni la nuit.

Logée au Dunes, comme au début de mon premier séjour, j'envisageai très vite de louer ou d'acheter une maison indépendante car pas plus qu'en 1964, je ne supportais l'enfermement dans cet hôtel dépourvu de fenêtres où je perdais rapidement toute notion du temps.

Bob Maheu habitait, avec Yvette et leurs enfants, sur le terrain de golf du Desert Inn. J'emménageais non loin, sur Paradise Road. On ne pouvait rêver plus bel emplacement. Loulou fit grise mine mais je passai outre. Non seulement je l'achetai, mais je dépensai beaucoup d'argent à l'embellir. Je fis creuser une piscine, sceller un parasol au beau milieu du bassin avec une table en céramique et une banquette circulaire. J'aménageais un sauna, un bar et, m'assure Annie, ma grande amie de Las Vegas, « un endroit pour bronzer nue ».

Ce fut ma période de folie. Oh ! rien de bien extraordinaire : dépenser à tort et à travers, s'étourdir de paroles, éclater de rire à tout propos, boire à la limite du raisonnable. On fait plus fou. Pourtant, je me sentais perdre pied. Pour la première fois de ma vie, je n'avais aucun but en perspective, aucune étape à franchir. Rien que la répétition des jours.

J'organisai fête sur fête, la maison ne désemplissait pas. « Beaucoup de beaux garçons », se rappelle encore Annie, l'air rêveur. Peut-être. Les beaux garçons ne m'intéressaient pas, j'avais déjà fort à faire avec Nate, partenaire exclusif et ombrageux.

Bob Maheu venait en voisin. Avant de partir de chez lui, il appelait Howard Hughes à qui il devait rendre compte minute par minute de l'endroit où il se trouvait.

« Howard, je dîne chez Line Renaud. Vous pourrez me joindre chez elle. »

Le téléphone sonnait une, deux, trois fois, parfois plus au cours de la soirée. J'allais répondre. Une voix que j'avais appris à reconnaître – celle d'Howard Hughes – me disait :

« Mademoiselle Renaud, Bob est-il chez vous ? »

Ou bien :

« Mademoiselle Renaud, puis-je parler à Bob une fois encore ? »

Je passais la communication à Bob. La conversation durait rarement plus de trente secondes.

« Oui, Howard… Oui, Howard… OK, Howard… », disait Bob. Et il raccrochait, le visage crispé.

Il entretenait avec Hugues des rapports complexes où la dévotion le disputait à la haine.

Un soir, tout de suite après l'un de ces coups de fil, il vint vers moi, perplexe.

« Je ne comprends pas, m'expliqua-t-il. J'ai cru entendre Howard me dire : *relaxez-vous* avant de raccrocher. Ce n'est pas son genre. »

J'éclatai de rire.

« Relax-Ay-Voo ! C'est la chanson que j'ai enregistrée avec Dean Martin en 54 ! »

Bob parut soulagé. Cet ancien des services secrets redoutait que sous les paroles énigmatiques d'Howard Hughes ne se dissimule un code dont le sens lui aurait échappé.

*

L'anniversaire de grand-mère approchait. Je téléphonai à maman.

« Crois-tu que grand-mère aimerait qu'on lui souhaite son anniversaire ici, à Las Vegas ?

– Je vais lui poser la question, répondit maman. Mais je crois connaître la réponse. »

Maman m'appela le lendemain de bonne heure.

« Grand-mère est ravie. Elle ne parle plus que de ça. »

Elles arrivèrent toutes les deux, accompagnées de Loulou, à l'aéroport McCarran, où mes danseurs et moi, auxquels s'était jointe la direction du Dunes au grand complet, leur avions organisé une mémorable réception. Un hélicoptère stationnait au pied de l'appareil. Il embarqua grand-mère qu'il déposa quasiment sous les fenêtres de sa suite, au Dunes. Au passage, le pilote lui avait fait survoler le désert et les environs de Las Vegas.

Grand-mère était éblouie. Avec cette aisance naturelle de ceux qui ont tout connu dans la vie, le bon et le pire, et qui ont survécu à force d'obstination, elle fut très vite à l'aise et parcourut Las Vegas comme si elle y avait toujours vécu. Sans rien demander à personne, elle s'était entendu avec le *valet parking* qui avait mis une limousine à sa disposition. Ainsi, chaque soir, elle assistait à un spectacle différent dans l'un des casinos du Strip et ne manquait jamais mon deuxième show qu'elle vit ainsi une vingtaine de fois sans se lasser.

La seule chose qui lui déplut souverainement fut ma maison. Elle regardait avec dégoût les panneaux en bois – on appelait ça les *two by four*, par référence à leurs dimensions – dont elle était constituée et qui sont là-bas ce que sont chez nous les parpaings.

« Ma chérie, mais comment peux-tu mettre tellement d'argent là-dedans ? se lamentait-elle. En bois, rends-toi compte ? Et si ça prend feu ? Reste à l'hôtel, c'est très bien, l'hôtel. »

Le 31 décembre 1968, nous fêtâmes les quatre-vingt-un ans de grand-mère au Sultan's Table, le meilleur restaurant du Dunes. Un orchestre de trente violonistes surgit de derrière les cascades d'eau et vint entourer grand-mère. Ils jouèrent « Happy Birthday », puis « Mademoiselle from Armentières » et elle pleura d'émotion.

Peu après, elle repartit en France.

« Elle parle tous les jours de son voyage à Las Vegas, m'écrivit ma mère. Elle dit qu'elle est fière, parce que sa petite-fille travaille comme une Américaine… »

*

Depuis la fameuse nuit d'inauguration du Caesars Palace, Nate cherchait à se désengager d'une entreprise dans laquelle il n'avait plus sa place. Mais il ne pouvait le faire qu'en accord avec le groupe d'investisseurs qu'il représentait et à condition que ceux-ci en retirent un substantiel bénéfice.

De son côté, Jay Sarno avait un nouveau projet en tête : ouvrir un casino couplé avec un cirque et complété par un parc d'attractions. Le concept était lumineux : pendant que les parents risqueraient leur argent autour des tables de jeu, leurs enfants profiteraient d'un cirque où se succéderaient sans interruption les numéros les plus fabuleux. Plus les parents joueraient, plus les enfants s'amuseraient, plus les enfants s'amuseraient et plus ils pousseraient leurs parents à se ruiner au jeu. C'était une idée parfaitement immorale mais absolument géniale en termes de profit. Après quelques tâtonnements, le Circus Circus devint l'un des casinos les plus rentables du Strip. Il l'est encore aujourd'hui avec ses trois mille sept cents chambres et son parking géant réservé aux camping-cars. Un casino familial, somme toute.

Bref, chacun des anciens partenaires ne souhaitait qu'une chose : se débarrasser du Caesars au meilleur prix pour investir ailleurs. Tous mes amis, à Las Vegas, savaient que j'étais très proche de Nate et me sollicitaient : « Si jamais Nate décide de vendre, dis-le-nous ! » L'idée étant, on s'en doute, d'acheter des actions à un prix modéré juste avant que le cours ne grimpe à l'annonce de la vente. Je promis d'être à l'affût de la moindre information et de la répercuter aussitôt. L'expression « délit d'initié » ne faisait pas encore partie du langage courant.

Un beau jour, Nate me prévint.

« Cette fois, ça y est. Dennis rachète le Caesars. »

Dennis, c'était une chaîne de fast-foods. Qui était derrière Dennis ? La Mafia avait-elle quelque chose à voir dans l'opération, je l'ignorais. Toujours est-il que je m'empresse de prévenir mes amis, ma secrétaire, mes danseurs. Nous raflons, à la mesure de nos moyens, toutes les actions Dennis disponibles. Apparemment, nous ne sommes pas seuls dans la confidence, car le cours a déjà fait un bond dans les jours qui précèdent.

Sur ce, Nate m'avertit :

« Je vais à Cal Neva demain pour finaliser la vente. Viens avec moi. »

Cal Neva est un casino situé à mille neuf cents mètres d'altitude sur le lac Tahoe. Il s'appelle ainsi parce qu'il se trouve à cheval sur la Californie et le Nevada, la partie hôtelière, Cal, se trouvant en Californie, et la partie casino, Neva, dans le Nevada. Grâce à ce stratagème, l'établissement attire de nombreux Californiens qui viennent jouer là à des jeux d'argent interdits en Californie.

Nous partîmes donc pour Cal Neva dans le jet privé du président de Dennis. Atterrissant à Reno, une voiture nous conduisit au lac Tahoe, à travers un paysage d'une stupéfiante beauté.

À Cal Neva avait été organisée une grande réception en présence du gouverneur du Nevada, Paul Laxalt. Le président de Dennis fit un discours, il dit son émotion d'acquérir ce bijou que constituait le Caesars Palace. Nate se déclara lui aussi très ému de se séparer de son bébé.

Laxalt exprima sa fierté de veiller aux destinées d'un État aussi florissant. Quant à moi, je découpai le gâteau.

Champagne ! L'affaire était conclue, ne restait plus qu'à régler d'infimes détails.

Nous rentrâmes le soir même à Las Vegas. Le lendemain, patatras ! j'appris par Nate que les négociations étaient rompues, Dennis renonçait à acquérir le Caesars. L'action Dennis, loin de s'envoler, plongea brutalement. Nous y perdîmes tous quelques centaines – certains quelques milliers – de dollars.

Je n'ai jamais été une femme d'argent.

Finalement, le casino fut vendu un peu plus tard à Cliff Perlman, fondateur et propriétaire de Lums, une autre chaîne de fast-foods. Cliff, que j'ai bien connu, dirigera le Caesars Palace pendant de nombreuses années, développant l'hôtel auquel il adjoindra mille chambres supplémentaires, et organisant de grands événements sportifs, tout particulièrement des combats de boxe dont le retentissement mondial fut considérable.

La vente se fit pour près de quatre-vingt-huit millions de dollars, quand la construction et les aménagements de l'hôtel en avaient coûté moins du tiers deux ans plus tôt.

Nate toucha pour sa part huit millions de dollars.

Tant qu'il en était le président, il lui était interdit de jouer dans son propre casino. Ne l'étant plus, il alla le soir même s'asseoir à une table de baccara. Il me demanda de le rejoindre sitôt mon show achevé au Dunes. À peine arrivée, je compris qu'il était en train de perdre. Buvant café sur café, les yeux injectés de sang, il me fit signe de m'asseoir à côté de lui. Les heures passaient, il perdait toujours. Je lui disais :

« Nate, laisse-moi partir. Je ne te porte pas chance.

– *Stay !* » répondait-il d'une voix sourde.

Je restais assise, désespérée.

Deux ou trois fois, il se leva pour aller aux toilettes. Le jeu s'interrompit, les sabots restèrent immobiles jusqu'à son retour. Il revenait, il s'était repeigné, s'était rafraîchi le visage, on sentait qu'il avait repris espoir, qu'il se sentait de nouveau capable de renverser le destin.

Le jeu reprenait et de nouveau il perdait inexorablement. À la fin, il se leva et je le vis s'éloigner en titubant dans l'immense salle.

Il venait de perdre un million et demi de dollars.

Je ne devais pas avoir le moindre signe de son existence durant les dix jours qui suivirent.

Chapitre treize

Bonanza

Mon contrat avec le Dunes s'acheva le 6 juin 1969. Il stipulait que je n'avais pas le droit de me produire pendant six mois dans aucun autre établissement de Las Vegas. Je n'avais plus rien à faire dans cette ville, il fallait rentrer en France.

En France, où je n'avais pas le moindre projet. Et aucune envie de remonter sur scène ni d'enregistrer.

Une fois encore, le destin vint à mon secours.

Début 1969, Nate envisagea de racheter un petit casino de style western, sur l'emplacement actuel du Paris Hotel. Ouvert deux ans plus tôt, l'établissement ne marchait pas du tout. Nate voulait changer son image, agrandir l'hôtel qui ne comptait que cent soixante chambres, inventer un nouveau concept, loin de la surenchère dans le gigantisme qui caractérisait toute ouverture de casino à Las Vegas.

Nate chercha d'abord à obtenir un financement auprès des Teamsters – autrement dit de la Mafia –, comme Jay Sarno l'avait fait pour le Caesars Palace. Il n'eut pas Jimmy Hoffa comme interlocuteur, mais Frank Fitzsimmons et Allen Dorfman.

Je reçus Dorfman dans ma maison de Paradise Road. Il vint avec son vieux papa. Il paraissait gentil comme tout. Pourtant, je lis aujourd'hui avec effroi la liste de ses turpitudes sur sa fiche Wikipedia. Il mourut assassiné en 1983 sur le parking d'un hôtel dans l'Illinois.

Les Teamsters ayant décliné l'offre, Nate dut trouver l'argent ailleurs. Il s'associa avec une grosse boîte de New York, la Levin-Townsend Computer Corporation. Son président, Howard Levin, dont je fis la connaissance, était petit, rondouillard. Il arborait un éternel sourire et paraissait faux comme un jeton.

Je communiquai mes impressions à Nate qui haussa les épaules. Il n'avait pas l'intention d'épouser Howard Levin, il avait seulement besoin de son argent.

L'affaire fut conclue et le nouveau Bonanza ouvrit ses portes. Ce fut un désastre. Nate présenta coup sur coup trois spectacles de style country, avec de grandes vedettes du genre, dont Roy Clark et Willie Nelson. Aucun ne marcha. Alarmé, il me supplia de l'aider.

« T'aider comment ?

– En montant une revue. Tu connais ça par cœur, toi seule peux y arriver. »

Je réfléchis.

Nate semblait sincère. Je ne voulais plus faire de scène, j'envisageai de me lancer dans la production. N'était-ce pas l'occasion de prouver – aux autres mais d'abord à moi-même – de quoi j'étais capable ?

Mais je voyais trop ce qui se cachait derrière sa proposition : c'était pour lui l'unique manière de m'empêcher de rentrer en France. Nate avait besoin de moi, j'étais la seule personne à qui il osait se confier, qui savait tout de lui sans avoir jamais réclamé la moindre confidence. Peut-être aussi étais-je la seule à avoir deviné l'homme magnifique qu'il était à l'intérieur, un être droit, sensible et fin, en même temps qu'un écorché vif, un révolté et probablement son pire ennemi.

Il s'impatienta, il me supplia. Je devais sauver le Bonanza, ce n'était pas un service qu'il me demandait, mais une mission qu'il me confiait.

À bout d'arguments, je finis par céder, non sans poser deux conditions : j'exigeais une totale liberté et je voulais savoir précisément de quel budget je disposais.

Nate inscrivit un chiffre sur un bout de papier et me le tendit.

« Ce sera ta seule limite. »

Nous étions en mai 1969. Pour des raisons fiscales, le show devait impérativement démarrer avant le 2 juillet. Il restait un mois et demi pour concevoir le spectacle, choisir les danseurs, un chorégraphe, un décorateur, toute une équipe technique, et mener à bien les répétitions.

Mon ami Mitch en avait lui aussi marre de la scène. Comme moi, il cherchait sa voie. Nous décidâmes de nous associer. Le Bonanza, petite structure, n'était pas astreint à la règle du toujours plus qui régit les mastodontes du Strip tels que le Dunes, le Caesars Palace ou le Sands : toujours plus cher, toujours plus luxueux, toujours plus de vedettes et d'attractions sensationnelles. Nous étions déterminés, Mitch et moi, à profiter de cette liberté. Fini les plumes, le grand escalier, les lignes de girls toutes identiques évoluant en cadence, comme un régiment à la parade. Nous ne disposions d'ailleurs ni du budget ni du temps qui nous permettraient de monter un show traditionnel.

Dans la conformiste et puritaine Amérique, une brèche s'était ouverte : l'heure était à la provocation, à la contre-culture hippie, à la libération sexuelle. Depuis un an, une comédie musicale, *Hair*, faisait un malheur à Broadway. Une version française, montée à Paris au Théâtre de la Porte-Saint-Martin avec un certain Julien Clerc, scandalisait les bien-pensants. Sans vraiment savoir où nous allions, nous avons décidé de prendre cette direction et d'intituler notre revue *Flesh* – en français « chair ».

Une idée me traversa l'esprit : qui pouvait monter rapidement un tel spectacle sinon une équipe venue de la télévision où tout allait très vite ? Par chance, Elvis Presley faisait au même moment son grand retour avec un nouveau show télévisé. Son spectacle était sensationnel. Avec Mitch, je nous revois guetter le générique final. Les meilleures chorégraphies étaient signées Claude Thompson.

« Prenons Claude Thompson, dis-je à Mitch.

– Tu sais que c'est le plus grand chorégraphe aujourd'hui à la télévision ? Il n'acceptera jamais !

– Je veux qu'il me le dise lui-même. »

Je trouvai son numéro, l'appelai et lui exposai notre projet. J'entendis un long soupir à l'autre bout du fil.

« Le Bonanza... ? » Il laissa filtrer le nom avec dégoût, comme si le mot lui salissait la bouche.

C'était mal parti. Je déployai toute la force de conviction dont j'étais capable et parvins à le convaincre de faire un saut à Las Vegas pour nous rencontrer. Nous avions déroulé le tapis rouge, tout le monde était aux petits soins avec lui, il disposait d'une suite magnifique au Caesars Palace, d'un crédit substantiel au casino. L'atmosphère du Bonanza lui plut, nos idées le séduisirent. Le chèque proposé par Nate acheva de le convaincre.

Accompagné de ses collaborateurs habituels, des gens de grand talent, habitués à travailler vite, il se montra redoutablement efficace. Le show fut prêt dans les temps. Il avait de la gueule, la presse salua son audace et son originalité. Le Bonanza était – provisoirement – sauvé.

Venu assister à la première, Loulou rayonnait de fierté. Son grand copain Alain Bernardin, le mythique fondateur du Crazy Horse Saloon, l'accompagnait, ainsi que Lova Moor, la dernière découverte de Bernardin. Elle avait vingt-trois ans, elle était d'une beauté exceptionnelle et, ce qui ne gâte rien, c'était une très chic fille. Je l'adoptai immédiatement.

Bernardin n'avait jamais accepté de céder le nom du Crazy Horse. Le cabaret de l'avenue George-V était le seul et unique établissement dans le monde qui portait ce nom. Je lui proposai de monter un spectacle, *Crazy Horse de Paris*, dans le lounge du Bonanza. Un accord fut trouvé avec Nate, je demandai à Claude Thompson de faire les chorégraphies de ce nouveau show.

Mais les choses se passèrent beaucoup moins bien cette fois-ci. Claude buvait beaucoup, il se droguait. Le mélange vodka-cocaïne ne lui réussissait pas. Il n'assistait plus aux répétitions, ou piquait d'épouvantables crises de nerfs.

Un jour, n'y tenant plus, je lui lançai :

« *Claude, you are a capricious African Queen !* »

J'ai omis de dire qu'il était noir et homosexuel.

À la réflexion, mon apostrophe n'était pas politiquement très correcte. Mais elle agit sur lui comme un électrochoc. Il arriva tant bien que mal à achever son travail. Le spectacle obtint un très grand succès et marqua l'implantation durable du Crazy Horse à Las Vegas.

*

Avec *Flesh* dans la grande salle et le *Crazy Horse de Paris* dans le lounge, j'avais rempli mon contrat. Plus rien ne justifiait désormais ma présence à Las Vegas. Nate s'était résigné à me voir partir.

En froid avec Howard Levin, il avait hâte de se débarrasser du Bonanza pour s'investir dans un nouveau défi : l'implantation d'un casino sur le modèle du Caesars Palace au bord du lac Tahoe, dans une région ensevelie sous les neiges durant six mois de l'année. La malheureuse aventure de Kings Castle était lancée.

N'ayant aucune confiance en Howard Levin qui allait garder seul les rênes du Bonanza, je désirais, avant mon départ, m'assurer que les contrats des danseurs seraient signés et honorés, au moins pour une période de trois mois supplémentaires.

Il n'était pas question que Mitch, qui désormais allait assumer seul la responsabilité du spectacle, se retrouve avec ce problème sur les bras.

Nous nous réunîmes au Bonanza, Levin, Nate, un avocat, Tom Sheridan, et Mitch.

Je demandai à Howard Levin de me confirmer que nous pouvions resigner les danseurs pour trois mois. Il dit : « OK ! » et me tapa dans la main. J'aurais préféré un engagement en bonne et due forme, mais Tom Sheridan m'assura que cette tape, échangée sous les yeux d'un avocat, valait tous les contrats du monde. Je pouvais partir rassurée.

Ce qui aurait dû me mettre la puce à l'oreille.

Si un avocat vous dit que vous n'avez pas à vous en faire, méfiez-vous. Les ennuis ne sont pas loin.

*

La veille du jour où Loulou et moi devions prendre l'avion pour rentrer en France, nous fûmes invités à une fête au Caesars Palace. Morne soirée. Je me sentais accablée de tristesse et de doute. Trois Martini dry et plusieurs coupes de champagne n'étaient pas parvenus à dissiper la sourde inquiétude qui m'étreignait.

Nate avait disparu dès la fin du repas. J'avais essayé vingt fois sans succès de le faire appeler. L'heure était venue de partir. Je fis une dernière tentative. Loulou m'attendait dehors, le *valet parking* était allé chercher notre voiture. Allions-nous nous quitter sans même nous dire au revoir ?

J'étais en haut des marches, prête à descendre quand brusquement une main m'agrippa. C'était Nate. Il paraissait hagard, ses yeux étaient rougis, ses mains tremblaient. Il était allé jouer et il avait perdu, je le savais sans qu'il ait besoin de me le dire.

« Excuse-moi, *baby*, bredouilla-t-il, je n'ai pas entendu tes appels. »

Je le regardai, partagée entre la pitié et le mépris, l'adoration et la haine.

« *You are a son of a bitch, Nate. That's it !* »

Je me détournai rapidement, descendis l'escalier et m'engouffrai dans la voiture. Pas question que Nate me voie pleurer. Et tandis que la voiture s'éloignait, je l'imaginais en haut des marches, petit Napoléon déchu, infiniment malheureux et désespérément solitaire.

Nous roulions vers Paradise Road, Loulou conduisait, il avait branché la radio sur une station qui diffusait du jazz toute la nuit. Judy Garland chantait « But Not For Me ».

Ils écrivent des chansons d'amour
Mais pas pour moi
Une étoile brille dans le ciel
Mais pas pour moi

J'étais éperdue de tristesse. Il devait y avoir un disc-jockey, là-haut, qui avait choisi pile le bon enregistrement.

Malgré mes efforts, je ne pus retenir mes larmes.

Soudain, j'entendis la voix de Loulou. Je ne sais si je compris tout de suite la question qu'il me posait. Il me semble qu'elle mit un certain temps à résonner en moi, comme si les mots me parvenaient de très loin.

« Tu l'aimes ? »

Je réfléchis.

« Loulou, mettons que je n'ai pas entendu ta question, finis-je par dire. Mais si tu me la reposes, je vais te répondre. »

Il répéta.

« Tu l'aimes, hein ?

– Non, je ne l'aime pas, Loulou. Je l'adore. Et maintenant, que veux-tu qu'on fasse ? Moi, je ne veux pas divorcer.

– Alors qu'est-ce que tu veux ?

– Je veux qu'on rentre à la maison et qu'on n'en parle plus. »

Je jure qu'à ce moment, j'avais la volonté de mettre un terme définitif à ma liaison avec Nate. Sans regret, par un choix clairement assumé.

Ce fut plus long et bien plus compliqué.

Loulou et moi n'étions pas sortis de la *période intermédiaire*.

*

Je regarde sur Internet un document qui date d'octobre 1969, alors que je viens de rentrer en France. Une journaliste, Agnès de La Faye, est venue m'interviewer à La Jonchère. Je me promène dans le jardin, plans sur mon chien, mes fleurs, mes poules. Je me donne un mal fou pour jouer le personnage qu'on attend de moi : celui d'une femme heureuse de se retrouver chez elle après deux ans d'absence.

La robe que je porte ne me va pas très bien. C'est le genre de robe qu'on met lorsqu'on a quelque chose à dissimuler. D'un pas sautillant, je rentre dans la maison et m'assois au coin de la cheminée où brûle un feu qui symbolise, dans l'esprit des gens venus me filmer, l'image du bonheur retrouvé. Gros plan sur mon visage. Il me paraît singulièrement gonflé. Est-ce l'excès d'alcool ?

Je dis ma fatigue après dix ans passés sur scène, deux fois au Casino de Paris, deux fois à Las Vegas. Je parle de la revue *Flesh* que j'ai produite, « un peu risquée mais de bon goût quand même ». Sur une question de la journaliste, je m'entends répondre, et j'en suis surprise, que je resterai seulement deux mois à Paris, puis que je retournerai à Las Vegas.

« On rentre à La Jonchère », avais-je dit à Loulou ce fameux soir. Que s'était-il donc passé pour qu'à peine quelques semaines plus tard, j'annonce ma décision de rentrer à Las Vegas ?

Je ne m'en souviens plus.

Je réalise, un peu honteuse, le nombre de fois où j'ai écrit : « Je ne m'en souviens plus » depuis que j'ai commencé à rédiger ce livre. Est-ce bien sérieux lorsqu'on prétend justement raconter ses souvenirs ? Je garde en mémoire les événements, les sensations, les visages, la couleur des voix, l'émotion d'un instant. J'oublie les enchaînements, les transitions.

Parcourant un reportage paru dans *Paris Match* vers 1980, je m'émerveille : quel conte de fées ! Ma vie y est décrite comme une cavalcade victorieuse. Les projets s'enchaînent, je vole de succès en succès, aucune fêlure, aucun doute, pas le moindre faux pas.

Trente ans se sont écoulés depuis, et plus personne n'attend de moi que je repeigne ma vie en rose. Ces années 1970 n'ont pas été faciles. Il y eut des réussites, des enthousiasmes, des bonheurs, mais aussi beaucoup d'incertitudes et quelques humiliations.

*

Un matin, le téléphone sonna à La Jonchère. C'était Mitch, complètement affolé. Howard Levin, désormais seul maître à bord au Bonanza depuis que Nate lui avait revendu ses parts, n'avait pas tenu parole. Il refusait obstinément de signer les contrats, prétextant qu'il n'avait pris aucun engagement écrit. Dans ces conditions, *Flesh* pouvait s'arrêter d'un moment à l'autre, laissant quatre-vingts personnes sur le carreau.

Sheridan, l'avocat, s'était défilé. Lui qui m'avait si bien expliqué la valeur du pacte conclu oralement, semblait tout à coup trouver un certain poids aux arguments d'Howard Levin. Mitch me suppliait d'intervenir.

Cela ne pouvait pas tomber plus mal pour moi. Grand-mère était souffrante et le Dr Salvanet – oui, toujours le même docteur, celui qui m'avait sauvé la vie lorsque j'avais avorté à dix-huit ans – ne cachait pas son inquiétude.

J'avais scrupule à m'absenter dans un pareil moment.

C'est maman qui insista. Pas question de laisser tomber Mitch et la troupe. Grand-mère comprendrait. Je me rendis à ses raisons et pris le premier avion pour New York. Arrivée à l'aéroport, je sautai dans un taxi qui me conduisit directement au siège de la compagnie, un immense building au cœur de Manhattan. Je n'avais donné aucun coup de téléphone, pris aucun contact, je ne savais même pas si Levin se trouvait à New York, à Las Vegas ou n'importe où ailleurs dans le monde. Comme souvent dans ma vie, je m'étais fiée à mon instinct, jouant à fond l'effet de surprise.

Je me souviens précisément qu'au moment où, venant de régler le taxi, je regardai, impressionnée, l'immeuble au sommet duquel brillait l'inscription *Levin-Townsend Computer Corporation*, je crus entendre la voix de mon père, réprobatrice :

« Jacqueline, ma fille, qu'est-ce que tu fais là toute seule ? Tu n'as même pas rendez-vous ! »

Ce qui raffermit ma détermination.

« Rendez-vous ou pas, je rencontrerai cet escroc d'Howard Levin, même si je dois coucher sur son paillasson et crois-moi, il va m'entendre ! »

La chance me servit. Levin était présent à son bureau et ne put faire autrement que de me recevoir. L'ascenseur s'arrêta au dernier étage, Levin m'attendait, son éternel sourire aux lèvres.

« Line, quelle bonne surprise ! Entrez, je vais vous montrer ma collection de tableaux.

– Je ne suis pas venue voir votre collection de peinture, monsieur Levin. Pour ça, j'ai le musée du Louvre, à Paris. Je viens vous parler du contrat. Vous m'avez tapé dans la main, vous vous souvenez ? Deux personnes peuvent en témoigner, Nate Jacobson et Tom Sheridan. »

Il signa sans discuter. Les Américains ont ceci de bon qu'ils ne s'attardent pas en vaines discussions. Ils jouent et, quand ils perdent, ils s'inclinent et passent à autre chose.

« Maintenant, si vous voulez, je serais heureuse de voir votre collection, monsieur Levin », lui dis-je avant de repartir, mon contrat sous le bras.

Un taxi me ramena à l'aéroport. Depuis une cabine, je téléphonai à Mitch : « Tu peux rassurer tout le monde, Mitch. Levin a signé. »

Deux heures plus tard, j'étais dans un avion volant vers Paris.

Grand-mère avait été transportée à la clinique de la Muette. Elle souffrait d'un cancer, ce dont personne n'avait osé la prévenir. Sur sa table de nuit, il y avait une bouteille de Pelforth, sa bière favorite, dont elle avait voulu boire une gorgée.

« Mon Dieu, qu'elle boive tout ce qui lui fait plaisir ! » avait dit Salvanet.

Je n'ai pas quitté sa chambre un seul instant, lui tenant la main, rafraîchissant son front baigné de sueur. Elle était devenue toute menue, comme une petite fille. Et elle me parlait de Las Vegas.

Elle est morte quelques jours plus tard.

Chapitre quatorze

Kings Castle

Il était une fois un petit hôtel-casino en planches à Incline Village, au nord du lac Tahoe. Nate Jacobson découvrit l'endroit presque par hasard en 1968. Il en tomba amoureux et décida d'y implanter un casino à thème, sur le modèle du Caesars Palace. Nate était fasciné par la légende du Graal. À la Rome antique succéderait le Moyen Âge. Un Moyen Âge de pure fantaisie accommodé façon *Prince Vaillant*.

Le pari était risqué. Certes, l'hôtel bénéficiait d'un site admirable, mais le climat était extrêmement rigoureux, l'hiver durait huit ou neuf mois et l'abondance de neige en faisait avant tout le paradis des skieurs.

Lorsque Nate m'y emmena pour la première fois, Mitch nous accompagnait. Nous étions équipés comme pour une expédition polaire et enfoncions dans la neige jusqu'aux genoux.

« Mais enfin, Nate, c'est impossible, s'écria Mitch. Qui aura envie de venir jouer ici ? Des skieurs ! Et les skieurs n'ont pas un sou, tout le monde sait ça. »

Je pensais exactement la même chose que lui mais pris soin de garder mon opinion pour moi, n'ayant aucune envie d'essuyer la fureur de Nate. Ce fut donc Mitch qui dut subir l'assaut, Nate gesticulant et vociférant, à demi enfoui dans la neige. Étant donné sa petite taille, seule la partie supérieure de son individu restait visible.

Le raisonnement de Nate était le suivant : Las Vegas récupérait la clientèle de Los Angeles, Kings Castle récupérerait celle de San Francisco, distante de trois cents kilomètres à peine. Qu'est-ce qui était le plus fou : planter un casino au milieu des sables, ou au milieu des neiges ? La neige comme le sable était un élément de dépaysement, elle contribuait à isoler le joueur de son milieu naturel, à lui donner le sentiment qu'il vivait dans un monde à part, régi par les seules règles du jeu, etc.

Son enthousiasme était impressionnant, sa conviction si bien établie, que je m'abstins de faire remarquer qu'il était impossible d'implanter un aéroport à Incline Village, que les visiteurs atterrissant à Reno devraient effectuer une heure de trajet sur une route de montagne pour monter jusqu'à la station, qu'à tout prendre, la chaleur était infiniment préférable au grand froid, et que ce lac profond de cinq cents mètres était magnifique en été mais sinistre en hiver.

Faisant taire toute objection, j'étais fermement décidée à aider Nate de toutes mes forces à gagner son pari. Cette fois encore, pensais-je, il parviendrait à renverser le cours du destin et à confondre ses détracteurs.

C'est ainsi que je fus entraînée dans cette étrange aventure au point d'y être directement associée et d'aller m'établir plusieurs mois de l'année, moi qui ai horreur du froid et de la solitude, au bord de ce lac où dès trois heures de l'après-midi, en hiver, on n'y voyait pas à trois pas.

Contre toute attente, Nate réussit à reconstituer l'association entre son groupe d'assureurs de Baltimore et le Teamsters' Pension Fund, qui misa dix millions de dollars dans l'opération, mais lui imposa des objectifs de profit draconiens.

Ces deux sources de financement se révélant toutefois insuffisantes, Nate, contrevenant au sacro-saint principe dont il s'était fait une règle – « *Never invest your own money !* » –, dut investir massivement son propre argent dans l'opération. Tous les germes de l'échec et de la ruine se trouvaient ainsi réunis avant même l'ouverture.

La construction de Kings Castle, menée par Nate à marche forcée, comme celle, quatre ans plus tôt, du Caesars Palace, était déjà très avancée. Je ne dirais pas que l'hôtel, dont la carcasse massive se dressait au bord du lac, était une complète réussite architecturale. C'était une bâtisse moderne assez banale affublée de deux tours crénelées d'inégale hauteur, d'un donjon sur lequel flottaient des oriflammes, d'un mur d'enceinte en pierre et, plus tard, d'une grille monumentale en fer forgé, sans oublier l'importante sculpture de Lady Godiva nue sur son cheval qui ornait l'entrée…

Nate, sur le chapitre de la décoration, n'était pas Jay Sarno. Leur association avait fait merveille, l'un créant en toute liberté, l'autre faisant coïncider rêve et réalité. Nate, dont la culture était pourtant réelle, n'était pas un créateur. Il manqua à Kings Castle la marque d'un concepteur capable de transformer les outrances, les approximations et jusqu'au mauvais goût lui-même en traits de génie.

Très vite, Nate retrouva l'habitude de me consulter à tout propos, le choix d'un collaborateur comme l'aménagement de la grande salle baptisée « Camelot », la décoration des suites comme les costumes médiévaux du personnel.

Il ne supportait pas d'être séparé de moi, j'étais malheureuse sans lui, mais il était rare que nous passions plus d'une heure ensemble sans qu'éclate une dispute. Jamais je ne l'avais vu aussi tendu. Rien ne marchait comme il l'aurait souhaité, une difficulté chassait l'autre, il était peu et mal secondé, il n'avait confiance en personne.

Le puissant groupe Harrah's qui possédait un casino à Reno vit d'un très mauvais œil l'arrivée d'un concurrent sur son territoire et chercha à s'y opposer par tous les moyens. Au nom de la préservation de la nature, ils suscitèrent une plainte des riverains du lac qui multiplièrent les actions contre la construction du nouvel hôtel. Un instant Nate redouta que la circulation sur la route qui menait à Kings Castle ne soit strictement réservée aux usagers locaux. Il fit front grâce au soutien du gouverneur Paul Laxalt.

Des élections devaient avoir lieu l'année suivante.

Nate mit tous ses espoirs dans la réélection de Paul Laxalt et le soutint activement. À la surprise générale, ce fut le démocrate Mike O'Callaghan qui fut élu. Il fit droit, du moins en partie, aux revendications des riverains. L'État du Nevada finança la construction d'une route à quatre voies pour dévier le trafic automobile le plus loin possible du lac. On interdit même toute signalisation permettant d'y accéder.

*

Au mois d'avril, maman vint me retrouver. Il était convenu que nous passerions trois mois ensemble. La mort de grand-mère l'avait beaucoup affectée, elle d'ordinaire si vaillante avait du mal à retrouver son équilibre. Elle arriva à Las Vegas chargée comme un baudet, avec des vêtements pour trois mois et une cargaison de disques que je lui avais demandé de me rapporter de France.

De Vegas, nous partîmes pour Kings Castle. La construction de l'hôtel n'était pas achevée, nous logions dans le petit casino en bois au bord du lac. Par prudence, je dis à maman : « Ne défaisons pas nos bagages. Voyons d'abord comment ça se passe avec Nate. »

Cinq jours s'écoulèrent. Nate, ravi de revoir maman, était d'une humeur de rêve, tout semblait aller à merveille.

« Allez, dis-je à maman, déballons nos affaires. »

Nous sortîmes nos vêtements, remplîmes penderies et tiroirs. Le soir même, il y eut un dîner, Nate m'offrit une montre magnifique. Une malédiction s'attachait-elle aux montres ? Soudainement une dispute éclata, violente, irrationnelle. Nate eut des paroles blessantes, je lui jetai la montre au visage et quittai la table, comme à Lisbonne quatre ans plus tôt. Maman et moi passâmes deux heures à refaire nos bagages. À six heures du matin un taxi vint nous chercher et nous emmena à Reno. À sept heures nous prenions l'avion, à huit nous étions à Las Vegas, dans ma maison de Paradise Road, où nous défaisions une nouvelle fois nos bagages.

Le téléphone sonna, sonna, sonna. Nous laissâmes sonner. Nate rappela dix, vingt fois, ce jour-là et toute la semaine qui suivit – Ann Saguet, ma secrétaire, avait ordre de lui répondre que je n'étais pas là et qu'elle ignorait où je me trouvais.

Trois jours plus tard, tandis que je prenais une leçon de tennis à l'International Hotel, j'aperçus brusquement Nate sur le court voisin. Il n'était pas là par hasard, on s'en doute. Je fis semblant de ne pas le voir, telle une ado boudeuse. Et lui se comporta comme un amoureux novice qui sait qu'il a beaucoup à se faire pardonner.

À la fin de ma leçon, j'allai me changer. Mais pour sortir de l'hôtel, il fallait passer par le bar. Il était juché sur un grand tabouret et m'apostropha.

« Hé, *baby*, un petit sourire ! »

C'était tellement bête que j'éclatai de rire.

Boum ! C'était reparti.

Était-ce fortuit ? Était-ce intentionnel ? Nate trouva le prétexte infaillible pour me retenir à Kings Castle : il se fâcha avec le directeur artistique de la salle Camelot à quelques semaines de l'*hotel opening* prévue fin juin. Aussitôt, il me supplia. Selon lui, il n'y avait que moi qui sois capable de le remplacer au pied levé.

« Mais Nate, je n'ai jamais fait ça !

– Comment ? me rétorqua Nate. Tu as produit *Flesh*, ça s'est très bien passé et c'est un grand succès !

– C'est pas du tout la même chose. Ici, il s'agit de convaincre des grandes vedettes de venir chanter dans… »

Je me mordis les lèvres. J'étais sur le point de dire : « … dans ce trou perdu au bord d'un lac à 1 900 mètres d'altitude. »

Nate insista.

« Tu n'auras presque rien à faire. Pour l'ouverture, j'ai déjà signé Ike et Tina Turner pendant cinq semaines, puis Woody Allen, Harry Belafonte… »

Comme lorsqu'il m'avait proposé de monter une revue au Bonanza, j'étais à la fois méfiante – car je voyais bien la manœuvre – et tentée. Je tenais une occasion unique de progresser dans une activité qui allait devenir la mienne si, comme j'en avais l'intention, j'abandonnais définitivement la scène.

Il s'agissait en somme d'un stage de formation grandeur nature – un stage très bien rémunéré, il convient de le préciser. Vu de cette manière, je n'avais aucune raison de refuser.

J'acceptai donc, à la seule condition que Mitch me seconde en tant qu'associé. Nate n'y fit aucune objection. C'est ainsi que du jour au lendemain, nous nous retrouvâmes Mitch et moi installés face à face dans un bureau, en proie à la plus totale perplexité.

Comment s'y prendre ?

Mitch, sans doute pour mieux réfléchir, puisait dans une boîte de crayons qu'il taillait méthodiquement. Il prenait un crayon, le taillait, le mettait dans un verre. Un autre crayon, le taillait, le mettait dans le verre à côté du précédent. À la fin, le verre était rempli de crayons taillés, mais le problème n'avait pas avancé d'un pouce.

Un événement imprévu nous obligea à accélérer le mouvement.

Ike et Tina Turner formaient un couple à problèmes. Ike se droguait et, lorsqu'il avait sa dose, il cognait sur sa femme. Cette fois, il avait cogné un peu trop fort et Tina s'était retrouvée à l'hôpital, salement amochée. Tous les engagements du célèbre duo étaient annulés.

Il ne s'agissait plus de tailler des crayons. Il fallait réagir et vite.

Nous téléphonâmes à toutes les grandes agences artistiques du pays et leur demandâmes de nous envoyer la liste des artistes qu'ils représentaient. Finalement, sur la suggestion de Nate, notre choix se porta sur Buddy Hackett. Il était laid, gras, vulgaire, mais c'était une très grosse vedette comique et le public l'adorait. Qu'il fasse l'ouverture de Kings Castle représenterait sinon un geste artistique inoubliable, du moins une très bonne opération de lancement.

Je décrochai mon téléphone et appelai son agent qui s'appelait Irving Shat.

« Bonjour monsieur Shat, lui dis-je, je m'appelle Line Renaud. Je suis chargée par Nate Jacobson d'organiser le gala d'ouverture de son nouveau casino, Kings Castle…

– Dites à M. Jacobson de m'appeler, me coupa une voix désagréable.

— M. Jacobson ne s'occupe pas de ça.

– Je ne parlerai qu'à M. Jacobson. »

Et sans ajouter un mot, il raccrocha.

Je bondis dans le bureau de Nate et lui dis :

« Appelle ce type et fais-lui comprendre que c'est moi et moi seule qui discute avec lui. Si tu ne le fais pas, je laisse tout tomber. »

Irving Shat fut contraint de me parler. Il se montra délibérément rustre et macho. Dès que je fus certaine que les cinquante pages du contrat étaient paraphées et signées, je lui téléphonai.

« Monsieur Shat, je ne connais pas votre visage, lui dis-je. Mais même s'il y a dix mille personnes le jour de l'inauguration, je peux vous garantir que je vous reconnaîtrai immédiatement.

– Ah, répondit Irving Shat. Et comment ?

– Parce que votre visage doit ressembler à ce que vous êtes : moche ! »

Cette fois, c'est moi qui lui raccrochai au nez.

Buddy Hackett débarqua à Kings Castle trois jours avant l'inauguration. Il était tel que je l'avais vu mainte fois à la télévision. D'une puissante vulgarité. Peu après son arrivée, Nate m'appela.

« Viens dans mon bureau, me dit-il. Buddy a une idée. »

Nate avait raconté à Buddy ses démêlés avec Harrah's, les propriétaires du principal casino de Reno. Et Buddy, prenant fait et cause pour lui, avait imaginé d'entrer en scène entièrement nu, excepté un string, et de se faire tatouer au bas du dos le nom de Harrah's avec une flèche indiquant la direction de ses fesses.

« Ça voudra dire : Harrah's l'a dans le cul, tu comprends ? » précisa-t-il.

Je restai sans voix. Me voyant interloquée, Buddy en déduisit que je n'avais pas bien saisi le sel de son gag. Il se leva, déboutonna son pantalon, apparut en slip et m'expliqua de nouveau son idée, me présentant son postérieur en me priant d'imaginer *Harrah's* inscrit dessus.

« Il faudra simplement que tu me fasses fabriquer un string avec quatre ou cinq médaillons pour dissimuler la boutique.

– D'après ce que j'en vois, Buddy, répliquai-je, un seul médaillon suffira. »

Nate s'étrangla, Buddy remonta son pantalon à la hâte, nous parlâmes d'autre chose.

Le soir de la première, il fit exactement ce qu'il avait prévu. La salle croula sous les rires et les relations de Nate avec Harrah's se durcirent encore un peu plus.

Quant à moi, une rapide enquête m'avait permis de repérer l'agent de Buddy Hackett, Irving Shat, assis à la table de Paul Laxalt, encore gouverneur du Nevada. Au beau milieu du repas, je me dirigeai vers lui.

« *Are you Irving Shit ?* »

Shit – qu'on me pardonne – voulant dire « merde ».

Les conversations s'interrompirent. Paul Laxalt me fixait avec des yeux ronds. Nate, secrètement ravi, demeurait impassible. Les autres, fourchettes en l'air, attendaient d'en savoir plus pour réagir.

Irving Shat, ne sachant quelle contenance prendre, acquiesça vaguement.

« J'ai gagné mon pari, monsieur Shit, poursuivis-je. Je vous avais dit que je vous reconnaîtrais au milieu de dix mille personnes. J'avais raison. Vous êtes aussi moche à l'extérieur que vous êtes moche à l'intérieur ! »

Habitué à désamorcer les situations les plus délicates, Paul Laxalt, en politicien averti, éclata d'un grand rire, suivi par toute la table. Irving Shat lui-même affecta de trouver la plaisanterie désopilante et, pour clore l'incident, je me joignis à l'hilarité générale.

J'avais eu ma revanche. Revanche contre l'arrogance, la goujaterie, le machisme insupportable de cet homme dont l'attitude, soyons juste, différait peu de celle de la majorité des managers et des agents.

En va-t-il autrement aujourd'hui, là ou ailleurs ? J'aimerais le croire. J'en doute infiniment.

*

J'engageai Peggy Lee pour une semaine dans la grande salle. Son contrat était à peine moins volumineux que celui de Tony Bennett. Elle fumait cigarette sur cigarette et, pour soulager ses poumons brûlés, elle exigeait de disposer d'une machine à oxygène dans sa chambre, d'une autre dans son salon, dans sa loge, dans l'ascenseur, dans les coulisses. À peine entrée en scène, elle retrouvait son timbre de voix chaud et sensuel dont Sinatra avouait s'être inspiré. Nous nous aimions beaucoup.

« Mais enfin, Line, s'exclama-t-elle quand elle me vit, tu ne chantes plus ? »

Non, je ne chantais plus et je n'envisageais pas de rechanter un jour. Mon nouveau métier me plaisait infiniment. Je m'y sentais chaque jour un peu plus à l'aise. J'adorais programmer la salle, réfléchir à quel type d'artiste engager à telle ou telle période de l'année, pendant combien de jours, en semaine ou le week-end.

Bien que très connu comme humoriste, acteur de stand-up et accessoirement clarinettiste, Woody Allen – dont la carrière cinématographique démarrait à peine – était programmé seulement pour la durée du week-end. Il était très cher et remplissait difficilement la salle.

Un artiste de moindre importance, un demi-nom, comme Jack Carter, attirait beaucoup plus de monde pour un cachet nettement inférieur.

Je devais parfois oublier mes goûts propres, faire alterner des spectacles faciles et d'autres, plus sophistiqués. Perdre un peu d'argent avec un artiste prestigieux pouvait se révéler profitable pour l'image du casino, quitte à se rattraper avec un amuseur qui faisait salle comble tous les soirs.

Je me levais tôt, me couchais tard, totalement absorbée par mon travail. Je n'avais plus le temps de m'occuper de moi. Le soir, avec Mitch, enfermés dans notre petit bureau, nous mettions au point nos plans de bataille. Tout en parlant, nous buvions un verre, deux verres, parfois trois ou quatre. Je me disais : « Qu'importe ? Je ne chante plus. »

Autant avouer que j'ai eu, pendant cette période, un petit problème d'alcool.

Chapitre quinze

Bonita Super

Loulou vint passer les fêtes de fin d'année avec moi. Il m'observa, déconcerté.

Visiblement, la Line femme d'affaires, cloîtrée huit heures par jour dans un bureau, un téléphone greffé à l'oreille, ne correspondait pas à l'image qu'il se faisait de moi – sa vedette, sa star, celle qu'il avait patiemment façonnée.

Il regarda par la fenêtre les montagnes, la neige, le lac gelé. Je lui dis : « C'est beau, hein ?

– Tu trouves ? » murmura-t-il.

Il se retourna. Je vis des larmes dans ses yeux.

« Alors, c'est ça ta vie, maintenant ? »

Bouleversée, je me jetai dans ses bras.

« Loulou, ce que je fais me passionne ! J'apprends un nouveau métier. Plus tard, je viendrai le faire en France. C'est ma nouvelle voie, produire ! »

J'en étais sincèrement persuadée. Saturée de scène, je n'imaginais pas un instant y revenir un jour. J'avais réussi la reconversion à laquelle j'aspirais depuis des années et m'en félicitais.

Loulou repartit au bout d'une semaine. Je pense qu'il poussa un soupir de soulagement en montant dans l'avion qui le ramenait à Paris.

Dans toute cette *période intermédiaire*, cette semaine fut sans doute celle où nous ressentîmes de la façon la plus palpable et la plus douloureuse à quel point nous nous étions éloignés l'un de l'autre.

Pourtant, si Loulou savait tout de ma relation avec Nate, j'ignorais absolument qu'il vivait de son côté à Paris une histoire d'amour avec une jeune femme qui ressemblait d'une façon frappante à celle que j'avais été vingt ans plus tôt.

Paradoxalement, du moment où je l'ai appris, nous avons commencé à nous rapprocher. Comme si, débarrassée du sentiment de culpabilité qui me tenaillait depuis des années, l'ironie de la vie m'était apparue, chassant d'un coup ce qui était devenu trouble et confus dans notre relation.

*

Il y avait maintenant près d'un an que Kings Castle avait ouvert ses portes et, d'une certaine manière, on pouvait considérer que Nate avait gagné son pari. Malgré l'isolement, les difficultés d'accès, l'allure singulière de ce pseudo-château des neiges, le concept avait pris et la réputation du nouveau casino s'était peu à peu affirmée. Les joueurs disposaient de quatre cents machines à sous flambant neuves et de douze tables de jeu auxquelles s'ajoutèrent au bout de quelques mois trois tables de poker. De plus, Nate s'était attaché les services d'un ancien de la Rand Corporation, un mathématicien du nom de Jess Marcum, à qui il avait demandé de concevoir de nouveaux jeux de hasard.

Mais dès cette première année, il fut clair que l'afflux de joueurs coïncidait strictement avec les saisons touristiques, saison d'été qui voyait les amateurs de pêche, de voile et de randonnée coloniser les berges du lac, saison d'hiver où les amateurs de neige profitaient de l'admirable domaine skiable environnant. Soit six ou sept mois par an. En dehors de ces périodes, en morte-saison, l'hôtel et le casino étaient loin de faire le plein.

Nate se montrait résolument optimiste. Il jugeait les résultats encourageants et comptait sur l'effet d'entraînement pour améliorer rapidement la fréquentation. Un peu comme les gens de cinéma qui, déçus par le démarrage un peu faiblard d'un film, mettent tous leurs espoirs dans le bouche à oreille.

Mais je percevais son inquiétude. Le Teamster's Pension Fund devait s'impatienter et exiger de lui des résultats probants. Parviendrait-il à les satisfaire ? Rien n'était moins sûr.

Dès l'origine, la vie du casino avait été perturbée par des vols récurrents. Ce qu'on appelle en France le « coulage ». Le personnel tapait dans les caisses. Barmen et serveurs « oubliaient » d'enregistrer les consommations, le service de sécurité, en principe chargé de surveiller l'argent généré par les jeux, puisait à pleines poignées dans le cash, les stocks alimentaires étaient pillés, le linge, la vaisselle, les couverts disparaissaient. Loin de moi l'idée de faire l'apologie de la Mafia, mais du temps où elle plaçait directement ses représentants aux postes de responsabilité, de tels agissements étaient impensables. Les voleurs ne tolèrent pas le vol quand ils en sont les victimes. Par son inexpérience, Nate se révéla incapable d'enrayer un phénomène qui joua un rôle déterminant dans la faillite de Kings Castle.

Ferraillant sans cesse, voyant des ennemis partout, Nate vivait dans un état de stress permanent. Il buvait beaucoup, dormait peu, s'agitait à contretemps et par ses colères incontrôlables achevait de décourager ses rares collaborateurs dignes de confiance.

On devine que notre relation s'en ressentait. Il éprouvait le besoin presque névrotique de se confier à moi, de me demander conseil, mais j'avais de plus en plus de mal à répondre à son attente. Ma passion pour Nate était intacte, la fascination qu'il exerçait sur moi restait profonde, je souffrais pour lui, j'essayais de l'aider autant que je le pouvais. Mais je ne pouvais supporter qu'il me manque de respect, ce qui, dans l'état de malaise où il se trouvait, se produisait de plus en plus souvent.

Michel Fresnay m'a rappelé récemment un incident dont il avait été témoin un soir, alors qu'il séjournait à Kings Castle. À quarante ans de distance, nous avons bien ri, mais sur le moment, je me souviens d'en avoir été profondément affectée.

Il y avait une réception, le grand hall de l'hôtel était rempli de monde. J'avais demandé à Michel de passer me chercher, j'étais en robe du soir, nous descendions le grand escalier quand j'aperçus dans la foule Nate en compagnie de deux jeunes femmes un peu dépoitraillées. Un bras passé autour de leur taille, riant trop fort, il les pelotait sans se gêner. C'était ridicule et vulgaire. Il cherchait à me provoquer, à exciter ma jalousie. J'aurais dû jouer l'indifférence. Tout au contraire, tombant dans le piège, je fonçai vers lui, furieuse.

« Mais enfin, Nate, lui dis-je à voix basse, qu'est-ce que ça veut dire ? »

Il me lança un regard de défi.

« *What's burning your ass ?* »

Ce qui, en terme élégant, signifiait : « Quelle mouche te pique ? » et d'une façon plus littérale : « Qu'est-ce qui te démange le c… » Expression américaine que j'ai en horreur.

Je fis demi-tour et remontais dans ma suite où Michel et moi nous fîmes servir à dîner.

Le lendemain ou le soir même vinrent – comme ils venaient toujours – les excuses, les promesses, les mots d'amour et les caresses. Mais je commençais à éprouver une certaine lassitude devant ce perpétuel yoyo sentimental.

Il régnait, à Kings Castle, une atmosphère de catastrophe annoncée, un pressentiment funèbre qui empoisonnait peu à peu notre relation.

*

Des artistes prestigieux défilaient d'un bout à l'autre de la semaine dans la salle Camelot, Xavier Cugat, Diana Ross – qui s'empressait de perdre au jeu tous ses cachets –, Sergio Mendes et bien d'autres. Directrice artistique intérimaire, j'étais en passe d'occuper le poste à plein temps, Nate évitant soigneusement de me chercher un remplaçant.

Pour mieux m'enchaîner, il me confia la production d'une revue. Le piège était évident, mais comment refuser une telle proposition ? Une fois encore associée à Mitch, je me mis au travail avec enthousiasme. Plutôt que de faire appel à des noms célèbres, nous allâmes fouiner dans les bars et les boîtes de nuit excentrés de Los Angeles ou de San Francisco, essayant de détecter les amateurs ou les semi-professionnels qui seraient les vedettes de demain. Ce fut un travail excitant, plein de surprises, de coups de cœur et d'émotions inattendues. Après vingt-cinq ans de carrière, j'avais l'impression de redécouvrir ce métier et d'y puiser une énergie nouvelle.

Michel Fresnay dessina les huit cents costumes. Tous furent confectionnés à Paris, de même que les perruques. Je multipliai les allers-retours entre la France et les États-Unis pour en suivre l'exécution. Pour la chorégraphie, nous fîmes appel à Jamie Rogers, le Loco de la bande des Sharks dans *West Side Story*, celui qui avait joué à Broadway aux côtés de Sammy Davis Jr. dans *Golden Boy*. Il fit un travail superbe et *Love Inn* fut une revue d'avant-garde, à la fois raffinée et provocante que de nombreux professionnels, bravant la neige, vinrent applaudir. J'en suis encore très fière aujourd'hui.

Maman était revenue à Kings Castle et s'occupait des costumes au côté de Michel, j'étais en pleine effervescence et je dois dire très heureuse lorsqu'un coup de téléphone me plongea dans le désarroi.

Ma secrétaire à Paris, J…, travaillait depuis seize ans avec moi, ou plutôt avec nous, car en plus de s'occuper du volumineux courrier que je recevais chaque jour, d'organiser mes rendez-vous, de régler pour moi mille problèmes quotidiens, elle collaborait avec Loulou aux éditions et aux studios de la rue du Bois-de-Boulogne. C'est dire qu'elle vivait dans notre entourage immédiat et m'était devenue indispensable. Le problème, c'est qu'au fil des années, elle avait fini par se croire bien plus indispensable qu'elle ne l'était en réalité. S'assimilant à moi au point de considérer qu'elle connaissait mes intentions mieux que moi-même, elle avait tendance à parler et agir à ma place sans juger nécessaire de me consulter. Line pense, Line dit, Line a décidé que… Mon éloignement prolongé accentua ce travers et la persuada qu'en mon absence, elle gérait le royaume en toute souveraineté.

Un soir donc, à quelques jours de la première de *Love Inn* à Kings Castle, le téléphone sonna. C'était J… qui m'appelait de Paris. Elle était en pleurs.

« Line, Line, me dit-elle entre deux reniflements, c'est affreux ! Loulou est amoureux ! »

Ma première réaction fut d'en sourire. Mon Loulou amoureux ? Quelle blague…

« Je vous assure ! Demandez à Marcelle et Fernand ! Tous les jours il leur demande de couper des roses à La Jonchère !

– Et que fait-il de toutes ces roses ?

– Il va les porter à une fille !

– Quelle fille ?

– Je ne sais pas si j'ai le droit de vous le dire », minauda-t-elle.

Je m'énervai.

« Ne faites pas l'idiote ! Comment s'appelle-t-elle ?

– Bonita Super, finit-elle par lâcher.

– Bonita Super ?

– Elle est danseuse au Crazy Horse. Je ne connais pas son vrai nom. »

Je savais Loulou très proche d'Alain Bernardin. Il ne m'avait pas caché qu'il passait plusieurs soirs par semaine avenue George-V avant de rentrer à La Jonchère. L'affaire devenait sérieuse.

« Êtes-vous certaine de ce que vous avancez ?

– Certaine ! La preuve, vous savez comme Loulou redoute les microbes ? Eh bien il va tous les jours la voir à l'hôpital.

– Qu'est-ce qu'elle fiche à l'hôpital ? questionnai-je, effarée.

– Elle a une hépatite C ! »

Pour que Loulou accepte de se rendre dans un hôpital, pour qu'il affronte, de sa propre initiative, le risque de se trouver en contact avec une personne atteinte d'hépatite C, fût-ce la plus belle fille du monde, il fallait qu'il soit bien mordu.

Pourtant, je doutais encore. J… insista.

« Vous allez voir. Comme cette fille est malade, il ne va pas vouloir quitter Paris. Il ne sera pas là pour votre anniversaire. Il trouvera une excuse. »

Troublée, malheureuse, je passai une mauvaise nuit. Au matin, j'avais mon plan d'action en tête. J'appelai Loulou.

« Alors mon Loulou ? Mon anniversaire approche. J'ai hâte de te voir.

– Tu sais, me répondit-il, ça va être difficile.

– Pourquoi ?

– Le studio marche pas mal en ce moment. J'ai Cliff Richard qui vient enregistrer d'Angleterre, et d'autres groupes aussi. Je vais faire mon possible mais ça va être très dur. »

Il y eut un long silence. Au bout d'un instant, Loulou reprit :

« Ma poulette, dis-moi que tu ne m'en veux pas. Tu m'en veux pas trop, dis ?

– Écoute, Loulou, répondis-je, c'est pas difficile. On n'a pas loupé un seul anniversaire jusqu'à maintenant, ni l'un des tiens ni l'un des miens. Si tu n'es pas là pour mon anniversaire, il n'y en aura plus d'autre. »

Le 2 juillet 1971, pour mon quarante-troisième anniversaire, Loulou était là. Il arriva de justesse, le soir même, mais il était là.

Il tenait un paquet à la main et me le tendit.

« Tiens, ton cadeau. »

Je défis l'emballage. C'était un petit sac de plage en raphia. Il avait dû l'acheter cinq dollars à l'aéroport de Reno.

Je ne me dégonflai pas et descendis pour le dîner d'anniversaire, vêtue d'une très belle robe du soir rouge que m'avait faite Michel Fresnay, avec, suspendu au bras, le petit sac de plage à cinq dollars.

Nate m'avait offert un superbe saphir. Je le portais au doigt sans chercher à le dissimuler.

« Qu'est-ce que c'est, ça ? m'avait demandé Loulou.

– Un cadeau de Nate.

– Ben dis donc, il a les moyens ! »

Auparavant, dans notre suite, s'était déroulée une scène tragi-comique qui dit bien où nous en étions l'un vis-à-vis de l'autre à ce moment précis de notre vie : à la fois plus loin et plus proches que jamais.

Loulou avait retiré sa veste et l'avait posée sur le dossier d'une chaise. Nous étions en train de discuter, et soudain je lui dis en riant :

« Je parie que dans cette veste, il y a un portefeuille et, dans ce portefeuille, la photo d'une très jolie jeune femme blonde aux yeux bleus ! »

Il haussa les épaules.

« Qu'est-ce que tu racontes ?

– On parie ? »

Je me ruai vers la chaise et m'emparai de la veste. Il essaya de me barrer le passage, je lui échappai, nous nous mîmes à tourner autour de la table.

« Rends-moi ma veste ! » hurlait Loulou.

Tout en galopant, je fouillais ses poches pour en extraire le portefeuille.

« Mon portefeuille ! Tu n'as pas le droit ! » s'époumonait Loulou.

Pouf ! Je laissai tomber la veste, et courus m'enfermer dans les toilettes avec le portefeuille. Je l'ouvris. À l'intérieur, il y avait la photo d'une femme.

J'avais dit « jeune » ? Elle avait à peine vingt ans. J'avais dit « jolie » ? Elle était ravissante. J'avais dit – au hasard ou parce que j'en avais eu le pressentiment – « blonde aux yeux bleus » ? Elle était blonde, et elle avait les yeux bleus. C'était moi, telle que Loulou m'avait aperçue pour la première fois, en septembre 1945, aux éditions Micro, rue Washington.

Il tambourinait à la porte.

« Line ! Ouvre ! Rends-moi mon portefeuille ! »

J'étais tellement surprise par ma découverte que je mis un certain temps à lui répondre.

« Elle est très belle. Mais j'ai beau fouiller dans ton portefeuille, je ne trouve pas de photo de moi. Tu aurais quand même pu laisser la mienne ! fis-je.

– Puisque je te dis que c'est une copine !

– Allons, mon Loulou, on n'en est pas là ! C'est ma faute, tout ça. S'il y avait eu ma photo dans ton portefeuille, j'aurais laissé celle de cette fille, mais comme il n'y a pas la mienne, eh bien tu ne l'auras plus. »

Je déchirai la photo, la jetai dans la cuvette, tirai la chasse. Et comme il en restait un morceau, j'ai tiré la chasse deux fois.

*

Elle s'appelait Danièle Nègre. Alain Bernardin la découvrit en 1969 et la baptisa Bonita Super, comme il avait transformé Marie-Claude Jourdain en Lova Moor et d'autres en Bertha von Paraboum, Capsula Popo ou Lily Paramount. Je remarque même, en consultant un site consacré aux danseuses du Crazy sur Internet, qu'il affubla l'une d'elles du nom de Monika Ruhmkorff et j'y vois un hommage discret de Bernardin à son vieil ami Loulou, à moins que ce ne soit Loulou qui lui en ait soufflé l'idée.

Lova Moor, avec qui j'ai beaucoup parlé de cette époque, me dit que Bonita Super était déjà pensionnaire du Crazy Horse quand elle-même est entrée dans la troupe. Elle se souvient d'une très gentille fille, assez fragile, un peu naïve qui, m'assure-t-elle, avait une grande admiration pour moi. Loulou, selon elle, en était très amoureux. Il s'asseyait au troisième rang, face à la scène et soir après soir assistait à son numéro. Elle dansait nue sur une tournette, un boa dissimulant sommairement le strict nécessaire. Et la musique sur laquelle elle évoluait n'était autre qu'une composition de Loulou, intitulée « Sexxx », sur laquelle je dansais moi-même dans la revue *Plaisirs* au Casino de Paris, en 1959.

Loulou, habilement, réunissait ainsi sa femme et sa maîtresse dans une danse érotique, et par la même occasion, empochait des droits d'auteur.

Après le spectacle, il emmenait sa conquête à la Calavados, un restaurant de la rue Pierre-Charron, très bon, très sélect et très cher. Lova Moor et une ou deux autres danseuses les accompagnaient souvent. Loulou, elle s'en rappelle, et le détail me fait fondre de tendresse, apportait toujours sa propre bouteille de vin, tirée des réserves de La Jonchère. Il prétextait que tout était parfait dans ce restaurant excepté le vin qui n'était pas bon. En réalité, il rechignait à payer au prix fort un grand cru qu'il se procurait ailleurs à meilleur compte. Adorable Loulou, tellement radin et tellement charmeur qu'il était parvenu à convaincre le très snob Calavados de le laisser consommer la bouteille qu'il tirait subrepticement de son manteau, comme dans ces petits bistrots où, dans mon enfance, il était écrit : *Ici, on peut apporter son manger.*

Lova Moor se souvient aussi qu'à l'issue de la soirée, Loulou raccompagnait chez elle Bonita-Danièle. La laissait-il en bas de son immeuble, montait-il avec elle ? Ont-ils jamais couché ensemble ? Elle n'en sait rien. Moi non plus. Loulou ne m'a jamais fait de confidences à ce sujet, comme je ne lui ai jamais rien dit de la nature exacte de mes rapports avec Nate.

Dans le courant des années soixante-dix, Danièle Nègre se reconvertit dans le porno, alors en plein développement. Elle était trop âgée pour continuer à danser au Crazy Horse, qui d'ailleurs renouvelait régulièrement sa troupe. Elle fit également une brève apparition dans un *Maigret* pour la télévision. Puis on n'entendit plus parler d'elle. Passant un jour rue des Acacias, Lova Moor vit une femme d'une épouvantable saleté allongée sur le trottoir, qui gémissait et se tordait, en proie, semblait-il, à de violentes douleurs. Avec d'autres passants, elle vint à son secours et reconnut, horrifiée, Danièle Nègre – alias Bonita Super. Police Secours l'emporta.

Il semble qu'elle soit morte il y a trois ou quatre ans, d'un cancer du pancréas.

Lorsque je fus définitivement rentrée à Paris, fin 1972, Loulou m'emmena au Crazy Horse Saloon. Il m'avait dit : « Ça fera plaisir à Bernardin, à Lova, à tout le monde de te voir. » Il avait surtout besoin de me montrer celle dont il avait été passionnément amoureux durant quelques années, comme pour exorciser définitivement ces temps révolus.

Nous nous assîmes dans la salle pour assister au spectacle. Je lui recommandai : « Ne me dis rien. Je trouverai laquelle. »

Je n'avais vu la photo qu'un très bref instant et les filles du Crazy étaient toutes pareilles, même taille, mêmes formes, perruque blonde coupée au carré.

Je ne parlai pas tout de suite. J'observai. Au bout d'un instant, je dis :

« Je sais.

– Laquelle ? fit Loulou.

– À partir de la gauche, la troisième.

– Oui. C'est elle. Comment as-tu deviné ?

– C'est moi en plus jeune. »

Il me prit la main.

« Tu n'as pas besoin de dire ça. »

Le show terminé, nous allâmes en coulisses. Loulou me la présenta. Elle était charmante, intimidée, sans doute gênée. Et au lieu de lui dire :

« Vous allez mieux ? Votre hépatite C, c'est terminé ? »

Je lui dis : « Votre leucémie, c'est terminé ? »

Elle me répondit, l'air surprise, que ça allait beaucoup mieux, qu'elle était en passe d'être définitivement guérie.

« Tant mieux, lui dis-je. Parce que je vous trouve très jolie. »

En sortant, Loulou me dit :

« Tu as été vache, quand même.

– Pourquoi, Loulou ? Qu'est-ce que j'ai dit ?

– Elle n'a pas eu une leucémie.

– Je le sais bien qu'elle n'a pas eu une leucémie. Elle a eu une hépatite C.

– Oui, mais tu as dit "leucémie". »

Je ne m'en étais pas rendu compte. On dira que mon inconscient avait parlé à ma place ? Je laisse cette interrogation en suspens pour une analyse future. Et très hypothétique.

Chapitre seize

Une autre vie

Je n'ai pas assisté à la faillite de Kings Castle. Je n'ai pas vu les draps blancs recouvrant comme des linceuls les tables de jeu, les salons désertés, les cuisines ouvertes à tous les vents et, derrière les grilles refermées, Lady Godiva nue sur son cheval englouti par la neige. Nate m'en a fait le triste récit dans des lettres qui m'ont déchiré le cœur.

Les derniers mois ont été son chemin de croix. Devant les difficultés financières qui s'amoncelaient, Kings Castle avait bénéficié de la procédure connue aux États-Unis sous le nom de « Chapter 11 ». Cette disposition gelait provisoirement le remboursement des dettes, permettant aux entreprises menacées de poursuivre leur activité tout en cherchant de nouveaux investisseurs. Mais ce sursis fut de courte durée. Les Teamsters, constatant que les objectifs de profit n'étaient pas atteints, firent jouer la clause de retrait et personne ne vint les relayer.

Coup dur supplémentaire, Nate fut accusé de séquestration et brièvement emprisonné pour avoir retenu de force dans son bureau un employé qu'il avait surpris en flagrant délit de vol. À la suite de quoi une procédure fut ouverte par la Commission des jeux du Nevada en vue de lui retirer sa licence d'exploitation. Cette malheureuse affaire marqua la fin définitive de Kings Castle dont la faillite fut prononcée quelques mois plus tard.

Nate perdit cinq millions de dollars et ne parvint jamais, ni moralement ni en termes de crédibilité, à effacer les conséquences de cet échec cinglant.

*

J'avais quitté Kings Castle en novembre 1971 pour rentrer en France enregistrer un album de douze nouvelles chansons pour CBS.

Loulou était heureux. Il avait retrouvé « sa » Line, et renoué pour l'occasion, en tant que compositeur, avec ce style simple qui me convenait si bien – et qu'il avait lui-même inventé pour moi : une ligne mélodique claire, des refrains aisément mémorisables, des paroles sans prétention, qui parlent à tous. Il avait beaucoup travaillé et, dans le studio de la rue du Bois-de-Boulogne, je le voyais à travers la vitre, attentif, anxieux, guettant mes réactions. Tout de suite je me sentis à l'aise. J'éprouvai à chanter un plaisir depuis longtemps oublié. Je lui adressai un clin d'œil complice. Il me sourit, soulagé.

Nous enregistrâmes l'album avec une facilité déconcertante. Certes, la technique était devenue plus contraignante, mais, au fil des séances, je retrouvai un peu de l'insouciance de naguère, lorsque, entrés en studio à dix heures du matin, nous en ressortions à midi en ayant gravé quatre faces de 78 tours.

Parmi tous les nouveaux titres, il y avait une chanson très réussie écrite par Serge Lama sur une musique de Loulou : « Bye Bye ». Jacques Souplet, le président de CBS, y croyait beaucoup. Il décida de sortir, avant l'album, un 45 tours simple avec « Bye Bye » sur une face et, sur l'autre, « Ce refrain d'autrefois », une jolie mélodie de Loulou pour laquelle j'avais écrit moi-même des paroles. Le disque accrocha immédiatement, les radios passèrent « Bye Bye » à longueur de programme.

Souplet, très excité, me demanda de réfléchir à une émission de télévision qui marquerait le lancement de l'album. Ce fut « Line direct », dont le succès marqua mes retrouvailles avec le public français. Sorti dans la foulée, l'album se vendit à trois cent mille exemplaires. Après tout, ma carrière de chanteuse n'était peut-être pas définitivement enterrée…

Reconstituée, notre association avec Loulou fonctionnait de nouveau comme un moteur parfaitement réglé. Déjà, je songeais à une grande tournée française dont Loulou et moi prendrions entièrement en charge la production, ainsi que nous l'avions fait, avec l'aide de Johnny Stark, en 1949.

Le nom de la tournée était déjà trouvé : elle s'appellerait le *Line Renaud Las Vegas Show*.

Tandis que Loulou commençait à y travailler, je m'envolai pour Miami pour honorer un contrat signé un an plus tôt. Des producteurs, qui avaient vu et apprécié *Love Inn* à Kings Castle, m'avaient proposé de monter une revue au Play boy, un hôtel sur Collins Avenue qui disposait d'une très belle salle de neuf cents places. Je conçus, dans l'esprit qui avait fait le succès de mes spectacles précédents, un show entièrement nouveau que je baptisai *Fantasy of Love*. C'est Jerry Jackson qui fit les chorégraphies et Michel Fresnay les costumes – dont certains échappés de justesse à la débâcle de Kings Castle. Maman vint m'aider et nous affrontâmes ensemble les *unions*, ces terribles syndicats américains à côté desquels le syndicaliste CGT le plus endurci fait figure d'aimable chahuteur.

Contrainte de repartir quelques jours en France, maman m'avait promis de revenir avec Loulou pour passer les fêtes avec moi et assister à la première début janvier.

Leur arrivée était prévue peu avant minuit, le 29 décembre, par le vol 401 d'American Airlines. Vers vingt heures, Loulou me téléphona de New York.

« On a loupé la correspondance pour Miami. Nous prendrons le premier avion demain matin. »

À vingt-trois heures quarante-deux, le Lockheed d'American Airlines, vol 401 en provenance de New York – celui-là même qu'auraient dû emprunter maman et Loulou – s'écrasa au nord-ouest de Miami, dans les Everglades. L'accident, dû à une erreur de pilotage, fit cent une victimes.

*

La tournée du *Line Renaud Las Vegas Show* dura deux ans. Ce fut un très grand succès populaire. Je revois, sur le site de l'INA, une émission, « À bout portant », que Pierre Bouteiller me consacra, en mars 1975. Je chante et je danse devant des salles immenses, des gymnases, des halles, des entrepôts sommairement aménagés pour l'occasion. Les gens sont debout, ils reprennent au refrain, ils s'amusent, ils participent. C'est une fête que j'anime de bon cœur. J'y mets toute la sincérité et l'entrain dont je suis capable.

La troupe voyage en autocar, je suis assise à côté du chauffeur, je vois défiler la France en cinémascope. Au fond du car, une habilleuse vérifie les costumes rangés sur des portants. Quelqu'un l'aide, une dame avec des cheveux blancs. C'est maman. Larry, le chorégraphe, dort sur une couchette. Deux rangs devant, Loulou joue aux cartes avec les musiciens. C'est une tournée familiale, chaleureuse et paisible.

Tandis que le *Line Renaud Las Vegas Show* sillonnait la France, le Casino de Paris vivait des heures difficiles.

Le public désertait la salle, les grèves se succédaient, l'établissement était au bord de la faillite. Le Casino paraissait irrémédiablement voué aux pics des démolisseurs. Car il y a encore quarante ans, la préservation du patrimoine ne mobilisait pas grand monde. Qu'on se souvienne qu'un peu plus haut, place Clichy, le légendaire et sublime Gaumont-Palace avait été démoli sans état d'âme en 1973 et remplacé par un horrible complexe immobilier.

Loulou et moi nous désolions de cette situation. De nombreux amis nous pressaient : « Pourquoi ne reprenez-vous pas le Casino de Paris ? »

« Et si on tentait le coup ? » me dit Loulou, intrépide.

Pour une fois, je fis entendre la voix de la prudence. L'affaire était financièrement beaucoup trop lourde et je n'avais pas l'intention de pousser l'héroïsme jusqu'à risquer La Jonchère pour sauver le Casino. J'eus par contre l'idée de m'adresser à Jean Bauchet, le directeur du Moulin-Rouge, dont le tempérament audacieux allié à une solide fortune me laissait penser qu'il pourrait être tenté par l'aventure.

Il le fut en effet, mais posa une condition : Loulou et moi produirions entièrement le spectacle et ce serait moi et personne d'autre qui mènerais la revue.

C'est ainsi que je repris ma carrière interrompue de productrice, parcourant la Grande-Bretagne et les États-Unis pour sélectionner des danseuses et des boys, auditionner des groupes, repérer des attractions, flairer les tendances du moment, capter des idées nouvelles. Parallèlement, je dus reprendre les exercices à la barre, la musculation, les assouplissements, toute cette contraignante préparation physique qui seule permet d'affronter la scène. Et tout en répétant moi-même, je fis répéter la troupe.

Avec Loulou à la musique, Jerry Jackson et Claudette Walker aux chorégraphies, le magicien José-Luis Viñas aux costumes, Jean-Luc Simonini aux décors, nous avons monté, en cinq mois de travail forcené, *Paris-Line*, la revue dont je suis le plus fière et qui, de 1976 à 1980, fit salle comble tous les soirs.

Lorsque le rideau retomba pour la dernière fois, la salle nous applaudit debout pendant quarante minutes. Mes danseurs avait jonché le sol du plateau de pétales de roses, les machinistes, les électriciens faisaient pleuvoir des pétales depuis les cintres, tout le monde pleurait, il régnait une ambiance irréelle. À la fin, je me suis avancée et j'ai dit au public à peu près ceci :

« Ceci n'est pas un adieu, c'est un au revoir. Vingt ans de meneuse de revue, c'est un beau bail. J'ai d'autres cartes à jouer, je veux me laisser le temps de le faire. »

Puis nous avons fait la fête, nous avons bu beaucoup de champagne, nous avons encore pleuré, encore bu, et pleuré de plus belle.

Au petit matin, Loulou et moi avons regagné La Jonchère. Loulou conduisait, nous sommes restés muets pendant tout le trajet, en proie à une émotion indéfinissable, comme si nous étions conscients l'un et l'autre qu'un chapitre de notre vie venait de se clore.

Alors que nous étions dans la montée qui, longeant le bois de Saint-Cucufa, mène à la maison, Loulou, rompant le silence, m'a demandé :

« Alors, c'est quoi, tes cartes ? »

– Je ne sais pas encore. Prenons une année sabbatique. Une carte va me venir. »

Quelques semaines plus tard, nous avions rendez-vous dans les bureaux d'un copain de Loulou, Bernard Hilda, ancien chef d'orchestre devenu agent et organisateur de tournées.

Aussi peu douée pour les années sabbatiques que pour les vacances, je commençais à trouver le temps long et j'envisageais de partir chanter à l'étranger pour renouer avec le public international.

Bernard Hilda avait, dans son agence, un département cinéma et théâtre dont s'occupait Claude Briac. Il me le présenta.

« Vous aimeriez faire du théâtre ? me demanda Briac.

– Pourquoi pas », répondis-je.

Quarante-huit heures plus tard, un coursier m'apportait le manuscrit de *Folle Amanda*, une pièce à succès de Barillet et Grédy, créée par Jacqueline Maillan aux Bouffes Parisiens en 1971. Les tournées Herbert-Karsenty avaient décidé de la reprendre en province et Briac les avait convaincus de me confier le rôle-titre – que je reprendrai ensuite à Paris, au théâtre des Nouveautés.

Une carte m'était venue. J'étais devenue comédienne. Un nouveau métier, un nouvel apprentissage, un nouveau défi. Malgré les succès, malgré le soutien du public, les bonnes critiques, la reconnaissance de la profession, j'ai mis vingt ans à m'y sentir légitime. Maintenant seulement, j'ose dire – encore un peu timidement, toutefois : « Je suis comédienne. »

Comédienne. Un métier où l'on a le droit d'avoir son âge. Où le public, loin de se lasser parce qu'il vous a trop entendue et que la mode a changé, s'émerveille en vous voyant passer insensiblement d'un emploi à l'autre, mère, grand-mère, arrière-grand-mère au fil du temps.

Il doit bien y en avoir quelques-uns pour se dire : « Encore elle ? Vivement qu'elle débarrasse le plancher ! »

Que ceux-là se rassurent. Cela finira bien par se produire un jour ou l'autre.

*

Nate, après la fin malheureuse de Kings Castle, s'était installé à Miami où il avait acheté un appartement au Jockey Club. Miami a toujours été un lieu de résidence privilégié pour les retraités aisés. Malgré ses lourdes pertes, il disposait encore, à ce moment, de quelques moyens. Situation qui ne dura pas très longtemps. Nate acheva de perdre au jeu les débris de sa fortune et en fut réduit, sur la fin de son existence, à subsister grâce à une maigre allocation versée par l'État de Floride.

Il vivait désormais avec une jeune femme, Kitty, à qui il n'avait rien caché de l'amour qu'il avait pour moi. Il était entendu avec elle qu'il aurait le droit de me téléphoner autant qu'il le voudrait, et moi de l'appeler quand je le souhaiterais. C'est ainsi que, sans jamais nous rencontrer, nous avons entretenu, Kitty et moi, les meilleures relations téléphoniques.

« Bonjour, Kitty, pouvez-vous me passer Nate ?

– Bien sûr, Line. Je vais le chercher. »

Nate ne se résigna jamais à me perdre tout à fait. Je ne parvins jamais à rompre définitivement. En 1980 encore, alors que je séjournais aux États-Unis, je me souviens d'avoir dit à maman et à mes copains Virginie et Gérard qui tenaient le restaurant l'Orangerie où nous dinions : « Il faut que je retire cet homme de ma vie. Il faut que j'y arrive ! »

Je partis quinze jours à Acapulco avec une amie. Au retour, je demandai à maman : « As-tu eu des nouvelles de Nate ?

– Oui, me répond-elle. Il a appelé tous les jours.

– S'il rappelle, dis-lui que je suis toujours à Acapulco. »

Je n'étais pas encore guérie de cet homme. Si je lui parlais, c'était fichu. Il n'y avait pourtant plus aucune relation intime entre nous. Pourquoi le seul fait d'entendre sa voix me bouleversait à ce point ?

Il rappela encore et encore. Finalement, je le pris au téléphone.

« Pourquoi es-tu restée si longtemps à Acapulco ? me demanda-t-il.

– Parce que c'est très beau, là-bas.

– Tu sais que je suis seul. Ça ne peut pas continuer.

– Tu n'es pas seul, Nate. Tu as Kitty. C'est une fille formidable.

– Si tu voulais divorcer…

– Je ne divorcerai jamais, Nate. Tu le sais bien. »

*

Je me souviens, c'était, je pense, en 1986, durant les représentations de *The Incomparable Loulou*, adaptation anglaise de *Folle Amanda* à Miami, Nate me dit :

« S'il te plaît, donne-moi trois semaines de ta vie.

– Voyons, Nate, c'est impossible. Et puis d'abord pourquoi ces trois semaines ?

– Ne me pose pas de question. Je te le dirai après. »

Je suis incapable de dire pourquoi j'acceptai et encore moins capable d'expliquer comment je suis parvenue à dérober trois semaines à un emploi du temps surchargé. Nate a été ma part d'aventure et d'irrationnel.

Nous sommes partis à La Costa, dans le golfe du Mexique, nous disputant beaucoup, nous réconciliant autant de fois que nous nous étions disputés. Je précise que toute relation physique avait cessé entre nous depuis longtemps. Nate était à terre, il n'avait plus le moindre espoir de réaliser un jour les projets qu'il continuait pourtant à échafauder. Et malgré cela, il parvenait encore à me subjuguer comme il l'avait fait vingt ans plus tôt, dans cette chambre d'hôtel enfumée, au Dunes, la première fois que je l'avais vu.

Les trois semaines écoulées, je lui dis :

« Maintenant, Nate, je veux savoir. Pourquoi tu tenais tellement à passer trois semaines avec moi ?

– Parce que j'ai un cancer et que je n'ai aucune chance d'en réchapper », me répondit-il.

Je ne devais le revoir qu'une seule fois, quelques mois plus tard, à New York, où il était hospitalisé. Eddy, son fils, m'avait appelée à Paris pour me prévenir.

« Papa est à l'hôpital. Il est très malade. »

J'avais pris l'avion le lendemain matin.

Au Bellevue Hospital, sa chambre était plongée dans la pénombre. Il somnolait, très amaigri, méconnaissable. Je me suis approchée, il a ouvert les yeux, m'a reconnue. Des larmes ont perlé à ses paupières.

« *One more time* », a-t-il murmuré dans un souffle.

Nate mourut le 11 juillet 1987. Étrangement, cette date correspond à l'une des plus heureuses de la vie de Loulou. En effet, ce jour-là, la District Court de New York rendit son jugement : la chanson « Feelings », dont le compositeur brésilien Morris Albert revendiquait la paternité, était un plagiat de la chanson de Loulou, « Pour toi ». Après dix ans de procédure, en France et aux États-Unis, Loulou avait enfin récupéré « son bébé ».

Le soir, nous regagnâmes l'appartement que Daniel Varsano avait mis à notre disposition sur Park Avenue. Nous venions de déboucher une bouteille de champagne et nous apprêtions à lever nos verres quand le téléphone sonna. C'était Eddy Jacobson, le fils de Nate.

« Line, c'est Eddy. Papa vient de mourir. »

Je restai sans voix quelques secondes.

« Line, vous m'entendez ? s'inquiéta Eddy.

– Oui, je t'entends. Où es-tu, Eddy ?

– À Baltimore.

– Je te rappelle. »

Je raccrochai. Loulou me regardait fixement.

« Nate est mort, lui dis-je, retenant mes larmes à grand-peine. Donne-moi un peu de temps. »

Je suis allée dans la chambre, j'ai rappelé Eddy. Et j'ai pleuré. Puis je suis retournée dans la cuisine auprès de Loulou.

« La vie continue, Loulou. Pardonne-moi », lui ai-je dit en l'embrassant.

Il a haussé les épaules.

« De quoi veux-tu que je te pardonne ? Je ne t'en ai jamais voulu. »

*

En 1985, je me trouve à Los Angeles où je monte la production de *Folle Amanda* que je viens de faire adapter en langue anglaise par Ron Clark.

Le 19 septembre, au Bonaventure Hotel, l'American Foundation For Aids Research, que préside Elizabeth Taylor, organise un dîner de gala pour récolter des fonds en faveur de la lutte contre le sida. Cette manifestation, retransmise *coast to coast* par la télévision, prend le nom de « Commitment To Life » : Engagement pour la vie.

C'est un événement extraordinaire, le point de départ symbolique d'une puissante mobilisation pour enrayer la panique qui se développe face à la progression fulgurante de la maladie. Beaucoup, en Amérique où les ligues de vertus sont très influentes, voient dans le sida la juste punition infligée par Dieu aux homosexuels. Les pouvoirs publics, incapables de prendre la mesure du phénomène, restent étrangement passifs, les médias trouvent dans cette maladie matière à échos scandaleux. C'est ainsi que se répand le bruit selon lequel l'actrice Linda Evans, partenaire de Rock Hudson dans la série « Dynastie », refuse de l'embrasser depuis qu'il a publiquement révélé qu'il en était atteint. Certains journaux vont même jusqu'à prétendre qu'elle envisage de lui intenter un procès.

La soirée du Bonaventure Hotel m'impressionne autant qu'elle me touche. Les acteurs les plus prestigieux d'Hollywood ont apporté leur concours. Chacun intervient à sa manière : l'émotion, l'humour, l'indignation. Linda Evans vient en personne démentir la rumeur et dire toute son affection pour Rock Hudson. Un pasteur, très connu dans le monde des artistes, monte sur scène et proclame : « *I have aids !* » – « J'ai le sida ! » Shirley Mc Laine l'embrasse sur la bouche. « Je suis mère de famille, dit-elle. Vous pensez bien que s'il y avait le moindre risque, je n'agirais pas ainsi. »

Par peur de la contagion, nombreux sont en effet ceux qui refusent, ne serait-ce que d'approcher une personne atteinte du sida. On raconte que pour voyager, Rock Hudson, après son *coming out*, a dû louer à ses frais un avion privé, toutes les compagnies aériennes refusant de le transporter.

À la fin du gala, Burt Lancaster lit un message que Rock a adressé aux participants.

« Je ne suis pas heureux d'être malade, mais si cela peut aider les autres, je sais au moins que mon malheur a quelques effets positifs. »

À peine rentrée en France, j'apprends la mort de Rock Hudson, le 2 octobre, chez lui, à Beverly Hills.

William Leymergie m'appelle.

« Line, nous avons su par *France-Soir* que vous étiez présente à la soirée organisée par Elizabeth Taylor à Los Angeles. Nous sommes très mal renseignés sur le sida, en France. Voulez-vous venir nous en parler au journal de 13 heures ? »

J'accepte. Je raconte ce qui se passe aux États-Unis, la psychose qui gagne, l'inertie des gouvernants, les malades traités comme des parias, les enfants hémophiles séropositifs chassés des écoles, les restaurants tenus par des homosexuels boycottés.

Je dis qu'en France, le même phénomène risque de se produire. Pourtant c'est ici, à l'Institut Pasteur, qu'en janvier 1983, le professeur Luc Montagnier, Françoise Barré-Sinoussi et Jean-Claude Chermann ont isolé le virus du sida. Mais les chercheurs manquent de moyens, les fonds publics sont insuffisants et parviennent au compte-goutte. Faire appel à la générosité de tous est indispensable. Pour alerter l'opinion, comme aux États-Unis, les artistes, s'ils se mobilisent, peuvent jouer un rôle essentiel.

« Pourquoi ne prenez-vous pas l'initiative de ce mouvement ? me demande alors le journaliste.

– William, je ne peux pas. Je commence le 19 décembre les répétitions de *Folle Amanda* à Miami, j'ai deux mois pour apprendre mon texte en anglais, c'est impossible. »

De retour rue du Bois-de-Boulogne, ma mère m'annonce que le téléphone n'a pas arrêté de sonner. Dalida, Nana Mouskouri, Raymond Devos, Thierry Le Luron, Michel Leeb, Catherine Lara, bien d'autres ont appelé. Tous disent la même chose : « Line, on te suit ! » Je les rappelle : « Je ne peux pas m'en occuper. Mais faites-le, vous, organisez un gala. Je vous soutiendrai. »

Vers 16 heures, le téléphone sonne à nouveau. C'est le secrétaire général de l'Institut Pasteur, M. Fretel. Lui aussi a suivi mon intervention au journal.

« Si vous pouvez agir, je vous en prie, madame Line Renaud, agissez », me dit-il.

Il m'explique que l'Institut ne dispose même pas d'une centrifugeuse, cent fois réclamée, cent fois promise, jamais livrée.

C'est un appel au secours, exprimé avec beaucoup de dignité. Lorsque je raccroche, ma décision est prise. Tant pis, pour mon texte, je me débrouillerai pour l'apprendre, d'une façon ou d'une autre.

Je rappelle tous mes amis.

« On fonce. Le gala aura lieu fin octobre. Je ne sais pas encore où, je ne sais pas comment, mais on y arrivera. »

D'abord, créer une association, sans laquelle je ne peux rien faire. Je consulte Jacques Chirac qui m'oriente vers un conseiller-maître à la Cour des comptes pour la constituer. Sur sa recommandation, je rencontre M. Michardière. Il m'écoute attentivement.

« Je vais vous aider, me dit-il après une courte réflexion. En tant que père et grand-père, je me sens concerné par le sida. »

À titre privé et strictement bénévole, il accepte de constituer et de gérer l'Association des artistes contre le sida, créée au départ dans le seul but de collecter les dons que nous espérons recueillir grâce à ce gala.

Jean Michardière est resté dix ans à mes côtés et l'association a poursuivi son action jusqu'en 1994, date à laquelle nous avons fondé avec Pierre Bergé Ensemble contre le sida, devenu Sidaction.

Ces problèmes administratifs réglés, je me mets en quête d'une salle. On me demande partout des sommes folles, j'essuie refus sur refus. J'ai beau expliquer le sens de notre action, personne ne m'écoute. Finalement, Jean Kriegel met généreusement le Paradis Latin à notre disposition et prend en charge les huit cents repas qui seront servis ce soir-là. Philippine de Rothschild offre les vins, d'autres le champagne. Pour le programme, dont la vente doit contribuer aux bénéfices de la soirée, je compte sur les agences de publicité. Espoir déçu. Le mot sida les fait fuire. Je prends les pages jaunes et téléphone moi-même aux annonceurs potentiels. Je ne sais pourquoi, mon premier appel est pour la Maison de la Truffe, place de la Madeleine. Le directeur achète un quart de page. Ce premier succès me donne du courage. Tous les emplacements sont vendus en quarante-huit heures.

Organisé en un temps record, le gala a lieu le 25 octobre 1985. Bien qu'elle souffre terriblement du dos, Elizabeth Taylor promet à sa grande amie Marie-Hélène de Rothschild qu'elle fera le voyage depuis les États-Unis.

« Line ne sait pas à quoi elle s'attaque, a-t-elle dit. Je viens l'aider. »

Je ne peux citer le nom de toutes les personnalités présentes dans la salle. Nous récoltons un million de francs de l'époque. C'est à la fois beaucoup d'argent, et bien trop peu. Mais le mur du silence a été brisé, une force nouvelle a émergé, la lutte contre le sida est devenue en l'espace d'une soirée une grande cause nationale.

Le manuscrit de *The Incomparable Loulou* m'attend sagement à La Jonchère. Je n'ai pas appris une ligne du texte. Pourtant, même si le temps me manque, je sais que je dois faire plus avant de quitter la France pour quelques mois.

Soudain, j'ai une idée. Pierre Bellemare anime sur FR 3 une émission intitulée « Au nom de l'amour ». Je téléphone à Pierre et lui demande d'en consacrer une au sida avant mon départ pour les États-Unis. Il accepte de chambouler un programme établi de longue date.

L'émission est diffusée le 11 décembre 1985. On peut la visionner sur le site de l'INA. Elle est précise, documentée, un peu austère, souvent émouvante. Pour la première fois, la réalité du sida apparaît crûment, grâce aux explications des médecins présents sur le plateau et aux témoignages, souvent bouleversants, des malades. Jean-Paul Rouland, dans son style inimitable, incite les téléspectateurs à appeler le standard SVP pour faire part de leur promesse de don. C'est l'ancêtre du Sidaction. Il faudra attendre neuf ans, 1994, pour parvenir à organiser de nouveau un tel événement en réunissant les six grandes chaînes de télévision autour d'un programme unique pendant sept heures.

Lorsque je m'envole pour les États-Unis, le 15 décembre 1985, c'est dix millions de francs que nous avons recueillis, et les dons continuent d'affluer. Je ne connais que le premier acte de ma pièce, mais j'ai le sentiment d'avoir fait tout ce qui était en mon pouvoir pour populariser cette cause devenue mienne.

Je m'empresse d'ajouter que d'autres que moi, avant moi, avec courage et désintéressement, avaient enclenché le mouvement. Je pense en particulier à l'association AIDES, présidée par Daniel Defert, puis par Arnaud Marty-Lavauzelle, qui s'était constituée dès 1984 pour aider psychologiquement les malades. Je pense aussi naturellement à l'action, à la tête de l'Arcat, de l'indispensable Pierre Bergé, un homme que j'aime et que je respecte. Je pense aux médecins, aux savants, aux bénévoles, à toutes ces générosités, à toutes ces initiatives qui ont permis, au fil des années, d'aider la recherche et d'améliorer les conditions de vie des personnes atteintes du sida. Et je pense avant tout aux malades, en France, en Afrique, partout dans le monde.

Le sida n'est pas vaincu, il progresse. Nous ne sommes pas des anciens combattants qui nous accrochons à une guerre passée. Nous nous battons pour l'avenir.

*

Au début de l'année 1986, après les représentations de *The Incomparable Loulou* à Miami, je me repose dans ma maison de Las Vegas. Un matin, le téléphone sonne. C'est Thierry Le Luron.

« Line, me dit-il, je vais te faire beaucoup de peine. J'ai le sida. Tu ne t'en doutais pas, et aussi étrange que ça puisse te paraître, je ne m'en doutais pas non plus. »

Je suis atterrée. Que dire ? À cette époque où il n'existe pas de traitement contre le sida, toute parole de réconfort ressemble à une oraison funèbre.

Un médicament, l'AZT, suscite pourtant quelque espoir parmi les chercheurs et les malades. Mis au point trente ans plus tôt contre le cancer, on pense qu'il peut éventuellement retarder sinon stopper la propagation du virus.

Thierry m'explique qu'il fait tout pour être admis comme cobaye à Bethesda, dans le Maryland, où un programme d'expérimentation est en cours. Mais les places disponibles sont peu nombreuses et il est très difficile d'y accéder.

« Jacques Chirac a appelé le président Reagan. Il va essayer d'intervenir auprès de Bethesda. Mais si par hasard ça ne marchait pas, est-ce que tu peux m'aider à trouver un autre programme aux États-Unis ? »

Sitôt après avoir raccroché, je téléphone à Elizabeth Taylor et lui explique la situation. Elle me met en rapport avec un médecin, Matilda Grimm, qui pilote un programme équivalent à Philadelphie. Elle accepte d'inscrire Thierry comme cobaye.

Entre-temps, l'intervention de Ronald Reagan s'est révélée efficace et Thierry est finalement admis à Bethesda.

Je me rends compte, à distance, de ce que peut avoir de choquant le fait que le président des États-Unis et le maire de Paris décrochent leur téléphone pour faire bénéficier Thierry Le Luron d'un traitement dont Dupond ou Durand seront privés. Comment l'éviter, lorsque les places sont si rares et les chances de réussite si hasardeuses ?

Mais le plus choquant sans doute, c'est que sur vingt cobayes, dix sont réellement traités et les dix autres reçoivent un placebo. Inutile de préciser que Thierry fait partie du premier groupe…

Cachant qu'il est atteint du terrible virus – de même qu'il dissimule son homosexualité, pour ne pas peiner sa mère et sa grand-mère –, et se sachant traqué par la presse people, Thierry dit à tout le monde en France qu'il séjourne chez moi à Las Vegas. Pour se reposer, faire le vide et préparer tranquillement son nouveau show. Pendant des semaines, je suis assaillie de coups de téléphone de la part des journalistes.

« Est-ce que Thierry est chez vous ?

– Vous tombez mal. Il vient de partir dans le Colorado. Rappelez dans une semaine. »

Une semaine plus tard :

« Thierry est rentré ?

– Oui, mais il est reparti visiter les chutes du Niagara. »

Chaque soir, à dix-neuf heures dans le Maryland, Thierry m'appelle. Il est seize heures chez moi à Vegas.

Un jour il va bien, le traitement agit, il se sent revivre, il travaille avec enthousiasme à son nouveau spectacle.

« Je suis en pleine forme ! Écoute un peu ce que je vais raconter sur Mourousi… »

Yves Mourousi, l'animateur-vedette de la télévision. Sa bête noire. La seule idée des vacheries qu'il lui réserve vaut tous les traitements.

Mais le lendemain, sa voix est à peine perceptible :

« J'en peux plus, Line. Je vais crever. »

Finalement, au mois de mai, dernier coup de téléphone.

« Line, ça y est. Je suis guéri. Je rentre à Paris.

– Moi aussi, Thierry, je rentre.

– Passe par New York, nous voyagerons ensemble. »

Je change mon billet et m'envole pour New York.

Nous nous sommes donné rendez-vous pour dîner au Bernardin. J'entre dans le restaurant, le maître d'hôtel me conduit vers la table où m'attend Thierry, arrivé avant moi. De loin, je l'aperçois, serré dans un pardessus en cachemire bleu dont le col est relevé tant il a froid. Il a le visage de la mort, le teint cireux, les pommettes saillantes, la peau collée sur les dents, les yeux enfoncés dans leur orbite. Je m'assois, il me serre dans ses bras. Il pleure.

« Je vais m'en sortir, Line. Je vais leur montrer que je ne suis pas malade.

– Bien sûr, Thierry. Avec ce traitement AZT, tu as toutes les chances de t'en sortir. »

Mensonge. Je sais par le Dr Willy Rozenbaum que le traitement est inopérant. Mais comment le détromper ? J'éprouve un véritable amour pour ce garçon qui pendant des années a fait rire la France entière à mes dépens. Il est pour moi comme un jeune frère insupportable et délicieux.

Déjà il enchaîne, passant des larmes à la plus folle excitation.

« Je rentre en France, je me remets au sport. Je veux être en pleine forme pour mon spectacle au Palais des Congrès. Si tu savais ce que je balance sur Mourousi ! »

Mourousi encore, Mourousi toujours, commode punching-ball.

Deux jours après ce dîner, nous rentrons en France. Thierry trouve la force, Dieu sait au prix de quels efforts, de multiplier les apparitions publiques, d'accepter interviews et photos, espérant faire taire la rumeur.

Le 19 juin, Coluche meurt dans un accident de moto, près de Cannes. La cérémonie funéraire, célébrée par l'abbé Pierre, a lieu à Montrouge quelques jours plus tard.

Thierry m'appelle.

« Tu vas à l'enterrement de Coluche ?

– Oui.

– On va y aller ensemble, je viens te chercher. »

Deux heures plus tard, le téléphone sonne à nouveau.

« Je suis au coin de la rue. Descends. »

Une voiture de grand luxe, bleue et noire, est garée à l'angle de la rue du Bois-de-Boulogne et de la rue Le Sueur. Le chauffeur m'ouvre la portière. J'aperçois Thierry, à demi renversé sur les coussins, le teint livide.

« Tu sais, c'est pas une bonne idée, Line, il ne faut pas que j'arrive avec toi parce qu'il y a toutes ces rumeurs qui disent que j'ai le sida. Si je me présente avec toi qui t'occupes du sida, c'est une confirmation.

– Tu as raison, Thierry. Vas-y de ton côté, j'irai du mien. Et si tu veux, on ne s'assiéra pas à côté l'un de l'autre. »

Il occupe désormais une suite au Crillon, en attendant, dit-il, que soit aménagé l'appartement qu'il vient d'acquérir rue du Cherche-Midi. Il me téléphone souvent, tantôt surexcité, tantôt au désespoir.

Un jour, je reçois une lettre de lui, magnifiquement bien écrite.

Je n'ai plus la force de te parler, à partir de maintenant on va s'écrire. Et s'il te plaît ne demande pas à me voir et ne viens pas me voir.

*

À l'époque dont je viens de parler, Loulou, qui approche de ses quatre-vingts ans, est un homme fatigué. De santé fragile, il ne s'est jamais complètement remis de l'opération de l'aorte qui a failli l'emporter cinq ans plus tôt et dont il plaisante :

« C'est incroyable, j'ai seize centimètres de dacron à la place de l'aorte ! Avec ça, j'en ai pour un bon bout de temps ! »

Pourtant cette opération est loin d'avoir été une plaisanterie et, aujourd'hui encore, je n'y pense pas sans trembler.

Octobre 1982. Loulou n'est pas en forme. Il marche un peu courbé, il se plaint de douleurs dans le dos. Un lumbago rebelle, croit-il. Pourtant je ne m'inquiète pas trop. Je connais sa propension à geindre, et lui-même s'en moque volontiers.

Je joue *Folle Amanda* au Théâtre des Nouveautés. Profitant d'un jour de relâche, Bernard Hilda m'entraîne à Barcelone où il tient à me montrer une attraction qui, selon lui, pourrait convenir au Paradis Latin dont je suis la marraine. Nous passons une nuit là-bas, rentrons le lendemain matin. Loulou nous attend à l'aéroport.

Chaque fois qu'il vient me chercher au retour d'un voyage, que mon absence ait duré une journée ou deux semaines, Loulou tient à être impeccable : costume de Cifonelli, cravate Marinella, coupe de cheveux irréprochable. Comme s'il redoutait que je puisse soudain penser : « Qu'est-ce que je fais avec ce vieux bonhomme ? »

Ce jour-là, du plus loin que je l'aperçois, je sais que quelque chose ne va pas. Il semble flotter dans son costume, il a les traits pincés, il marche de plus en plus difficilement. Il n'a même pas la force de prendre le sac de voyage que je tiens à la main.

« J'ai vu un kiné, me dit-il. Mais ça n'a pas servi à grand-chose. »

Je m'alarme.

« Loulou, voyons, tu ne peux pas rester comme ça. »

Je dois déjeuner avec un producteur de télévision. Loulou me promet de prendre rendez-vous l'après-midi même avec un jeune médecin de Vaucresson en qui j'ai toute confiance, le docteur Patrick Bertrand.

Après mon déjeuner, je rentre vite à La Jonchère. Le téléphone sonne. C'est Loulou. Il est chez le Dr Bertrand.

« Ne t'inquiète absolument pas, Patrick veut que j'aille à l'hôpital Saint-Joseph pour faire des examens complémentaires, mais c'est pas grave du tout. Je vais repasser à La Jonchère pour prendre un pyjama… »

J'entends, en arrière-plan, la voix de Patrick Bertrand qui l'interrompt :

« Non, Loulou. J'appelle un taxi, vous filez directement à Saint-Joseph !

– Bon, alors, si tu peux m'apporter un pyjama et une brosse à dents… », conclut Loulou avant de raccrocher.

Je rassemble quelques affaires, saute dans ma voiture, fonce vers l'hôpital. Arrivée dans le hall, je me renseigne. On me dit que Loulou se trouve en cardiologie, au quatrième étage.

En cardiologie ? Ah, mon Dieu !

Avez-vous remarqué que les ascenseurs sont toujours très longs à venir dans les hôpitaux ? Celui-là n'en finit plus de grincer, couiner, soupirer, bringuebaler, et de parcourir les étages, du septième niveau au troisième sous-sol sans jamais faire escale au rez-de-chaussée.

Soudain, j'entends crier. En un éclair, je pense : « C'est la voix de Loulou ! »

Oubliant l'ascenseur, je me rue dans les escaliers. Arrivée au quatrième, je vois Loulou au beau milieu du hall, entouré d'un essaim de bonnes sœurs.

« C'est rien ! Ne t'affole pas ! C'est un bon hôpital ! » me dit-il entre deux hurlements.

Loulou a une confiance aveugle en la science. Les médecins lui inspirent un immense respect et leur verdict est parole d'Évangile.

Des hommes en blouse blanche arrivent. Je les compte, ils sont huit. Le chirurgien, les assistants du chirurgien, les assistants des assistants. Ils emmènent Loulou. J'agrippe le chirurgien par la manche et parviens à lui arracher quelques bribes d'information.

Les examens ont révélé une fissure de l'aorte. Il faut l'opérer de toute urgence.

Je m'accroche à lui, suppliante :

« Docteur, s'il vous plaît, vous allez me le rendre ?

– Madame, il y a une chance sur deux. »

J'accompagne le cortège jusqu'à la salle d'opération. Loulou souffre atrocement. Il trouve tout de même la force de m'adresser un sourire avant de pénétrer dans la pièce. La porte se referme.

« Allez vous asseoir, me disent les bonnes sœurs. Ça va être long. »

Je ne veux pas m'asseoir. Je reste là, debout, croisant les doigts. Une heure, deux heures se passent. Périodiquement, une sœur vient me voir.

« Allez vous reposer. Ça ne sert à rien de rester debout. »

Je refuse.

Il est minuit passé. Les couloirs sont déserts. Tout est silencieux. On m'apporte un verre d'eau. Je bois avidement. Soudain, je me sens flageoler sur mes jambes. Les bonnes sœurs ont-elles mis un somnifère dans mon verre ? À moins que l'épuisement n'ait eu raison de moi. Je me laisse entraîner vers une petite chambre où on m'étend sur un lit. À peine allongée, je m'endors.

Le lendemain matin, on vient me réveiller.

« Ça y est, l'opération est terminée. Tout s'est bien passé. »

Je me rends compte que mes doigts sont restés croisés pendant mon sommeil. Impossible de les déplier tant ils sont crispés.

L'opération a duré près de sept heures, dans la nuit du 27 au 28 octobre 1982. Un monsieur – un Corse, je m'en souviens – avait cédé son tour à Loulou, permettant qu'il soit sauvé. Son cas, paraît-il, était un peu moins urgent. Ils ont correspondu pendant des années.

Je n'ai jamais douté de mon amour pour Loulou. Mais si c'était nécessaire, les heures passées à la porte de cette salle d'opération m'en ont donné la preuve irréfutable.

Je ne pouvais imaginer le perdre. C'était tout simplement inacceptable.

Il faut donner plusieurs chances à son couple, savoir le réinventer, accepter de le reconstruire sur des bases différentes au fur et à mesure que l'âge nous modifie.

Les douze années qui ont suivi ont été les plus belles de notre vie. J'avais été son unique enfant, il est devenu le mien. Je ne l'ai pas infantilisé pour autant, je n'ai en rien restreint sa liberté, j'ai pris soin jusqu'au bout de le laisser maître de sa vie et de ses décisions. J'ai profité de chaque seconde, je n'en ai pas perdu une seule, je n'ai jamais vécu comme une charge ou une entrave les petits désagréments qui naissent du grand âge. Non seulement je les ai acceptés, mais j'ai considéré comme un privilège de pouvoir lui rendre un peu – trop peu – de ce qu'il m'avait donné. Nul dévouement, nulle idée de sacrifice n'a perverti notre relation.

Dans une interview, l'une des dernières, que je ne peux regarder sans pleurer, il dit, parlant de moi :

« Vous savez comment je l'appelle ? Je l'appelle *Don du Ciel* ! »

Je le vois, assis à côté de moi, avec son pull à col roulé et son gilet beige assorti et je retrouve le grand jeune homme que j'avais pris pour le fils de Loulou Gasté lors de notre première rencontre.

Si j'ai été son don du ciel, il a été le mien. Dix-sept ans après sa disparition, il est encore présent à mes côtés à chaque minute de ma vie.

Loulou souffre d'un cancer des os. Plusieurs fois par semaine, il subit une séance de rayons à La Celle-Saint-Cloud. On lui dit qu'il est soigné pour une arthrose.

« Tout ça, c'est ma faute, explique-t-il. Quand je jouais dans l'orchestre de Ray Ventura, je m'étais inventé une position pour jouer de la guitare, penché comme ça, un peu de traviole. Je trouvais que ça faisait américain. Total, je me suis démoli l'épaule. »

Il joue le jeu, mais je sais qu'il n'est pas dupe.

« Ceux qui vont mourir te saluent ! » plaisante-t-il lorsque le Dr Patrick Bertrand, merveilleux de tact et de dévouement, vient l'examiner à La Jonchère.

Et une autre fois, alors qu'il ne quitte plus le lit :

« Alors, Patrick, c'est ça, mourir ? »

Petites phrases qui lui échappent, ou qu'il prononce à dessein pour nous prouver qu'il reste lucide.

Le reste du temps, il se conforme strictement à la thèse officielle.

« Rassure-toi ma chérie. On ne meurt pas d'arthrose ! » répète-t-il.

Le 31 décembre 1994, je suis dans le salon avec maman, à La Jonchère, vers vingt heures trente. C'est l'heure où les deux infirmiers, Jacqueline et Amar, se relaient au chevet de Loulou. C'est également le moment où M. Gilleron vient lui faire sa piqûre pour éviter une phlébite. Je vois les phares d'une voiture éclairer les arbres, je pense : « Tiens, M. Gilleron est un peu en avance aujourd'hui. »

Et d'un seul coup, je vois rentrer Jacques et Bernadette Chirac. Je m'exclame : « Mon Dieu, mais qu'est-ce que vous faites là ?

– Nous sommes venus embrasser Loulou », répondent-ils.

C'est une très mauvaise période pour lui. Il a annoncé sa candidature à la présidence de la République et tous les sondages le donnent largement perdant face au favori, Edouard Balladur. Pourtant, au milieu de ses préoccupations, il a trouvé le temps et la disponibilité d'esprit pour rendre visite à Loulou.

Je lui dis : « Loulou a toute sa tête, mais il refuse absolument l'idée de la mort. Essaie de lui parler. J'aimerais tellement qu'il me donne des conseils pour après, qu'il me dise ce que je dois faire. »

Nous montons dans la chambre de Loulou qui, bien que très affaibli, reconnaît Jacques et Bernadette et semble heureux de les voir. Au bout d'un instant, nous échangeons un signe avec Bernadette et sortons de la pièce, laissant les deux hommes en tête à tête.

Un peu plus tard, Jacques redescend. Je le questionne, impatiente.

« Alors ? Il t'a dit quelque chose ?

– Non, rien, répond Chirac. Il ne parle pas de la mort. »

Jacques et Bernadette s'en vont. Peu avant minuit, je monte retrouver Loulou avec une bouteille de champagne. Il ne peut pratiquement plus rien avaler, mais je lui mets tout de même une petite goutte de champagne dans son verre.

« On est quel jour ? me demande-t-il.

– On est encore le 31 décembre. Et maintenant, ça y est, nous sommes le 1er janvier !

– Tu vois, dit-il, je n'aurais jamais cru passer la nouvelle année. »

Il boit sa petite gorgée de champagne, puis soudain m'interroge : « Mais quel âge j'ai ? »

Et moi qui sais que son chiffre porte-bonheur est le huit, au lieu de lui dire qu'il aura quatre-vingt-sept ans le 18 mars prochain, je lui réponds : « Dans deux mois, tu rentreras dans ta quatre-vingt-dix-huitième année. »

Il me regarde, un éclair de malice – ou qui sait, de fierté – passe dans ses yeux.

« Beau parcours ! » conclut-il.

Dans les premiers jours de janvier, son état empire rapidement. Le 8, il entre dans le coma.

Nous sommes dans la chambre, Jacqueline, Amar et moi.

Je m'allonge près de lui, à sa droite. Je prends sa main, je pose ma tête sur son épaule. Les deux infirmiers sont au pied du lit. Je me mets à chanter. Comme il aime, tout doucement.

« Sur le souffle. À la Peggy Lee ! » me disait-il.

Je m'applique à bien respecter le rythme. Car même quand je chantonnais, en voiture ou en coupant des fleurs dans le jardin, il exigeait toujours que je marque le rythme, qu'il s'agisse de l'une de ses chansons ou d'une chanson écrite par un autre. Par politesse envers le compositeur.

J'approche ma bouche tout près de son oreille.

Nous deux
Nous deux, l'un contre l'autre
Nous deux
Sans s'occuper des autres...

Et là, je sens son pouce se mettre à battre contre la paume de ma main qu'il tient serrée. Il m'entend ! Il bat la mesure ! Du fond de son coma, il est de nouveau le professeur qu'il a toujours été pour moi, comme lorsqu'il s'emportait, rue Ruhmkorff :

« Le contretemps ! La syncope ! Le phrasé ! »

Mais il est devenu un professeur très doux, un professeur content de son élève. Et j'enchaîne avec les chansons qu'il préfère, parmi les mille cent qu'il a écrites.

Un reflet
De soleil dans tes cheveux dorés
Danse sur ta jolie peau bronzée
Sur la plage où tendrement naissait
Un amour d'été…

Ou bien :

La fête se prépare
Écoute les guitares
C'est le bal
Le bal aux Baléares…

L'infirmière, prise au jeu, fait : « La la li, la la la… »

Loulou ouvre les yeux et les pose un instant sur la jeune femme. L'air de dire : « Mais comment connaît-elle cette chanson-là, à son âge ? »

Soudain, je ne sais quelle inspiration me vient, je chante :

La sera sei con me
Sei tutto soltanto per me…

Ce sont les paroles italiennes du « Soir », sa plus belle chanson, notre chanson, qui me sont brusquement revenues en mémoire. Pour lui, pour Loulou, l'Italien du Piémont. Où étaient-elles cachées dans ma tête ? Je n'ai pas chanté en italien depuis trente ans !

À ce moment, la porte de la chambre s'ouvre. C'est M. Gilleron qui vient pour la piqûre du soir.

Il s'approche du lit, se penche, prend sa joue, la pince entre le pouce et l'index. Puis se tournant vers moi :

« Il est mort », me dit-il.

Ni brutal ni indifférent. Professionnel.

Je me dresse et soudain je hurle :

« Loulou ! Loulou ! Regarde ta maman ! Elle t'attend ! Elle te tend les bras ! Elle a tout plein de mimosa pour toi ! Et regarde les champs de lavande que tu vas traverser ! »

Les infirmiers me fixent, inquiets. Ils me croient folle. Tant pis, je continue.

« Loulou, ta maman est là, Anne-Élisabeth ! Regarde comme elle est belle ! Elle te sourit ! »

Car Loulou adorait sa mère. Le mimosa et la lavande lui rappelaient son enfance à Antibes.

Je crie, je crie, je crie.

« Loulou, si tu m'entends, envoie-moi un signe ! »

Les infirmiers, Jacqueline, Amar et M. Gilleron tournent leur regard vers Loulou. Ils entendent, et j'entends distinctement au même instant, un « Oui », comme un souffle léger.

Cette fois, Loulou est parti, avec sa mère, le mimosa et la lavande.

Et moi, je continue à crier de toutes mes forces au pied de son lit.

Pour qu'il ne soit pas seul en franchissant ce passage étroit et difficile qui conduit à la mort, et qu'il m'attende de l'autre côté, confiant.

Table

Première partie
PONT-DE-NIEPPE

Deuxième partie
L'AMÉRIQUE

Crédits photographiques

Page 153 : © Sam Levin
Page 155, 156, 157, 158, 159 et 162 : Collection Line Renaud
Page 161 : © J. Delmas, Argence
Page 163 : Collection Line Renaud, © Rue des Archives / AGIP
Page 165 : Ambassador Hotel © Irving L. Antler
Page 166, 167 : © Era photos Beverly Hills
Page 168 : © Bob Henriques / Jours de France, novembre 1958
Page 169 : Ambassador Hotel © Irving L. Antler, © Georges Silk / Time & Life pictures / Getty Images
Page 170 : © M. S. Berton, Paris
Page 171, 172 : Collection Christophe L, © ECPAD, France, © CINEAR

Page 311 : © Sandra Lichtenfelf / Dunes, Las Vegas
Page 313 : Collection Line Renaud
Page 314, 315 : © Brenot, © Claude Azoulay / Scoop / *Paris Match*, Collection Line Renaud
Page 316, 317 : Collection Line Renaud, © Fiebig, © *France Soir*
Page 319 : *Las Vegas Sun*, 29 août 1968
Page 320 : *Las Vegas News*, Collection Line Renaud
Page 321 : Collection Line Renaud
Page 322 : © David Lefranc / Gamma-Rapho, © Kings Castle, Collection Line Renaud
Page 323 : Collection Line Renaud
Page 325 : © Christian Denis

CRÉDITS PHOTOGRAPHIQUES

Page 326 : Collection Line Renaud, © Philippe Joureau
Page 327 : © Francis Apesteguy, © Rick Maiman / Sygma / Corbis
Page 328 : © James Andanson / Sygma / Corbis, Arena Films, © Isabelle Weingarten
Page 329 : © Media Press Patrick Davy
Page 330 : © Max Colin / Eliot Press

RÉALISATION : NORD COMPO MULTIMÉDIA À VILLENEUVE-D'ASCQ
IMPRESSION : CPI BRODARD ET TAUPIN À LA FLÈCHE
DÉPÔT LÉGAL : JUIN 2014. N° 117041 (3004859)
IMPRIMÉ EN FRANCE

Éditions Points

DERNIERS TITRES PARUS

P3090. Vagabond de la bonne nouvelle, *Guy Gilbert*
P3091. Les Joyaux du paradis, *Donna Leon*
P3092. La Ville des serpents d'eau, *Brigitte Aubert*
P3093. Celle qui devait mourir, *Laura Lippman*
P3094. La Demeure éternelle, *William Gay*
P3095. Adulte ? Jamais. Une anthologie (1941-1953) *Pier Paolo Pasolini*
P3096. Le Livre du désir. Poèmes, *Leonard Cohen*
P3097. Autobiographie des objets, *François Bon*
P3098. L'Inconscience, *Thierry Hesse*
P3099. Les Vitamines du bonheur, *Raymond Carver*
P3100. Les Trois Roses jaunes, *Raymond Carver*
P3101. Le Monde à l'endroit, *Ron Rash*
P3102. Relevé de terre, *José Saramago*
P3103. Le Dernier Lapon, *Olivier Truc*
P3104. Cool, *Don Winslow*
P3105. Les Hauts-Quartiers, *Paul Gadenne*
P3106. Histoires pragoises, *suivi de* Le Testament *Rainer Maria Rilke*
P3107. Œuvres pré-posthumes, *Robert Musil*
P3108. Anti-manuel d'orthographe. Éviter les fautes par la logique, *Pascal Bouchard*
P3109. Génération CV, *Jonathan Curiel*
P3110. Ce jour-là. Au cœur du commando qui a tué Ben Laden *Mark Owen et Kevin Maurer*
P3111. Une autobiographie, *Neil Young*
P3112. Conséquences, *Darren William*
P3113. Snuff, *Chuck Palahniuk*
P3114. Une femme avec personne dedans, *Chloé Delaume*
P3115. Meurtre au Comité central, *Manuel Vázquez Montalbán*

P3116. Radeau, *Antoine Choplin*
P3117. Les Patriarches, *Anne Berest*
P3118. La Blonde et le Bunker, *Jakuta Alikavazovic*
P3119. La Contrée immobile, *Tom Drury*
P3120. Peste & Choléra, *Patrick Deville*
P3121. Le Veau *suivi de* Le Coureur de fond, *Mo Yan*
P3122. Quarante et un coups de canon, *Mo Yan*
P3123. Liquidations à la grecque, *Petros Markaris*
P3124. Baltimore, *David Simon*
P3125. Je sais qui tu es, *Yrsa Sigurdardóttir*
P3126. Le Regard du singe
Gérard Chaliand, Patrice Franceschi, Sophie Mousset
P3127. Journal d'un mythomane. Vol. 2 : Une année particulière
Nicolas Bedos
P3128. Autobiographie d'un menteur, *Graham Chapman*
P3129. L'Humour des femmes, *The New Yorker*
P3130. La Reine Alice, *Lydia Flem*
P3131. Vies cruelles, *Lorrie Moore*
P3132. La Fin de l'exil, *Henry Roth*
P3133. Requiem pour Harlem, *Henry Roth*
P3134. Les mots que j'aime, *Philippe Delerm*
P3135. Petit Inventaire des plaisirs belges, *Philippe Genion*
P3136. La faute d'orthographe est ma langue maternelle
Daniel Picouly
P3137. Tombé hors du temps, *David Grossman*
P3138. Petit oiseau du ciel, *Joyce Carol Oates*
P3139. Alcools (illustrations de Ludovic Debeurme)
Guillaume Apollinaire
P3140. Pour une terre possible, *Jean Sénac*
P3141. Le Baiser de Judas, *Anna Grue*
P3142. L'Ange du matin, *Arni Thorarinsson*
P3143. Le Murmure de l'ogre, *Valentin Musso*
P3144. Disparitions, *Natsuo Kirino*
P3145. Le Pont des assassins, *Arturo Pérez-Reverte*
P3146. La Dactylographe de Mr James, *Michiel Heyns*
P3147. Télex de Cuba, *Rachel Kushner*
P3148. Promenades avec les hommes, *Ann Beattie*
P3149. Le Roi Lézard, *Dominique Sylvain*
P3150. Scènes de la vie quotidienne à l'Élysée, *Camille Pascal*
P3151. Je ne t'ai pas vu hier dans Babylone
António Lobo Antunes
P3152. Le Condottière, *Georges Perec*
P3153. La Circassienne, *Guillemette de Sairigné*
P3154. Au pays du cerf blanc, *Chen Zhongshi*
P3155. Juste pour le plaisir, *Mercedes Deambrosis*

P3156. Trop près du bord, *Pascal Garnier*
P3157. Seuls les morts ne rêvent pas.
La Trilogie du Minnesota, vol. 2, *Vidar Sundstøl*
P3158. Le Trouveur de feu, *Henri Gougaud*
P3159. Ce soir, après la guerre, *Viviane Forrester*
P3160. La semaine où Jérôme Kerviel a failli faire sauter le système financier mondial. Journal intime d'un banquier, *Hugues Le Bret*
P3161. La Faille souterraine. Et autres enquêtes *Henning Mankell*
P3162. Les deux premières enquêtes cultes de Wallander : Meurtriers sans visage & Les Chiens de Riga *Henning Mankell*
P3163. Brunetti et le mauvais augure, *Donna Leon*
P3164. La Cinquième Saison, *Mons Kallentoft*
P3165. Les Nouvelles Enquêtes du Juge Ti : Panique sur la Grande Muraille & Le Mystère du jardin chinois, *Frédéric Lenormand*
P3166. Rouge est le sang, *Sam Millar*
P3167. L'Énigme de Flatey, *Viktor Arnar Ingólfsson*
P3168. Goldstein, *Volker Kutscher*
P3169. Mémoire assassine, *Thomas H. Cook*
P3170. Le Collier de la colombe, *Raja Alem*
P3171. Le Sang des maudits, *Leighton Gage*
P3172. La Maison des absents, *Tana French*
P3173. Le roi n'a pas sommeil, *Cécile Coulon*
P3174. Rentrez chez vous Bogner, *Heinrich Böll*
P3175. La Symphonie des spectres, *John Gardner*
P3176. À l'ombre du mont Nickel, *John Gardner*
P3177. Une femme aimée, *Andreï Makine*
P3178. La Nuit tombée, *Antoine Choplin*
P3179. Richard W., *Vincent Borel*
P3180. Moi, Clea Shine, *Carolyn D. Wall*
P3181. En ville, *Christian Oster*
P3182. Apprendre à prier à l'ère de la technique *Gonçalo M. Tavares*
P3183. Vies pøtentielles, *Camille de Toledo*
P3184. De l'amour. *Textes* tendrement *choisis par Elsa Delachair*
P3185. La Rencontre. *Textes* amoureusement *choisis par Elsa Delachair*
P3186. La Vie à deux. *Textes* passionnément *choisis par Elsa Delachair*
P3187. Le Chagrin d'amour. *Textes* rageusement *choisis par Elsa Delachair*

P3188. Le Meilleur des jours, *Yassaman Montazami*
P3189. L'Apiculture selon Samuel Beckett, *Martin Page*
P3190. L'Affaire Cahuzac. En bloc et en détail, *Fabrice Arfi*
P3191. Vous êtes riche sans le savoir
Philippe Colin-Olivier et Laurence Mouillefarine
P3192. La Mort suspendue, *Joe Simpson*
P3193. Portrait de l'aventurier, *Roger Stéphane*
P3194. La Singulière Tristesse du gâteau au citron, *Aimee Bender*
P3195. La Piste mongole, *Christian Garcin*
P3196. Régime sec, *Dan Fante*
P3197. Bons baisers de la grosse barmaid.
Poèmes d'extase et d'alcool, *Dan Fante*
P3198. Karoo, *Steve Tesich*
P3199. Une faiblesse de Carlotta Delmont, *Fanny Chiarello*
P3200. La Guerre des saints, *Michela Murgia*
P3201. DRH, le livre noir, *Jean-François Amadieu*
P3202. L'homme à quel prix ?, *Cardinal Roger Etchegaray*
P3203. Lumières de Pointe-Noire, *Alain Mabanckou*
P3204. Ciel mon moujik ! Et si vous parliez russe sans le savoir ?
Sylvain Tesson
P3205. Les mots ont un sexe. Pourquoi « marmotte »
n'est pas le féminin de « marmot »,
et autres curiosités de genre, *Marina Yaguello*
P3206. L'Intégrale des haïkus, *Bashō*
P3207. Le Droit de savoir, *Edwy Plenel*
P3208. Jungle Blues, *Roméo Langlois*
P3209. Exercice d'abandon, *Catherine Guillebaud*
P3210. Le Roman de Bergen. 1999 Le crépuscule – tome V
Gunnar Staalesen
P3211. Le Roman de Bergen. 1999 Le crépuscule – tome VI
Gunnar Staalesen
P3212. Amie de ma jeunesse, *Alice Munro*
P3213. Le Roman du mariage, *Jeffrey Eugenides*
P3214. Les baleines se baignent nues, *Eric Gethers*
P3215. Shakespeare n'a jamais fait ça, *Charles Bukowski*
P3216. Ces femmes qui ont réveillé la France
Valérie Bochenek, Jean-Louis Debré
P3217. Poèmes humains, *César Vallejo*
P3218. Mantra, *Rodrigo Fresán*
P3219. Guerre sale, *Dominique Sylvain*
P3220. Arab Jazz, *Karim Miske*
P3221. Du son sur les murs, *Frantz Delplanque*
P3222. 400 coups de ciseaux et autres histoires, *Thierry Jonquet*
P3223. Brèves de noir
P3224. Les Eaux tumultueuses, *Aharon Appelfeld*

P3225. Le Grand Chambard, *Mo Yan*
P3226. L'Envers du monde, *Thomas B. Reverdy*
P3227. Comment je me suis séparée de ma fille et de mon quasi-fils, *Lydia Flem*
P3228. Avant la fin du monde, *Boris Akounine*
P3229. Au fond de ton cœur, *Torsten Pettersson*
P3230. Je vais passer pour un vieux con. Et autres petites phrases qui en disent long, *Philippe Delerm*
P3231. Chienne de langue française ! Répertoire tendrement agacé des bizarreries du français, *Fabian Bouleau*
P3232. 24 jours, *Ruth Halimi et Émilie Frèche*
P3233. Aventures en Guyane. Journal d'un explorateur disparu *Raymond Maufrais*
P3234. Une belle saloperie, *Robert Littell*
P3235. Fin de course, *C.J. Box*
P3236. Corbeaux. La Trilogie du Minnesota, vol. 3 *Vidar Sundstøl*
P3237. Le Temps, le temps, *Martin Suter*
P3238. Nouvelles du New Yorker, *Ann Beattie*
P3239. L'Embellie, *Audur Ava Ólafsdóttir*
P3240. Boy, *Takeshi Kitano*
P3241. L'Enfance des criminels, *Agnès Grossmann*
P3242. Police scientifique : la révolution. Les vrais experts parlent, *Jacques Pradel*
P3243. Femmes serials killers. Pourquoi les femmes tuent ?, *Peter Vronsky*
P3244. L'Histoire interdite. Révélations sur l'Histoire de France, *Franck Ferrand*
P3245. De l'art de mal s'habiller sans le savoir *Marc Beaugé (illustrations de Bob London)*
P3246. Un homme loyal, *Glenn Taylor*
P3247. Rouge de Paris, *Jean-Paul Desprat*
P3248. Parmi les disparus, *Dan Chaon*
P3249. Le Mystérieux Mr Kidder, *Joyce Carol Oates*
P3250. Poèmes de poilus. Anthologie de poèmes français, anglais, allemands, italiens, russes (1914-1918)
P3251. Étranges Rivages, *Arnaldur Indridason*
P3252. La Grâce des brigands, *Véronique Ovaldé*
P3253. Un passé en noir et blanc, *Michiel Heyns*
P3254. Anagrammes, *Lorrie Moore*
P3255. Les Joueurs, *Stewart O'Nan*
P3256. Embrouille en Provence, *Peter Mayle*
P3257. Parce que tu me plais, *Fabien Prade*
P3258. L'Impossible Miss Ella, *Toni Jordan*
P3259. La Politique du tumulte, *François Médéline*

P3260. La Douceur de la vie, *Paulus Hochgatterer*
P3261. Niceville, *Carsten Stroud*
P3262. Les Jours de l'arc-en-ciel, *Antonio Skarmeta*
P3263. Chronic City, *Jonathan Lethem*
P3264. À moi seul bien des personnages, *John Irving*
P3265. Galaxie foot. Dictionnaire rock, historique et politique du football, *Hubert Artus*
P3266. Patients, *Grand Corps Malade*
P3267. Les Tricheurs, *Jonathan Kellerman*
P3268. Dernier refrain à Ispahan, *Naïri Nahapétian*
P3269. Jamais vue, *Alafair Burke*
P3270. Homeland. La traque, *Andrew Kaplan*
P3271. Les Mots croisés du journal « Le Monde ». 80 grilles *Philippe Dupuis*
P3272. Comment j'ai appris à lire, *Agnès Desarthe*
P3273. La Grande Embrouille, *Eduardo Mendoza*
P3274. Sauf miracle, bien sûr, *Thierry Bizot*
P3275. L'Excellence de nos aînés, *Ivy Compton-Burnett*
P3276. Le Docteur Thorne, *Anthony Trollope*
P3277. Le Colonel des Zouaves, *Olivier Cadiot*
P3278. Un privé à Tanger, *Emmanuel Hocquard*
P3279. Kind of blue, *Miles Corwin*
P3280. La fille qui avait de la neige dans les cheveux *Ninni Schulman*
P3281. L'Archipel du Goulag, *Alexandre Soljénitsyne*
P3282. Moi, Giuseppina Verdi, *Karine Micard*
P3283. Les oies sauvages meurent à Mexico, *Patrick Mahé*
P3284. Le Pont invisible, *Julie Orringer*
P3285. Brèves de copies de bac
P3286. Trop de bonheur, *Alice Munro*
P3287. La Parade des anges, *Jennifer Egan*
P3288. Et mes secrets aussi, *Line Renaud*
P3289. La Lettre perdue, *Martin Hirsch*
P3290. Mes vies d'aventures. L'homme de la mer Rouge *Henry de Monfreid*
P3291. Cruelle est la terre des frontières. Rencontre insolite en Extrême-Orient, *Michel Jan*
P3292. Madame George, *Noëlle Chatelet*
P3293. Contrecoup, *Rachel Cusk*
P3294. L'Homme de Verdigi, *Patrice Franceschi*
P3295. Sept pépins de grenade, *Jane Bradley*
P3296. À qui se fier, *Peter Spiegelman*
P3297. Dernière conversation avec Lola Faye, *Thomas H. Cook*
P3298. Écoute-moi, Amirbar, *Alvaro Mutis*
P3299. Fin de cycle. Autopsie d'un système corrompu *Pierre Ballester*